PETER BURKE A Social History of Knowledge

知識の社会史

知と情報はいかにして商品化したか

ピーター・バーク 著
井山弘幸・城戸 淳 訳

新曜社

Peter Burke

A SOCIAL HISTORY OF KNOWLEDGE

From Gutenberg to Diderot

Originally published in the English language by Polity Press Limited.

Japanese translation rights arranged with Polity Press Limited c/o Blackwell Publishers Limited, Oxford, England through Tuttle-Mori Agency, Inc., Tokyo

謝辞

本書は二次文献をもとに書かれたものだが、近代初期のテキストに関する、少なくとも四十年にわたる研究にもとづいている。とはいえ脚注と文献リストには、近年の研究者によるものに限って掲げることとした。一次資料は本文のなかで検討される。本研究の焦点は個々の人間ではなく、構造と動向に置かれてはいるものの、何百もの人名を挙げることなしにその種の話題を論ずることはとうてい不可能である。末尾の索引で、本文に登場する人物について簡潔に説明を付したので、読者はそれを参考にしていただきたい。

ここに刊行される本書は、ケンブリッジ、デルファイ、ルーヴァン、ルンド、オクスフォード、北京、サンパウロおよびサンクト・ペテルブルグ大学で行なった講義やセミナーや、多くの論文として結実した長期間にわたる研究の成果である。かなり前からこの研究は煮つまっていたが、グローニンゲン大学に招かれ最初にフォンホッフ講義を行なった際にとうとう沸騰するにいたった。

グローニンゲン大学でお世話になったディック・ド・ベーア氏に特に感謝の言葉を述べたい。氏のおかげで私は、十三世紀から十四世紀における知の制度の変化の重要性を改めて認めることができた。ダニエル・アレクサンドロフ、アラン・ベーカー、モーティ・ファイゴルド、ハリル・イナルキック、アラン・マクファーレン、ディック・ペルス、ファディム・フォルコッフ、そしてジェイ・ウィンターにも、それぞれさまざまなかたちで感謝している。イギリス政府による情報利用に関する、今では古典というに相応しい論文を公表前にもかかわらず読ませてくれたジョアンナ・イネスにも感謝したい。

手稿や写本に関する評釈については、以下の人びとにお世話になった。クリス・ベイリー、フランシスコ・ベーテンコート、アン・ブレア、グレゴリー・ブルー、ポール・コナートン、ブレンダン・ドゥーリー、フロリク・エグモンド、ホセ・マリア・ゴンザレス・ガルシア、ジョン・ヘドリー、マイケル・ハンター、ニール・ケニー、クリステル・レーン、ピーター・メーソン、マーク・フィリップス、ジョン・トンプソンそしてツァン・ツィリャンの各氏に感謝したい。妻のマリア・ルシアは本書の原稿全体を読んで、厄介だが有益な質問を私に浴びせ、改善すべき点を示唆してくれた。本書を妻に捧げる。

知識の社会史——目次

装幀／虎尾　隆　写真／林　恵子

第一章　知識の社会学と歴史――序

知られているものは、どんなものも、それを知る者には、常に、体系的で、証明済みで、応用可能な、明白なもののように見える。他方、異なる知識の体系は、どんなものも、矛盾にみちた、未証明の、応用不可能な、奇抜で神秘的なものに見える。

――フレック

少なくとも一部の社会学者の話によると、われわれは今日、職業的専門家とその科学的方法が支配する「知識社会」あるいは「情報社会」のなかで暮らしていることになる。[1] 経済学者の表現を借りると、知識生産や知識普及に関わる職業が増加することで特徴づけられる「知識経済」あるいは「情報経済」のなかで暮らしている、と言うこともできる。[2] 知識はまた重大な政治問題にもなっている。情報は公共のものであるべきか、私有が許されるべきか、商品として扱ってよいものか、社会的財産として扱うべきか、といった問題がその中心をなしている。[3] 未来の歴史家が、西暦二〇〇〇年前後の時期を「情報の時代」と呼んだとしても当然のことだろう。

皮肉なことに、知識がこのようなかたちで脚光を浴びるようになると、同時に、知識の信頼性への疑いが、哲学者やその他の者から、以前よりも過激に（少なくとも声高に）語られるようになった。「発見されたもの」とわれわれがこれまで考えてきたものは、今では「発明されたもの」とか「構築されたもの」と記述される場合が多くなっているのだ。(4) しかし少なくともわれわれの生きる時代を、知識との関わりに基づいて解明しようとしている点では、哲学者は、経済学者や社会学者と変わるところはない。

われわれの時代がこうした問題を真剣に考え始めた最初の時代である、などと性急に考えるべきではない。情報の商品化は資本主義と同じくらい古い行為であるし（この点は第六章で論じる）、系統的に収集された人口に関する情報を政府が利用した例は、厳密にいっても、すでに古代史に見られる（特に古代ローマや古代中国で）。また知識と称するものに対する懐疑主義についていうならば、少なくとも、古代ギリシアの哲学者ピュロン（エリスの）まで遡る。

このように書いたのは、いい加減な革命説を同じ程度にいい加減な連続説で置き換えるためではない。本書の狙いは、長い歴史的動向の展望のなかに現代を置き、その特異性を明らかにしようとすることにある。最近の論争に刺激を受けて、歴史家たちは、繰り返し繰り返し、過去に関する新しい問い立てを行なってきた。一九二〇年代には、増大するインフレが価格の歴史への関心を引き起こしたし、一九五〇、一九六〇年代には、人口爆発が原因となって、人口統計史の研究を促した。一九九〇年代になると、知識や情報に関する歴史への関心が高まってきたのである。

社会における知識要素という主題から、相補的に対立する主題、すなわち、知識における社会的要素という主題へと目を向けて見よう。本書の目的は、「異化」という一つの言葉に集約することができる。望むことは、ロシアの批評家シクロフスキーが「オストラネーニエ」(ostranenie)と呼んだ、それまで慣れ親しんできたものを奇妙なものに変え、それまで自然であったものを恣意的なものに変えてしまう、ある種の距離化をやってのけることである。(5) 大事なことは、過去に現われては消えていったさまざまな知識体系を記述し、分析することを通じて、そのなかでわれわれ(著者も読者も)が生きている「知識体系」を、これまで以上に対象として意識化することである。人間はある体系のなかで生きていると、通常その体系がまるで「常識」であるかのように見えるものだ。他と比較することによってはじめて、その体系が数多《あまた》ある体系のなかの一つであることが分かる。(6) ポーランドの科学者ルドヴィック・フレックがかつて言ったように、「知られているものは、どんなものも、それを知る者には、常に、体系的で、証明済みで、応用可能な、明白なもののように見える。他方、異なる知識の体系は、どんなものも、矛盾にみちた、未証明の、応用不可能な、奇抜で神秘的なものに見える」のである。(7)

真理あるいは知識であると人びとが信じているものは、彼らの生きる社会環境から、決定されるほどではないにせよ、影響を受けているという指摘は、決して新しいものではない。近代初期の有名な例を三つほど紹介するならば、フランシス・ベーコンの種族、洞窟、市場、劇場の「イドラ」がそうだし、ジャンバティスタ・ヴィーコの「国民の欺瞞」(他の言い方では、民族中心主義)への言及、そしてシャルル・ド・モンテーニュによる、異なる国々の法律と国民気質や政治システムとの関係についての研究などはいずれも、以下で(三二一頁)(8) もっと詳しく論じる、この知識の社会依存性という基本的洞察をさまざまな形で表現したものとなっている。もっとも一つの洞察が組織的、系統的研究にまで育つには、困難を伴うことが多く、ときには何世紀もの歳月を要することもある。現在では「知識社会学」と言い表わされているものについても、同じことが成り立つだろう。

知識社会学の興隆

知識社会学が組織的に研究されるようになったのは、二十世紀初頭になってからである。(9) もっと正確にいうと、少なくとも同種の研究活動が、三つの異なる国、フランス、ドイツ、アメリカ合衆国で始められた。知識と社会の関係について、何故とりわけこれらの国々で関心がもたれたのかという問題は、それ自体、社会学の社会学における興味深い問題の一つとなっている。

フランスでは、すでにオーギュスト・コントが「名称なき歴史」すなわち知識の社会史を提唱していたし、エミール・デュルケムと有名なマルセル・モースを含むその後継者たちは、時間と空間、聖なるものと不浄のもの、人格のカテゴリーなどの基本的カテゴリー、あるいは「集合的表象」の社会的起源を研究した。換言するならば、あまりにも基本的であるため、人々がそれを有していることさえ分からない〔精神的〕態度を研究対象としたのである。(10) 彼らの新しかった点は、初期の歴史において旅行者や哲学者がときおり語った「原初的」カテゴリーを系統的に検討したことと、そうした社会的カテゴリーは自然界に投影され、そのため事物の分類が人々の分類を再生する、という一般的結論を得たことにある。(11)

このようなデュルケム流の集合的表象への関心から、多くの重要な研究が生まれた。そのなかには古代ギリシアに関する多くの研究や、フランスの中国学者マルセル・グラネが書いた中国思想の基本的カテゴリーについての著書が含まれている。[12] 同じように歴史家マルク・ブロックとリュシアン・フェーヴルは、「集団的心性」または「共有された前提」に関する有名な分析を行なっている。ブロックはフランスとイギリスの国王がもつ治癒力への信念を研究した際に、このアプローチを採用したし、フェーヴルは十六世紀のいわゆる「不信仰の問題」を検討するときにこれを用い、当時は無神論は想像すらできなかった、と主張した。[13]

アメリカ合衆国では、衒示的消費と「有閑階級」の理論でたいへん有名なソースタイン・ヴェブレンもまた、知識社会学に関心を抱いていた。実在と実在についてわれわれが語ることとのあいだに「対応」を仮定することに批判的であった二人のプラグマティズム哲学者、チャールズ・パースとジョン・デューイの——前者についてはかつての学生であり、後者については同僚であったことからも窺えるように——真理の社会学にヴェブレンは興味をもったのである。彼はとりわけ特定の社会集団や社会制度が知識とどのように関わっているのか、について関心を抱いた。この領域でヴェブレンは重要な貢献を三つほどなした。

一九〇六年に公表されたヴェブレンの最初の貢献は、近代文明における科学の役割を考察したもので、擬人的説明より非人格的な説明を好む傾向を含む、近代の「科学崇拝」と自ら呼ぶものが、産業や機械技術の興隆の結果生じた、と論じた。アメリカの学術機関に関する研究のなかで、ヴェブレンは大学制度の暗部へ社会学的な光を当て、「僧侶、シャーマン、インディアン呪医」など、他の「秘教的知識」の「保持者たち」と学者との比較を行なって、そうした「知識」の特質やその及ぶ範囲、方法は、外部の者の眼にその集団の生活慣習から生じていることが明白であるにしても、その集団の内部では、秘教的知識が普遍的真理と見なされていることを示した。

最後に、「近代ヨーロッパにおけるユダヤ人の知的優位」に関する論文（一九一九年）のなかで、ヴェブレンはこの優位ないしは創造性は、まさに多くのユダヤ人がキリスト教文化に吸収されつつあった十九世紀に最も顕著であったことを指摘した。この論文の要点は、このような吸収が今もなお終結しておらず、多くのユダヤ系知識人が異教徒の文化を完全に引き継ぐことなく、なおかつ、自らの文化遺産の継承も拒んでいる、という点にあった。二つの文化的世界に接しつつ、いずれにも属さない位置にあったため、ユダヤ人たちは「状況の力によって」（五七頁）懐疑主義者になっていた。彼ら自身の種族のイドラが「崩壊する」一方で、異教徒のイドラを受け入れる特別の動機がなかったからである。ユダヤ系知識人たちは、その文化のなかで当然視されている思想から距離をおくことができたため、知的革新者になることができたのである。

この最後の事例を見ると、ヴェブレンの洞察それ自体、彼自身の置かれた周縁的な立場に由来していることは言うまでもない。慎重に選んだ事例ではあるが、ノルウェー移民の農夫の倅《せがれ》という、当時のアメリカ知識人には稀な民族的、社会的出自が生み出したものとも言えるのである。[14] ヴェブレンは、後に見るように（二二二頁）、事実、後継者たちに影響を与えはしたが、アウトサイダーの宿命からか、厳密な意味での学派を残すことはなかったのである。[15]

この時期ドイツでは、カール・マルクスの思想に、時には追随し、時には離反しながらも、思想の社会学に対するさらに強い関心が存在した。例えば、マックス・ウェーバーの自ら「プロテスタントの倫理」と呼んだものについての研究（初版、一九〇四年）は、その価値体系を社会的文脈のなかに位置づけながら、そこから生じた経済的帰結に関する理論を提出するものであった。ウェーバーの官僚制の理論（一七九頁以下）もまた、知識社会学の研究として世に出されたものではないにせよ、知識社会学に対する貢献の一つと言えよう。ドイツの他の社会学者、有名なところではマックス・シェーラーとカール・マンハイム（ハンガリーで仕事を始め、イギリスで没した）の二人は、思想というものが社会的に「位置づけられ」、世界観や「思考スタイル」によって形成される、ということを、ウェーバーと同じ時期に論じていた。こうした思考スタイルを、時代や民族国家と関連づけ、（シェーラーはそうではないが、マンハイムは）世代や社会階級と結びつけたのである。

　例えば、マンハイムは十八世紀から十九世紀にかけて発展した、ヨーロッパの二つの思考スタイルを比較している。彼によると、一方のフランス型思考スタイルは、自由主義と普遍主義にもとづき、不変の理性という観点から社会を評価するものであり、もう一方のドイツ型思考スタイルは、世界を変わりつつあるものとして経験し、その経験に意味を与えるものは、理性や信仰ではなく歴史であると考える点で、保守主義と「歴史主義」にもとづくものであった。マンハイムの立場は、どちらの思考スタイルも賞讃することも非難することもせず、ある集団の社会的利害関係によって、内部の人間が社会生活のある側面に対して敏感になりうる、という点を単に指摘するものであった。集団のなかの人間は、こうした基盤の上に特定の「イデオロギー」をつくり上げるのである。[16]

　それでも、マンハイムによれば、知識人《インテレクチュアルズ》は「比較的に階級のない層」である。有名なマックス・ウェーバーの兄でそれなりに重要な社会学者であったアルフレート・ウェーバーからマンハイムが借用した表現を用いるならば、彼らは「自由に浮遊するインテリゲンチャ」であった。知識人が他の人びとよりも社会から距離をおいているという事実――「他の人びとよりも」という限定条件をマンハイムの批評家たちは忘れることがある――こそ、知識人をして他の人びとよりも明確に社会の動向を見抜くことを可能ならしめているのである。[17]

自らの事業を「知識の社会学」（Soziologie des Erkennens, Wissensoziologie）と命名したのは、ドイツの研究者集団であった。この表現は奇妙な響きがあり、疑いもなく読み手に衝撃を与えることが意図されていた。無知の歴史とか無知の社会学ならば、このような分野の仕事は現在でもほとんどないにせよ、[18]おそらく比較的容易に受け入れることができただろう。われわれに真理を発見させまいと働く障害の社会的分析ならば、フランシス・ベーコンの流儀にならって、さほど受け入れるのに困難は伴わないのである。厄介なのは知識の社会学という発想そのものだ。というのも、知るということは、哲学者の言葉を借りれば「成功動詞」だからである。われわれが知っていることは、われわれが信じていることとは異なって、言葉の定義からして真でなければならない。カール・マルクスやフリードリヒ・ニーチェが提唱したような、真理の社会的説明という考え方は、ミシェル・フーコーが一九八〇年代に論じた「真理の政治制度」がそうであったように、現在でもなお聞き手に衝撃を与える力をもっている。一九九〇年代にはしばしば、十七世紀科学に関する書物の題名に「真理の社会史」が唱われたけれども、この命名もまた意識的な挑発であった。[19]

知識社会学の復興

知識の社会学的研究は、始まりはめざましかったものの、すでに述べた三カ国いずれにおいても、他の社会学の領域と比して、事実上絶えてしまうか、あるいは少なくともめっきり著作が書かれなくなってしまう。一九三〇年代から六〇年代にかけて、唯一目立った活躍をしたのは、アメリカの社会学者ロバート・マートンであった。マートンが書いたピューリタニズムと科学の関係についての著作は、王立協会などの科学機関に多くの関心を払ったものだったが、本質的には、ピューリタニズムと資本主義に関するマックス・ウェーバーの思想を継承発展させたものであった。[20]アメリカに移住したポーランドの社会学者フロリアン・ズナニエツキは、ヴェブレンの仕事を継承し、『知識人の社会的役割』（一九四〇年）の研究を公表したが、その後関心を他に移した。パリではロシア移民のジョルジュ・ギュルヴィッチが、一九六〇年代初期に知識社会学を復興する構想をもっていたらしいが、復興計画の概要を書き終える前に没した。[21]アメリカの社会学者ピーター・バーガーとオーストリアの社会学者トマス・ルックマンの共著『現実の社会的構成』（一九六六年）は広く読まれ影響力をもった著書であるが、自分たちが提唱している知識の社会学へのアプローチに、さらに実質的な研究をつけ加えようとはしなかった。学問の革新を促す刺激の主なものは、社会学の外部からやってきた。顕著なものを挙げると、人類学のレヴィ＝ストロース、科学史のトマス・クーン、および哲学のミシェル・フーコーである。

レヴィ＝ストロースは、トーテミズム、つまり一般的にいえば抽象的なものよりは具体的なものとして定義される「野生の思考」と自ら呼んだものの研究のなかで、分類への興味を復活させた。

ヨーロッパ人が「自然」と「文化」を区別するのに反して、例えばレヴィ＝ストロースによると、アメリカ・インディアンの神話は「生《なま》もの」と「調理されたもの」との間の対立をめぐって構築されている。[22] 哲学ばかりでなく医学史の修練を積んだフーコーは、次第に関心の幅を広げていった。医院や学校など種々の知的空間や「場」を分析するためだけでなく、ミクロ・レベルの家族からマクロ・レベルの国家にいたるさまざまなレベルにおける、知識と権力の関係を論ずるために、フーコーは「考古学」「系譜学」「制度《レジーム》」など多くの用語をつくり出した。[23] クーンについていえば、彼は科学革命が歴史のなかで繰り返し起こること、その革命が正統理論あるいは「パラダイム」に対する不満から始まって新パラダイムの創出で終結する――新パラダイムも、やがては次世代の研究者が彼らにとっては因習的と映る知識に不満を覚えるようになるまでの期間、「通常科学」と見なされることとなる――といった、互いに類似した「構造」や発展サイクルをもつことを主張することにより、同僚たちにショックや刺激を与えることとなった。[24]

知識の問題は最近の世代の代表的な社会および文化理論家の注意を惹きつつある。かってマンハイムの助手であったノルベルト・エリアスは、晩年になるにつれて、「科学制度の理論」と呼ぶものを提唱しながら、知的分離の過程について研究した。[25] ユルゲン・ハーバーマスは、知識、人間の関心、公共圏の三者の関係について論じた。[26] ピエール・ブルデューは「理論的実践」「文化資本」、そして大学などの機関がもつ、何が正統の知識で、何がそうでないかを決める権力に関する一連の研究のなかで、知識を社会学の領域にひき戻した。[27]

ブルデューはもともと人類学者としての訓練を受けたのだが、他の人類学者たちもこの分野で重要な貢献をなしてきた。例えばクリフォード・ギアーツはローカル・ノレッジ、情報、常識などの問題を、顕微鏡で見るように研究した。すなわち、自らフィールド調査で学んだ「顔見知りの共同体」のなかに置いて論じる多くの論文を残した。[28] ジャック・グッディは口承文化と文字文化における、二者択一の知識への道を調べたが、その同僚であった故アーネスト・ゲルナーは生産、強制、認知の体系として記述した経済的、政治的、知的領域の変転する関係を分析した。[29] 他にもいくらでも名前を挙げることができるし、関係のある分野も地理学から経済学までいろいろある。[30]

学問の復興にはよくあることだが、「新しい知識社会学」とかつて呼ばれた分野への参加者は、先人との相違を誇張するきらいがある。[31] フーコー、ブルデュー、レヴィ＝ストロースの三人は、いずれもデュルケムからかなりの影響を受けている。創造的な思想家にはよくあるように、彼らは決して一つの伝統の枠内で仕事をしていたわけではなく、先人との間に距離を置きつつも、カテゴリーや分類に対するデュルケムの関心を継承していたのである。知識と利益の関係をめぐって論争が起きた。[32]「顕微鏡的」な手法は、新しいものに見えるかもしれないが、すでに第二次世界大戦前にカール・マンハイムが示唆していて、ルドヴィク・フレックが実践していたものである。[33] いかなる種類の知識が正統のものであるかを決める権力についていえば、ブルデューが強調しているように、その重要性はすでにヴィクトリア朝時代の諷刺家にとって自明のものであった。彼らはベンジャミン・ジョウェット（三四頁参照）の口を借りて「私が知らないことは知識ではない」と言わしめたのだ。

このような制約があるにもかかわらず、知識社会学の第二の波は、以下の四つの点を強調したことで、第一の波となおも異なっている。第一に、研究の着眼点が、旧来の知識の獲得や移動から、知識の「構造」や「生成」あるいは「製造」へと移ったことが挙げられる。この変化は社会学や他の分野におけるポスト構造主義、またはポストモダンへの、全体的な構造変化の一部をなしている。[34]社会構造は注目されなくなり、代わって個人や言語が注目されるようになり、分類や実験などの実践が研究されるようになった。経済はあまり強調されなくなり、反対に知識の政治学や「知識の保有者」が強調されるようになったのである。[35]

第二に、そうした知識の保有者はかつてよりも大きな、多岐にわたる集団と見なされるようになった。知識人の活動だけでなく、実践知や土地固有の知識あるいは「日常知」が今ではいわゆる「エスノメソドロジー」学派の社会学者たちの真剣な研究対象となっている。[36]

新しい知識社会学が旧来のものとは異なる第三の点は、ミクロ社会学へ寄せる大きな関心である。知識を構築し何らかの経路を使ってその知識を広めている基本的な集団単位と見なされる、小集団、サークル、ネットワークあるいは「知的共同体」の日常における知的生活に関心が集まるようになったのである。[37]フーコーの先駆的研究を追いかけるようにして、活動の現場となる実験室や書斎などのミクロ空間を通して、知的共同体を研究する者が増えていった。[38]このような点で新しい研究方法は人類学に近いものであり、自ずと「知の人類学」という呼び名が定着したのである。[39]

第四に、知識は社会のなかに置かれている、とドイツの社会学者が主張したとき、(少なくともマンハイムは世代をも考慮に入れていたが)彼らは社会階級を念頭に置いていた。[40]ところが現在は、ジェンダーや地理の方に注目が集まっている。

ジェンダーの場合、女性がヒューマニストであることを望もうと科学者であることを望もうと、場所、時期、学問分野の違いによってどれほど女性が知的生活から排除されてきたか、について比較研究する必要は依然として残されているものの、女性研究者が直面する「障害物競争」に関する一連の研究はすでに存在した[41]。肯定的な面についていうと、フェミニストたちは、ジェンダーが経験の構成に固有の役割を果たすことから、「女性らしい固有の知の方法」が存在すると主張した[42]。

地理学者は知識の空間分布に興味をもつようになり、分布の不在や特定の場所の特定の集団への分布の制約にも関心を抱いた[43]。興味深いことに、知識の地理学へのもっとも有名な貢献は、一人の文芸批評家によってなされた。大きな論争の火種となった研究のなかで、エドワード・サイードはフーコーが先鞭をつけた道を進み、「オリエンタリズム」、つまり中東地域に関するヨーロッパの知識を帝国主義に加担する制度として分析したのである[44]。

サイードは文化史家および社会史家だが、われわれヨーロッパ人の知識社会にとってあまりに特徴的な専門化とその帰結としての断片化をただすために、この著作『オリエンタリズム』は今後この方向での多くの研究の必要性を訴えたのである。

知識の社会史

これまで知識社会学を真剣に考えようとする歴史家はほとんどいなかった。例外の一人がジェームズ・ハーヴィ・ロビンソンである。二十世紀初頭のアメリカ・「ニュー・ヒストリー」運動の指導者である。ロビンソンはソースタイン・ヴェブレンの友人であった。マーサ・オーンスタインが、十七世紀の科学協会の役割（六六～六七頁参照）に関する博士論文を書く際に、ロビンソンは激励を惜しまなかったのだが、その理由は自らつぎのような問題意識をもっていたからである。「古くからある栄誉ある学問の中心である大学は、知識の向上にどんな役割を果たしたのか」。この問いにはすでに否定の意味がこめられていたのかもしれない。友人ヴェブレンが永らく暖めていた著書『高位の学問』（一九〇八年頃に執筆されたが、一〇年後ようやく出版された）の考えを一部先取りしたものとなっている。(45)

ところがこの方面でロビンソンには後継者がいなかった。一九二〇年代から五〇年代にかけて、ロシア人のボリス・ヘッセンからイギリス人のジョゼフ・ニーダムにいたるわずかなマルクス主義者が、科学研究の社会史を書こうと試みたが、彼らの研究は科学史の主流からは相手にされなかった。ようやく一九六〇年代に入ってから、科学を社会的視点から検討することが普通のことになった。この視点から社会科学について書かれたものはほとんどなく、人文学にいたってはもっと少なかったし、十九世紀と二十世紀の科学が研究の大半を占め、近代初期の研究はあまり見られなかった。(46)

私が本書の主題を選んだのは、一つには、このような学術研究の空白領域に気づいたからである。この研究をまとめるとなると、一本の論文であれ、論文集であれ、意図して条件をつけなければ、試みることすら無謀で、とうてい実行できないほどの大がかりなものとなるだろう。ここで私は、小さな断片を集めて大きな絵にまとめ上げるため、異なる場所、異なる話題、異なる時代そして異なる人間のあいだにつながりをつけようとする、小規模の研究ではあっても広大な主題をあつかう研究に自分が傾きがちであることを、告白しなければならない。とはいえ、この種の本の需要は一部の領域では顕著であり、ふつうは一つの分野として見なされないが、伝記、科学史、読書の歴史、思想史、地図製作の歴史、そして歴史記述の歴史（私の本来の研究課題）といった学問分野あるいは専攻細目の集成と見なされるような領域では、特に必要とされているのである。

知識は社会的に位置づけられている、と主張する者は、誰であれ、まず自分自身を位置づける責務がある。私が所属する階級、ジェンダー、国家そして世代による偏向は、疑いもなく即座に表われることだろう。ここで正直にいっておくが、本書のタイトルはマンハイムに対する敬意から選ばれた。マンハイムの研究路線からしだいに離れていったにせよ、私は四〇年前に、この主題について、彼の著作から多大な刺激を受けたからである。この本で私は理論的にみた社会史を試みようと思う。最近のフーコーやブルデューの理論だけでなく、エミール・デュルケムやマックス・ウェーバーの「古典的」理論の視点から考察された社会史を目指そうと思う。第二章と第三章では、ある種の回顧をまじえながら、知識社会学を総覧し、第四章では「知の地理学」を、第五章では「知の人類学」を検討する。第六章では「知の政治学」を論じ、第七章では経済学、第八章ではより文学的なアプローチをとり、最終章で哲学的問題を提起する。

このようにいろいろと他の専門分野を横断しているにもかかわらず、本書が歴史家、すなわち実際には近代初期のヨーロッパ史を専攻する者の研究であることは、読者には明らかになるだろう。本書の扱う範囲についていえば、ルネサンスから啓蒙主義の時代に限定される。時間的、空間的境界は比較対照のため時おり超えることもあるだろうが、本書はあくまでも「近代初期」のヨーロッパにおける知識の歴史なのだ。

ここで近代初期というのは、グーテンベルクからディドロにいたる世紀のことをさす。いいかえると、一四五〇年頃のドイツにおける活版印刷の発明から、一七五〇年代以降の『百科全書』の刊行までの時代である。『百科全書』は当時利用されていた全知識の集成であり、知識の政治学および経済学を顕著に体現したものでもある。知識と印刷術の関係については、この先一再ならず論じることになるだろう。ここでは次の点だけ述べておくことにしよう。印刷というこの新しいメディアの重要性は、単に知識を広めたり、比較的個人的な知識や機密の知識をも公的領域へと（技術的機密から国家機密へと）組み込んだことに尽きるわけではない、と。印刷術は異なる知識のあいだの相互作用を容易にしたが、このテーマは本書では繰り返し登場することになる。印刷術により異なる地域の人びとが同一のテキストを読んだり、同一の図像を調べることができるようになったおかげで、知識は標準化されることになったのである。第九章で指摘することだが、印刷術は懐疑主義を助長する働きもした。同一の現象や事象に関する競い合う両立不能の説明を比較し、対照することができるようになったからである。(47)

知識とは何か？

知識とは何か、という問いは、真理とは何かというもっと有名な問いと同様、答えるのがほとんど困難な問いである。マンハイムはかつて、カテゴリー、価値、観察といったものを、社会的に決定されるものとして語ったが、その際、それぞれの違いを明確にしなかった、としばしば批判された。われわれも情報から知識を区別する必要があるし、「事実を知ること」と「方法を知ること」の違いや、「前提されていること」と「明確にされていること」の違いを理解する必要がある。本書では便宜上「情報」(information)という語をどちらかといえば「生《なま》の」素材、特殊で実際的なものをさす場合に用い、他方「知識」(knowledge)の方は「調理された」素材、つまり思考によって処理されたり、体系化されたものをさす場合に用いようと思う。言うまでもないことだが、この区別はあくまでも相対的なものである。われわれの頭脳はあらゆる知覚を処理しているからである。しかしながら、知識の緻密化と分類の意義は、これからたびたび現われることになる主題である(特に第五章参照)。

以下の頁で論じるのは、本書の筆者や読者というよりはむしろ、近代初期の人びとが、知識であると考えたものである。魔術、魔女、天使や悪魔に関する知識もそこには含まれている。近代初期の知識概念は明らかに知識の社会史の中核をなすものであり、これから詳しく述べることになるだろう。ここでは異なる種類の知識の存在が意識されていたことにだけ触れておこう。例えば、アルス(ars 技芸)とスキエンティア(scientia 論証的知識・理論知)は区別されていたし(現在使われているアートとサイエンスの違いというよりは、「実践」と「理論」の違いに近い)、ヨーロッパ諸語における「学問」(learning)、「哲学」(philosophy)、「好奇心」(curiosity)に相当する言葉も、それぞれ意味が違っていたのである。新しい知識に熱狂する人たちは、その知識のことをことあるごとに「真の知識」(real knowledge)と書き立てるが、その一方で伝統的知識を空虚な「専門知」(jargon)とか役立たずの「衒学知」として退ける。ドイツ語でいう概念史、すなわち Begriffsgeschichte は本書で欠かすことのできない役割を果たすことになる。この概念史は新たな関心や精神的態度を表わすものとして新しい言葉の誕生に注目するばかりでなく、古い用語の意味の変遷に興味を抱き、その用語を当時の言語の場のなかに置き直したうえで、使用された社会的文脈を洗い直し、本来の意味連関を復活させる作業を含んでいる(48)。

伝統的な仮定ではあるが、以下において私が避けようと思っているのは、知的進歩という仮定である。ときどき「認識的成長」と呼ばれることもある。社会全体とか、百科全書の著者のような異なる人びとのあいだで知られていたことなどを話題にする場合に限れば、知的進歩の概念も役に立つことはある。近代初期のヨーロッパにおいて知識の歴史のなかに累積的な要素が存在することを否定することは困難だろう。参考図書は倍増し、図書館や百科事典は規模を拡大したし、特定の話題に関する知識を調べようとする者が利用できる文献は、世紀を重ねるごとに増えたからである（第八章参照）。

他方、知恵（wisdom）というものは累積的なものではない。むしろ人それぞれが多かれ少なかれ苦労して体得すべきものである。知識の場合でさえ、個人のレベルでは進歩があると同時に退化も存在したし、今もある。最近の世紀では特に、学者集団や大学の専門化が進みすぎ、以前にもまして（知識の広さが犠牲になった分、知識の深さが増した、ということがあろうとなかろうと）限られた知識しかもたない学生が多く輩出している。今日では〈もう一つの知識〉（alternative knowledge）がわれわれに注意を惹くようになっていて、どれを選んでもそれなりの価値を有している。百科事典が改訂される際に一部の情報が他のものに場所を譲るため削除されることから、目的によっては

『ブリタニカ百科事典』の現行の版よりも第十一版（一九一〇―一一年）の方が参考になるときがある。近代初期のヨーロッパでは、印刷術の発明に続いて「知識の爆発」が起こり、いわゆる「科学革命」が勃発した。ところがこうした知識の蓄積は、問題を解決するばかりでなく、新たな問題を生み出しもした。その点も以下の頁で繰り返し論じることになる。

言うまでもないことだが、私自身の知識に関する知識は不完全なものであるため、本書の計画を時代的、地理的に限定するだけでは足りず、社会的な面でも制限を加える必要があった。本書はもともと一連の講義に端を発していて、広大な知的領域への再認識を意図したもので、百科事典などではさらさらなく一篇の論文にすぎない。本書の関心が、実質的に知識の支配的な形態に限定されている、という点は、わざわざ説明するまでもないだろう。

知識の複数性

本書はおおかた十六世紀から十八世紀にわたる期間に出版された文献に基づいている。口承の知識についても論じることで、文字知識中心主義に陥ることを避け、知識を伝達する手段として（地図を含む）図像を扱うことにより、そして図版も考慮に入れることにより、ロゴス中心主義さえ回避しようと思う。貝殻から硬貨、そして剝製の鰐から彫像にいたる物的対象についても、ときおり語ることになるだろう。こうした対象はこの時代に熱狂的に蒐集され、分類され、そして陳列棚や博物館に収蔵されて展示されたからである。[49] 非言語的な職人芸、例えば建築、料理、織物、治療、狩猟、農耕なども、知識の定義のなかに含まれることとなるだろう。だが大きな問題がまだ残されている。本書の研究の主題となる知識は誰のものなのか？

近代初期のヨーロッパにおいて、エリートたちは自ら有する知識を「知識」と見なすことが多かった。リシュリュー枢機卿が『政治的契約』のなかで述べたように、エリートたちはしばしば、知識は民衆に伝えるべきでない、さもないと民衆は自ら置かれた境遇に不満を覚えるかもしれない、と主張したのである。スペインの人文主義者ルイス・ビベスは「農夫や職人の方が多くの哲学者よりも自然についてよく知っている」（melius agricolae et fabri norunt quam ipsi tanti philosophi.）と告白録のなかで述べたが、これはどちらかと言えば例外であった[50]。

ローカル・ノレッジや日常知の「復権」と呼ばれる運動があってからは、今日、あらゆる文化のなかに「知識」が複数存在することは明白になっている。したがって社会史は、社会学と同様に、「社会のなかで知識として通用しているものすべて」に関心を払わねばならないのである[51]。さまざまな知識を区別する一つの方法は、知識の機能や使い道によるものである。例えば社会学者のジョルジュ・ギュルヴィッチは知識を七種類に区別している。知覚的、社会的、日常的、技術的、政治的、科学的、そして哲学的知識の七つである[52]。

社会史に近いもう一つのアプローチは、知識を生産し伝達する社会集団の違いによって区別する。知識人はある種の知識には精通しているが、他の分野の専門知（expertise）や「実用知」（know-how）は、官僚、職人、農夫、助産婦そして巷の治療者が築いたものである。最近になってこのような暗黙知の領域に一部の歴史家が注目するようになり、特に帝国主義とか、ヨーロッパの支配者や地図製作者や医師らが所有していると主張する知識に対する現地居住者の貢献といった文脈で、興味がもたれるようになっている[53]。

知識に関する研究はエリートの知識を扱ったものが多く、他方、大衆文化の研究（一九七八年以降の私自身のものも含めて）は、大衆的な知識であれ日常的な知識であれ、どちらかといえばそれらの認識的要素について語ることがない[54]。本書でもいろいろと文献に当たりながら、知識の支配的形態、あるいは「学術的」形態、すなわち近代初期に頻繁に「学問」と呼ばれた形態に力点が置かれる。とはいえ学術的知識を、以前にもまして広い枠組みのなかに置き直す、という容易ならぬ試みもなされるだろう。学術界のエリートたちの知の体系と、〈もう一つの知識〉と呼びうるものとのあいだに起きる、競合、抗争、交代は、本書で繰り返し現われる主題である[55]。抗争は医学の事例においてとくに顕著になる。「狡猾の徒」（cunning folk）、旅回りの治療者、モリスコ〔キリスト教に改宗したスペインのムーア人〕や女性が行なう治療の場合などである[56]。具体的に例を挙げると、パリ在住の助産婦ルイーズ・ブルジョワが一六〇九年に出版した『種々の観察』に注目してもよいだろう。彼女はそのなかで自分のことを「神が自分に与えたもうた知識を記述するために筆をとった、この職業では最初の女性」と書いているからだ。

ここで読者を驚かせたいのであれば、いわゆるヨーロッパ近代初期の知的革命と言われる、ルネサンス、科学革命そして啓蒙主義は、いずれもある種の大衆的で実用的な知識が次第に表面化し（とりわけ活字化され）、何らかの学問的な機構により合法化したこと以上のものではない、と言うところだ。少し誇張した言い方であるにせよ、このような主張は、学者が行なう学問と知識を同一視する旧来の思い込みと同様に、それほど偏った見方ではない。例えばヨーロッパ人が他の大陸で収集した知識は、いつも自然や社会を直接観察して得ていたわけではなく、その土地の情報提供者に依存する場合が多かった（第四章参照）。

学者と職人との相互作用について例を挙げるなら、イタリア・ルネサンスに目を向ければよい。十五世紀初め頃のフィレンツェでは、人文主義者のレオンバティスタ・アルベルティが彫刻家のドナテルロや建築家のフィリッポ・ブルネレスキと頻繁に語り合っている。こうした専門家の助力がなければ、絵画や建築についての論文を書くことは困難だっただろう。ルネサンス建築の専門研究者たちも、石工の棟梁の技術的伝統と、彼らを抱えるパトロンの人文知識との相互作用を論じてきた。パトロンたちはときおりヴィトルヴィウスの建築書を片手にもって家を注文したりしたのである。実際、イタリア・ルネサンス期にはよく見られた、古典ラテン語の専門家と建築術の専門家とのあいだの共同作業なくして、古代ローマ時代に書かれた建築論のテキストが、編集され、解説されるようなことはありえなかっただろう。このテキストが編集され、ヴェネチアの貴族ダニエレ・バルバロによって一五五六年に翻訳されたとき、石工の訓練を受けた建築家パラディーノの助力を必要としたのである。(57)

多くの分野において、学者ばかりでなく実務経験のある男女が、活字化された知識の生産に何らかの寄与をなしている。(58) 人文主義者のゲオルギウス・アグリコラの鉱山術に関する書物（一五五六年）は、明らかにその大部分が、アグリコラが医師として生計を立てていたヨアキムシュタールという土地の鉱夫たちの話を聞き取って書かれたものである。モンテーニュにいたっては食人習慣に関する有名なエッセイのなかで、素朴な人の方が、新世界での経験を語る場合、偏向や偏見をもつ洗練された人びとよりも信頼できる証言を与えてくれる、とまで言っている。

人文・学芸へと話題を移すと、経済学という学問分野の誕生（一五五頁）は決して無からの発明ではなかった。新しい理論が打ち立てられたこともあるが、それだけではなく、商人たちの実用的知識に対して学問的な評価を与えたことも関係している。この商人の知識は、もともとは口承によるものであったが、例えばジョサイア・チャイルド卿の『商業論』（一六六五年）のような、後に東インド会社の総督に就任するロンドン商人の書いた論文によって、十六世紀から十七世紀にかけて印刷され広く流布するようになったのである。

たとえ境界を越えることが代償を要求するような場合でも、同じようなやりとりは、政治理論と政治実務の間にも成立していた。実務家が会合でときおり論じる規則や、支配者が実際に従っている規則について、マキャヴェリは明確かつ理論的に語ってしまったため、一悶着起こすこととなる。仕事を続けたいという願いからメディチ家の一員に贈った私的な文書であった『君主論』は、彼が死んで数年経った後、一五三二年にようやく出版された[59]。フランシス・ベーコンは『学問の進歩』（一六〇五年）のなかで洞察に満ちた一般論を展開した。もっともベーコンの場合、先輩のマキャヴェリに対していささか公正さに欠けてはいた。「折衝や商談に関わる知恵は、これまで収集され書かれたことはない」と述べているからである。

いわゆる「鑑定術」として知られるようになる、絵画と絵画技法に関する知識もまた、本来は口承で伝えられていた知識であったが、十六世紀になると、活字で読めるようになった。一五〇〇年に初版が出たジョルジョ・ヴァザーリの『画人伝』が有名である。この時代の理論と実践の相互作用の実例は他にもある。哲学の語彙のなかに保存されている「経験主義」(empiricism) という言葉は、医学理論をまったく知らない人びとや、民間医療の実践者を表わす伝統的な英語「やぶ医者」(empiric) から由来したものであった。『学問の進歩』のなかでフランシス・ベーコンは、病気の真の原因も知らず、病気を治療する真の方法にも通じていない「やぶ医者」のことを非難しているが、同じくらい厳しく、日常世界に注意を払わずに結論を導いてしまうスコラ哲学者を批判した。同じベーコンの『ノヴム・オルガヌム(新機関)』(一六二〇年)によれば、「いまだ試されていない、真の道」は、考えもせずにデータを集める経験的な蟻に従うのでも、自分自身の内部から糸を出して巣を紡ぐスコラ的な蜘蛛に従うのでもなく、収集も消化もする蜂に従うことなのである。大事な点は「感覚や特殊例から」出発することであり、ついで段階を踏んで一般的結論に達することだと言う(アフォリズム一九、九五)。この中庸の道こそ、第九章で扱うが、われわれが現在「経験主義」と呼ぶ方法なのだ。フランス語は empirisme で一七三六年に造語され、ベーコンの精神を体現した『百科全書』のなかの項目で論じられている。

ベーコンの経験主義的認識論と、たとえ学識のある人間であっても普通の人びとから学ばねばならないことがある、という(ベーコンよりも一世紀早く知識体系を改良しようとしたルイス・ビベスも共有していた)彼の信念との間には密接な関連がある。ロンドンの王立協会はベーコンの伝統を受け継ぎ、さまざまな商人や職人の特殊な知識や秘密を記録したものを出版した。博識家のゴットフリート・ライプニッツが独特のドイツ語混じりのラテン語で評したように、「理論家と経験者とを幸福に結婚させること」(Theoricos Empiricis felici connubio zu conjungiren) が重要だったのである。

ドニ・ディドロは、この意味ではベーコンのもう一人の賛美者であった。哲学者と同様に職人の知識に関心を抱く彼の態度は、『百科全書』のなかの例えば「技芸《アート》」の項目において顕著である。自由学芸《リベラル・アーツ》と機械技芸《メカニカル・アーツ》との区別（第五章で論じる）を、尊敬に値する有用な人びとの地位を貶めるという理由で、不幸な区別だと述べているからである。王立協会と同様に、ディドロとその協同者は、職人の知識を、実際的な場面で明らかに役に立つことを意図した『百科全書』のなかで公開した。例えば「大砲製作」という項目は、オスマン帝国のスルタンの軍事顧問が、一七七〇年代に製造に役立てている。(60)

本書では、この種の相互作用を背景に、知識の支配的な形態とりわけヨーロッパの知識人が所有する知識に焦点を当ててゆきたいと思う。けれども近代初期のヨーロッパの知識人とは、一体誰であろうか？　この問題をつぎの章で検討することにしよう。

第二章　知識を生業とする――ヨーロッパの〈知識人〉

天職……を学ぶことにより……他の者よりも先を見る光明が与えられる。

――バーロー

最初に私がやってきた、私の名前はジョウェット。
そこには知識はなかったが、私は知っていた。
私はこの学寮の寮長である。
私が知らないことは知識ではない。

――H・C・ビーチング

この章では近代初期のヨーロッパにおける、知識の主たる発見者、生産者そして普及者について論じる。このような発見者、生産者そして普及者は「知識人《インテレクチュアルズ》」として知られる場合が多い。カール・マンハイムは彼らのことを、あらゆる社会に存在する「その社会のために世界の一つの解釈を与えることを専門の仕事とする」社会集団である、と言い表わした。すでに引用した（一六頁）有名な言葉のなかで、マンハイムは彼らを「自由に浮遊するインテリゲンチャ」、「固定されない、比較的に階級性のない層」と呼んだ。[1]

連続と断絶

知識人が最初に歴史に現われたのは、十九世紀のロシアであるとしばしば言われる。そのころ「インテリゲンチャ」という言葉が、官僚機構のなかに地位を得る可能性もなく、それを望んでもいない教養ある人びとのことを言い表わすために造語された。こうも言われることがある。知識人の集団が出現したのは十九世紀末であり、ドレフュス大尉の罪の有無をめぐるフランスの論争のさなか、大尉の無実を訴える「知識人の宣言」（Manifeste des intellectuels）が提出された時である、と。[2]ジャック・ル・ゴフなどが有名だが、他の歴史家たちも、少なくとも大学を活躍の場とする中世の知識人について語ることがある。[3]このように意見の食違いがあるのは、一つには知識人の定義の違いによるのだが、ヨーロッパ文化史における変動と連続性の相対的な意義に対する、彼らの意見の大きな格差を露呈してもいるのである。

近代知識人についてのよくある見解は、彼らは十九世紀の急進的インテリゲンチャの後裔であり、インテリゲンチャは啓蒙主義フィロゾーフの継承者であり、フィロゾーフはプロテスタント聖職者が世俗化した人びとであるか、あるいはルネサンス人文主義者の末裔である、というものである。このような見解は、多かれ少なかれ現在に生きるわれわれと似た人びとに合わせて過去を調べている、という意味において、「現在に視点を置く態度」に偏りすぎている。ミシェル・フーコーは現在中心の姿勢や史的連続性に問題があることを見てとった最初の者ではないが、こうしたありがちな前提に最も先鋭な批判を浴びせた。

　フーコー流の知識人の歴史では、旧体制《アンシャン・レジーム》下の政権を転覆しようと望んだ十九世紀インテリゲンチャと、政治改革を望んだ十八世紀フィロゾーフとの間の断絶が論じられることがある。他方、聖職者の政治勢力に反対したフィロゾーフと、伝統社会における「封建的関係から解放された急進的知識人」の歴史の最初の実例としてとり上げられてきた、十七世紀の英国清教徒の聖職者との間に横たわる溝について言及されることもある。[4] とはいえその清教徒の目から見ると、彼ら自身の真の全体的な仕事、あるいは「天職」は、学問でも政治活動でもなかったのである。学問も政治もより高次の目的である信仰への異なる手段にすぎなかったのだ。彼らの理想は「聖人」であり、この目的のため彼らは反知性的態度を示すこともあった。[5] 断絶は他にもあって、プロテスタント聖職者はその先駆者とされるルネサンス人文主義者とはちがっていた。それに人文主義者たちがしきりに非難した、ル・ゴフの言う中世の知識人であるスコラ哲学者たちと人文主義者の間にも不連続が認められるのである。

　混乱を避けるために、サミュエル・コールリッジやアーネスト・ゲルナーといった先例に従い、知識の専門家のことをひとまず〈知識人〉[6]（clerisy）と呼んでおくのがいいかもしれない。自分たちを「教養人」（men of learning）（docti, eruditi, savants, Gelehrten など対応する表現は多い）とか「読書人」（men of letters）（literati, hommes de lettres などの呼称もある）など、さまざまに捉えられる社会集団を、以下において記述する際、ときおりこの〈知識人〉という表記を使うことになるだろう。この文脈で lettres は文学より学問を意味している。文学の場合は belles-lettres と形容詞を添える必要がある。

十五世紀から十八世紀にいたる時代、通常学者は自分たちのことを「書物の共和国」(Respublica litteraria)の市民と称していた。国境を越えて存在する一つの共同体に帰属している、という彼らの感覚をよく表わしている。この共同体は本質的には想像上のものであるが、書簡や書物の交換、相互訪問などの固有の慣習を発達させていた。若年の学者が経歴を始めるにあたって援助してくれるかもしれない先輩に対して、少なからぬ敬意の念をはらう、すでに儀礼となった作法など、言うまでもないだろう。(7)

この章の目的は一九四〇年に書かれた「知識人の社会的役割」(8)という、社会学の有名な論文について論じることである。今日ならばこの言い回しはさらに、女性の知識人に関する問いを促すことは避けられないだろう。十七世紀フランスの哲学者プーラン・ド・ラ・バールが『男女の平等』(一六七三年)のなかで指摘したように、女性は学問探究の場から、多かれ少なかれ「排除」されていたからだ。

十八世紀後半まで「青鞜」〔bluestocking 学問好きの女の意。一七五〇年頃モンターギュ家におけるロンドンの文芸愛好家の集まりで、女子会員が正装でない青色の毛編み靴下を履いていたので、その会合が嘲笑的に「青鞜会」と呼ばれたことに由来する〕という言葉はなかったにせよ、時代を通じて教養ある女性や「女性学識者」が存在したことは確かである。そのなかでも有名な名前を挙げると、『女性の都市』の著者である十五世紀のクリスティーヌ・ド・ピザン、モンテーニュの随筆を編集し、錬金術を勉強し、男女平等に関する論文を書いたマリー・ル・ジャル・ド・グルネ、オランダ共和国に住みユトレヒト大学に通って、女性の学問的適性について論じた博識の学者アン＝マリー・シューールマン、さらにルネ・デカルトやフーゴー・グロティウスなど多くの学者をストックホルムの宮殿に招き、退位後はローマに「物理数学アカデミー」を設立した、スウェーデンのクリスティーナ女王などである。

それでも女性は男性と同じように「書物の共和国」に参加することはできなかった。大学で女性が学ぶこともめったになかった。親戚とか家庭教師からラテン語を習うことはあったが、例えば人文主義者の会合に参加しようとしても、十五世紀の学識あるイタリアの女性イソッタ・ノガローラやカッサンドラ・フェデーレがそうだったように、体よく断られてしまうのであった。男の目から見ると知識人ぶっているように見えたのだろう。大衆から侮蔑を受けたイソッタは女子修道院に落ち着くことになった。[9]

女性は科学革命に関わってもいたし、啓蒙主義運動にも加担した。ニューカッスルの公爵夫人マーガレット・キャヴェンディッシュは王立協会に加わり、そこで自らの学問的立場を公表した。ヴォルテールは『風習に関する考察』をシャトレ侯爵夫人のために書いて、夫人の好きな自然哲学と同じくらい歴史には学ぶ価値があることを分からせようとした。この領域でも女性の立場は脇に斥けられていた。ベルナール・ド・フォントネルは女性の読者のために世界の複数性に関する対話を書いたし、フランチェスコ・アルガロッティは『女性のためのニュートン主義』と呼ばれる論考を出版したが、知的な女性なら易しい言葉で説明してやれば、新しい科学を理解できるだろう、という、いくぶん恩きせがましい思い込みがそこには含まれていたのである。[10]

中世

アベラールの愛人になるまでその生徒であったエロイーズの話は、十二世紀にしてすでに教養ある女性が存在しえたことを思い出させてくれる。古代末期以来、ヨーロッパの〈知識人〉が修道院の外の世界で目立つようになるのは、まさにこの時代からである。この面での発展が生じたのは、大学の発展と同じように、都市が興隆しそれに伴って労働分業が拡大した結果である。

〈知識人〉のなかには学識ある庶民の集団が含まれていた。よく見られたのは医師や弁護士などである。法律と医学は二つとも世俗的な教養職であり、中世の大学でも教えられていたし、大学の外部にも存在した。[11] いずれも協働集団であり、学校を組織することもあった（例えば、一五一八年に設立されたロンドン医学校）。知識の独占を維持し、非公式の競争者に対抗するためである。

ところが中世時代の大部分の大学では、教師も学生も聖職者の一員であり、修道会に所属している場合も多かった。特に顕著であったのがドミニコ会で、中世を通じてもっとも有名であったトマス・アクィナスもその一員であった。アルベルトゥス・マグヌスやロジャー・ベーコンのような、自然の学術研究者でさえ修道士であった。中世の学生は各地の大学を遍歴することが多く、国際的な集団でもあり、ラテン語の歌詞にあるように、偶然そこに住みついた都市のふつうの住民と自分たちは違うという意識を明確にもっていたのである。教師についていえば、彼らは主にわれわれが

「スコラ学者」と呼ぶ哲学者や神学者であった。もちろん彼ら自身ではこの呼び名は用いず、「読書人」(viri litterati)、「学者」(clerici)、「修士」(magistri)あるいは「哲学者」(philosophi)と呼んでいた。こういった読書人の一部は、十二世紀のイギリス人サリスベリーのジョンのように、宮廷のなかにも見いだすことができる。(12)

「スコラの人」(scholastici)という呼称は、新しいスタイルの大学カリキュラム「人文学芸」の支持者たちがつくり上げた蔑称であった(第五章参照)。この新しいカリキュラムの教師には「人文主義者」(humanitae)という通称が用いられ、まずイタリアに広まり、やがてヨーロッパの他の地域にもくまなく流布したのである。この人文主義者は〈知識人〉の新たな形態であった。聖職に就いている者もいたが、多くは平信徒であり、学校や大学で教えたり、家庭教師をしたり、あるいは資産家のパトロンの世話になったりした。人文主義者の少なくとも一部にとっては、教えることは職業というより宿命であった。あるイタリアの人文主義者は、十五世紀後半の手紙のなかで、仲間にこう語っている。「つい最近まで国王の知遇を得て楽をしていたのに、不運の星の下に生まれたんだね、今では学校を開いているんだ」。学校や大学の主に法学部の教師の給料は、不運の星の影響があろうとなかろうと、一般的に低いものであったから、このような反応があったとしても容易に理解できよう。教えるという行為は、知識を糧に生計を得る道を与えはしたが、さほど十分な生計ではなかったのである。(13)

「人文主義者《ユマニスト》」という言葉の出現は、少なくとも大学において、人文学芸を教えることを通じて、教師のあいだで仲間意識が共有されていたことを示唆してくれる。人文主義者たちが設立した学会やアカデミー（第三章で論じる機関）の存在も、集団意識の出現を物語っているのである。[14]

印刷術のもたらしたもの

印刷術の発明がもたらした大きな結果の一つに、〈知識人〉が仕事に就く機会を拡大したことがある。ヴェネチア共和国のアルドゥス・マヌティウスのように、学術出版業者になる者もいた。[15]他にも印刷所で働く〈知識人〉がいた。校正刷りの直しや索引の制作、印刷出版業者からの委託で新しい書物を翻訳したり、執筆することもあり、依然として困難ではあったにせよ、「読書人」の経歴を続けることが少しは楽になったのである。少なくともエラスムスは書物を書いて収益を得たおかげで、パトロンの世話にならずに生活できるようになった。実際、ノルベルト・エリアスは人文主義者を全体的に記述する際に、マンハイムの流儀に倣って、とりわけエラスムスだけを「自由に浮遊する知識人」の実例として描き、その時代の社会集団から離脱することで「距離をとって自分を眺める」機会を得たとしている。[16]

ヴェネチアでは特に、人文主義の教育を受けた知識人集団が、十六世紀半ばにはすでに文筆活動で生計を立てていた。多くの話題にわたって書きまくったので、「多筆家」（poligrafi）として知られるようになった（第七章参照）。同じような人物は十六世紀後半になると、パリやロンドンなどの都市にも見られるようになる。書物といってもいろいろあるが、なかでも年代記、宇宙誌、辞典そして入門書の類いを出版する例が多かった。

教会と国家における機会

これまで述べてきた集団は、十六世紀の学識者に開かれていた機会すべてを利用していたわけではなかった。宗教改革がまた別の機会を提供したからだ。マルティン・ルターの万人司祭の考えに従えば、本来、聖職者は過剰に存在することになる。ウィッテンベルク大学のルターよりも過激な同僚アンドレアス・カールスタットは、学位など廃止せよ、とまで主張した。ところがルターは、福音書を大衆に教えるのに学識ある聖職者が必要だ、という考えを、次第に支持するようになり、ジャン・カルヴァンや他のプロテスタント改革者もその点ではルターに追随した。カトリック教会では十六世紀半ば以降、宗教学校を設立し、教区司祭の教養に対して同じように関心をもつようになっていた。[17] このような機関で教育を受けた聖職者の一部は、学問を職業だと理解していたようだが、その一方で教区の仕事を続けていたのである。事項別文献目録の編者の草分けであった、ルター派教会の主任司祭ポール・ボルデュアンもその一人であった。このように教会は学問を保護したけれども、決して意図してそうしたわけではないのである。

十六世紀から十七世紀初期にかけて学生数は増加してゆく。法学の学位を取得した者を行政府が必要としたということもあるが、教区司祭を養成する機関として、大学が新しい機能を果たすようになったからである。十七世紀半ばまでに、社会に対する学生の供給量は、仕事に必要な需要量を越えるようになっていた。そのため卒業生のかなり多くが、将来を悲観するようになっていたのである。ナポリでは一六四七年から翌年にかけて、スペインに対する暴動が起こり、それに学生が加わった。ある事件では三〇〇〇人の武装学生が街路を行進し、博士号の取得経費の値上げに反対したりした。こうした「疎外された知識人」の活躍もあって、名誉革命が生まれたのだ、という指摘が、イギリスではある[18]。

大学で訓練を受けた読書人の一部は、統治者、貴族、学識者の書記の仕事にありつくようになる。代表的なイタリア人文主義者の歴代の顔ぶれを見ると、レオナルド・ブルーニ、ポッジオ・ブラッキオリーニそしてロレンツォ・ヴァッラと、いずれもローマ法王の書記官を務めている。書記という仕事は新しいものではないが、統治者や貴族の書類仕事が増加するにつれ、この仕事のやり方を書いた指南書の数が、この時代とくにイタリアでは増加し、いかに書記官が重要な仕事であったかを物語っている（第六章参照）[19]。十六世紀後半のスウェーデンは、「書記官の支配」の時代として歴史に記録されている。牧師の息子であったイェラン・ペルソンのような身分の低い者も書記になれた時代である。ペルソンは事務官というよりは顧問であり、国王エリク十四世が敵方の貴族に殺されるまで、その右腕として活躍した。この時代、書記官の支配がさらに顕著であった、フェリペ二世の統治するスペインでは、レトラード（letrado）（読書人 litteratus に由来する）という名で、国王に奉仕する法律家を呼ぶようになり、古くから国王を取り巻いていた近衛兵に対抗する勢力となっていた。その仕事は相談役であり、多くの文化圏における〈知識人〉の主要な政治的機能となったのである[20]。

学者たちもまた書記や筆記を自分の仕事と考えることがあった。たとえばエラスムスは自身学者であるジルベール・クーザンを雇用した。他方、フランシス・ベーコンの秘書のなかには若きトマス・ホッブズがいた。外交官もそれぞれ助手を抱えていて、アムロ・ド・ラ・ウセーのような読書人を雇うこともあった。ウセーはフランスのヴェネチア大使の書記であり、その地位を利用してヴェネチア共和国の隠された文献に関する情報を集め、後にそれをまとめて出版した（二二二頁参照）。十七世紀までに学識者の協会（learned society）にも書記の仕事が生まれた。ベルナール・ド・フォントネルはフランス科学アカデミーの書記であったし、ヘンリー・オルデンバーグも王立協会の書記であった。フォーミイはベルリン・アカデミー、ペル・ヴィルヘルム・ヴァルゲンティンはスウェーデン・アカデミーの書記であった。オルデンバーグのように給料がもらえる場合もときどきあった。

十七世紀半ばまでに、たとえ依然としてリスクはあったものの、有力者の世話になりながら著述を営んで、著作家として学者として生きる可能性が高まりつつあった。一六四三年から一六六五年のあいだに活躍したフランスの著述家を分析したところ、戦略さえ誤らなければ、ラシーヌの戯曲やボアローの詩だけでなく、歴史書や辞典を含む広い意味での文芸で食べていくことも可能になっていた[21]。

伝統との断絶をあまり誇張してはなるまい。王室から与えられる年金は、知識人にとって欠かすことのできない収入源であった。たとえばルイ十四世はボアローやラシーヌのような詩人ばかりでなく、天文学者のジャン＝ドメニコ・カッシーニや古典学者のシャルル・デュ・カンジュにまで寛大にも年金を賦与した。ニコラ・ド・ペレスクやジョン・セルダンなどの法学者やテオドール・ツヴィンゲルやオーレ・ヴォルムら医師たちは、余暇を利用して学問に重要な貢献をなした。〈知識人〉であるか少なくとも聖職者として糊口を凌いでいる著述家の数は、無視できぬほどに多かった。

ルイ十四世の時代にも依然として彼ら聖職者が多数を占めていたのだ[22]。本書で扱う時代の最後まで、そしてさらにその後も含めて、出版された学術書の実質的に大部分が、依然として聖職者によって書かれていたのである。

構造的分化

一六〇〇年頃までにヨーロッパの聖職者の内部に社会的分化の過程が顕著に起きつつあった。著述家は半ば独立した集団をなし、十七世紀フランスがそうであったように、オトゥール（auteur 作家）やエクリヴァン（ecrivain 文筆家）といった言葉が多用されるようになるほど、自己意識も顕著になっていった[23]。われわれの時代においても「知の仲介者」（information brokers）のような言葉で、小規模でも影響力のある集団を表わすことがある。異なる地域に住む学者同士を、互いに接触させる仕事をしているためである。知識素材を集めるばかりでなく、知識を組織しようと試みる者もいるので、「知識管理者」（knowledge manager）と言うこともある。この種の集団に属する者の一部の名前は、何度も見ることになるだろう。フランシス・ベーコン、ジャン＝バティスト・コルベール、ドニ・ディドロ、サミュエル・ハートリブ、ゴットフリート・ヴィルヘルム・ライプニッツ、マラン・メルセンヌ、ガブリエル・ノーデ、ヘンリー・オルデンバーグ、テオフラスト・ルノードなどである[24]。

大学教授もまた他とは区別される集団をなしていた。とくにドイツ語圏の場合が顕著であり、十八世紀後半までに四〇以上の大学が存在していた。他の高等教育機関は勘定に入れずに、である。

教授たちは平信徒が多く、教授の子息か婿である場合も少なくなかった。大学式服や称号にこだわったり、ウプサラ大学などのように歴代教授の肖像画を陳列した廊下があったり、他とは違うというアイデンティティをもっていたようだ。十九世紀のオクスフォード大学バリオル・カレッジの学寮長ベンジャミン・ジョウェット（本章の冒頭の引用句で槍玉に上げられている人物）の如く、近代初期の教授職は知的権威を体現していたのである。

近代初期の学者は自分たちの仕事を、一つの職業と見なすようになりつつあった。十七世紀後半のイギリスでは、マックス・ウェーバーが職業としての学問について有名な回顧録を残す二世紀以上前に、ケンブリッジ大学トリニティ・カレッジの学寮長アイザック・バーローが『勤勉さについて』という論考のなかで、学問を職業あるいは「天職」として論じ、学者の「仕事」は「真理を見いだすこと」であり、「知識に到達すること」であると主張していた。バーローの言う「知識」とは「明白で通俗的なことがら」に関する情報などではなく、「普通になされる観察や理解とはかけ離れた、崇高で、難解で、複雑で、厄介な主題」を意味していた。専門の学問職に就く者も、自分たちの仕事を天職と見なす場合があった。ドイツの歴史家ヨハン・スライダンやフランスの歴史家アンリ・ド・ラ・ポプリニエールがそれに当たる。(25)

こうした学問世界の社会的分化に伴い、異なる集団のあいだで抗争が起きるようになる。たとえば十七世紀半ば以降になると、イギリス人が「司祭団」と呼ぶ者への攻撃が激化する。つまり、ふつうの人びとを欺いているという理由で、特定の知識人集団の権威を攻撃するようになる。(26)もし聖職者たちが依然として学問世界に威光を放っていなかったならば、そもそもこのような攻撃はなかっただろう。だが超然主義という新しい理想、あるいは当時言われた国家と教会の集団から批判的に距離をとる（十八世紀末になってようやく庶民は知識を「客観的な」ものとして語り始める）、という意味で「公平性」の理想を掲げる、平信徒の学者がつくる集団が実質的に存在しなければ、やはり攻撃は不可能であったろう。法学者も医師も世俗化された聖職者であると見なされ、顧客や患者には分からない言葉で幻惑して知識の独占を固守する者として攻撃されたのである。[27]

ところが十六世紀中葉以降、フランスでは文学（lettres）と日常語が尊重されたのに対して、ドイツではラテン語文化や学識（Gelehrtheit）に興味がもたれた。ドイツ人はフランス人を軽薄だと考え、フランス人はドイツ人を衒学的だと敬遠した。貴族愛好家あるいはイタリアで（そしてイギリスでも十七世紀後半に出現し、美術、考古遺物や自然の造形を研究した）ヴィルトゥオーシ（virtuosi）と呼ばれた人びとは、職業的教師や著述家を見くだす傾向があった。マンハイムを思い起こさせる（が、彼よりも三〇〇年早く書かれた）一節のなかで、設立されたばかりの王立協会の歴史を書いたトマス・スプラットは、まさに「自由で制約を受けていない」という理由から、自然哲学の研究において、ジェントルマンが重要な役割を果たすと主張した。一部のフランスの学者が用いたキュリユー（curieux 好奇心、好事家）という言葉は、彼らの探究心の動機が利害から離れた知的好奇心であったという印象を与えるし、実際のところ疑いもなくそのように意図された言葉であった。[28]

一七〇〇年頃からは、教師や著述家ばかりでなく、知識の蓄積を目的とする一定の組織の一員としてその組織から俸給を受ける、恵まれた知的職業に就くことも可能となった。パリ、ベルリン、ストックホルム、サンクト・ペテルブルグなどで資金が集められ設立された科学アカデミーなどがそれに当たる。もちろん使える資金は潤沢ではなく、給料をもらえると言っても、他の仕事の収入で補う必要はあったのだが、ともあれ給料は出たのである。この種の組織に雇われた人びとを「科学者《サイエンティスト》」（この用語は十九世紀になって造語された）と呼ぶかどうかは別として、この集団の出現はヨーロッパの〈知識人〉の歴史において、間違いなく重要な契機であった。組織の成員のなかには、伝統的な大学での職を蹴って、アカデミー研究員の仕事を意識的に選んだ者もいる。[29]

ゴットフリート・ライプニッツやアイザック・ニュートンほどの能力のある者は、学会の会長職を務めながら他の仕事もこなしていた。たとえばライプニッツは司書としても活躍した。司書は近代初期に重要性を帯びるようになった、もう一つの職業である。学者と司書を兼ねた者は、他には十五世紀のヴァチカン宮殿に務めたバルトロメオ・プラティナや十六世紀ウィーンのフーゴ・ブロティウス、十七世紀のローマとパリに在住したガブリエル・ノーデ、十七世紀キールのダニエル・モルホーフ、十八世紀イエナのブルクハルト・シュトルーヴェ、そして十八世紀モデナの歴史家ルドヴィーコ・ムラトーリなどである。この時代の司書は、「書物の共和国」（Republic of Letters 文壇の意もある）のなかの重要な「媒介者」と見なされてきた。しばしば学者自身も、仲間に情報をもたらすことがあったが、普遍的知識の理想を捨てるという点では、多くの仲間よりも反応が遅かった。[30]

大学で働くもう一つの選択肢は、大学顧問や歴史編纂官などの管理職に就く場合であった。この職種の任用はすでに中世に認められるが、近代初期になって国家の中央集権化が進むにつれてその数は増えていった。これらの職に就いた学者や著述家から有名な者を挙げると、ジャン・ラシーヌ（ルイ十四世の歴史編纂官）、ジョン・ドライデン（チャールズ二世の歴史編纂官）、ザムエル・プーフェンドルフ（プロシアとスウェーデンの統治者の歴史編纂官）、さらにヴォルテール（ルイ十五世の歴史編纂官）などがそうであった。この集団にさらにつけ加えるとすると、今なら「文化事業」や「宣伝広報」と呼ぶようなことに関して、政府に助言する仕事をしていた、少数の読書人たちがいる。ルイ十四世のフランスでは、たとえば、詩人で批評家だったジャン・シャプランやシャルル・ペロー（寓話集の著者として今日では知られている）などが「小アカデミー」を形成し、君主の最良のイメージを公衆にいかに伝えるかを詮議していた。[31] ヘルマン・コーンリング（一三九頁参照）やブルクハルト・シュトルーヴェのようなドイツの学者の一部は、大学教授であると同時に諸侯の顧問でもあった。中国の官吏と同様に、彼らは所有する知識に応じて権限を与えられていた。ドイツ官僚の台頭はこの時すでに始まっていたのである。[32]

集団的アイデンティティ

分化と抗争があったにもかかわらず、〈知識人〉の集団的アイデンティティが日増しに強くなっていったことは、イタリアのイエズス会士ダニエレ・バルトリによる『読書人』（一六四五年）（何度も再版され翻訳された古典）やダランベール侯爵による同じ主題の「エセー」（一七五二年）のように、読書人に関する書物が出版されたことから推察できる。『百科全書』にも「読書人」（Gens de lettres　文学者の意味もある）の見出しがあり、彼らは決して視野の狭い専門家ではなく、「すべてに没頭できるわけではないが、さまざまな分野に通じることのできる」(en état de porter leurs pas dans ces différentes terrains, s'ils ne peuvent les cultiver tous) 人間であることが強調されていた。十八世紀スイスの医師シモン・ティソは、読書人の職業につきまとう健康上の危険を警告する本(一七六六年)さえ書いているほどだ。

ドイツ官僚に話を限れば、彼らは「学識者」(Gelehrte) あるいは「博識家」(Polyhistor) と呼ばれることを好んだ。十七世紀のドイツでは、これらの人びとは社会階級ないしは社会的地位 (der Gelehrte Stand 知識階級) として記述されることもあった。彼らが集団意識をもっていたことは、ダニエル・モルホーフの著書『博識家』(*Polyhistor*)(一六八八年) の出版からその徴候を見てとれる。この本は当時の学問への案内書で、売行きを競ったブルクハルト・シュトルーヴェの『学問の知識入門』(一七〇四年) と同様に何度も版を重ねた。もう一つの特徴は、ヨハン・ブルカルト・メンケ教授が編集した『学者人名録』(*Gelehrten-Lexicon*)(一七一五年) や、哲学者ヤコブ・ブルッカーが編集した『ドイツ学界栄誉の殿堂』(*Ehrentempel der Deutsche Gelehrsamkeit*)(一七四七年) などの伝記集成が出現したことである。他にも自己意識の徴候はある。批評家ヨハン・クリストフ・ゴットシェートはこう主張しているからである。優れた学者は「理性と強力なペン」(die Vernunft und eine machtigere Feder) よりも上位の存在を認めず、統治者と同じくらい自由である、と。(33) この時代の最後になると、ライプツィヒ大学の学生であった若き日のゲーテは、教授たちの高い地位に感銘を受けている。

ヨーロッパの〈知識人〉は自らを「書物の共和国」の市民であると捉えていた。この表現は十五世紀まで遡るが、十七世紀中頃以降頻繁に使われるようになった。『書物共和国新報』(*Nouvelles de la Republique des Lettres*)は、一六八四年に刊行されはじめた雑誌のタイトルである。一六六〇年以降この種の学術的、文化的批評誌は年を経るごとに増えていった。他には『知識人雑誌』(*Journal des Savants*)(一六六五年創刊)、王立協会の『哲学紀要』(*Philosophical Transactions*)(一六六五年創刊)、ローマの『文壇雑誌』(*Giornale de' letterati*)(一六六八年創刊)、ライプツィヒの『学術日報』(*Acta Eruditorum*)(一六八二年創刊)などがある。(34)

『書物共和国新報』の編集をしたのはピエール・ベールであった。これまでこの時代の代表的知識人として記述されてきた人物である。ベールはフランスのカルヴァン派の教授で、ルイ十四世治世下で起きたプロテスタントへの迫害から逃れ、オランダ共和国へと亡命した。しばらくロッテルダム大学で教えたが、生計を立てるため著述業に転じた。懐疑主義の歴史ばかりでなく、辞典の歴史や脚注の歴史においてもベールは足跡を残しているので、本書でもベールの名前は何度も登場することになる。(35)

プロテスタントの礼拝の自由を許した勅令が一六八五年に廃止されると、多くのカルヴァン派の牧師たちはベールと同じようにフランスを脱出している。カルヴァン派の聖職者の供給が牧師および伝道師の需要を上回ったことを知ると、彼らの一部は出版業に転じ、とくに定期刊行雑誌の出版にたずさわるようになった(第七章参照)。このようなもとは牧師であった人びとが、史上最初の「ジャーナリスト」になる。ジャーナリストという呼称は一七〇〇年頃にフランス語、英語、イタリア語の語彙に含まれるようになり、学術雑誌や文芸雑誌の著者を表わした。日刊や週刊のニュースを報告する身分の低い記者（gazetiers）とは区別されていた。印刷術はこのようにして、常に新しい職業を生み続けていたのである。[36]

十八世紀になると定期刊行物も増え、ジャーナリストはますます影響力をもつようになる。歴史家を含む優れた学識者に与えられる賞も増えていった（第八章）。イギリスではすでにアレクサンダー・ポープが最初の独立した読書人として記述されていたが、すぐ後にサミュエル・ジョンソンが続いた。[37] フランスでは、ディドロや『百科全書』の寄稿者などに代表されるフィロゾーフが、ベールやジョンソンを継承した。参考書を書いて自らペンで食べていこうとしたのである。もっとも政治的プロジェクトを支援するために百科事典を用いた、というのはかなり斬新な行為であった。

文学で成功した有名な例があるからといって、「地下の文学」あるいは十八世紀イギリスで語り草になった「グラブ街」〔イギリスで貧乏文士が住んでいた街の名称〕のことを忘れてはなるまい。つまり、ヴォルテールが「犬ころ作家」（la canaille de la litterature）と表現した、売れない極貧の作家たちの世界のことである。[38] そうは言っても、比較的な見地からすると、十八世紀半ばまでに、自らの政治意見をもった多かれ少なかれ独立した読書人が、ヨーロッパのほとんどの地域に出現したことは目覚ましいことであった。彼らはパリ、ロンドン、アムステルダム、ベルリンなどの数少ない主要都市に集中し、互いに密に連絡を取り合っていた。敢えて「ほとんどの地域」と言ったのは、ギリシア正教会あるいは東方正教会の支配する世界では、ディミトリ・カンテミア（モルドヴァ公国の王子でベルリン・アカデミー会員）や、神学校で学んだあと一七三六年にサンクト・ペテルブルグの科学アカデミー付属の学校に転校した、ロシアの偉大なる博識家ミハイル・ロモノーソフなどの「欧化した」少数の例外はあるにせよ、〈知識人〉は依然として聖職者であったことを銘記して欲しかったからである。

イスラム世界と中国

ヨーロッパの〈知識人〉はもちろん唯一の存在ではない。例えばイスラム世界では「ウラマ」（'ulama）（換言すると「イルム」'ilm すなわち「知識」における専門家）は、モスクに付属する学校（マドラサス madrasas）の教師であれ、裁判官であれ、あるいは統治者の顧問であれ、社会のなかで久しく名誉ある地位を与えられてきた。ヨーロッパ中世と同様に、イスラムの〈知識人〉は宗教（聖法典を含む）と関わりをもっていた。だがイスラムでは神と個人とのあいだを媒介する可能性を否定しているので、彼らはキリスト教的な意味での聖職者ではなかった。[39] イスラムの〈知識人〉のなかには、ヨーロッパ中世にその名を轟かせたイブン・シーナ（ラテン名はアヴィケンナ）やイブン・ルシュド（ラテン名はアヴェロエス）のように、国際的評価を得る学者も存在した。

近代初期のオスマン帝国ではヨーロッパと同様に、学業を終えた学生たちは、ウラマすなわち「学問的職階制」のなかでの雇用を期待するようになったが、その期待は挫折し、十七世紀半ばには、オクスフォードやナポリと同様にイスタンブールでも学生たちは不満を募らせていた。[40] イスラムの学者と近代初期のヨーロッパの学者との大きな違いは、伝達メディアの違いにあった。すでに見たように、印刷術はヨーロッパの読書人たちに多様な就職機会を与えていた。ところがイスラム

世界では印刷術は禁止され、一八〇〇年頃まで口承と筆写稿による伝達の世界が存続していたのである。(41)

中国では「進士」あるいは「郷紳」という地位がいっそう名誉あるものとされていた。(宦官などとの競争があったが)二〇〇〇年ほどの長い期間、皇帝のために国家を運営してきたのは、まさに進士たちであったからだ。大半の期間において、政治的エリートである行政官や官僚は異なるレベル(行政区、県、郡、そして首都)の競争試験を受け、その結果に基づいて採用された〔科挙制度のこと〕。受験生は試験棟内の寝室付の個室で、他の受験生から隔離されて試験を受けた。儒教の古典への注釈を主とする試験の解答は、受験生を直接知らない採点者によって精査された。この〔科挙〕制度は近代初期のヨーロッパ世界でいえば「実力主義」に近い。(42)

中国に対するヨーロッパ人の関心の高まりは(一九四頁で論じる)、嫉妬がそこにあったことは言うまでもないが、とりわけ〈知識人〉(ヨーロッパでは読書人として知られる層)に関する活発な好奇心を内包していた。オクスフォード大学の学監ロバート・バートンは有名な『メランコリーの解剖』(一六二一年)のなかで、「私自身のユートピア」と呼ぶものを提案している。その理想の共和国では、「中国の読書人のように」行政官は試験によって選抜される。王立協会の『哲学紀要』(一六六六年七月)のある執筆者は、中国に関する新しい記述への書評のなかで同じ基本的問題を掲げて提示して、「中国の貴族階級は学問と知識によって育まれていて、血縁や親の威信とは無関係である」と指摘している。十八世紀フランスの改革者フランソワ・ケネーが中国の科挙制度を模倣しようとしたのも、ヴォルテールが「有用な読書人」である中国官僚を尊敬していたのも、同じ理由からである。こうした中国の制度の影響を受けて、十九世紀のフランス、プロシア、イギリスで公務員の採用試験制度が導入されたことは当然であった[43]。

まともに書けば十分一冊の書物を必要とするテーマである、近代初期の〈知識人〉についてこれまで簡単に論じてきたが、少なくとも〈知識人〉が仕事を求めた多種多様な制度を考慮に入れなければ、彼らのアイデンティティを定義することが困難であることは分かっただろう。つぎの章では、〈知識人〉の活躍の場となった制度や知識に対するその寄与を調べることにしよう。

第三章　知識を確立する――古い機関と新しい機関

学校、アカデミー、カレッジそして学識者の住居であり、学問の教化の場であるすべての組織の慣習と制度において、すべてのことは知識の進歩に逆行していることが判明する。

――ベーコン

グーテンベルクは大学講師ではなかったし、コロンブスも教授ではなかった。

――シェフラー

すでに述べたように（一六頁）マンハイムによれば、「自由に浮遊するインテリゲンチャ」の抱く信念は、他の集団の信念よりも社会的圧力を受けにくいと言う。この発言に挑発された経済学者ジョゼフ・シュムペーターは、マンハイムの知識人は「偏見のかたまり」である、と応じた。[1]それが事実であるかどうかは別として、近代初期の〈知識人〉の大半は、現代の知識人のように全く自由に浮遊していたわけでなく、大学のような機関に結びついていた、という事実に目を向ける必要がある。知識の制度的文脈は、その歴史の本質的部分をなす。[2] 諸制度は外部からの圧力を受けることもあるが、自ら社会的衝撃を及ぼすこともある。新しいものを生み出そうとする力とそれに抵抗しようとする力は、いずれも知識の社会史の研究において、特にふさわしい検討素材となる。

近代初期のヨーロッパに話題を移す前に、後々の議論に役立てるため、二つの一般理論について述べておこう。知的改革および文化的再生の社会学に関わる理論である。第一のものは、ソースタイン・ヴェブレン（一三頁参照）に結びつけられる理論で、アウトサイダーすなわち社会の周縁にいる個人や集団に焦点を当てたものである。すでに見てきたように、「ヨーロッパ近代におけるユダヤ人の知的優越性」に関する論文のなかで、ヴェブレンは二つの文化的世界の境界にユダヤ人が位置することによって、その優越性を説明した。その位置が懐疑主義と超然たる態度を促し、ユダヤ人にうまく適合したため、彼らは、イタリア人社会学者ヴィルフレード・パレートが知的「思索家」と呼んだものになれたのだ、[3] と。

パレートはこのような思索家を、対極にある社会類型である、伝統の枠内で活動する知的な「不労所得生活者」と比較した。第二の理論は、ピエール・ブルデューに帰せられるものであり、学術機関によるその種の不労所得生活者の生成と、学術機関の自己再生の傾向、すなわち彼が「文化資本」と呼ぶものの集中と移転に関わるものである。いいかえるならば、それらは「既得権益」を拡大していることになる。ノルベルト・エリアスが「支配層」に関して同じような主張をしている。エリアスは短いながらも透徹した論文のなかで、学術分野を「独立国家の特性の一部」をもつものとして記述し、資金獲得のための競争、独占への野心、そして異分野を排除しようとする傾向をもつと分析した[4]。職業の歴史においても、似たような独占化と排除の戦略を見てとることができる。聖職者、法律家、医師がそうだし、十九世紀になると、技術者、建築家、会計士などがそれに加わる。

これらの二つの理論は一見うまく整合するように見えるものの、もちろん、無条件に広く適用できると仮定するのは愚かなことである。だが、一四五〇年から一七五〇年に成立した組織をざっと吟味する際、この二つの理論を念頭においておくと役に立つだろう。

中世後半については、ブルデューとエリアスの理論はかなりうまく適用できる。すでに述べたように、十二世紀以降のヨーロッパでは、都市の興隆と大学の成立が同時に起きている。ボローニャ大学とパリ大学が原型となって、オクスフォード大学、サラマンカ大学（一二一九年）、ナポリ大学（一二二四年）、プラハ大学（一三四七年）、パヴィア大学（一三六一年）、クラコフ大学（一三六四年）、ルーヴァン大学（一四二五年）など多くの大学が相ついで設立される。グラスゴー大学が創設された一四五一年までに、約五〇の大学がすでに生まれていた。これらの大学は共同体でもあった。法的特権をもち、それぞれの地域での独立と高等教育の独占を許され、大学間で相互に学位を認知していた[5]。

当時、大学は知識を発見する場ではなく、むしろ知識を伝達することに専念する場である、ということは、議論の余地のない前提であった。同じように、後代の人間は、過去の偉大な学者や哲学者の意見や解釈を否定したり、対等に張り合ったりしてはならず、教師の仕事は権威（アリストテレス、ヒッポクラテス、トマス・アクィナスなど）の見解を説明することに限られることが前提されていた。

こうした前提があったにもかかわらず、議論は促進され、特定の「主題」を支持する者と反対する者とのあいだでなされる、法廷論争のような形式の「学問的討論」が特に奨励された。トマス・アクィナスの事例は、「近代人」であっても古代人に代わって権威になりうることを教えてくれる。たとえアクィナスがそれをなし遂げたのが、何か新しい伝統を築いたからではなく、異なる伝統に含まれた要素を総合したからであったとしても、である。神学を論ずる際に異教徒の思想家アリストテレスをアクィナスが用いたことに対する反論が効を奏したことは、このような制度を純粋に知的合意にのみ基づいて記述することが、いかに誤ったものであるかを示している。中世後期の大学における異なる哲学の学派間の論争、有名なところでは「実在論」と「唯名論」とのあいだの論争についても、同じことが成り立つ。実際のところ、近代初期においては、中世以来の大学は同意ばかりしていると非難されたことはなく、むしろ論争に加担しすぎた点を批判されたのである。とはいえ、その論争の指導者たちは多くの前提を共有していて、論争は一般言明あるいは「普遍者」の論理的身分のような厳格な話題にのみ限られていた[6]。

すでに第二章で述べたように、中世のヨーロッパでは大学教師はほとんどが〈知識人〉であった。十二世紀に発達した比較的新しい制度である大学は、キリスト教会という古い制度の上に据えられていたのだ。中世の教会が知識を独占していた、と書くことは、一般的であっても不思議なことではない[7]。ところが、第一章で指摘したように、知識が複数存在したことを忘れてはならない。この場合に関わってくるのは、(独自の教育機関や仕事場や職業組合をもつ)中世の職人、騎士、農民、助産婦、家政婦などの知識である。このような知識はいずれも話し言葉によって伝達された。ところが印刷術が発明されるまでに、西欧における庶民の教養はすでに長い歴史を有していたのである（東欧では、これと比べると、東方教会とキリル文字が支配していて、教養ある庶民はほとんどいなかった）。この時代に大学と同様に増えつつあった異教徒たちは、書物に記録された思想について論じ合う「テクスト共同体」を形成していた、と言われている(8)。

知識の多様性は、ときには競合したり、抗争を繰り広げたりしたが、知識の変化を説明するのに役立つ。だが重要な問題が残されている。異教徒やその他の部外者は、果たして知的支配層に入ることができたのか？ もしできたのならば、どのようにしてなのか？ 公式であれ非公式であれ、体制に変化はあったのか？ 知的説得や政治的協調の結果ではないのか？ 知的革新は制度改革に結びついたのか、あるいはそうした革新が可能となる生態的な場を得るには、新しい機関を創設しなければならなかったのか？(9) このような問題は当時からときおり論じられてきた。有名な例がフランシス・ベーコンである。一世代後のルイ十四世の宰相ジャン＝バティスト・コルベールと同様に、学問の歴史における、建造物、基金、寄付などの物質的な要素の重要性を、ベーコンはかなり意識していた。「学問の革新」と自ら呼んだものに向けて、あれこれと豊かに計画を立てた十七世紀半ばのベーコンの後継者たちも同様であった(10)。

以下の節では、ルネサンス、科学革命、啓蒙主義の三つの大きな文化運動に焦点を当てて、三世紀にわたる知識の変化を検討する。特に知的革新の進行における諸機関の役割に、たとえそれが役立つものと見なされようと、障害と見なされようと、注意を払っていこうと思う。新しい分野の創造と確立に関しては、後の知識の再編成の一部として第五章で詳しく論じる予定である。

ルネサンス

ルネサンスに関連づけられる人文主義者の動きは、少なくとも革新と言うよりは、古典的伝統の復活の動きであった。それでもその運動は「スコラ学者」、すなわち「中世」の大学を支配した哲学者や神学者たちの、因習的な知恵の大半に反対したという意味では革新的であり、意識的でもあった。「スコラ学者」や「中世」という表現そのものが、この時代の人文主義者の造語であり、過去ときっぱり抉別しようとする彼らの意図が含まれていた。

人文主義者の大半は、批判の矛先である大学で学んだ。とはいえ、最も創造的な人間の一部は大学制度の外で生活の大部分を送っていた。たとえばペトラルカは放浪する読書人であった。ロレンツォ・ヴァッラは知的「権威」を批判したことで疑いをかけられてパヴィア大学を去り、ナポリ王の宮廷に入り、後にローマ法皇に仕えた。レオナルド・ブルーニはフィレンツェの書記官であり、共和国のために書簡を書く仕事をした。マルシリオ・フィチーノはメディチ家に医師として仕えた。彼らよりもはるかに創造的で、異質の存在であったのはレオナルド・ダ・ヴィンチである。レオナルドは画家として訓練を受け、独学で万能の人間となった。イタリア以外では、人文主義のなかで最も有名なエラスムスは、パリからポーランドにいたる多くの大学から永久就職の申し出を受けたが、どの大学にも長く逗留することを拒んだ。

人文主義者たちは議論によって思想を高めていったが、彼らの議論は、長らく権威をもっていた集団が新しい主題に敵意を示すことの多かった大学の環境のなかでなされたというより、彼らが自ら創造した「アカデミー」という新しい種類の機関でなされた。プラトンの影響を受けたアカデミーは、近代の研究会より古代のシンポジウム（飲酒も含まれる）に近い形態をとっていた。サークル（例えば、ペトラルカの弟子たちが形成したものなど）よりも格式があり長続きはするが、大学の学部よりは格式ばらないアカデミーは、革新を求めるには理想的な社会形態であった。徐々にではあるがこうした集団は機関へと成長してゆき、会員の定数制、規約、定期会合をもつようになった。一六〇〇年までにイタリアだけで約四〇〇のアカデミーが設立され、ポルトガルからポーランドにいたるヨーロッパの他の地域にも存在した。(11)

思想をめぐる議論を、アカデミーが独占していたわけではない。十五世紀初期のフィレンツェでは、すでに述べたように（三〇頁）、人文主義者レオン・バティスタ・アルベルティは彫刻家のドナテルロや建築技師のフィリッポ・ブルネレスキと何度も会話を交わしている。アルベルティには他にもサークル仲間がいた。地理学に興味をもち、特にインドへの行路に詳しかったトスカネルリがそうである。トスカネルリは、欧州に戻ってくる旅人がフィレンツェを通過する際、あれこれと質問を浴びせては情報を得ていた。おそらくコロンブスとも会っていただろう。(12)

トスカネルリが非公式にしていたことを、ポルトガルとスペインでは公式に行なっていた。十五世紀のポルトガルでは、アジアからもたらされる情報は商品と同様に、リスボンにある「インドの館」（A Casa da India）に届けられた。セビリャでは「貿易の館」（La Casa de Contratación）が一五〇三年に開設され、同じように新世界に関する知識の集積を行なった。そこには操舵夫を訓練する学校が併設され、航海提督（一時はアメリゴ・ヴェスプッチが、後にセバスティアン・カボットが就任した）の指揮下にあった。教育は操舵夫の家でなされることも、「館」の礼拝堂でなされることもあった。この欧州最初の航海学校は、即座に国際的評判を得た（一五五八年にはすでにイギリスからスティーヴン・ボローが研修に来ていて、体験記録を残している）[13]。

「インドの館」にしても「貿易の館」にしても、あるいは他の機関にとっても、開設には王室の援助が不可欠であった。パリでは十六世紀初頭に、神学部の教授連から反発を受けた人文主義者たちが国王フランソワ一世に直訴し、ギリシア語とヘブライ語の研究を促進する「王立朗読学校」（Collège des Lecteurs Royaux）を設立してもらった。後年アンリ三世は宮殿アカデミーの後援者となり、そこではプラトン思想に関する講義が行なわれた（フィレンツェのいわゆる「プラトン・アカデミー」とも関わりをもつ）[14]。

人文主義者にとって王室の保護が必要であったもう一つの理由は、一部の知識人の会合から排斥されたことにある。その激しさは大学によって異なった。たとえば十六世紀初頭のライプツィヒ大学やオクスフォード大学での反発はひどいものであり、ギリシア語研究に敵対する集団は「トロヤ人」と言われるようになる。過去において「常に」行なう慣行のあったものを、少なくともしばらくのあいだは強いられることのなかった比較的新しい機関では、人文主義者への反発はさほど大きいものではなかった。ウィッテンベルク大学、アルカラ大学、ライデン大学などの新制大学の事例を見るとそのことが分かる[15]。

一五〇二年に設立されたウィッテンベルク大学は、もともとはライプツィヒやテューービンゲンで学んだ学者によって組織され、かなり伝統色の濃い教育を行なっていた。ところが、五、六年も経たないうちに、人文主義者がそれまでにないほど重要な役割を担うようになる。おそらく古い機関よりも新しい機関の方が、改革を自称する者が入りこみやすかったのだろう。創設後一五年と新しいウィッテンベルク大学の教授であったルターが、宗教改革に乗り出したのも偶然ではない。その翌年ルターを含む教授陣の承認を得て、フィリップ・メランヒトンがギリシア語の教授に就任したのも、改革の一環であった。メランヒトンによる自由学芸カリキュラムの改革は、十六世紀後半のプロテスタント系大学、例えば、マールブルク大学（一五二七年設立）、ケーニヒスベルク大学（一五四四年）、イエナ大学（一五五八年）、ヘルムシュタット大学（一五七六年）などの大学教師から模範として仰がれたのである。これらの新しい機関は、伝統教育があまりなされず、他と比べて人文主義に対する敵意も少なかった。[16]

アルカラ大学はウィッテンベルクから六年遅れて一五〇八年に誕生した。だがその設立を人文主義の勝利の結果だと解釈することはできない。パリ大学を模範とし、パリ大学やサラマンカ大学の出身者が教授陣を形成したからである。[17] とはいえウィッテンベルクと同様に、人文主義とスコラ学との均衡は次第に前者の方へと傾いていった。アルカラには「トリリンガル」学寮が設立され、ラテン語、ギリシア語、ヘブライ語の三言語の研究を奨励した。アルカラよりも古いルーヴァン大学にも一五一七年に同様の学寮ができたが、それよりも数年早い。有名な三カ国語対訳聖書を編集し刊行したのは、このアルカラ大学であった。一五一四年から一七年にかけての事業で、編集に当たった学者のなかには著名な人文主義者アントーニオ・デ・ネブリヤがいる。[18]

ウィッテンベルクやアルカラと違って、ライデン大学が（一五七五年に）設立されたのは、カルヴァン派の大学だからという、特にイデオロギー的な理由からである。最初の理事会会長を務めたヤヌス・ドウサは、有名な学者を高額の俸給と少ない教育負担を条件に誘うという、われわれの世紀にはお馴染みのやり口で招聘して、この大学を建設した。招かれた学者のなかには、植物学者のレンベルト・ドドエンスやシャルル・ド・レクルス、古典学者のジョゼフ・スカリゲルがいる。ライデン大学は外見的構造はそれほど新しいものではなかったが、比較的新しい二つの学芸科目である歴史学と政治学によって、それまでにない重要な地位を即座に築いた。歴史学は代表的な人文主義者であるユストゥス・リプシウスが教えた。受講した学生の数から見ると、政治学の方が成功したと言うことができる。一六一三年から九七年のあいだに、七六二人の学生が政治学を履修した。[19]

いろいろと例を挙げてきたが、ここで新しい大学のすべての教師が改革派であった、と言うつもりはないし、新しい思想が新しい機関の専売特許であったと言うつもりもない。人文主義に敵対していたのは、一定の大学の内部の一定の集団であり、大学全体で敵対していたわけではない。ルーヴァン大学（一四七七年）とサラマンカ大学（一四八四年）では修辞学の講座が創設されたが、これは十七世紀初期にオクスフォードとケンブリッジに歴史学の講座が生まれたのと同様に、人文研究（studia humanitatis）への共感の存在を示している。公式の規定よりも、特に非公式の講義科目に影響を与えたという意味では、人文主義者の思想は緩やかに大学に浸透していったのである。[20] だが、このような事態が生じるまでに、人文主義運動の最も創造的な段階は終焉を迎えていた。つぎは「新哲学」、つまりわれわれが「科学」と呼ぶ分野から旧体制への挑戦がなされるようになる。

科学革命

十七世紀のいわゆる「新哲学」、あるいは「自然哲学」、「機械論哲学」はルネサンス以上に自覚的な知識の改革運動であった。というのも、アリストテレスやプトレマイオスの思想に基づいた世界観を含む中世の伝統ばかりでなく、古典テキストそのものの否定もその運動には含まれていたからである。新しい思想は（その呼び名が適切かどうかという疑念は高まりつつあるものの）科学革命として一般に知られている運動と関係をもつ[21]。人文主義者と同様に、というよりはもっと大規模に、この運動の支持者たちは学問の世界に、それまでにない多様な知識をもちこもうとした。たとえば化学は冶金術の技術的伝統にかなりの部分を負うている。植物学は園芸家や民間の治療者の知識から発達したものである[22]。

この運動の中心人物には、ガリレオやニュートンのように、確かに大学に職をもつ者もいたが、大学の学術サークルでは新哲学に対してかなりの反発が見られた（大きな例外はライデン大学であり、十七世紀医学改革の中心となった[23]）。こうした反発に対して、新しい学問方法の支持者たちは自らの組織をつくり上げた。フィレンツェの「実験アカデミー」（Accademia del Cimento）（一六五七年）、ロンドンの王立協会（一六六〇年）、パリの王立科学アカデミー（一六六六年）などである。これらの組織は多くの点で人文主義者のアカデミーの雰囲気を継承していたが、自然の研究に重点を置いていた点で異なる。

新哲学に対する諸大学の敵意が引き金となって、大学の代わりとなる制度的枠組みを求めてさまざまな「科学的学会」が誕生した、という主張は、マルタ・オーンスタインが一九一三年の著書で展開したものである（二一一―二一二頁参照）。オーンスタインによれば、十七世紀においては「医学部という例外はあるが、大学は科学の進歩にほとんど貢献していない」と言う。この主張は何度も繰り返されてきた。[24] たとえばイギリスの場合、歴史家たちは王立協会の設立を、ウィリアム・デルやジョン・ウェブスターらが十七世紀半ばに展開したオクスフォード、ケンブリッジ批判と結びつけてきた。[25] たとえば聖職者であると同時に外科医、錬金術師として活躍したウェブスターは、一六五四年の著書『アカデミーの検討』のなかで、「無意味な役立たずの思弁」に耽るスコラ哲学の巣窟であるとして、大学を批判し、学生はもっと自然の研究に時間を費やすべきであり、「炭や炉に直に手を入れてみよ」と促した。ケンブリッジ大学には一六六三年まで数学の講座がなかったことも、しばしば指摘されてきた。

大学が「新哲学」と対立したとか、あるいは少なくとも「新哲学」に消極的であったとする伝統的な見解は、一九七〇年代後半から発表された一連の研究によって批判された。そこでは、数学と自然哲学の研究はすでに大学で重要な地位を築いていたことや、当時の大学批判については知られていないことが多く、意識的に誤解を招くようなものも含まれていたことが指摘された。オクスフォードの場合、天文学と幾何学の講座がそれぞれ一五九七年と一六一九年に創設されたことは、何度も言及された。大学の学者サークルのあいだで新しい思想が関心をもたれていたことも、繰り返し強調された。たとえばデカルトの見解はパリ大学でも議論されたことがあり、オクスフォード大学でコペルニクス説が、ライデン大学でニュートンの学説が検討されたこともある。同時代人による大学に対する批判についていえば、王立協会は自己宣伝に専念して独自に支援を得ようとしており、急進的なプロテスタントであったデルとウェブスターは自分の方針があって大学を批判していたのだから、彼らの発言を額面どおりに受けとるわけにはいかない、という指摘もある[26]。

論争が終結してみると、進歩的なアカデミーと反動的な大学との対立、という単純な図式は誤っていたことが、次第に明らかになってきた。大学と他の機関と、どちらが重要であったか推し量ることは難しい。多くの学者が両方に属していたからである。この種の論争にはよくあることだが、たとえ大学が新しい思想を生み出すことができなかったとしても、あるいは新しい思想を受け入れるのが遅かったとしても、あるいは活発に対抗したとしても、必要なことは区別をきちんとすることである。大学による違い、時期の違い、学問分野の違い、そして問われる問題の違いもそうである[27]。こうした問題があるにもかかわらず、ここで暫定的な結論を下すことができそうだ。

第一に、人文主義者の運動からも分かることだが、新しい形態の機関の増加によって、自然哲学自体を改革しようとする運動のかなり多くの支持者たちが、少なくとも運動の初期の段階においては、大学を改革の障害と見なしていた、という印象を受ける。こうした背景が、知識の歴史において重要な役割を果たしたことが後に判明した、新しいネットワーク、小集団そして「認識的共同体」に対して、適切な小環境や物質的基盤を提供していた（第一章参照）。

第二に、これらの新しい形態の諸機関の違いは歴然としていた。一部の機関は大学内部に設立された。たとえば植物園、（階段式）解剖学教室、実験室、天文台などである。いずれも伝統的な構造の枠内に存在した改革の孤島である。新しいライデン大学は一五八七年に植物園を建設し、一五九七年に解剖学教室、一六三三年に天文台、そして一六六九年に実験室を設けた。比較的新しいアルトドルフ大学が植物園を併設したのは一六二六年、解剖学教室は一六五〇年、天文台は一六五七年、そして実験室は一六八二年にできた。

一部の機関は、同好の集団が協会を形成することにより、下から設立された。十七世紀ローマの自然哲学者や「(山猫のように)慧眼をもつ者たち」(Lincei)もそうだし、自宅の部屋を博物館あるいは「骨董品の陳列室」に変えて珍しい石や貝殻、異国の動物(例えば鰐とか)や「自然の戯れ」を展示した人物も含まれる。十七世紀にはこの種の博物館が多く出現したが、言語中心ではない知識の広まりを明らかに示している。言葉のみならず事物そのものにも関心を抱くことは、チェコの教育改革者ヤン・アモス・コメニウスが推奨したことである[28](一三二頁参照)。

他の機関は上から、すなわち政府によって設立された。大規模な企画や高額な設備には政府の資金を必要としたからである。フヴェーン島にあった天文学者ティコ・ブラーエの有名な天文台(図1)は、デンマーク国王が出資して一五七六年に設立された。フランス科学アカデミーもやはり王室の基金によって生まれた。パリ天文台(一六六七年)はルイ十四世の助成によるし、グリニッチの王立天文台は強力な競争者と張り合うために、チャールズ二世が資金を提供した。

王宮が自ら自然哲学の実践の機会を提供することもあった。(自身自然哲学の虜になっていた)ルドルフ二世の時代のプラハがそうだし、大公コジモ二世の時代のフィレンツェもそうである。錬金術、機械学、医学、政治経済学などに関心を抱いたヨハン・ヨアヒム・ベッヒャーのような革新的な企画者は、当時のどの大学よりも十七世紀半ばのウィーンの宮廷世界の方が居心地の良さを感

図1　フヴェーン島天文台

（銅版画，ティコ・ブラーエ『刷新された天文学の機械学』*Astronomiae Instauratae Mechanica*, 1598年，より）

じただろう。[29] だがこうした好条件はときおり高い代償を要求した。ガリレオはフィレンツェで貴族の機嫌をとらねばならなかったし、フランス科学アカデミーは政府から圧力を受け、「好奇心による」研究は「遊び」だからやめるようにと命令され、「国王と国家への奉仕に関係のある有用な研究」に専念せよと言われたのである。[30]

新しい機関のなかには排他的な集団もあり、科学アカデミーがそうだし、王立協会も少しはそうだったが、他方、新しい思想を公衆に広めようとする集団もあった。ロンドンでは例えば十七世紀の初めに開始されたグレシャム・カレッジでの講義は、あらゆる民衆に開かれたものであった。講義の大部分は英語で行なわれ、当時の大学では慣例であったラテン語は用いられなかった。パリではテオフラスト・ルノードが一六三三年以降、自宅の「職業紹介所」(Bureau d'Adresse)で大衆向けにさまざまな話題に関する講義を行なった。パリの王立植物園は、一六四〇年に民衆に公開されたが、そこでは解剖学、植物学そして化学の講義が行なわれた。[31]

いま述べた、集団や組織が示した、いわゆる「機械論哲学」への関心と十八世紀におけるこの哲学の成功があるからといって、その対抗思想であった「オカルト哲学」の存在を忘れてはならない。オカルトへの日増しに深まりつつあった関心は、近代初期の革新のもう一つの形態でもあった。実際、(有名なところではルドルフ二世のごとく)一部の宮廷ではオカルトへの興味は顕在化したが、独自の機関を生み出す場合もあり、薔薇十字団のように、秘密の知識に関わる秘密結社も存在したのである。

これまでの段落で論じた新しい機関は、決して自然哲学の領域に限られていたわけではない。たとえば王立協会は、旅行者向けに書かれた教訓（三〇八頁）のなかで、世界のさまざまな地域の動物相や植物相ばかりでなく、現地の居住者の慣習にも関心を示している。一六七〇年頃、ドイツの学術協会の設立を計画した際、ライプニッツはその模範として王立協会と科学アカデミーに言及したが、とくに彼が「人文的なもの」（res lilteraria）と呼ぶもの、つまり人文学芸を強調した。骨董品を収蔵する博物館や陳列棚には、一般的に貝殻や剝製動物ばかりでなく、ローマ時代の硬貨や中国やメキシコのような遠隔地から届けられたものも収められていた。十七世紀の有名な学術協会の多くは、言語に関心をもっていた。目立ったところを書くと、フィレンツェのクルスカ（一六一二年に辞典を出版）、ドイツのフルフトブリンゲンデ・ゲゼルシャフト（一六一七年設立）、アカデミー・フランセーズ（一六三五年設立）などである。もっと非公式のサロンもあり、ランビュイユ邸などに集う貴族女性の知識人の保護のもとで一六一〇年から六五年のあいだパリで流行した。(32)

他にもロンドンの古物蒐集協会（一五八〇年代に設立）やウプサラの古物蒐集協会（一六六六年設立）のように歴史に関心をもつ協会が存在した。図書館は実験室と同じように学者が集う場所となった。キリスト教各派の修道院もときおり、共同学術計画の場となることがあった。ボラント主義者がアントワープのイエズス会士の家で書いた聖人伝も、あるいはサンジェルマン・デ・プレのベネディクト派修道院のモリスト〔サンムール会士〕たちの書いた大部の歴史書も、そうした計画の一部である。毎週議論のために集まる場所はしばしば「アカデミー」と記された。(33)

これらの新しい、ベーコンの言う「学問の府と中心地」（王立協会の歴史家であるベーコン主義者トマス・スプラットの表現では「知識の府」）に共通していたことは、学術的に優れたものであるかどうかは別として、どれも新しい思想、新しい方法、新しい話題などの改革に対して、機会を与えていたという事実である。このような場でなされた議論の奨励も注目に値する。知的な討論の発生は、会議室からカフェにいたるさまざまな交流の形態が存在し、社会的な枠組みがあることに、大きく依存するからである。近代初期のヨーロッパでは学術協会の存在は、〈知識人〉の集団的アイデンティティを促進し、親密な交流のある小規模の会合から、相互訪問や特に文通によって連携する「書物の共和国」という大きな共同体にいたる、あらゆる知的共同体の発達を奨励した。簡潔にいうならば、「制度化されることの重要性」と言われるものを忘れてはならないのである。(34)

啓蒙主義

制度的観点からみると、十八世紀はあらゆる点でヨーロッパ知性史の転換期に当たる。第一に、高等教育における大学の実質的支配が問われたのはこの時代である。第二に、研究機関および職業的研究者が出現したのも、そして何よりも「研究」という思想が生まれたのもこの時代であった。第三に、特にフランスの〈知識人〉は以前にもまして、経済的、社会的、政治的改革と深く関わるようになり、つまり「啓蒙」(知識の普及)に手を染めるようになったのである。これらの三つについて、一つ一つ詳しく検討していこう。

大学以外の高等教育機関は一七〇〇年にはすでに存在していた。芸術家は依然として工房でほとんどの訓練を受けていたが、フィレンツェ、ボローニャ、パリなどでは、アカデミーに参加して補助的な教育を受ける者が増えつつあった。数学、築城術、近代言語など、将来軍務や外交の職に就いたときに役に立ちそうな技術を教える、貴族の子弟相手のアカデミーは、ソレー（一五八六年）、テュービンゲン（一五八九年）、マドリード（一六二九年）などいたるところに設立された。スダンやソーミュールでは一六〇〇年頃にフランス・カルヴァン派のアカデミーや準大学が設立されて、一六八五年の迫害まで子弟の知的生活に重要な役割を果たした。アムステルダムでは（一六三二年設立の）学術振興機関（Athenaeum）が歴史学と植物学を開講し、異彩を放っていた。

こうした先例はあるものの、アカデミーが倍増したのは十八世紀になってからである。技芸を磨くアカデミーは、ブリュッセル（一七一一年）、マドリード（一七四四年）、ヴェニス（一七五六年）そしてロンドン（一七六八年）に開校した。新しい貴族のアカデミーは、ベルリン（一七〇五年）をはじめとする多くの都市に設けられた。一六六三年から一七五〇年のあいだに、約六〇の英国教会に属さない、それゆえオクスフォードにもケンブリッジにも入学できない「非国教徒」のためのアカデミーが、ロンドンまたはその近郊や、ランカシャー州ウォーリントン（自然哲学者ジョゼフ・プリーストリはここの教師であった）をはじめとする多くの地方都市に設立された。

非国教会系アカデミーの教育カリキュラムは、大学と比べて伝統色が薄く、将来ジェントルマンになるよりは実業家の育成に心がけ、近代哲学（例えばロックの思想など）、自然哲学、近代史（よく用いられた教科書はドイツの法学者ザムエル・プーフェンドルフの書いたヨーロッパ政治史であった）などに目を向けた[35]。中央ヨーロッパではシュトゥットガルトのカルルシューレのようなカレッジが設立され、役人志望の学生に政治術を教えていた。後の技術系カレッジに相当する新しい機関も誕生し、工学、鉱業、冶金術、林学などが教えられた。例えばカッセルのコレギウム・カロリーヌムは一七〇九年に、ウィーンの工学アカデミーは一七一七年に、プラハのそれは一七一八年に、ハルツ山地の林学アカデミーは一七六三年に、そしてハンガリーのシェルムツバーニョ（現在はスロヴァキア）の鉱山アカデミーおよびザクセン州フライベルクの鉱山アカデミーは一七六五年に開校した。

十八世紀の二番目に重要な発展は、研究を助成する組織の成立である。「研究」（**research, recherche, ricerca** など）という言葉は、もちろん「探す」（**search**）に由来していて、書物のタイトルにはすでに十六世紀に登場する。エティエンヌ・パキエの『フランス考』（*Recherches de la France*）（一五六〇年）はその一例である。この単語は単数形よりは複数形で用いられることが多く、技芸、諸科学、あるいは歴史学や医学のどれに対する場合でも、十七世紀末から頻繁に使われ始め、十八世紀末でも依然としてよく用いられていた。「研究」という語とともに他の語もふつうに使われるようになった。有名なのが「探求」（**investigation**、イタリア語では **indagine**）であり、本来の法律的意味を拡張して用いられたが、他方「実験」（**experiment**、イタリア語では **cimento**）の方は、もともと一般的に試験することを意味したが、意味を狭めて特に自然法則を試験する場合に用いられるようになった。ガリレオの有名な小冊子『偽金鑑定官』（*Il Saggiatore*）は同じ意味で「試金」という語を隠喩として使っている。

これらの用語の変遷を合わせて考えてみると、一部のサークルでは体系的で、職業的で、有用であり、共同的でもある知識の探求の必要性を、日増しに痛感しつつあったことが推察される。フィレンツェの実験アカデミーは、行なった実験の結果を匿名で出版した。あたかも社会学者オーギュスト・コントが後に「名称なき歴史」（一二頁）と呼んだものを意識しているようである。こうしたことから、「好奇心」から「研究心」への変化が一七〇〇年頃を境に起きたと言われることもある。ベルリン・アカデミーの設立請願の覚書のなかでライプニッツはその変化について要約しているが、彼の場合は単なる好奇心と比較してその目的を鮮明にしている。この意味での研究は、知識の蓄えは質も量も不変のものではなく、「進歩」させることも、「改善」することもできる、という思想と関わりをもっていた。この思想については以下で詳しく検討する。

こうした研究への覚醒と研究を育む組織の発展とのあいだには、明白な関係が存在した。ベーコンの哲学的夢物語『ニュー・アトランティス』（一六二六年）に登場する「ソロモンの館」の構想では、（助手を入れずに）三三名の研究員の働く研究機関があり、「光の商人」（旅をして知識を持ち帰る者）、観察者、実験者、蒐集者、解釈者などに分かれて仕事をしていた。これと似たようなものは、規模は慎ましいものだが、すでにヨーロッパの二、三の地域に存在していた。ベーコンの構想は一般的には、かつてガリレオがその一員であったローマのアッカデミア・デイ・リンチェイをモデルにしたとされているが、それ以上に、付属建造物を擁し、そこに大勢の助手が働いたティコ・ブラーエのウラニボルク天文台や、情報が集積され常に航海図が更新されていたセビリャの「貿易の館」（六二頁参照）からも着想を得ていたのである。

ベーコンの構想もまた後世に影響を与え、後の制度上の変化を促した。会員の大半がベーコンの崇拝者であった王立協会は、研究所、天文台、博物館の建設を望んだ。寄付を募ってロバート・フックやニーマイア・グルーの研究に助成を行なった。もっと大規模なものでは、ルイ十四世の宰相コルベールが科学アカデミーの名のもとに行なわれる研究に対して二四万リーヴルを与えた。その一部は一定数の研究員すなわち正会員に対する給料に費やされ、例えば植物の博物誌のような集約的な計画を実行する研究を奨励した。(36)

一六六〇年代のこうした初期の試みは、アカデミーの時代である十八世紀になると、統治者が全面的に支援する形でいっそう推進されてゆく。知識人が大学以外の場所で研究する場合に、少なくとも兼業として認められ、俸給が支払われるようになった。このようなセミプロの伝統から十九世紀のプロの科学者が台頭していくのである。十八世紀になると自然哲学を専門に研究するか、あるいは課題の一部にする学術協会が七〇団体ほど設立された。そのなかで有名なところを挙げると、ベルリン、サンクト・ペテルブルグ、ストックホルムのアカデミー(Kungliga Svenska Vetenskapsakademie)などがある。フランスの科学アカデミーは設立が一六九九年であった。どの協会にも精力的な会長(ロンドンのバンクスやベルリンのモーペルテュイ)や活動的な書記(ベルリンのフォーミイやストックホルムのヴァルゲンティン)がいて、そこには豊かな可能性が約束されていた。知識を収集するための研修旅行を組織したり(一九四頁参照)、優れた研究に賞を与えたり、国際交流の場を次第に拡大していき、相互訪問、文通、出版、そしてときおり共同で研究計画を行なうこともあった。たとえばライプニッツが推奨した学問における「交易」(einen Handel und Commercium mit Wissenschaften)に参加したりしたのである。(37)

このように次第に公的な性格を帯びていった知の組織は、必ずしも自然研究に限定されていたわけではない。修道院、とくにベネディクト派の修道院は、十七世紀後半のサンムール会士の例に倣いつつも、いっそう集約的な研究に重きを置いて、フランスとヨーロッパのドイツ語圏における歴史学の中心地の一つとなった[38]。ベルリンの新しいアカデミーの仕事の一つは歴史研究であるべきだ、とライプニッツは示唆した。この種の研究はドイツのみならずフランスでも多くの地方アカデミーで重視されていた。一七〇一年に科学アカデミーをモデルにして改組されたパリの文書アカデミーは、会員に対する俸給という形で政府の助成を受けていた[39]。政治研究のアカデミーは、パリでは外務大臣ド・トルシー侯爵が（一七一二年）、ストラスブールではヨハン・ダニエル・シェープフリン教授が（一七一二年頃）設立している[40]。歴史研究を含む「研究」は、一七三〇年代に設立された新しいゲッティンゲン大学では重要であった。

十八世紀は多種多様な団体が自然に形成された偉大な世紀であった。その多くは情報や思想の交換を目的とし、改革事業に奉仕することも結構あった。イギリスに見られた三つの協会は有用知識に対する興味の高まりを裏書きしてくれるだろう。「ダブリン農業改善協会」（一七三一年）、貿易と工業を奨励するために設立された「ロンドン技芸協会」（一七五四年）、科学技術の情報交換を目的とした「バーミンガム月光協会」（一七七五年）の三つである[41]。ロンドン、パリなど各地に設けられた、十八世紀初期のフリーメーソン集会所の増加は、秘密の知識を保持する古い伝統とともに、新しい流行の存在を例証している。

サロンや珈琲店《コーヒーハウス》のようにさらに非公式な組織でも、啓蒙主義の時代には思想伝達の役割を担っていた。パリのサロンは「啓蒙運動の計画を練る仕事場」として記述されてきた。たとえばタンサン侯爵夫人のもとには、フォントネル、モンテスキュー、マブリーそしてエルヴェシウスが定期的に集まって議論に熱中したし、レスピナス夫人はダランベール、テュルゴーなど百科全書派の知識人の集まりを主宰した[42]。珈琲店は十七世紀以来、イタリア、フランス、イギリスの知的生活に重要な役割を果たした。ロンドンのダグラスの珈琲店やマリン珈琲店では数学の講義が行なわれたし、チャイルドの珈琲店には書店主や作家が集まり、ウィルの珈琲店には詩人ジョン・ドライデンが友人を引きつれてやって来たし、フランス人のプロテスタント亡命者はレインボー珈琲店に身を寄せた。パリでは、一六八九年に開店したプロコプの珈琲店が、ディドロとその友達の会合場所となっていた。珈琲店の主人は店内に新聞や雑誌を置いて自由に読ませることで顧客を惹きつけ、顧客は新聞記事を話題にした議論に加わり、こうして「公論」とか「公共圏」（ハーバーマス）としきりに呼ばれるものが形成されていった。サロンと珈琲店という非公式の機関は、人と人との出会いばかりでなく、異種の思想の遭遇も容易にしたのである[43]。

印刷物とりわけ定期刊行の新聞も、知の機関の一つと見なすことができる。十八世紀になると知的生活に対しますます重要な貢献をし始め、書物の共和国という想像上の共同体の権力の伝播や集中化に一役買ったからである。一六〇〇年から一七八九年までのあいだにフランスで発刊されたことが分かっている雑誌の数は一二六七種を下らない。そのうち一七六種は一六〇〇年から一六九九年までに発刊され、残りはその後である[44]。

これまでの議論を要約しよう。前述の近代初期のヨーロッパの学問制度の例は、ブルデューの文化的再生産の思想とヴェブレンの周縁性と革新性の関連についての思想を裏書きしているように思える。大学は効率的に教えるという旧来の機能を保持し続けたかもしれないが、一般的にいって新しい思想が芽生える場所にはならなかった。大学は「制度的慣性」と呼ばれる悩みを抱えていて、新しい傾向から隔離されるという犠牲を払ってまで組織の伝統を維持していたのである。[45]

長い期間を通じて繰り返される周期があって、改革の後には、マックス・ウェーバーが「日常化」（Veralltäglichung）と呼び、トマス・クーンが「通常科学」と言い表わした時期が到来する。ヨーロッパでは大学という新しい機関が、修道院に代わって学問の中心になった、十二世紀から現在にいたるまでこの周期を見てとることができる。ある時代に創造的だが中心から外れた非公式な集団であったものが、つぎの世代あるいは二世代後には公的な主流の集団となり、やがては保守的な組織と化す。もちろんだからといって伝統的組織の改革や刷新が不可能だと言っているのではない。非常に古い機関であるベネディクト派修道院が、十八世紀の研究の組織のなかで新しい役割を担ったことはその例証となる（七二、七八頁参照）。同様にして十九世紀の研究制度の再編の際に、主導権を回復してアカデミーを抜いて引き離すことになるのは（特にドイツの）大学なのである。

結論と比較

こうした創造性と日常化の周期は普遍的な現象なのだろうか？　あるいは西欧史の一時期にのみ限られているのか？　近代初期のヨーロッパの制度と、西欧では「中世」と呼ばれるオスマン帝国の十六、十七世紀の、特にバグダッド、ダマスカス、カイロに見られる、イスラム世界特有のマドラサスの制度とを比較して見ると答えは自ずと明らかになる。

確かにイスラムには聖職者はいないけれども、モスクに付属する教育機関マドラサスはどう見ても、ヨーロッパの教会支配の教育機関と似ている。教えられる主要科目は『コーラン』、ハディース（預言者の言葉）およびイスラム法である。学生が居住するカーン（khans）、教授への俸給、学生への奨学金そして制度全体を支える非課税の基金であるワクフ（wakfs）などは、現在でもオクスフォードやケンブリッジに存続する学寮制度を想起させるし、実際、十二世紀の制度に影響を与えていた可能性もある。ムナザラ（munazara）における公的な議論の組織は西欧の論争と似ているし、教師が学生に与える教授資格イヤザ（ijaza）もまた中世ヨーロッパの教授資格（licentia docendi）と同様のものである(46)。

こうした比較から、西欧がイスラムを意識的に模倣したのではないか、という可能性を指摘する歴史家でも、二つの制度のあいだに大きな違いが存在することを否定しなかった。とはいえ、最近の研究では、中東の知識と教育に関する公的組織について、どうも誇張しすぎたのではないか、という指摘もあり、仮に「制度」と呼ぶにしても、イスラムの「制度」は流動的なものであったとされている。イヤザは教師個人が与える資格であり、一定の機関から与えられる学位とは違っていたという。教師の職に就こうとする際、重要であったのは、どこで学んだかではなく、誰のもとで学んだかであった。学問の中心となる場は、非公式の学習集団ハルクァ（halqa）であり、教師の自宅であれ、モスクの中であれ、実際には、尊敬すべき教師シャイク（shaykh）の影を踏まないほどに距離を置いて小集団を形成していた。それに定まったカリキュラムというものはなかった。学生は望むがままに師匠から師匠へと渡り歩いた。実際のところ、「学生」という呼び名も必ずしも適切ではない。女性をも含む学習集団のメンバーは常時出席していたわけでもないからだ。マドラサスを専門に扱う歴史家の一人が、最近「根強い非公式性」を語ったとしても驚くには当たらないのである。(47)

キリスト教とイスラム教の教育世界を比較する場合、両者の差異を際立たせすぎてはならない。西欧の大学は一八〇〇年以降と比べると、近代初期にはかなり非公式に営まれていた。(48)他方、制度的固定化にイスラム社会が長らく抵抗を続けたことは特筆に値する。制度的流動性は、より開かれた知的制度と結びついているのではないか、という疑問は残る。だが明らかにそうではないのである。学生は確かに一人の教師から別の教師へと動いていくこともあったが、その場合でも年長の教師の思想に従うことが期待され、個人で読書して、個人的見解を開陳することはなかったのである。(49)

オスマン帝国のメドレセ（medrese）（madrasa のトルコ語形）も同様のパターンに従う。皇帝メフメット二世がイスタンブール征服の直後に創設したモスクには、八つの学寮が付属していた。十七世紀までにこの都市には九五の学寮が生まれ、十八世紀になるとその数は二〇〇に上った。講義は公開されていたが、裁判官、参事官、教師（müderris）などの高い地位を得ようと望む学生にとって、特定の教師の後楯は不可欠であった。一五五〇年までに、いわゆる「内なる」集団と呼ばれる一流の学寮で学んだ経歴が、顕職に就く実質的な条件となっていた。卒業試験と卒業証書の制度も導入され、次第にこの制度は公的な性格を帯びていく。(50)

アラブおよびオスマンのいずれの形態でも、イスラムのこの制度において自然研究は主流から外れていた。自然研究のほとんどが学寮の外で行なわれた。医学教育はイスラム世界では長い伝統を誇る施設である病院でなされたし、天文学は特殊な天文台で行なわれた。最初の天文台として知られるものは一二五九年に建設されていたが、一五七七年（ウラニボルク建設の翌年）に、ガラタに新しい天文台が設立された。皇帝ムラト三世の支援を得たタキユーディンという一人の学者によるものである。ところがこの天文台は一五八〇年に兵士によって破壊される。おそらく自然の知識は制度的に周縁に置かれていたばかりか、一部の者にとっては非宗教的なものと考えられたのであろう。[51]それでも、すでに述べたように、周縁にあることは時には有利に働くことがある。いずれにしても、イスラム世界において医学と天文学は、周縁領域にあると同時に革新の場でもあったのである。

イスラム世界、特にオスマン帝国の事例は、非公式の制度が長らく続き、制度化を前提にはできないものの、ある意味でヴェブレンとブルデューの理論を確証しているように思われる。イスラム教世界とキリスト教世界（東方正教会ではなく、カトリック教徒と特にプロテスタント教徒の世界）との比較対照は、イスラムの方が、知識人のもつ新しい技術や印刷術への反発を含む知的改革に対する抵抗が強かったことを窺わせる。知的な抗争を広く知らしめる印刷術が中立的立場から批評する態度を促した、という仮説は、以上の比較史分析からある程度は支持されたことになるだろう。[52]

一般的にいって、周縁にいる個人は輝かしい新思想を生み出しやすい。他方、その思想を実践に移すには制度を築く必要がある。たとえば、われわれが「科学」と呼んでいるものの場合、十八世紀の制度改革は学問分野の実践に大きな効果を及ぼした。[53]しかしながら制度は遅かれ早かれ固定化し、さらなる変革への障害となる。定着した制度は既得権益の場となり、その制度に権益をもつ集団によって占められ、その知的資本を失うことへの恐怖が生まれてくる。クーンが「通常科学」と呼んだものの支配は、このようにして社会的にも制度的にも説明できるのである。

かくして知識の社会史は、宗教の社会史のように、自然発生した宗派が国教会へと変化していく、何度も繰り返してきた物語と重なる。その物語は、異端と正統、愛好家と専門職、在野の知的企業家と年金受給知識人との相互作用の歴史である。改革と日常仕事、流動性と固定性、「動きの雪解けと凍結」、公式の知識と非公式の知識のあいだにも同じような相互作用がある。一方でわれわれは開かれた集団やネットワークを見ながらも、他方では、定められた会員が構成する機関や、公的に規定された頭脳集団が、自らを競争者や庶民から切り離す障壁を築き、維持する姿を見るのである[54]。読者はきっと伝統の維持者よりも改革者の肩をもちたい気になるだろうが、悠久の知識の歴史においては、その二つの集団は同じくらい重要な役割を果たしてきたのである。

第四章　知識を位置づける――中心と周縁

ピレネー山脈のこちらでは真実でも、向こうでは誤りとなる。

――パスカル

そのため知識は旅のなかにある――家に知識を持ち帰りたかったら、自分で運んで来なければならない。

――ジョンソン博士

あるイタリア人カトリックの中国学者がプロテスタントのアラビア学者と出会ったのは、一六五四年のライデンであった。こうした邂逅はめったにないものだが、実り豊かなものであった。両人とも多くの同時代人と同様に年代比較の問題、もっと正確にいえば対照歴史年表に関心をもっていた。ライデン大学のアラビア語教授ヤコブ・ゴリウスは中国語が分からなかったけれど、十五世紀にイスラムの学者ウルグ・ベクによって書かれた年代記が、中国の文献によるものではないかと疑

図２　南京地方の地図

（M. マルティーニ『中国新地図』*Novus Atlas Sinensis,* アムステルダム，1655年頃，96-97頁より。ケンブリッジ大学図書館蔵〔Atlas3. 65. 12〕）

っていた。宣教師として人生の大半を中国で過ごし、漢籍を研究していたイタリア人のイエズス会士マルティーノ・マルティーニは、アラビア語を理解できなかった。ところが二人が互いのテキストを共通の言語であるラテン語に翻訳すると、イスラムと中国の影響関係が明白となった。

この話は書物の共和国が当時もっていた多くの特徴を語ってくれる。たとえば学術協力は、少なくとも時には、宗教的な違いを超えてなされる、ということも裏づけている。それとともに知識の歴史における位置づけの重要性も語ってくれる。

第一に、人の出会いの重要性が

ある。これはたとえ他の知識領域よりも重要であるにせよ、技術移転だけに限定されない意味での重要性である。[1] ゴリウスとマルティーニの例のように、直接人間同士が会うことは書簡の交換よりも効果がある。だがもっと深い効果もあるのだ。ロレンツォ・マガロッティはフィレンツェ駐在のドイツ人の大使ヨハン・グロイバーと会見した後に中国について書いたし、ライプニッツは別の大使C・F・グリマルディとローマで会ったことが機縁となって、中国研究への情熱を駆り立てられたのである。

第二に、ライデンでの二人の邂逅の物語を読むと、交差路、会合場所としての都市の機能が思い起こされる。ゴリウスとマルティーニの年代記を一致させるのと同じくらい、二人の人生を重ねることは困難である。マルティーニは伝道の報告をするため、中国からローマに戻ろうとしていた。途中でオランダ人に拿捕されたが、許されてアムステルダム行きの船に乗ることができた。アムステルダムで彼は有名な地図専門の印刷会社ブラウ社に中国全土の地図を委ねようと計画した[2]（図2）。一六五三年十二月、船がベルゲンに立ち寄った際、マルティーニの意図はニュースとなってコペンハーゲンの学者オーレ・ヴォルムの耳に届いた。ヴォルムは関心の広い学者で、中国にも興味があったため、ライデンに住む息子に手紙を書いて、マルティーニの到来をゴリウスに知らせるよう頼んだ。今度はゴリウスがアムステルダムにいるマルティーニに書簡を送り、ライデンに寄って欲しいと伝える。ゴリウスが大学に数日間の休暇願いを出して、二、三週間後、二人はアントワープで再会した[3]。

近代初期のヨーロッパでは、知識は決して公平に行き渡らなかったため、学者はここまで苦労しなければならなかったのである。この章では知識の地理学を検討しようと思う。真理の地理学という発想は、知識の社会史という考えと同じくらい衝撃的ではある（一六頁参照）。実際この発想はモンテーニュがすでに同じ目的で用いていた。『エセー』（二巻、一二）のなかで彼は、「この山脈のこちら側では真理であっても、反対側の世界では誤りとなる」（quelle vérité que ces montagnes bornent, qui est mensonge au monde qui se tient au delà）と述べている。パスカルはもっと簡潔に『パンセ』（六〇節）のなかで、「ピレネー山脈のこちらでは真実でも、向こうでは誤りとなる」（Vérité au deçà des Pyrénées, erreur au delà）と指摘している。

この章の目的は、近年の地理学研究と科学史研究を参考にしながら、主として知識の「空間的分布」、すなわち知識が発見され、蓄積され、洗練される場所や、知識の普及先となる場所を扱う[4]。

人びとの知っていることは、人びとの住む場所と深く関わっている。たとえばイタリアで数年暮らした修道士マクシム・グレクが、コロンブスの発見のことをロシア人に初めて伝えたのは一五一八年頃であったが、トルコ総督ピリ・レイスが一五一三年に製作した地図にはすでにアメリカ大陸が描かれていた（スペイン人捕虜から奪った、コロンブスの第三航海時に作成された地図を複写したものとされる[5]）。

「知識の地理学」という言い方をする場合、二つのレベルを区別することが重要である。ミクロ・レベルでは「知識の府」が存在し、その一部については前章で述べた。修道院、大学、図書館そして病院（ニュースについては、酒場や理髪店も含まれる）などの「府」に、例えば実験所、画廊、書店、書斎、階段式解剖学教室、研究室そして珈琲店が新たに加わったことを述べた[6]。例えば印刷所を兼ねた書店などは、新刊書を見るだけでなく、人と出会ったり会話したりする場所であった。エラスムスはヴェネチアにあった学術印刷業者アルドゥス・マヌティウスを頻繁に訪れていた。パオロ・サルピとその友人は十七世紀初頭のヴェネチアの「船屋」という店でよく会っていたし、ガリレオの論敵オラツィオ・グラッシはローマの書店「太陽」にしきりに出入りし、ジェームズ・ボズウェルがサミュエル・ジョンソンと最初に出会ったのは、ロンドンにあるトム・デーヴィーズ書店の集会室であった。

図書館の意義と規模は、印刷術の発明以降飛躍的に増大した。少なくとも一部の地域では、大学構内の図書室は講義室と張り合うようになっていた。ルーヴァン大学は一六三九年の時点でも、図書館は不要であると主張していた。「教授こそが歩く図書館だから」というのである。しかしライデン大学では、これと対照的に、図書館は週に二日開いていて、教授は学生に鍵を貸すこともあったという。[7] 大学の外ではこれから述べる私立図書館や公立図書館が学問の中心となり、単に読書をするだけでなく、学識者の社交の場であるとともに情報や思想の交換の場となった。当時、図書室で沈黙を強いることは不可能だったし、想像すらできない状況にあった。書店や珈琲店と同様に、図書館は活字によるコミュニケーションと話し言葉によるコミュニケーションとの連携を促進した。十七世紀半ばのイギリスで計画されたベーコン主義に基づく学問の改革に、図書館の改革が含まれていても当然であった。ジョン・デュリーという改革者によると、司書は「普遍的学問の進歩を担う中心人物」であった。一部の改革者が望んだように、デュリーの友人サミュエル・ハートリブ（一一四頁参照）が一六五〇年代にボドレアン図書館（オクスフォード大学の図書館）員に選出されていたならば、デュリーの語った司書の役割は確かなものとなっただろう[8]。

知識の府は増加し、ヴェネチア、ローマ、パリ、アムステルダム、ロンドンなどの大都市では次第に専門化していった。それゆえこれらの都市については、以下の頁で何度も注意を惹くことになるだろう。都市の公共の場所が拡大され、実務家と学者、紳士と職人、現場と学問との交流が容易になった。簡潔にいえば、異なる知識の相互作用が促進されたのである（二七頁）。知識の普及そして生産に関しても、人的交流のさまざまな形態が影響を及ぼしていたし、今もなお及ぼしつつある。

マクロ・レベルでは、都市はヨーロッパと中国やアメリカとを結ぶ「長距離ネットワーク」の発信基地として重要な役割を果たしていた。ゴア、マカオや長崎などのアジアの諸都市、リマやメキシコなどのアメリカの都市、そしてセビリャ、ローマ、アムステルダム、ロンドンなどのヨーロッパの都市が互いに結びつくようになった[9]。したがって、十七世紀半ばに外国の諸地域からイギリスへ情報を送るのに、職業としての「情報提供者」が必要である、とした「普遍的学問の請願」のなかで、これらの情報提供者たちは「最良の中心地」に常駐すべきである、と指摘されているのは当然であった[10]。

こうしたマクロ・レベルでは、近代初期の世界における知識の歴史は、ときおり単純な普及主義、すなわちヨーロッパから世界各地へと情報が、とりわけ科学知識が広がっていくという視点から眺められがちである。しかし、この中心―辺境モデルは多くの理由から批判されてきた。例えば帝国主義政策を無視しているとか、辺境から中心へと向かう反対の流れを十分に説明していない、といった批判である。[11]

この章で主に関わるのは、まさにヨーロッパの辺境から中心へと向かう動きであり、知識の政治学については第六章で扱うことになる。他の種類の知識についても忘れてはならないが、大事なことはヨーロッパ人がヨーロッパ以外の地域に対する意識を高めつつあったという点である。もちろんこの意識はしばしば、宗教的、経済的、政治的関心に駆り立てられはしたが、知識それ自体への関心も含まれていた。実用的な知識と無欲な好奇心とのあいだに明確な境界線を引くべきではないのだが、[12]その区別はいつも役立つものではある。

以下において中心となる主題は、情報伝達の物理的改善および印刷本の発達とつながりをもつ知識の中心化の促進である。こうした展開は世界経済の興隆（一三五頁）、数少ない大都市（多くは大規模な図書館を擁する）の発達、そして何よりも権力の集中（一五四頁）などに関わっていく。とはいえ知識の中心化は一部は自律的なものであり、書物の共和国と結びついた知識の交流の結果でもあった。

書物の共和国

「書物の共和国」（Respublica Literaria）あるいは「学問の自由共和国」（Commonwealth of Learning）という言葉は、近代初期のヨーロッパでしきりに使われるようになった言葉であり、学者の国際的な共同体を意味した。[13]この共和国の地理はそれ自体この時代に変動した。たとえばスウェーデンはウプサラ大学が一四七七年に設立されていたのに、十七世紀になって初めて中心地の仲間入りをした。折しもクリスティーナ女王がデカルトをはじめとする学者をストックホルムに招聘した時であり、貴族であり軍人であったカール・グスタフ・ウランゲルがウプサラに近いスコックロスターの邸宅でハンブルク、アムステルダム、ロンドン、ワルシャワ、ウィーンなど各地との文通によるネットワークを通じて自然哲学の最新情報に触れていた時である。北アメリカは十八世紀を迎えてから書物の共和国の一員となった。それは、コットン・メーザーやジョナサン・エドワーズらの読書人がイギリスの『学識者の著書総覧』（*History of the Works of the Learned*）などの雑誌を定期購読して、当時のヨーロッパ文化の現場に起こりつつあることに精通しようとしていた頃である。(14)

ピョートル大帝の統治の終わり頃、北アメリカよりも少し早く、スウェーデンよりは少し遅れて、ロシアはヨーロッパの学者共同体に参入した。ロシア貴族アレクサンドル・メンシコフは一七一四年にイギリスの王立協会会員に選出されている。ちょうどこの年に、ロシア初の公立図書館が開館している。知識や技芸のロシアへの「移植」と自ら表現したものに関心の深かったライプニッツは、その考えを伝えるため大帝に一再ならず会見した。大帝はライプニッツの提案に心を動かされたらしく、彼を顧問に任命し俸給を支払った。そして一七二四年にサンクト・ペテルブルグ科学アカデミーを設立する際、ライプニッツが数年前に計画したベルリン・アカデミーをモデルにした。大帝崩御の年である一七二五年に、フランスの天文学者ジョゼフ＝ニコラ・ドリールがサンクト・ペテルブルクを訪れた。その後二〇年間ものあいだ彼はロシアの天文学者を指導したのである。次の世代になると、ミハイル・ロモノーソフが、マールブルク大学で化学を学び、同時代のヴォルテールと文通し、モスクワ大学の設立に尽力した。(15)

これまで「ロシアのヨーロッパ発見」と言われてきたが、それは同時にヨーロッパのロシア発見でもあった。一五五〇年までは「モスクワ大公国」として知られていた国について書かれたものは、ほとんど存在しなかった。一五五〇年以降、状況はゆるやかに変化し、一六九七年以後は急速に変わっていった。というのもこの年はピョートル大帝が西欧へ「大使節団」を派遣した年だからだ。大帝自ら加わった総勢二五〇名ほどのロシア人が、オランダ共和国、イギリス、フランス、イタリアなど各地で学び、同時に西欧の人びとにロシアの存在を知らせた。当時ロシア文化をヨーロッパの読者に紹介した書物を挙げると、J・クルルの『モスクワ大公国の現状』（一六九九年）、E・Y・イデスの『（ロシア）旅行三年記』（一七〇四年）、J・ペリーの『国家ロシア』（一七一六年）、F・C・ウェーバーの『新しいロシア』（一七二一年）などがあり、どれも即座にドイツ語の原書からフランス語、英語に翻訳されている。[16]

地理学の知識は知識の地理学とほとんど一致しない。だがこの二つの話題が出会う交差点が存在する。つまり、「地理学の地理学」（geography of geography）である。[17] 重要な新しい情報経路が利用できるようになりつつあった時代の、ヨーロッパから遠く離れた世界に関する、書物の共和国における知識を事例として調べれば状況ははっきりしてくるだろう。[18]

長崎と出島

事例研究のなかの一事例として日本を例にとろう。一五五〇年頃までヨーロッパの人びとは日本のことをほとんど知らなかった。十三世紀の旅行家マルコ・ポーロが「チパング」（Cipangu）のことを書いていたが、あまり詳しいものではなかった。イエズス会宣教師フランシスコ・ザビエルは、一五四九年に同行者も彼も全く知らない島に到着した。十六世紀後半以来、日本についての知識は長崎港を経由して西欧に伝わった。一五八〇年になるとある権力者〔有馬晴信？〕がキリスト教に改宗し、この町をイエズス会に寄贈した。一五八七年に彼らは支配権を失ったが、宣教師たちはそのまま残り、そこに印刷所を建設した。

日本へのキリスト教布教は成功した例であったが、布教自体は実際のところうまくいきすぎてしまった。というのも、キリスト教が広まって日本の統治者が警戒するようになり、宣教師は処刑され、転向を迫られ、ついには、「鎖国」政策がとられたからである。鎖国は一六三〇年代から一八五〇年代まで続く。外国人との交流は全く閉ざされていたわけではないものの、外国との商業的関係を含むさまざまな関わりは、最小限度に押さえ込まれ、厳格に統制された。この時期にオランダの商人はポルトガル人のイエズス会士から、日本の西欧との主な伝達経路となる仕事を引き継いだ。他方、長崎は隣接する出島という島地区に交易機能を譲った。

出島は人工島で、その大きさはどの方向にも数百フィートでしかなかった。長崎港内に建設されたのも、危険な西欧人を統制下に置くことが狙いであった。連合東インド会社（VOC）の社員であったオランダ商人は、この狭い交易場所に閉じ込められた。日本と西欧とのあらゆる交易は一六四一年から、日本が黒船に強制されて西欧向けに開港する一八五〇年代まで出島を通じて行なわれた。[19] 幕府の干渉はあったが、出島は知識を交換するための小環境であった。幕府は自国の地図を輸出することを禁じていたし、外国人が日本語を学ぶことを望まなかった。だがこうした障害は克服することができ、出島でしばらく過ごした西欧人のうち三人が日本のことを書き、ヨーロッパで広く知られるようになった。一人はフランソワ・カロンで、一六三九年から翌年まで連合東インド会社の出島営業所の所長を務めた。[20] 二人目はエンゲルベルト・ケンプファー〔ケンペル〕というドイツ人で、同じく連合東インド会社の仕事で一六九〇年から九二年まで日本に滞在した。最後の一人は、本書で扱う時代の最後に登場するカール・ペーター・トゥーンベリである。スウェーデンの植物学者で医師として連合東インド会社に入り、一七七五年から翌年まで出島に滞在した。

現場と研究

長崎は大都市であった。それゆえヨーロッパ人の眼からは辺境のなかの中心であった。ヨーロッパの辺境の都市、例えばゴア、マカオ、バタヴィア、メキシコシティ、リマなどの都市に存在した新聞の媒介機能を忘れてはならない。

ヨーロッパの主要都市は世界各地に関する知識を西欧に伝達する過程でさらに重要な役割をもっていた。港湾都市、首都、大学都市など、その種類によって都市は、知識の伝達という点では異なる働きをしていた。この違いについては先で詳しく論じる。とはいえ以下の議論で重点的に述べようと思うのは、辺境と中心との相互作用である。もっと具体的にいうならば、現場と研究との相互作用である。ヨーロッパへの知識の「輸入」とそれに続いてなされる「処理」つまり編集、分類、計算、批評が、二つで一組の主題となる。

異国の知識を蒐集した有名なヨーロッパ人のなかに博物学者ピエール・ブロンとフランシスコ・

エルナンデスがいる。ブロンは一五四六年から五〇年にかけて中東を探険し、鳥類、魚類の新種を探した。エルナンデスは一五七〇年から七七年までスペイン国王の命によりメキシコに滞在し、現地の動物、植物、鉱物を研究した[21]。近代初期のヨーロッパに流れ込んできた、世界各地の博物学の膨大な情報を忘れてはならないが、本書では現地の文化、宗教、言語、風習に関する知識を優先し、例えばトゥーンベリによる日本人の記述を、日本の花の描写よりも優先する。

知識を輸入するということ

「知識を輸入する」という言い方は、情報の伝播において交易、とくに長崎の事例のように港が重要であることを思い起こさせる。港の住人は日常生活において、波止場で、寄港したばかりの船舶から降りてくる船員に話しかけることがある。港は天文儀、海図、地図そして地球儀の交易の中心であった。港は異なる人種の人間の出会いの場であるとともに、異なる種類の知識の出会う主要な場でもあった。こうした異種の出会いはこの時代のヨーロッパの代表的な港湾都市リスボン、セビリャ、ヴェネチアそしてアムステルダムの歴史を見れば容易に理解できる。

知識の歴史におけるリスボンの重要性、とりわけ十五、十六世紀世紀における意義は、ポルトガル海洋帝国の首都というこの都市の地位から由来する。「インドの館」（Casa da India）や「ギニアの倉庫」（Armazém de Guiné）には、ゴア、マカオ、サルヴァドル、西アフリカなどの地域から商品だけでなく情報も入ってきた。例えば「インドの館」に長年働いた歴史家ホアオ・デ・バロスは、アジアに関する情報を誰よりも多く入手する立場にあった。インドについて彼は、ゴアから戻ってくる商人だけでなく、兵士や役人からも話を聞き出した。ペルシャに関する情報は、ホルムズで貿易をしている男と話すことで得られたし、日本とシャム〔タイ〕のことは旅行家のメンデス・ピントやドミンゴ・デ・セイザスから学ぶことができた。中国については、中国語の分かる奴隷を買って文献を翻訳させたという[22]。

情報の中心地としてのセビリャの有利な点は、特に十六世紀の発展期においては、メキシコとペルーからスペインに輸入される銀を扱う唯一の税関が置かれていたことである。銀を運ぶ貨物船が毎年帰港する度に、新世界の情報がもたらされた。医師ニコラス・モナルデスが故郷のセビリャから一歩も離れずにアメリカの薬草に関する有名な書物を書くことができたのも、この都市で情報を得る機会の豊かさを裏書きしている。

第三章で書いたことだが、セビリャの「貿易の館」には知識が集積されていた。特に、新しい情報をもって船乗りが航海から戻るたびに更新される航路やモデル海図(padrón real として知られる)の知識が蓄えられていた。(地理と天文の知識を統合する)「天地学者」(cosmographers)たちはこの館に所属していた。ジェノヴァ商人が有名だが、外国の商人の居留民は、親戚や仲間が広く交易に従事しているため、世界各地の情報に通じていた[23]。この都市はまた評判の高い印刷の中心地でもあった。一五〇〇年から二〇年までのあいだに少なくとも三〇〇冊の本が出版され、その多くはドイツ移民によるものであった。当時外国の書籍がスペインに輸入される場合、主にセビリャを経由していたのである。知識の中心地としてのこの都市の重要性は、コロンブスの息子のフェルナンド・コロンの二万冊の蔵書があるとうわさされた図書館、そして十六、十七世紀に繁栄した多くの学術アカデミーの存在によりさらに大きなものとなった[24]。

　ヴェネチアについては、半世紀前のフランスの歴史家が「近代初期の世界における最も重要な情報提供機関」であったと記している[25]。十五、十六世紀におけるヴェネチアの利点は、東と西を結ぶ仲買人であったことだ。ヴェネチア海洋帝国には、ダルマティア、キプロス島（一五七〇年まで）、クレタ島が含まれていた。当時隣国であるオスマン帝国は強大であり、スルタンやイスラム高官の性格や政策、さらにトルコ軍やガレー船団に関する知識はヴェネチアにとって政治的死活問題であった。バイロ（bailo）の名で知られるヴェネチア高官がイスタンブールに配属され、ヴェネチア商人が現地に築いた居住区の面倒を見るだけでなく、総督とその顧問に（スルタンの通訳や侍医から聞き出すこともあった）政治ニュースを送る役目を果たしていた。

　多くのヴェネチア人にとって最新の「リアルト〔商業中心地〕に関するニュース」は、同じように経済的な死活問題であった。海外駐在の商人が自宅に送る書簡は、同族経営者にとって一種の「データ・バンク」の役割を果たした。ヴェネチア商人が拠点を築いたアレッポ、アレクサンドリア、ダマスカスから情報は定期的に届いていたし、さらに東洋の地域からも不定期に知らせが送られた。ビルマに関しては、特に三人のヴェネチア人が西洋の知識に貢献した。十五世紀のニコロ・コンティ、十六世紀のセザーレ・フェデリッチ、そしてガスパロ・バルビである[26]。リスボンに届いたインドからの香辛料の風評が一五〇一年にヴェネチアにまで達すると、ヴェネチア政府はポルトガルに秘密工作員を派遣し、何が起きたのかをつきとめさせ、本国に報告させた。その報告書は現存する。アメリカ発見の知らせはローマ、パリ、フィレンツェよりも遅くヴェネチアに入ってきたが、十六世紀を通じてヴェネチア人は新世界に多大な興味を抱いていた。[27]

一度は商業の中心地として栄えたリスボン、セビリャ、ヴェネチアは、十七世紀までにもはや重要な都市ではなくなっていた。代わりに台頭したのがアントワープ（十六世紀半ばの短い期間のみ）、アムステルダム、ロンドンなどの港湾都市である。アントワープは知識の交易の中心地であった。もちろん他の物品の交易の中心でもあり、特にアブラハム・オルテリウスの時代には地図製作の中心であり、エルナン・コルテスによるメキシコ誌（一五二二年）から日本からのイエズス会士の書簡集（一六一一―三二年）にいたる、遠隔地を記述した書物の出版の中心地でもあった。

アムステルダムには「東インド館」（図3）や「西インド館」が建設され、初期の貿易館の例にならって事業を行なった。東インド館は連合東インド会社（ＶＯＣ）のバタヴィア営業所から送られてくる情報を、年次報告書として作成する仕事が課せられていた。この報告書は東インド事業全体を網羅していた（二三七頁）。アムステルダム証券取引所（図4）は香辛料などの商品の供給に関するニュースに神経を尖らせていて、海外からの情報のもう一つの中心地でもあった。[28] アムステルダムではそこでの少数民族（スペイン系およびポルトガル系ユダヤ人、スカンディナヴィア系の船員とイギリスおよびフランスからの宗教亡命者などを含む）が貴重な情報源となっていた。例えばギリシア人、スラヴ人、スペイン人やトルコ人がヴェネチアの、スペイン人やイタリア人がアントワープの、そしてジェノヴァ人がセビリャの情報源であったのと同様にである。こうしたさまざまな経路からやってくる情報は新聞などの伝達手段を通じてかなりの速さで流出していった（二五三頁）。このようにしてアムステルダムは「ヨーロッパ全体の情報交換の中心地」となったのである。[29]

▲図３　東インド会社
（銅版画，Ｐ．ツェーゼン『アムステルダムの描写』*Beschreibung von Amsterdam*, アムステルダム，1664年，より。英国図書館蔵〔1300 D.7〕）

▶図４　Ｅ．デ・ヴィッテ「アムステルダム証券取引所」
（油彩画，1653年，ロッテルダム，ボイマンス＝ファン・ビューニンゲン美術館蔵）

知識の首都

港だけが情報を得る機会を独占していたわけではない。首都とりわけローマ、パリ、ロンドンなどの都市は、特に政治ニュースに限ることなく、港湾都市に優るとも劣らぬ重要な情報都市であった。

ローマは情報の中心地の地位をヴェネチアと長らく競ってきた。[30] 第一に、ヴァチカン宮殿はカトリック世界の総本山であり、ヨーロッパ諸国のみならず日本、エチオピアそしてチベットからも使節団がやってくる中心地であり、ローマ教皇の大使のもたらす定期報告が集まる場所でもあった。第二に、ローマにはドミニコ会、フランシスコ会、とりわけイエズス会などの使節団の本部があった。イエズス会では世界各地にある同会支所や学寮からローマの総会長宛てに定期報告ならびに「年次書簡」が寄せられる制度を採用していた。十七世紀の「信仰伝道のための総会」(「スペインの道」〔Spanish Steps〕に近いもの）は伝道地域から来る情報のもう一つの中心であった。

ジョバンニ・ボテロの「世界報告」（Relazioni universali）はイエズス会の情報ネットワークに依拠しながら一五九〇年代にローマで編纂された。例えば彼はロシアに関するポッセヴィーノの記述、アフリカのモノモタパ（Monomotapa）についてのゴンザルヴォ・デ・シルヴァの叙述、そして帰国したばかりのミケーレ・ルジェーロの中国論を引用している。ボテロは集めた素材を表現する際に論考の形式を選んだが、中国の事情を説明しているくだりで中断し、ときおりかなり新鮮なニュースを伝えてもいる。「この文章を書いているあいだに、この王朝に滞留している二人の神父がいろ

いろと迫害を受けていると聞いた」などと読者に伝えているのである。(31)

ローマもまた学術情報の中心地であった。ローマの教育機関はヨーロッパでは有名で、そのなかにはサピエンツァ（Sapienza）、コレジオ・ロマーノ（Collegio Romano）、ドイツ学寮（一五二二年）、ギリシア学寮（一五七七年）、イギリス学寮（一五七八年）、マロン派教徒の学寮（Maronite College）（一五八四年）、そしてアイルランド学寮（一六二八年）が含まれていた。ローマはリンチェイや人文主義者（Umoristi）のアカデミーの拠点でもあり、古物蒐集家フルヴィオ・オルシーニ、美術鑑定家カシアーノ・デル・ポッツォ、博識家アタナシウス・キルヒャーなどの非公式ネットワークの研究サークルが存在した。これらの機関はフランス、スペイン、ドイツなどの学者を惹きつけていた。

パリ（十七世紀後半以降は、パリとその衛星都市ヴェルサイユ）は政治情報のもう一つの中心地であった。ルイ十四世の時代にトルコ、ペルシアそしてモロッコに大使を送っていたことから、当時の外交官の交換がヨーロッパに限られていなかったことが分かる。十七世紀になってフランスの中央集権化が進むと、パリに向かう情報の流れが増大した（以下に述べる）。

パリもまた王室図書館、王立植物園、科学アカデミー、天文台、文書アカデミーなどの公的機関で集積され、議論される学術情報の中心地であった。また非公式の協会やアカデミーの中心地でもあった。人文主義の学者はポアトゥヴァン通りにあるデュピュイ兄弟の家で会合を開いていた。ここにはデュピュイ兄弟が一六一七年に譲り受けた、歴史家ジャック＝オーギュスト・ド・トーの有名な蔵書があった。デカルト、パスカル、ガッサンディなどの自然哲学者たちは、一六一九年から一六四八年のあいだ、王宮広場〔現在のヴォージュ広場〕に近いマラン・メルセンヌの修道院に集まった。テオフラスト・ルノードはノートルダム寺院近くのカランドル通りにある自宅の「職業紹介所」で、さまざまな話題についてフランス語で聴ける一連の講義を企画し、一六三二年から一六四二年のあいだ、希望者は誰でも聴けるようにした。(32)

ロンドンについていえば、港と首都の機能を合わせた重要性をもっていた。この都市には（一五五五年設立の）ロシア会社、（一五八一年設立の）レヴァント会社、（一五九九年設立の）東インド会社、そして（一六七二年設立の）アフリカ会社の本部があった。海外からの情報の多くはロンドンの個人店主に伝えられたが、例えば「モスクワ大公国館」などの会社本部で集積され、ジョン・ディーやリチャード・ハックルートらの学者が店主と会って地図や航路について論じたりした。リーデンホール街にある東インド館ではオランダの競争相手と同じ業務も行なった。地図も海図も航海日誌もそこに保管され、館宛に送られてくる書簡にはインドの物産の価格など多くの内容が記載されていた。

このようにしてロンドンにやってくる情報は、純粋に商業的なものばかりではなかった。王立協会の会長ヘンリー・オルデンバーグは『哲学紀要』の第三年の巻の序文に、交易のおかげで「この有名な大都市」に「アメリカ植民地」や他の地域から届けられる情報について述べている。(33) 同じように王立協会の歴史を書いたトマス・スプラットは、「強大な帝国の首都」であるロンドンのことを「知識の向上にもっとも相応しい学府」であり、「あらゆる国の報告や消息からなるべき知識を得るのに非常に適した居住地」だとしている。

王立協会は情報交換という点では重要な場所であったが、競争相手もいた。十六世紀後半以降ビショップ街のグレシャム・カレッジでは、自然哲学などの演題で公開講義が行なわれていた。ウォーウィック小路の医学カレッジでも同様の講義が行なわれていて、ある医師は一六五七年の著書でそのカレッジのことを「真正のソロモンの館」であると評している。人文主義者に対しては古物蒐集協会があり、一五八六年から一六〇八年までのあいだ、セント・ポール寺院近くのダービー館にある「報道会館」（Herald's Office）で会合が開かれ、イギリス史について議論を重ねた。公的には、ロンドンには大学がなかったが、法曹学院（Inns of Court）の府であり、法律家を育成する学校であるこの学院は「第三の大学」とも言われていた[34]。

ヨーロッパの他の地域からロンドンに来た移民が、出身地の知識をもたらしてくれるので、この都市では何かと役に立つことが増えた。オルデンバーグ自身もともとブレーメン出身で、彼の知己ハートリブはエルビング（現在はポーランドのエルブロンク）出身であった。アムステルダムと同様に、フランスからのプロテスタント亡命者もいて、そのなかには大勢の読書人が含まれ、十七世紀後半にロンドンに定着した（五一頁）。

図書館の地理学

学問の世界における一部のヨーロッパ諸都市の優位は、主な図書館の所在を調べれば確認できる。だが都市と図書館との規模の相関は完全なものではない、と認めねばならない。例えばオクスフォード大学のボドレアン図書館は、小さい大学のなかの大図書館であるし、（マドリードの北西にある山村の）エスコリアルの図書館は都市から遠い地点に位置している。この二つの図書館がなぜそこにあるのかを説明するには、二人の裕福な人間、すなわちエスコリアル図書館を設立したスペイン国王フェリペ二世と蔵書をオクスフォード大学に寄贈したトマス・ボドリー卿の関心について論じなければならない。

他方、イタリアとフランスでは、最良の図書館は大都市に見いだすことができる。イタリアの主な都市にはたいてい優れた図書館が設けられている。フィレンツェのラウレンツィアーナ、ヴェネチアのマルキアナ、ミラノのアンブロジアーナなどがそうだし、ローマにはヴァチカン、サピエンツァの大学図書館、コレージオ・ロマーノのイエズス会図書館、そして一六一四年に開館したアンジェリカがある。さらにバルベリーニ、チェシとスパダ一族、クリスティナ女王の私設図書館があった。旅行者向けの案内書にはこれらの図書館に関する情報が記載されていて、イタリアの司祭カルロ・ピアッツァの『ローマの有名な図書館』（一六九八年）という本では、かなり詳しく説明されている。

ナポリもまた良い図書館に恵まれたイタリアの都市であった。法律家ジュゼッペ・ヴァレッタの図書館などは一七〇〇年頃にすでに一万冊の蔵書があった。とはいえ十七世紀も後半になると、都市は知識の中心地としては凋落の傾向にあったようで、現地のある学者がイギリスから来訪したギルバート・バーネットにそのようにこぼしていた。バーネットは異端審問やイギリス、オランダ共和国からの本の入手が困難なことなど、その苦情を書き留めている。

十七世紀から十八世紀へと移る時期のナポリの学問の問題を説明するには、ジャンバティスタ・

ヴィーコの場合を見る必要がある。比較史に関する野心的な本の著者であったヴィーコは、言うまでもなくさまざまな知識に通じている必要があった。ラテン語で書かれた新刊書に触れることもでき、知識の交換が活発になされる中心地でもあった十七世紀後半のナポリでヴィーコは育った。ところがヴィーコが成長するにつれて、ヴィーコもナポリもしだいに孤立していった。彼が習得していなかったフランス語と英語が、書物の共和国の市民にとってますます必要な言語となりつつあった。ヴィーコが次第に孤立していったことを示す形跡の一つにこんなことがある。一七四四年に刊行された主著『新しい学』(*Scienza Nuova*)の最終版のなかで彼は、日本のことを論じているのに、二〇年近くも前に出版されたエンゲルベルト・ケンプファー〔ケンペル〕の貴重な研究書のことには言及していないのである[35](九五頁、二九二頁)。

パリの人間はもっと運が良かった。以前はそうでなかったが、十七世紀後半までに図書館の都市としては、パリがローマを凌駕するようになっていた。パリの図書資源のなかには、一五〇〇年頃に蔵書目録がつくられ、十七世紀には庶民にも開放したサン=ヴィクトールの十二世紀図書館などがあるし、大学図書館、イエズス会のクレルモン学寮の図書室(ルイ十四世にちなんでルイ大王図書室という名前に改名した)などもあり、マザラン枢機卿の死後は公立になった図書館も、一五六〇年代にブロワからパリに移転し、十七、十八世紀になると庶民も利用できるようになった王室図書館などもある(第八章参照)。一六九二年に書かれたパリの旅行案内に掲載された図書館の数は三二を下らないが、そこでは他の三つの公立図書館(マザラン、サン=ヴィクトール、王立植物園)と同様に閲覧者は「気の向くまま」に入場が許された。

ここまで述べてきた都市のヨーロッパにおける分布は決して均等ではなく、南と西に集中していた。今度はヨーロッパの中央部、北部、東部に注目してみよう。中央ヨーロッパは大学には比較的に恵まれている。十四、十五世紀から存続するネットワークもあり、そのなかにはプラハ大学、クラコフ大学、ウィーン大学、ライプツィヒ大学そしてポゾニー（現在のブラティスラヴァ）大学が含まれる。一五七六年から一六一二年まで続いたルドルフ二世の統治時代、プラハの宮廷は知識の中心であり、天文学者のティコ・ブラーエやヨハネス・ケプラー、錬金術師のミカエル・マイアーやミカエル・センディヴォギウスを惹きつけ、ハンガリー人の人文主義者ヨハネス・サンブクスらを招いたりした。[36] 長いあいだ重要な位置を占めていたのはウィーンである。大学だけでなく、一六〇〇年までに蔵書一万冊を収蔵した帝国の図書館である「宮廷書庫」（Hofbibliothek）もそこに置かれた。一六六〇年代の司書のペーテル・ランベックが詳細に記述したこの図書館は、一六八〇年までに蔵書八万冊を数え、十八世紀初めに壮麗に改築され、すぐに一般に公開された。

北部および東部ヨーロッパは人口も集中しておらず、都市も小規模（モスクワは例外）で南部、西部とはかなり事情が違っている。一四七七年に設立されたウプサラを例外として、全般に学術機関の誕生は遅れた。ヴィリニュスは一五七八年、ドルパット（タルトゥ）とキエフが一六三二年、ルンドは一六六八年、ルヴィーフは一六六一年、モスクワは一六八七年（神学アカデミー）、そしてサンクト・ペテルブルグが一七二四年である。この領域は十七世紀にささやかな発展が見られてた程度で、概して印刷所や書店は少ない。アムステルダムで東欧市場（二四六頁）向けに印刷された書籍は即座に読者に恩恵をもたらしたが、同時に現地の知識交流の発展を阻害した。[37] 面積だけは広大なこの地域に大規模な図書館はほとんど存在しなかった。例外は、ヴォルフェンビュッテルの公爵家書庫に一六六一年に二万八千冊、ゲッティンゲンの大学図書館に一七六〇年に五万冊、ベルリンの王室書庫に一七八六年に八万冊の蔵書があったことくらいである。

この地域は西欧と違い知識を得るのが困難であった。その理由として二つの現象が考えられる。第一に、学者が西欧へ移住したことが挙げられる。それは、十七世紀にボドレアン図書館を訪れたドイツ人やスカンディナヴィア人のように、図書施設を利用するためであったり、ボヘミヤの学者ヤン・アモス・コメニウスのようにロンドンやアムステルダムに数年滞在するために出国した例もある。第二に、プロシアとロシアの政府が十八世紀初めに、ライプニッツの助言に従って、ベルリン大学およびサンクト・ペテルブルグ大学を知識の中心地にするため、外国の学者を大勢招聘したことが挙げられる。数学者のニコラおよびダニエル・ベルヌーイ、レオンハルト・オイラーそしてピエール・モーペルテュイが含まれる。

東欧や中央ヨーロッパの東部の小さい町でも、それなりに学問の経歴を重ねることはできたが、おのずと制限があった。例えば歴史家のマティアス・ベルはポゾニーで一生を送ったが、彼の仕事は郷土史を書くことに限られた。バルトロメウス・ケッカーマンはダンツィヒ（グダニスク）で短い人生の大半を過ごし、二五冊以上の本を書いたが、彼は本来学問分野の体系家であり、辺鄙な地域の情報をほとんど必要としていなかったのである。

さらに最初に学んだ言語がイタリア語、スペイン語、フランス語、ドイツ語、オランダ語、英語のいずれかでないヨーロッパの学者は、日々の学術知識を得るためにかなりの努力が必要であった。

東欧および中央ヨーロッパでは、母国語の参考図書が出始めるまで待たなければならなかった。アパーチャイ・チェレ・ヤーノシュの『ハンガリー百科事典』は一六五三年に出版され、ポーランド語の最初の百科事典である、チミーロフスキーの『ノーヴェ・アテニー』（*Nowe Ateny*）は十八世紀半ばになってようやく出版された。

学問の中心地から離れていた学者が直面せざるをえない切実な問題の例として、メキシコのカルロス・デ・シゲンザ・イ・ゴンゴラの場合を考えてみよう。シゲンザは大学のある大都市に住み、数学教授を務める傍ら印刷業を営んでいた。スペインによる征服以前に用いられた絵文字など、故郷の古代やその後の歴史について書く際に、彼はサミュエル・パーチャスやアタナシウス・キルヒャーらヨーロッパ人の書物を参考にさざるをえなかった。こうした外国の書籍が絵文字を印刷して解説した唯一の文献であった。スペイン人がヨーロッパに持ち帰った後、散逸してしまった原本を直接見るため、シゲンザはローマやオクスフォードなど遠くの都市に足を運ばねばならなかった(38)。

都市それ自体の情報源となる都市

近代初期の都市における情報事業の成長は、一つには都会の労働分業の結果であり、一つには情報に対する増大しつつある欲求への呼応であった。ヨーロッパの大都市に住むことによる方向感覚の錯乱が、知識欲を生み出したとも言える。こうした都市は自分自身に関する情報をしだいに増やしつつあった。

例えば大都市の職業構造のなかに、さまざまな口承伝達を仕事にする専門家が増えつつあった。

こうした専門家のなかには、バルセロナのロンヤにいた、商人たちの会話を聴いてその間をとりもった「コレドール・ドレーラ」が含まれるし、十八世紀のロンドンで内密の結婚事業の広告を出したり、ロイドの珈琲店に帰国船のニュースをもたらした「流し屋」もそうだし、町中を歩き回ったり、パリのポン・ヌフ橋とかマドリードのプエルタ・デル・ソルなど特定の場所に居つく「俗謡売り」も含まれる。プエルタ・デル・ソルでは、盲目の歌い手であるコレオスが年鑑、新聞そして公けの布告さえ売りさばいていて、官報《ガゼット》の事務所と郵便制度の末端との間を埋める不可欠の存在となっていた(39)。

公的な掲示物が街角ごとに貼られ、教会の扉にも貼られた。例えばフィレンツェでは一五五八年に、新しい禁書目録が市内の教会の扉に掲示された。チャールズ二世治下のロンドンでは、街路に立てられたプラカードで演劇の上演が宣伝された。一七八二年にロンドンにやってきたあるスイス人は、看板よりも店の名前が流行していることに驚いたという。街路の名前が壁に表示されることが多くなった(パリでは一七二八年以降)。十八世紀になると、大都市では住居番号の表示がしだいに一般的になっていった。一七七〇年代にマドリードを訪れたイギリス人の観察によると、「通りの名前が角地の家にペンキで書かれ」、「家々には番号がふられていた」。

当時の旅行者は誰でも、大きな都市になるほど案内人や案内書が必要であることを知っていた。近代初期のヨーロッパでは、特にローマ、ヴェネチア、パリなどの大都市では旅行者に町を案内することを職業とする者、すなわちチチェローニが必要であった。旅行案内書の需要もあった。ローマでは特に、中世にはすでに回覧されていた、いわゆる「都市ローマの驚異」に始まる、印刷された案内書が多く流布した。版を改めて印刷されるたびに、この案内書では、もともと記載されていた遺跡、娯楽、教皇庁の記事に加えて、古物商などの世間情報、郵便事業や画家の紹介まで読めるようになった。一五五八年初版のフランチェスコ・サンソヴィーノのヴェネチア案内はベストセラーとなったが、十七世紀末にはヴィンチェンゾ・コロネルリの『外国人のための案内』にその地位を譲った。さらに十八世紀になると、この都市と周辺の地域を六日で回るための案内書『啓蒙される外国人』がベストセラーになった。

このような案内書が模範となって、アムステルダム、パリ、ナポリなどでも案内書が刊行されるようになった。アムステルダムの案内書を書いたのは、ポンタヌス（一六一一年）、ダッペル（一六六三年）、ツェーゼン（一六六四年）、コメリン（一六九三年）、そしてフランス語で書かれ、何度も再版・改版された匿名著者による『アムステルダム案内』（一七〇一年）である。バッコのナポリ案内は一六一六年に初版が出て、世紀末までに八版を数えた。これと競合したモルミール（一六一七年）、サルネリ（一六八五年）、チェラーノ（一六九二年）そしてシジスモンドの『都市ナポリの記述』（一七八八年）などは、どれも特に外国人向けに書かれたものであった。職業ガイドのジェルマン・ブリスが書いた『パリの記述』（一六八四年）は、一七二七年には八版に達した。これを継いでネイメッツの『パリ滞在』や他の案内書が読者を競い合った。ロンドンの最初の案内書は一六八一年に刊行された（競争相手のナサニエル・クラウチとトマス・デ・ローアの案内が出版された年でもある）。十八世紀になると、さらに一〇冊以上の案内書が出版されている。

十八世紀には教会や美術作品の紹介が加えられ、辻馬車の御者との交渉の仕方とか、夜にどの街路を避けるべきかなど、実用的な情報も書かれるようなった。都会に出没する信用詐欺やその手口について書かれた『ロンドンの詐欺』のような専門書も現われた。実用的な情報はすぐに古くなってしまうので、マドリードで一七二二年以降、外国人向け案内書として、年刊で『外国人のための年間行事と案内』のようなものが刊行されたのも不思議ではない。

一部の都市では娼婦のいる花街を扱う専門の案内書が出版された。一五三五年頃ヴェネチアで刊行された「売春婦の価格表」(Tariffa delle puttane)は対話体で書かれ、一一〇人の高級娼婦の名前、住所、魅力点、問題点、価格を載せていた。一五七〇年のカタログでは二一〇人に増え、後にはアムステルダムの魅惑を伝える模倣書(一六三〇年)が出版され、ロンドンでは、新職業紹介所で働く女性に関する『淑女の共和国』(一六五〇年)があり、ハリスによる『コヴェント・ガーデンの淑女リスト』は一七六〇年以降毎年刊行された。このような案内書が旅行者向けなのか住民向けなのかは、いつも明確だったわけではない。それにどれほど正確な記述だったのかも不明で、著者の意図が実用的情報の提供にあったのか、あるいは単なるポルノだったのかもはっきりしない。

大都市の住民にとっても、どんな娯楽があるのか、どこへ行けば施設がありサービスを受けることができるのかを知るための案内は、ますます必要になっていた。掲示物はこの問題に対する一つの解決であった。芝居広告を例にとって見よう。芝居広告が壁に貼られるようになったのは、十六世紀末のスペインが最初とされる。折しも商業劇場の興隆期に当たる。このスペインの広告用貼紙カルテルを模倣したのが、イタリアのマニフェストであり、フランスのアフィシュであり、ドイツのプラカートであり、イギリスのビルであった。一六六二年にピープスは芝居の貼紙広告がロンドンの法学院の柱などに貼られているのを目撃している。パリでは十八世紀後半にこの種の貼紙が、都会生活に重要な役割を果たしていた。それらは厳しい統制を受けていて、四〇種の公認ポスターがあり、認可の証として公印が押されていた。ポスターの内容は、にせ医者に関する警告や迷い犬の掲示、パリの最高法院の判決文などいろいろあった。

このような要求の一部を満たすため、十七世紀初期のパリにいわゆる職業紹介所がテオフラスト・ルノードによって(ポン・ヌフ橋付近に、そして後にルーヴルに)設立された。ルノードは官報『ガゼット』の編集者としての方が有名である。紹介所の構想は、互いの存在を知らない者同士(例えば、召使と雇い主など)が知り合えるよう(有料で)便宜を図ることであり、そうすることで大都市の無名性を少しでも解消しようとしたのである。ルーヴルを訪れたイギリス人は次のように報告している。「長い回廊の下に職業紹介所と呼ばれる場所がある。ここで人は召使と下僕の名前の載った本を手に入れる」。この紹介所は一六三一年から四〇年のあいだ、宮廷バレーの主題になるほど有名であった。一つの伝達媒体がこのように別の媒体に宣伝することもあったのである。[40]

この十七世紀版のイエロー・ページ(案内書)はそれほど長続きしなかったのだが、世紀の後半になると、この構想はニコラ・ド・ブルニュという薬局医師に受け継がれた。ブルニュは資料を印刷し、タイトルを『パリ住所便利帳』(一六九二年)と改めて売り出し、求人、図書館、公開講義、浴場、音楽教師、あるいはパリ大司教の公衆相手の説教の時と場所やロイヤル・タッチ(国王が患者に触ると治癒するという慣習)の実施などに関する情報を提供した。ブルニュは賢明にもこの案内書の著者名に「アブラハム・ド・プラデル」という偽名を使った。住所が掲載されていることでプライヴァシーを侵害された、と名士や善良な市民がすぐにも苦情を訴えてくるのを見越してのことであった[41]。

だがこの種の情報の需要は根強く存在し、十八世紀になると再び構想がよみがえる。下級貴族のド・ムーシイ（手書きの時事回報を計画したことで有名）は一七五〇年頃にサン゠トノレ通りに職業紹介所を開いた。十八世紀のパリの娯楽活動の情報については、『パリ広報』（*Affiches de Paris*）（一七一六年）、『宮廷芝居新聞』（*Journal des Spectacles de la Cour*）（一七七六年）と後の『劇場新聞』（*Journal des Théâtres*）（一七七七年）、そして『余暇日程』（*Calendrier des Loisirs*）（一七七六年）が役に立った。一七五一年以降『広報』は『官報《ガゼット》』と一緒にバイエット通りの「職業紹介斡旋所」（bureau d'adresses et rencontres）で刊行された。そこには芝居、説教、パリ最高法院の判決文、新着の物品、新刊書などの情報が書かれていた。同様にスペインの『マドリード日誌』（*Diario de Madrid*）（一七五八年―）のなかの「マドリード個人掲示」という頁には、「どなたかカディスまで馬車に同乗しませんか」といった申し出や、「失せ物」の表題のもとに寄せられた（犬、ロザリオなどの）情報が掲載されていた。

ロンドンでは都市の住民に実用的な情報を提供するという構想が、十七世紀半ば以降取り上げられるようになった。仕掛けたのはサミュエル・ハートリブという人で、彼の務める「万人の学習のための機関」ではルノードが提供した実用サービスに加えて、珍しいものの蒐集やあらゆるジャンルの知識を国際的に広めようとする大がかりな企画が試みられた[42]。外国人だからこそハートリブは、大都市での暮しに頼るべき指針の必要性を痛感していたのだろう。彼の企画はルノードと同じく短命に終わったが、模倣者に刺激を与えた点でもルノードと似ている。例えばロンドンの「公衆相談所」では『公衆案内』という週刊誌を出していたが、人の仲介もするようになった。ロンドンのサマセット・ハウス（住民登録本署）の向かいにあるピー・ヘンに一六八〇年頃にいたT・メイヒューなる人物が始めた「情報局」は、移民登録を主な仕事にしていたが、同じように住民サービスもするようになった。

十八世紀のロンドンでは、召使を斡旋する職業安定所とか「戸籍登録所」が増えていった。小説家であり、治安判事でもあったヘンリー・フィールディングは、一七五一年に「万人のための戸籍登録所」（Universal Register-Office）の計画を提案した。そのとき彼は「大規模で人の集まる都市」には「住民のさまざまな要望や能力を互いに知り合う」方法が必要であると述べ、売ろうとする財産、貸し出す部屋、金貸し、空きのある仕事、旅行事業などを登録するよう提案した。簡潔にいえば、当時の脚本家が「情報保管倉庫」と呼んだものを提案したのである。彼は「前に住み込みで雇われていた家での評判が良くない」召使は登録しないように配慮した。フィールディングが一七四九年にパウ通りの事務所に、「イギリス初の探偵団体」と呼ばれた機関を設立したのだとしても驚くには当たらない。フィールディングは情報は犯罪に対抗する武器だと考えていた。そして強盗についても情報登録をすべきだと主張したのである。

知識を処理する

都市などで行なわれる知識の体系化は、大がかりな手の込んだ作業、すなわち「処理」の一部にすぎない。この処理には、編纂、調査、校訂、翻訳、注釈、批評、総合、そして当時の言葉を使えば「縮図化と方式化」が含まれていた。全体を一連の流れ作業として記述してもよい。情報のネタは現場から都市へと移動してゆくので、大勢の異なる人間がその過程にたずさわることになる。このような形で知識は、新しい「情報」が少なくとも〈知識人〉たちが「知識」と見なすものへと変換される、という意味において「生産」されることになる。こうした新情報が先行概念や範疇抜きでやってくるなどと言うのは愚かなことだ。植民地から大都会へ輸入される多くの「原料」にしても同様である。東インドや西インドから送られてくる薬草や薬物を例にとろう。この種の薬に関する知識は、ヨーロッパに到着する前に、現地の知識人がすでに調べ上げているのである[43]。

それでも効率的に使うにはその知識を消化し、ヨーロッパ文化のカテゴリーに適用しておく必要がある。モンテーニュやモンテスキューが自分の領地で行なった活動のように（第八章）、当てはまらない有名な例もあるが、この知識消化の過程は一般的には都市の環境で行なわれる。都市はこれまで「計算の中心地」とされてきた。換言するならば、さまざまな地域の情報や種々の話題が、地図や統計などの形をとった一般的な知識へと加工される中心地である。古い時代の例は古代アレクサンドリアである。そこには有名な図書館があり、地理学者のエラトステネスなどの学者たちは地域の知識を一般的知識へと変換していた[44]。

近代初期の都市もまた同じように、計算、批評そして総合の中心地と見なすことができる。この時代の世界地図は明らかにその総合の実例となるだろう。例えば（アントワープで作製された）メルカトールの世界地図、（アムステルダムの）ブラウの世界地図、（ヴェネチアの）コロネルリの世界地図、(ハンブルクの)ホーマンの世界地図、(パリの)ダンヴィルの世界地図などである。地図製作者のジャン・パティスト・ダンヴィルの資料は現存していて、それを読むと彼が商人や外交官などさまざまな種類の旅行者から直接聞いた情報や、メモした資料から総合して地図を描いていたことがわかる。[45] 地方のあるいは「辺境」の知識さえ中心の関心に合わせてしまうのだが、その際、質問表を使うこともあった(一八九頁)。統計と同様に比較対照が簡便になるからである。

このような知識の処理は、官僚、画家、印刷業者に学者を加えた集団的な活動によるものであった。この種の共同作業は多様な専門業種を抱え込むことのできるほど大規模な都市でのみ可能であった。国際的な労働分業が成立していて、そのなかでそれぞれの都市は明確な役割を担っていた。ルターが教皇に反旗を翻したとき、新設の大学で彼が教鞭をとっていた東ドイツの都市ウィッテンベルクはドイツ文化の辺境にあった(カルヴァンのいたジュネーヴがフランス文化の辺境にあったのと同様に[46])。だがこの二人の改革者のおかげで、ウィッテンベルクとジュネーヴはルター派とカルヴァン派の世界の宗教知識の中心、ローマに匹敵する神聖都市へと変貌したのである。

他方、フィレンツェ、ローマ、パリは美術鑑定の中心でもあった。誇るべき図書館や教授陣のおかげで、規模が小さくとも知識の錬磨に貢献する大学が存在した。例えば医学知識では十六世紀のパドヴァ大学やモンペリエ大学、植物学およびアラビア研究では十七世紀のライデン大学、歴史学およびロシア研究では十八世紀のゲッティンゲン大学などがそうである。

ヨーロッパの一部の都市に顕著な少数言語の住民は、知識の加工の過程で重要な役割を果たしていた。知識のミクロ地理学とマクロ地理学とを連携させる働きである。例えばヴェネチアでは、ギリシア人と「スラヴ人」（主としてダルマティア海岸からの移住民）が書籍の出版に従事していた。前者はギリシア語テキストの、後者は東方教会のテキストの出版に関わっていた。アントワープ在住のイタリア人、スペイン人、イギリス人、フランス人などの少数言語の住人は、それぞれの言語での出版や翻訳、編集に貢献した。同じことがアムステルダムについても言える。フランス人、スペイン＝ポルトガル系ユダヤ人に加えて、ロシア人、アルメニア人が活躍した。モスクワ大公国、中国、日本それぞれについて現地の言語で書かれたものをラテン語へ翻訳する作業は、西欧の学者にこれらの国々の文化を広く知らしめることに役立っていたが、その主な担い手はイエズス会の学寮のある都市（アントワープ、ケルン、マインツ、ディリンゲン、ミュンヘンなど）であった。伝道への関心と新たなラテン語文献への関心との、イエズス会ならではの融合が見られる。

非ヨーロッパ言語の辞典の発達は、周辺世界に対するヨーロッパ人の関心の程度を表わしている。スペインの都市では最初のアラビア語辞典が出版された（一五〇五年）。グアラニー語のようなアメリカ先住民の言語の辞典（一六三九年）まで出ている。アムステルダムではマライ語、インドネシア語の辞典が、明らかに連合東インド会社で用いられるために、一六〇三年、一六二三年、一六四〇年そして一六五〇年に出版されている。ローマは宣教事業の中心であったため、当然のようにエチオピア語、トルコ語、アルメニア語、グリジア語、アラビア語、ペルシャ語そしてヴェトナム語の辞典まで揃えていた。

情報処理のなかのある重要な役割を、作家であれ、知的企業家であれ、個人が果たしていた（二四一頁）。有名な例としてオランダ人のヨハンネス・デ・ラエト、フランス人のジャン＝バティスト・デュ・アルド、ドイツ人のベルンハルト・ヴァレニウスとアタナシウス・キルヒャーを挙げておこう。この四人は一度もヨーロッパから離れたことはなかったが、アジアに関する著述を行なった。デ・ラエトはオスマン帝国とムガール帝国について、ヴァレニウスは日本とシャム〔タイの旧称〕について、キルヒャーとデュ・アルドは中国について本を書いている。[47] こうした書斎から離れない学者たちは、エルナンデス、ケンプファーあるいはマルティーニのような、諸国を歩き回って知識を収集する学者の対極にあって、それなりの役割を果たしており、通常は大都市に住んでいた。デ・ラエトはライデンにいて、ムガール帝国の記述に欠かすことのできない東洋の文献や手稿のコレクションを利用した。ヴァレニウスはアムステルダムで仕事をした。キルヒャーはローマで四〇年過ごし、その間任地から戻ってきた宣教師から情報を得ていた。中国から帰国したミカエル・ボイムやマルティーノ・マルティーニ、インドから帰還したハインリヒ・ロート、トンキン（ヴェトナムの）やマカオから戻ったフィリッポ・マリーニなどである。同様にデュ・アルドはパリに住み、中国から帰った宣教師から聞き込んで、報告書を編集し、『イエズス会士書簡集』として出版した。

彼らが情報の主要な中心地に居住する利を活用するすべを心得ていた、と言ったところで、彼らやその同僚たち（ヴェネチアのジョヴァンニ・バティスタ・ラムージオ、リスボンのホアオ・デ・バロス、ローマのジョヴァンニ・ボテロ、ロンドンのリチャード・ハックルート、パリのジャン・バティスト・ダンヴィルとドニ・ディドロ、そしてアムステルダムのカスパル・バルラエウス、オルフェルト・ダッペル、ヤン・ブラウ）の偉業の価値を減ずることにはならないだろう。

この章の冒頭で紹介したイタリアのイエズス会士マルティーノ・マルティーニのように、「現地」で研究する者は、以上挙げた中心都市と接触を保つことの必要性を痛感していた。例えばマルティーニはローマに定期的に通い、すでに述べたように、書肆のヤン・ブラウに地図を手渡すためにアムステルダムも訪れている。一六五五年から六八年までの大半の期間をインドで過ごした医師フランソワ・ベルニエはパリの友人に情報を書き送っておき、パリに帰還してからインドに関する書物を出版した。法制や幽霊などさまざまな話題に関してジョン・ロックやシャルル・ド・モンテスキューが裏づけの資料を必要とした際、ベルニエの収集した情報が役に立ったことだろう。(48)

知識を普及させること

都市で処理された知識は、印刷物という地理的障壁を乗り越える媒体によって普及され、再度輸出され、かくしてもともとの環境から知識は「移転」される。この章であつかったヨーロッパの主要都市は、いずれも印刷の重要な中心地であった。その点でのヴェネチア、アムステルダム、ロンドンの重要性はよく知られるところであり、あとで経済学的観点から再度検討することになるだろう。ローマも大規模な印刷の中心地であった。パリも同様で、サン＝ジャック通りの大学界隈には印刷所が目白押しに集中していた。十七世紀初期のセビリャは、スペインの「新聞産業のもっとも重要な中心地」と言われた。(49) 書籍の配給ネットワークは少なくとも当初は既存の交易ルートに倣う傾向があったが、最終的には独自のルートを生み出すに至った。(50)

この過程の事例研究として、ヨーロッパ以外の大陸由来の代替医療についての西欧人の知識を取り上げてみよう。近代初期の西欧の医師は、後の科学的、専門的医学の時代の医師よりも、こうした代替医療を受け入れる傾向が強かったように見える。十六世紀に異国種の薬草や医薬に関する、貴重な文献が出版された。一つはインドに関するもので、ポルトガルの医師ガルシア・ドルタによって書かれ、最初はゴアで出版された。もう一つはアメリカに関するもので、スペインの医師ニコラス・モナルデスが執筆し、最初の版はセビリャで出版された。この二冊がヨーロッパ中に知れわたったのは、一つには両者ともラテン語に翻訳されたことによる。十七世紀の東洋医学に関する知識は、連合東インド会社の社員が出版した一連の文献によって補足されていた。インド医学はヤコブ・デ・ボントの『インドの医学』(一六四二年)、ヘルマン・グリムの『(インド医学)概説』(一六七九年)そしてヘンドリク・ファン・レーデがゴアで編集して、アムステルダムで印刷された全十二巻からなる本草書『マラバルのインド庭園』(一六七八—一七〇三年)などで紹介された。以前に誰も知らなかった知識を西欧人が発見したのではなく、現地の伝統的なアーユルヴェーダ医学の伝統にもとづいて編集がなされた、という点は強調しておく必要がある。印刷のためヨーロッパに送られる前に、ゴアのヒンドゥー教徒の医師が手稿を改訂してもいたのである。(51)

さらに東方の知識については、アンドレアス・クレイヤーが一六八二年に(イエズス会宣教師で中国にいたミカエル・ボイムの覚書に基づき)中国医学の本を出版している。記述内容はいろいろあるが、とりわけ中国流の脈診に留意している。他方ヴィレム・テン・リーネは、一六八三年にロンドンで出版した本のなかで日本の伝統医療(鍼と灸)や本草学(とりわけ茶と樟脳類)植物学について検討した。

モナルデスの著作はオルタのものより綿密ではないにしても、十七世紀になって増補された。フェリペ二世の命でメキシコに派遣されていた、スペインの医師フランシスコ・エルナンデスが集めた情報は、ラテン語でまとめられ、一六二八年にローマで出版された。他方、南アメリカ先住民の医学に関する論考『ブラジル医学』（一六四八年）は、一六三〇年代のオランダのペルナンブコ探険に随行した医師ヴィレム・ピソによって出版された。異国の植物を分類する際に、非西欧の分類体系を利用していたことは、最近ヨーロッパの研究者によって確認されている。[52] 例えばオルタはアラビアの、エルナンデスはアステカ族の知識に依存していたのである。

地球規模での発見

ヨーロッパ人が広大な世界を発見したこと自体、アジア人によるアメリカ発見やヨーロッパ発見を含む、地球規模の傾向の一部にすぎない。例えばオスマン帝国のピリ・レイスがアメリカに関心を示したことはすでに述べた（八八頁）。西インド諸島の博物誌はスルタンのムラド三世のために書かれ、ロペス・デ・ゴマラ、オビエド、ザラテらの著書を利用していた。メルカトールの「世界地図」は十七世紀半ばにトルコ語に翻訳された。（スルタンのメフメット四世の命で製作された）ブラウの「世界地図」は一六七〇年代に翻訳されている。[53] これらの翻訳は草稿のまま残っているが、一七二七年にオスマン帝国に短期間ながら設立された印刷所から生まれた数ある書籍のうちの一冊は、ロペス・デ・ゴマラの翻訳であった。

一四五〇年以前にアラビア人はすでにヨーロッパを発見していた。昔は知られていなかったヨーロッパへの関心については、さらに東方に眼を向ける必要がある。中国では十六世紀後半にイタリア人のイエズス会宣教師マテオ・リッチが、ヨーロッパ式の世界地図を自分の宿舎に掲示していたところ、一部の中国人の関心を惹くところとなった。皇帝は一部所有していて、その地図は中国の地理学書のなかに収録されていた。もっとも中国の地図製作の伝統にさほど影響を与えなかったようであるが。(54)

中国人が西欧に対して抱いた軽い興味を、日本での状況と比較してみよう。「鎖国」政策(九四頁)があったにせよ(あるいは、あったからこそ)、日本人は外国文化に対する生き生きとした関心を育て上げた。特に十八世紀後半以降がそうである。長崎通詞は西欧の知識、すなわち「蘭学」(オランダの知識のこと)に対する興味を初めて抱いた集団に属していた。一六二五年頃に作製された日本式衝立(襖《ふすま》)には一五九二年のプランキウスの地図を真似た絵が描かれていたが、他方、一六四八年のブラウの世界地図はほどなく将軍の手に落ちた。好奇心は高まり、日本の学者たちは長崎を訪れるようになり、西欧についてさらに学ぼうとした。例えば嵐山甫安は長崎で西欧医学を習得し、一六八三年に教科書を出版した。ヒューブナーの地理学書のオランダ語訳から一節を取り出したものが、一七七二年に日本語に訳されて出版された。日本の医師集団はオランダ語から解剖学書を翻訳し、一七七四年に出版した。学者の大槻玄沢は長崎を訪れた後、一七八八年に西洋知識への入門書を出版した。一八〇〇年頃になって初めて、蘭学者たちはオランダ語が学問のために最も有用な言語ではないことに気づいた。(55)

ヨーロッパ人のように、中国人も日本人も異国の知識を先ず自らの範疇《カテゴリー》に翻訳し、自分の分類体系のなかの適所に収めようと試みた。以下の章では知識の分類の問題をあつかう。

第五章　知識を分類する——カリキュラム、図書館、百科事典

人間の思想の諸カテゴリーは決して確定したかたちに固定されることはない。それらは絶え間なくつくられ、解体され、つくり直される。それらは時と場所とともに変化する。

——デュルケム

前章で述べた知識の洗練化におけるもっとも重要な要素の一つは、知識の分類であった。こんどはこのトピックについてより詳細に見ていくことにしよう。すなわち、伝統的な枠組みに新しい知識を当てはめようとする試みについて、あるいはその逆、つまり新奇なものを受け入れようと試みるなかで、長い期間にわたって枠組みのほうが変わっていく過程について、見ていくことにしよう。デュルケムが指摘したように、分類の体系は「絶え間なくつくられ、解体され、つくり直される」[1]のである。

前章では近代初期の知識の地理学を提示したが、この章では知識の「人類学」とでも呼びうるものについて素描していきたい。というのもデュルケム以来、人類学者たちは、他の民族のカテゴリーや分類を真剣に受けとり、その社会的文脈を探究するという伝統を培ってきたからである。この伝統には、マルセル・グラネの『中国の思想』（一九三四年）やクロード・レヴィ＝ストロースの『野生の思考』（一九六二年）などの諸研究が含まれている。たとえばグラネは、陰と陽のような中国のカテゴリーを、具体的な思想、あるいは「論理以前の」思想の例として描いた。レヴィ＝ストロースは「論理以前のもの」という考えは拒否したが、しかし彼もまたアメリカ・インディアンなどのいわゆる未開民族の具体的なカテゴリーを強調した。アメリカ・インディアンは、「自然」と「文化」というわれわれの対比に類似した区別を、「生《なま》の」ものと「調理された」ものというカテゴリーを使って行なっているというのである。(2)

ミシェル・フーコーが一九六〇年代に洞察したように、近代初期のヨーロッパのカテゴリー体系は〔現代の〕われわれのカテゴリー体系とは大きく異なっているため、人類学的なアプローチが必要となる。われわれは専門術語のいくつかを、たとえば「魔術」や「哲学」といった単語を、受け継いできている。しかし、知的な体系の変化に応じて、これらの術語の意味も変化してきた。これらの「不実な友」〔のような諸術語〕に騙されないためには、われわれはヨーロッパのカテゴリーへの慣れ親しみから抜け出して、それらのカテゴリーを、（たとえば）中国人のカテゴリーと同じように奇妙な、あるいは魅惑的なものと見なすことができるようになる必要がある。フーコーはこの論点を、ホルヘ・ルイス・ボルヘスから借りてきた物語に助けを求めて明らかにした。その物語は中国の百科事典のなかに見いだされるという動物のカテゴリーについてのものであり、その動物のカテゴリーは、皇帝に属する動物、駱駝の毛のごとく細い毛筆で描かれた動物、遠くから蝿のように見える動物、などである。この物語は、カテゴリーのいかなる体系も、外側から眺められたときには気まぐれに見えることがある、ということを鮮明に示してくれる。[3]

一つ前の世代から、たくさんの研究者たち──その多くは近代初期の時代に携わる研究者たちである──が、分類の諸体系の研究に向かうようになった。[4]動物誌（一五五一年）を著わしたスイス人コンラート・ゲスナーやボローニャのウリッセ・アルドロヴァンディのように、近代初期のヨーロッパじたいが、学者たちが分類学へ非常な関心を寄せた時代であった。スウェーデン人の植物学者カール・リンネは、知的な分類学者のなかではもっとも偉大でもっとも体系的な人であったかもしれないが、しかし分類学に関心を寄せていたのはリンネだけではなかった。[5]この章の主なテーマはしかしながら、知識そのものの分類学であり、すなわち分類学の分類学である。そのさい焦点は学術的な知識に据えられるが、それを〈もう一つの知識〉の文脈のなかに置き入れることも試みる。

さまざまな知識

近代初期のヨーロッパでは、知識は、さまざまな集団によって、多くの異なった仕方で分類されていた。この節では、もっともありふれた区別のいくつかを論じることにするが、そのさい、カテゴリーは時とともに変わるのであり、またカテゴリーには、区別を別のところに引くさまざまな個人や集団から、暗黙のうちに、あるいは明示的に、しばしば異議が唱えられていた、ということを念頭に置いておこう。より確実な知識とより不確実な知識との区別は、第九章で論じる。

何度も現われる区別の一つは、理論的な知識と実践的な知識との区別、哲学者の知識と実践者の知識との区別であり、これは「科学」(scientia)と「技芸」(ars)との区別と言われたこともあった。このカテゴリーが実際的な文脈で援用されたもっとも鮮明な例は、一四〇〇年頃のミラノの大聖堂の建築から得られる。建築工事のあいだ、フランス人の建築家と地元の石工の親方たちとのあいだに論争がまきおこった。石工たちの集会は、「幾何学の科学には、このような事柄に関して果たす役割がない。なぜなら科学と技芸は別のものだからである」と主張した。この主張に対して、この事業の監督の任にあった建築家は、「科学を欠く技芸は」(換言すれば理論を欠く実践は)「無価値である」(ars sine scientia nihil est)と応じた(6)。

もう一つのよく現われる区別は、公共的な知識と「私的《プライヴェート》な」知識との区別であった(「私的な」というのは「個人的な」知識という意味より、むしろ特定のエリート集団に限定された情報という意味である)。この意味での私的な知識には、「自然の秘密」(arcana naturae)ばかりではなく、次の章で論ずるような「国家の秘密」(arcana imperii)も含まれていた。自然の秘密の研究はときに「オカルト哲学」として知られていた。たとえば錬金術の秘密は、ときには暗号を使って、友人や同僚たちの非公式の連絡網を通じて、すなわち秘密の社会の内部で、伝達された。技術的な秘密は大工の職業組合《ギルド》の内側では共有されたが、部外者は排除された。「神秘」(mystery)と「職業」(métier)

とのあいだには、語源学的な繋がり以上のものがある。[7]

どのような種類の知識を公共のものとするべきか、という問題は、議論の的になった問題であって、ヨーロッパのさまざまな世代、さまざまな地域によって、さまざまな仕方で答えられた。宗教改革とは、とりわけまず宗教的な知識をめぐる論争であった。その論争のなかでルターやその他の人びとは、宗教的知識は平信徒と共有されるべきだと主張した。イタリアやイギリスなどでは、法律の改革者たちが同じような論法で、ふつうの人びとを「法律家の専制」から解放するために法律は現地の言葉に翻訳されるべきである、と論じた。[8]学識者の協会には、多少なりとも秘密主義的な協会もあったが、ロンドンの「王立協会」のように、知識を公共的なものにすることに関心をもつ協会もあった。長期間にわたって、公共的な知識という理想が高まってゆく過程が近代初期には見られたが、それは印刷出版の興隆と関係していた。[9]

同様の区別が、合法的な知識と禁じられた知識とのあいだにも引かれた。「神の秘密」（arcana Dei）の知識は、世間一般の人びとに対してばかりでなく、人類に対しても秘密に保たれなければならない。知的な好奇心はどの程度まで「虚栄心」つまり罪ではなくて合法的なのかは、論争の的であった。たとえば改革者ジャン・カルヴァンは、好奇心を糾弾する点では聖アウグスティヌスに追随したが、しかし十七世紀には、すでに見たように（四七頁）、「好奇心の強い」という言葉は、学者に言及する場合、とりわけ彼が紳士であるときには、しばしば賞賛の意味で使われていた。[10]

「より高い」（superior）知識と「より低い」（inferior）知識との区別は、一五四〇年代にドミニコ会士ジョヴァンニ・マリア・トロサーニによってなされたものだが、これは、この時期には知識の知的な組織化において階層秩序《ヒルラルキー》が重要であったことを思い起こさせてくれる。(11) 男性の知識は公共的な領域についての知識を含んでおり、少なくとも男性の考えによれば、敬虔な信心や家庭の範囲に多かれ少なかれ限られているような女性の知識よりも優越するものであった。

「自由学芸《リベラル》の（自由な）」知識と「有用な」知識との区別は古いものだが、この区別は近代初期になっても——近代初期はこの二種類の知識の相対的な評価が逆転しつつある時期だったのだが——、少なくともいくつかの集団においては保たれつづけた。ギリシアやラテンの古典についての知識のような「自由学芸の」知識は、一四五〇年には、さらに一五五〇年にも、地位においてより高いものだった。他方で、たとえば商売の知識や生産工程の知識のような単に「有益な」知識は、そのような知識をもっている商売人や職人とちょうど同じように、低い地位にあった。この時期にもまだ通用していた中世の分類法にしたがって、上層階級の人びとからは、職人とは七つの「機械技芸（熟練）」の実践家だと見なされていた。七つの機械技芸とは伝統的に、裁縫、造船、航海、農作業、狩猟、治療、演技のことである。(12)

たとえば、イギリス人の数学者ジョン・ウォリスはその自伝のなかで、十七世紀の始め頃には彼の研究テーマは一般的に「学術的な研究というより、熟練による研究」であり、「商人、船乗り、大工、測量士」たちと関係が深いと見なされていた、と回想している。有用な知識に対する自由学芸の知識の優越という想定は、ヴェブレンが「有閑階級」と名づけた階級による旧体制的な支配が知的な領域にもたらした帰結の、一つの分かりやすい例を示してくれる。しかしこのような優越は、のちに見るように、この時期を通じて徐々に弱まっていった。

特殊化した知識は、しばしば全般的な、さらには普遍的《ユニヴァーサル》な知識と対比された。「普遍人」の理想は、十五世紀のイタリアのいくつかの集団では真剣に受けとめられた。その一例として、マッテオ・パルミエーリの『市民生活』によれば、「人は、多くの卓越した諸学芸において、多くのことを学び、普遍的になる（**farsi universale**）ことができる」のである。フィレンツェの詩人であり学者であったアンジェロ・ポリツィアーノは、普遍的な知識についての彼の小論考『博学の学者』（***Panepistemon***）に示されているように、このような理想の支持者だった。人文学者ジョヴァンニ・ピコ・デラ・ミランドラも同様だった。そのことは、一四八七年のローマでの公開討論において、この大胆な若い学者が弁護しようと提示した九〇〇ものテーゼの一覧表からもうかがうことができよう。エラスムスの対話篇『キケロ主義者』（一五二八年）のある登場人物は、ピコを、全方位的な人間（あらゆることがらに通じた天才〔**ingenium ad omnia factum**〕）として描き出している。

すべてを知ること、少なくともすべてについて何ごとかを知ることは、近代初期を通じて理想でありつづけ、「全般的学識」、博識（**polymathia**）あるいは汎知（**pansophia**）と言われていた。汎知は、チェコの教育改革者ヤン・アモス・コメニウスとその弟子たちの著作におけるキーワードであった。ケンブリッジ大学の学監だったアイザック・バーローがその論考『勤勉さについて』で述べているように、「全般的な学者でないものは良い学者にはなりがたい」。全般的な知識が必要とされたのは、「学問のある部分が他の部分に光を投げかける」ような「ものごとの連結と概念の依存関係」があるためであった。全般性の理想の例として、幾人かの際立った人物が挙げられた。たとえばフランスの行政官ニコラ・ド・ペレスクであり、彼の関心には、法律、歴史、数学、エジプト学などが含まれていた。あるいはスウェーデンの学者オラウス・ルドベックであり、その活動の領域は歴史から解剖学、植物学、医学にまで拡がっていた。さらにドイツ人のイエズス会士アタナシウス・キルヒャーは、(ほかにもあるが、とりわけ)磁気学、数学、鉱山業、音楽、文献学について書いた。ダニエル・モルホーフは、その著書『博識家』(一六八八年)のなかで、全般的な知識という理想を表現するのに、この「博識家」という言葉を使うことを勧めている。[13]

にもかかわらず、このような理想は徐々に見捨てられていった。宗教的著作家のリチャード・バクスターは、すでにその『神聖なる共和国』(一六五九年)において、知識がますます細分化していることを嘆きながら指摘した。「われわれは技芸と科学とを、われわれの受容力の狭さに応じて、諸部分へと分割する。全体を一目で(uno intuitu)見渡すことができるほどわれわれは汎知ではない」。『百科全書』における「読書人」(Gens de letrres)の項目はさらに諦観しており、「普遍的な知識はもはや人間の及ぶところではない」(la science universelle n'est plus à la portée de l'homme)と述べている。できることはせいぜい、「哲学的精神」を鼓舞することによって、偏狭な専門主義を避けようとすることぐらいであった。

「読書による知識」(book-learning)としばしば呼ばれもしたものは、ときには、〈知識人〉によってさえ、事物についての知識から区別された。たとえばコメニウスは言葉よりも事物を研究することの大切さを強調した。このような区別はすでに、スコラ哲学者たちの冗長さと屁理屈、「学校の決まり文句《ジャーゴン》」に対する人文学者たちの批判の根底にあったものだった。[14] 量に関する知識は、質に関する知識から区別されて、ますます重要だと見なされるようになった。ガリレオの有名な言い方にあるように、自然という書物は数学の言葉で書かれているのである。十七世紀半ば以降、国家にとって有益な情報は、「統計」の形式でとりまとめられることが多くなった（二〇三頁参照）。

しかしながら、この章の中心課題は学術的な知識とその諸領野である。「領野」（field）は、知識にとって意味深いメタファーであり、西洋文化においては少なくともキケロにまで遡る由緒あるものである。すでに引用した『百科全書』の項目では、読書人はさまざまな「領野」へと踏み込むことを推奨されている。たとえそのすべての領野を修得することはできなくとも、である（一三二頁）。「土地」（terrain）という用語が使われたが、この言葉は、隣接する学問分野からの侵入に対してみずからの知の芝生を守ろうとする学者＝百姓のイメージを呼び起こす。「縄張り意識」は、政治や経済の場面でと同様に、知的な世界でも重要であったし、また重要でありつづけている。この章の主題を適切に言い換えるならば、近代初期の学術社会とその種々の「領地」についての、あるいはリンネならそう言ったように、そのもろもろの「王国」（regna 界）についての、歴史的な地理学であると言えるだろう[15]。

知識の体系をイメージするための十六世紀のもう一つの重要なメタファーは、中世と同様に、樹とその枝のメタファーである。書かれたのは一三〇〇年頃だが、近代初期に何度も再版されたライムンドス・ルルスの『学問の樹』（*Arbor Scientiae*）（図5）のような知識の樹のほかにも、論理学の樹（いわゆる「ポルフィリオスの樹」）や血縁の樹、文法の樹、愛の樹、戦いの樹、さらにはイエズス会士の樹（エッサイの樹からの類推にもとづいてつくられ、根のところにイグナティウスがいる）まであった[16]。フランス政府の「器官図」（organogram）とでも呼べるようなものが、一五七九年

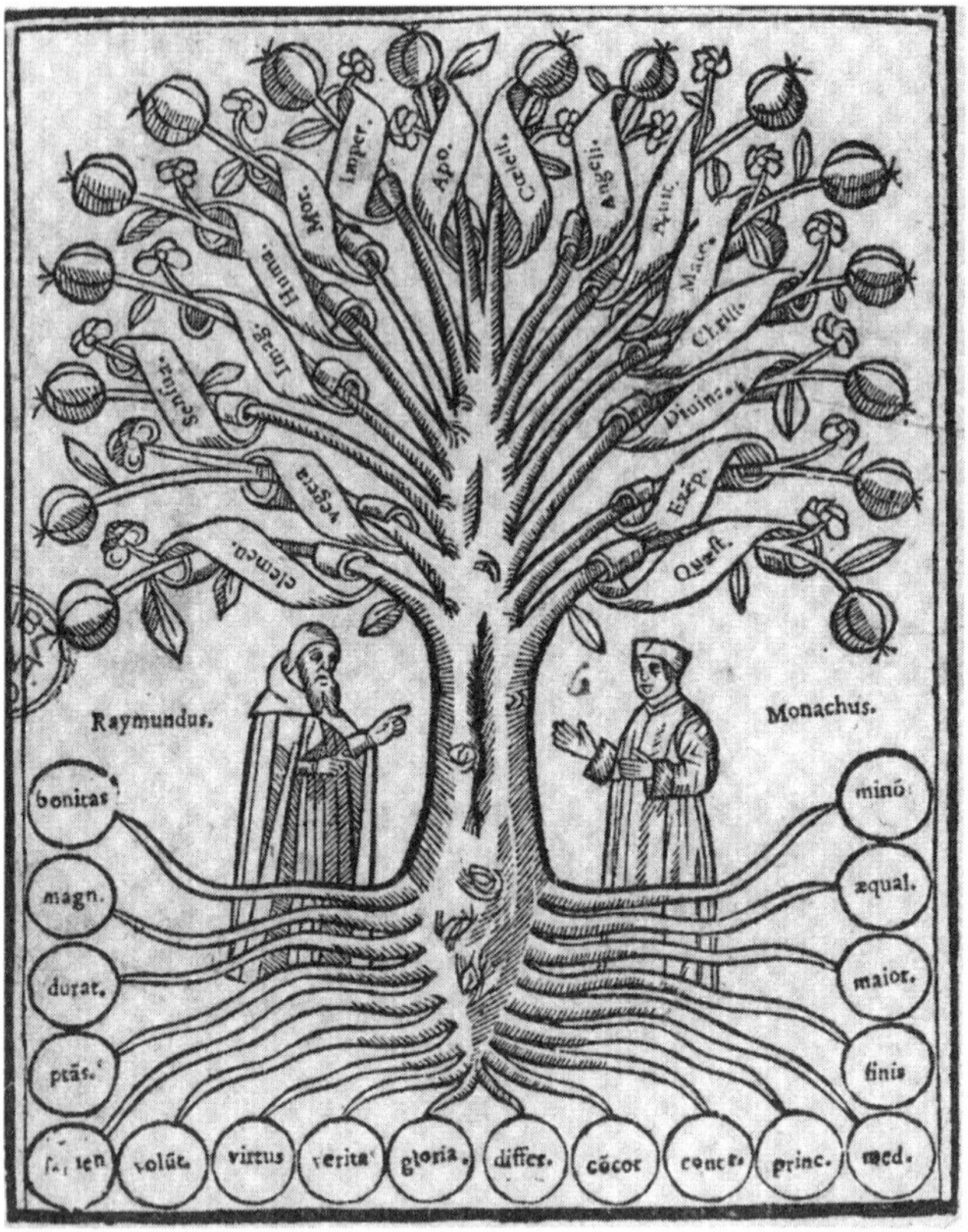

▲図５　知識の樹

（R・ルルス『学問の樹』*Arbor Scientiae* 1515年，再版1635年，のタイトル・ページ。ケンブリッジ大学図書館蔵〔P*.3.52〕）

◀図６（次頁）　フランス官職の樹

（シャルル・ド・フィゴン『国政論』*Discours des Estats*, パリ，1597年, より。ケンブリッジ大学図書館蔵〔Pryme D.I〕，折り畳み図版）

CONSEIL PRIVE ET D'ESTAT
DV ROY.
MONSEIGNEVR LE CHANCELLIER
ET GARDE DES SEAVX DE FRANCE.
COVR SOVVERAINE DES MONNOYES
COVR SOVVERAINE DES AIDES ET FINANCES.
CHAMBRE DES COMPTES.
GRAND CONSEIL DV ROY.
GRAND PREVOST DE L'HOSTEL DV ROY.
SECRETAIRES D'ESTAT ET DES COM.
ET DES FIN. DV ROY.
IENDANS DES FINANCES DVROY
AMBASSADEVRS
COVVERNEVRS DE PROVINCES
Recepte generalle
Recepte
Emprunts
Tresorerie de l'Espargne
Tresoriers de France & Generaux des finances.
Du domaine du Roy.
Des tailles & impositions.
Imposition foraine.
Gabelle à sel.
Subside du Vin.
Lots & ventes.
Coupe & vente de bois.
Controlleurs gener. des gabelles.
Pour l'estat ordinaire de la guerre.
Extraordinaire
Pour la maison du Roy.

に「フランスの階級と官職の樹」（図6）として描かれている。一六一二年には、ドイツ人法律家ルードヴィヒ・ギルハウゼンが、『判決の樹』（*Arbor Judiciaria*）という書物を出版した。

「樹」という観点で考えれば、支配的なものと従属的なものの区別、幹と枝の区別が連想される。ルルスとギルハウゼンは、下は根に至り、上は小枝、花、果実に至るメタファーに従った。樹のイメージは、文化史における一つの中心的な現象を具体的に示してくれる。その現象とは、慣習的なものを自然化すること、すなわち文化をあたかも自然であるかのように、発明をあたかも発見であるかのように提示するということである。ここから引き起こされるのは関与の否定、つまり社会的諸集団こそが分類の原因であって、文化的再生産を支え、革新の試みに抵抗しているのだということを否定することである。

「樹」に代わって、十七世紀にはより抽象的な用語が、知識の組織構造を記述するのに使われるようになる。その用語とは（古代のストア派の哲学者を連想させる）「体系」（system）であった。この用語は、バルトロメウス・ケッカーマンやヨハン・ハインリヒ・アルステートが示した「諸体系の体系」の場合のように、[17]専門的な学問分野にも、知識の全体にも適用された。フーコーから遡ること三五〇年前、一六一二年に、アルステートは、学問分野の体系の根拠となる原則を分析することを言い表わすのに、「考古学」というメタファーを使っている。学術的な知識の分類がどのようにしてヨーロッパの諸大学における日常的な活動にまで入りこんだかを調べるために、今度は、三つの下位体系について、すなわちカリキュラム、図書館、百科事典からなる一種の知の三脚台について調べるのが有効かもしれない。

三つの体系のいずれについても、知識の組織的構造に関する一般的な精神的カテゴリーあるいは観念が、なんの滞りもなく反映していると決めてかかるべきではない。それぞれの領域での発展を、それぞれ内在主義的に、あるいは局地的に説明することが可能であるのは疑いない。たとえばカリキュラムは、大学の学内行政によってしばしば影響される。学内の運動に成功して新しい講座が設立されることもある。あるいは、教育上必要だと見なされたものに応えて、カリキュラムが変わることもある。十八世紀のアバディーンは後者のケースにあたり、そこでは、具体的な知識が（コメニウスが論じたように）抽象的なものの前に来るべきだということを根拠にして、論理学が初年度の課程から外された[18]。

同じように、図書館の機構は、財政と建築物の両方から明らかに制約を受けていた[19]。百科事典は公開の市場で売られる商品であり、市場からの圧力にさらされていた。この点については後により詳しく述べる（二五八頁）。しかしながら、これら三つの体系が重なり合うところを見れば、その根本的なカテゴリーは、人びとと全体の考えではないにしろ、大学人全体の考えを、あるいはフランス人の歴史家リュシアン・フェーヴルがかつて言っていたように、大学人の「知的装置」（心の備え）（outillage mental）を表現しているように思われる。

ディシプリンと教えること

カリキュラム（curriculum）とは、伝統的な陸上競技からとられたメタファーである。走路《コース》と同じく、カリキュラムは生徒が沿って走らなければならない道筋のことである。カリキュラムは、「ディシプリン」（discipline）〔訓練、規律、学問分野〕の秩序あるいは体系であった。古代ローマにおいて、学芸と法学はすでに――たとえばキケロやヴァロによって――、discere（学ぶこと）から由来する disciplinae という言葉で記述された。近代初期においては、たとえばスペインの人文学者ルイス・ビベスが、この言葉を学術的な文脈で使った。[20] この用語は中立的なものではなかった。古代世界においては、ディシプリンは陸上競技や軍務と結びつき、自制心を強調したストア学派の哲学と結びついていた。中世においては、ディシプリンは修道院、贖罪、懲罰と結びついていた。十六世紀には、とりわけカルヴァン派の人々が教会の規律《ディシプリン》について語ったが、世俗の著述家のなかには、ローマ時代と同様に、軍の規律《ディシプリン》に言及したものもいて、とくにマキャヴェリがそうであった。このような言葉の繋がりは知識を論ずるさいに重要である。なぜなら十六世紀には、「規律訓練」（disciplining）――ドイツ人の言い方では Disziplinierung――の運動が、教会でと同様に、学校や大学でも起こったからである。

disciplines のように複数形で語ることは、後代の学問分野《ディシプリナリー》間の衝突を近代初期に投影してしまうという危険を冒すことになる。とりわけ科学の諸部門《ディシプリンズ》は、十八世紀後半から十九世紀前半にかけての「発明」として、すでに記述されている。[21] 時代錯誤はつねにある危険である。しかしながら、反対側の危険、すなわち近代初期と近代後期とをあまりにもきっぱりと分割してしまう――「専門家のするような」討論においてよくあるように――という危険もある。一八〇〇年頃に新たに生じたのは、ディシプリンの観念というよりは、大学の諸「学科」（department）の形式にディシプリンを制度化することであった（department という言葉は、オクスフォード英語辞典によれば、一八三二年にはじめて英語として使われた)。これらの学科《デパートメント》でさえも新たな発明というよりは、中世の大学で「学部」(faculty)と呼ばれていたものを仕上げたものである。この faculty という言葉も融通の利く言葉で、能力、枝分かれした知識の一部分、団体としてまとまった人間集団などを、いっぺんに意味することができた。

faculty という術語をあまりにも文字通りに受けとって、近代初期の大学社会における諸科目間の境界線の重要性を大げさに言い立てることは、簡単なことだろう。〔しかし〕さまざまな科目を教えることを望み、またその能力もある有能な人びともいたし、学術的な体系も彼らがそうすることを許した。「化学者」のアンドレアス・リバヴィウスは、イェーナ大学で歴史と詩学を教えたし、「政治学者」のヘルマン・コーンリングはヘルムシュテット大学で医学を教えた。オランダ人の自然哲学者ヘルマン・ブールハーヴェは、ライデン大学で同時に医学、植物学、化学の教授職を兼任した。「自治」(autonomy)はもう一つの意義深いメタファーで、エリアスによる大学の学科と国民国家とのアナロジー(五七頁)を裏付けるものだが、この「自治」の問題は、少なくとも深刻なかたちでは、まだ生じていなかった。たとえば数学と天文学は、オクスフォード大学とケンブリッジ大学では「半ば解放された」(semi-liberated)科目であったと記述されている。原則的には数学や天文学は哲学の一部であったが、しかし実践の場面ではそれらはある程度の独立性をもっていたのである。(22)

カリキュラムの編成

一四五〇年には、ヨーロッパの諸大学はコインブラ大学からクラコフ大学まで広がるネットワークをなしており、諸大学のカリキュラムは非常に均一性があったので、学生は比較的容易に一つの大学機関から別の大学機関へと移ることができた（これは「大学巡礼」〔peregrinatio academica〕として知られていた慣習だった）[23]。最初の学位は文学士（ＢＡ〔Baccalaureus Artium 諸学芸の学士〕）であった。学生が学士となるために学ぶ学芸は七つの「自由学芸」であり、それは二つの部分に分かれていた。言語に関わる、より初等の「三学科」（trivium）（文法、論理学、修辞学）と、数に関わる、より上級の「四学科」（quadrivium）（算術、幾何学、天文学、音楽）である。じっさいには、「三つの哲学」、すなわち倫理学、形而上学、そして「自然哲学」として知られていた科目にも、居場所があった。最後のいわゆる「自然哲学」は、とりわけアリストテレスの『自然学』と『霊魂論』を参照しながら研究されていた[24]。

最初の学位をとった後に、三つのより上級の学部、つまり神学、法学、医学のうちのいずれかに進学することもあった。このような三つに分ける図式は、社会が祈る人、戦う人、耕す人に分けられ、来世が天国、地獄、煉獄に分けられていたような中世時代においては、珍しいものではなかった。法学はいわゆる「二つの法」を意味し、民事法と教会法のことであった。法学は一般的に、医学よりも高い地位を有するが、「諸学の女王」として知られる神学よりは低い地位であると考えられていた。「上級三学部」はより「高貴」だと考えられていたが、この高貴という言葉は、社会の階層秩序が知識人の世界へと投影されていたことを明らかにしてくれる、もう一つの例である。後に見るように、このような中世の体系は、近代初期のヨーロッパにおいて、改築されたというよりは、むしろ拡張されたのである。基本的な一〇の要素（三十四十三）は、そのしかるべき位置づけを保持していたが、しかし徐々に、歴史や化学のような、ますます増えてゆく新学問にも場所を分け与えるようになっていった。

第三章で提示したような際立った類似点があるにもかかわらず、このような体系は、イスラム世界の対応するものとは、決定的な点で異なっていた。イスラム教の体系においては、「異国の学問」（基本的には算術と自然哲学）と、「イスラムの学問」とのあいだには根本的な区別があった。「イスラムの学問」は、コーランや預言者の言葉（ハディース）の研究だけでなく、イスラムの法（fiqh フィクフ）、神学、詩学、アラビア語の研究をも含むものだった。キリスト教世界においては、神学は高い地位にあったものの、キリスト教の学問分野と非キリスト教の学問分野とのあいだの区別は、体系に組み込まれなかった。同様に、キリスト教徒は学問《スキエンティア》という言葉を、宗教的な知識と世俗の知識との両方に同じように使っていたが、他方イスラム教徒は宗教的知識（ʻilm イルム すなわち知識）を、世俗的な研究分野（複数形で ʻulum すなわち「諸知識」、あるいは maʼrifa マーリファ）から区別していた。(25)

図書館の秩序

諸学問分野《ディシプリン》の伝統的な体系がもつ「自然な」見かけは、三脚台の二番目の脚に当たるものによって、つまり図書館における書籍の配列の仕方によって、強められた。ゲスナーの言った「本の秩序」

（ordo librorum）が大学のカリキュラムの秩序を再現していたのは、まったく当然のことであった。[26] この書物の秩序はまた、分類の体系を物質的、物理的、空間的なものにすることで、この体系を支えてもいたのであり、これは現在でもそうである。現存する図書館は昔の分類体系の物理的な残存物であって、これを調査することで、われわれは「知の考古学」を、フーコーのこの有名な文句の字義通りの意味で、研究することができる。公的な図書館《ライブラリー》および個人の蔵書《ライブラリー》のカタログや、組織的に編成された図書目録（これは想像上の図書館というかたちをとって公表され、しばしば「図書館」〔Bibliotheca〕というタイトルを付けていた）は、みな同じ秩序に従っており、そこにそれぞれ若干の並び替えや修正が加えられているだけだということが、よくあった。[27] たとえば、一六〇五年に出版されたボドレアン図書館のカタログは、本を四つの大きな群――学芸、神学、法学、医学――に分けて、著者順の一般索引と、アリストテレスと聖書に関する注釈者についての特別索引とを付けていた。

最初に出版された書誌目録（一五四五年）は、編集やさらには研究旅行に何年も要した驚くべき学問的成果であって、コンラート・ゲスナーの業績であった。ゲスナーは、動物を分類することと同様に、書物を分類することにも関心をもっていた。その目録は、三〇〇〇人の著者による数万冊の本を記載していた。その第二巻『総覧』（一五四八年）は、主題の分類に、あるいはゲスナーの言ったように「一般的および特殊な諸配列」（ordines universales et particulares）に関わるものだった。この巻は二一の部門に分かたれ、はじまりは「三学科」であり、そこに詩学が加えられ、さらに「四学科」に占星術が加えられた。さらに、占いと魔術、地理学、歴史、機械技芸、自然哲学、形而上学、道徳哲学、「経済学」、哲学、政治学、そして最後に三つの上級諸学部、すなわち法学、医学、神学が続いた[28]。

他のものとの比較は、このような本の秩序づけの仕方が唯一の可能なものではないということを、われわれに思い起こさせるのに有益である。たとえば中国では、七世紀から十九世紀までの有力な書籍分類法は、乾隆帝の『四庫全書』やその他に見いだされるもので、非常に簡単なものだった。それは古典（経）、歴史（史）、哲学（子）、文学（集）というせいぜい四つの集まりから構成されていた[29]。イスラムの法学者イブン・ジャマーアは、キリスト教のものとはかなり異なる階層的序列にしたがって書物を配列することを勧めていた。「もし本のなかにコーランがあれば、コーランが優先的な位置を占めるべきである。その次はハディースの本であり、その次はコーランの解釈書、次にハディースの解釈書、次に神学、次にフィクフである。もし二冊の本が知識の同じ枝のところに相当するなら、先にくるのはコーランとハディースからの引用を多く含んでいるほうの本でなければならない[30]」。

百科事典の配列

三脚台の三番目の脚は百科事典である[31]。ギリシア語の encyclopaedia は、字義的には「学習の円環」を意味し、もともとは教育上のカリキュラムのことを指していた。高等教育の施設で学生を補助するために、あるいはそのような施設の代わりとなるような自習用のコースを提供するために、ある種の本が教育の体系と同じ仕方で組織されたので、この用語がその種の本についても当てはめられるようになっていった。普遍的な知識という理想がまだ手の届くところにあると思われていた時代には、百科事典がしばしば大学の教師によって編集されていたということは、驚くべきことではない。そのような大学教師のなかには、パヴィア大学とヴェネチア大学で教えていたジョルジョ・ヴァッラや、ドイツのヘルボルン大学で教えていたハインリヒ・アルステートが含まれていた。

百科事典とその諸カテゴリーは、ある知識観を、さらにはある世界観（つまるところ、中世以来、世界はしばしば一冊の書物として記述されたのだ）を、表現あるいは具象化したものだと考えてよい。[32] それゆえ、中世の百科事典が近代初期においても使われつづけ、それどころか時には再版されていたということは、確かに意味深いことなのである。たとえば、ヴァンサン・ド・ボヴェの『鏡』（*Speculum*）は、一五九〇年にヴェネチアで、さらに一六二四年にドゥエで再版された。この再版のときには、題名のメタファーを時代に合わせて、『世界の図書館』（*Bibliotheca Mundi*）と題された。

ヴァンサンの百科事典は四つの部分に分けられて、自然の世界、理論の世界、道徳の世界、歴史の世界を、順々に扱っている。十六世紀の百科事典もテーマ別に編成されており、その主要なカテゴリーはしばしば中世の大学の一〇の学問分野と合致していた。たとえば、一五〇二年に初版が出て、その後十六世紀には何度も再版されたグレゴール・ライシュの百科事典は、一二の巻に分かたれており、それぞれ「三学科」、「四学科」、自然哲学、道徳哲学の内容を要約するものであった。他方では、ジョルジョ・ヴァッラはその百科事典（一五〇一年）において、よき人文主義者にふさわしく、「三学科」に詩学、倫理学、歴史を組み合わせていた。[33]

ここで、中国の百科事典の構成に戻ってみると、ことがらが明確になるかもしれない。といっても、ボルヘスの迫真の想像のなかでの構成（一二七頁）ではなくて、むしろ明朝や清朝に印刷された刊本における構成のことである。典型的な配列は以下のようであった。すなわち、天界の現象、地理学、皇帝、人間の本性と振舞い、政府、儀式、音楽、法律、官公吏、貴族の諸階級、軍事、国内経済、財産、衣服、乗り物、道具、食物、家庭用具、手工業、将棋、道教、仏教、霊、医学、自然誌である。このような体系の複雑さと中国の図書館の単純な分類法との対比は、注目に値する。(34)

主要論題集

これまでは、知識の知的な組織化について巨視的レベルとでも呼べる仕方で考察してきた。微視的レベルについて言うべきことも、やはりある。『オルガノン』（文字通りには「道具」）においてアリストテレスは、一般的な一〇のカテゴリー（実体、量、性質、関係、場所、時間、位置、所持、能動、受動）の体系を詳述した。これらのカテゴリーは広く知られて使われていた（それどころかわれわれは今日でも使っている。もはやそれらのカテゴリーを閉じた体系だとは考えないけれども）。十五世紀のオランダの人文主義者ルドルフ・アグリコラは、その論理学についての論文のなかで、カテゴリーを二四の論題へと仕上げて、議論がより素早く見つけられるようにした。論題は、エラスムスがそう呼んだように、「整理箱」（niduli 巣箱）として使うことができた。(35)

アグリコラの業績に基づいて、ルターの友人であり同僚であったフィリップ・メランヒトンは、『総覧』（*Loci Communes*〔主要論題集〕）（一五二一年）として知られる非常に成功した神学の教科書を出版した。これは主題を項目別に、神、創造、信仰、希望、慈悲心、罪、恩寵、聖礼典などの

「場所」（loci）もしくは「頭」（capita）に分けて――すなわち、「論題」（topics〔＜topos 場所〕）もしくは「項目」（headings〔＜head 頭〕）のようなわれわれが使うのと同じメタファーを用いて分けて――、論じたものだった。カトリック教会の側では、カトリック教徒は、スペイン人のドミニコ会士メルコール・カノによる『神学の諸論題』（一五六三年）という書物に頼ることができた。同じように、スペイン人のイエズス会士フランシスコ・ラバタの『説教師の道具』（一六一四年）は、徳、七大罪、四つの最後の出来事（死、審判、地獄、天国）などの、道徳あるいは神学の主要な論題についてアルファベット順のリストを提示していた。法学や自然哲学などの他の分野でも、同様の手引書をつくろうという試みがなされた。勤勉と怠惰のような反対語はしばしば並べて記されて、劇的な対照が知識の獲得を助けたのだが、これについては第八章で詳細に論ずる（二七五頁）[36]。

ある分野に特定されたこれらの主要論題集（commonplaces）〔commonplace は今日「決まり文句」の意味で用いられるが、この時代は逸話や教訓など知識人が共有する知識をさした〕は、より一般的なものと一緒に、スイス人の医師テオドール・ツヴィンゲルの野心的な諸論題《トピック》の百科事典、すなわち『人生の劇場』（一五六五年）と名づけられた書物において、まとめられた。これは、別のスイス人の学者コンラート・リコステネスから遺贈された草稿――それはおそらくは主要論題の抜き書き帳（commonplace books）だった――に基づき、しかしそれをツヴィンゲル自身が編集しなおしたものだった。その第二版は一五八六～八七年に出版され、四巻本に拡張された。次の世紀には、プロテスタントのツヴィンゲルのこの仕事は、フラマン人のカトリック教徒ラウレンティウス・バイヤーリンクによって改訂・増補され、異なった宗教的な色合いを与えられて、同じタイトルのもと、全八巻で一六五六年にルーヴァンで出版された。主要論題集の伝統が十八世紀にもまだ生きていたことは、チェンバーズの『百科事典』（*Cyclopedia*）を見れば明らかである。[37]

体系の再編成

このような三脚台の脚が互いを支えあっていたことは明らかであり、カテゴリーが自然なものに見えるように、そして他のカテゴリーを不自然な、それどころか不合理なものに見えるようにすることで、文化的な再生産を支えていたのである。知識についてのこうした伝統的な観念が存続していたことは、大学の諸学部間の優越をめぐる争いを論じた二冊の本を比較してみるとよく分かるだろう。その一つはフィレンツェの人文主義者コルッチオ・サルターティが十五世紀の初めに書いた本で、もう一つはその約三〇〇年後にイマヌエル・カントが書いた本である。このどちらも、神学、法学、医学のあいだの争いに焦点を合わせている。これらの「上級の」学問分野は、近代初期の期間を通してその支配的立場を維持してきたからである。それでもやはり、学術的な知識の体系のなかでは、重要な変化がルネサンスと啓蒙主義とのあいだに起こった。すなわち、「制度を改める」ことと同様に、「知識を再配置する」という傾向である。[38]

継続性（あるいは再生産）と変化とのあいだのバランスは、徐々に後者のほうに傾いていった。理論の次元では、知識の分類法をつくりかえるための数々の計画によって、移り変わりが明らかになる。計画のうちのいくつかは、ベーコン、デカルト、ロック、ライプニッツなどの有名な哲学者によって提起されたものだった。たとえばライプニッツは、図書館と百科事典の両方の改革に関心をもっていた。[39] 他の計画は、後代の人びとがあまり真面目に受けとってこなかった人たち、すなわち、ラムス、ケッカーマン、アルステート、キルヒャーなどの専門的な「体系主義者」の手になるものであった。

フランス人の大学教師ペトルス・ラムスは、アリストテレスやキケロによって使われ推奨されていた分類法を攻撃し、キケロの分類はごちゃごちゃで、学芸を混乱させてきたと訴えた。ラムスは論理学と修辞学とのあいだに境界線を引きなおした。彼自身の体系においては、表のかたちで示される二項対立が、大きな役割を果たしていた。[40] このような「二分法」を、彼の追随者たちは、ツヴィンゲルの『劇場』のような百科事典や、また教科書においても採用したのだった。たとえば、アンドレアス・リバヴィウスは——彼は他の点ではラムスに対立していたけれども——、このようなやり方で化学を提示した（図7）。他方一五八〇年代には、トマス・フライ（フライギウス）とアブラハム・フローンスが、最初の事例として民事法、第二の事例として慣習法について、法のラムス的な分析を提示した。一六〇五年にイギリス人ロバート・ダリントンが出版した、トスカナを記述した本でさえ、このような路線にそった「論考の分析」を含んでいた。

フランス人クリストーフル・ド・サヴィニは、「あらゆる技芸と科学」についてのもっと流動的あるいは柔軟な分類を、楕円形の図表のかたちで示した（図8）。楕円の縁にそって一八の学問分野の鎖がめぐっていて、三学科、四学科、三つの上級学部が、詩学、光学、地理学、天地学、物理学、形而上学、倫理学、年代学によって連結されている。中央にはさらに七五の楕円が浮かんでいて、たくさんの風船玉のように紐で繋がれており、そのなかには一八の学問分野の専攻細目も含ま

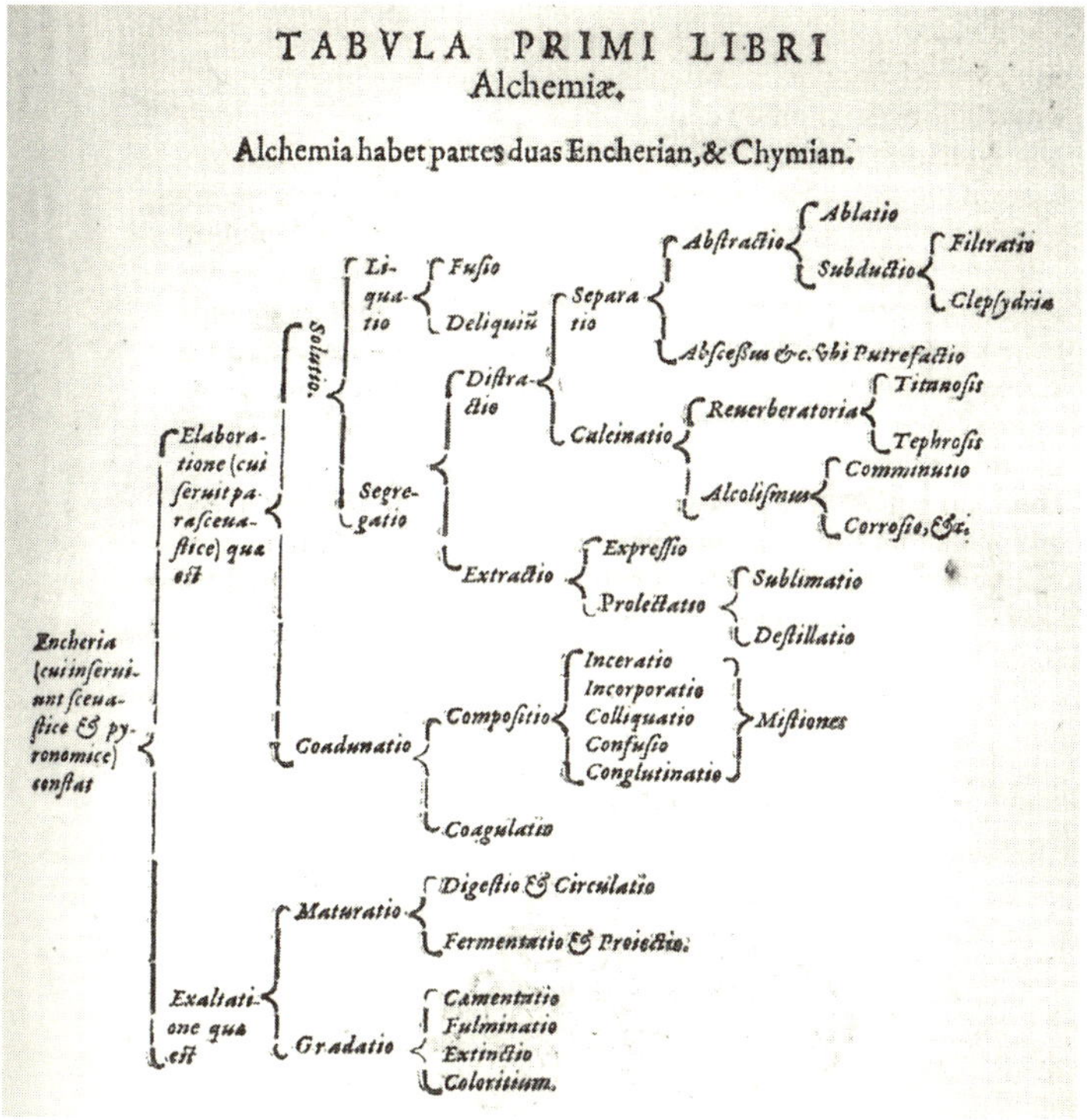

図7　上巻の表
(アンドレアス・リバヴィウス『錬金術』*Alchemia*, フランクフルト, 1597年, の裏表紙 sig.b2 より。ケンブリッジ大学図書館蔵〔L.4.14〕)

れている。この図表は、ラムスの二分法よりも、学際的な繋がり(サヴィニが言ったように「系列と脈略」〔la suite et liaison〕)を示すための、より柔軟な様式を表わしている。

　ラムスは皆に歓迎されたわけではなかった。たとえばアリストテレスに対する彼の批判を、一種の冒瀆(*lèse-majesté*)だと思った同時代の人びともいた。クリストファー・マーローは、戯曲『パリでの虐殺』でこの点を描

図8　C.サヴィニ『完全なる表』
（*Tableaux accomplis*, 1578年．パリ，国立図書館蔵）

いた。ギーズ公爵は、ラムスを異端者として殺そうとするそのとき、ラムスにこう尋ねる。「オルガノンをあざ笑い／虚栄の山だと言ったのは、汝ではなかったか？」このような例外はあるものの、ラムスによる批判のいくつかは広く受け入れられ、知識を分類するという課題に対する折衷的な諸解決のなかに、その批判を組み入れようとする試みがなされることになった。たとえばアルステートは、アリストテレスをラムスと、さらにライムンドス・ルルスと結びつけようとした。ルルスの知識の樹についてはすでに言及した（一三三頁）。キルヒャーの『知識の大いなる技』は、もう一度ルルスを使って新たな総合を目指す、もう一つの試みであった。ライプニッツもまた、アルステートの業績だけでなく、ルルスの業績についても論じた(41)。

この課題に対するフランシス・ベーコンの解決は並外れて大胆なものであり、著書の一つを『新機関《ノヴム・オルガヌム》』と名づけて、アリストテレスに取って代わろうという決意を宣言した人物にふさわしいものであった。ベーコンは心の三つの能力《ファカルティ》――記憶、理性、想像力――を彼の図式の基礎に据えて、たとえば、歴史を「記憶」のカテゴリーに、哲学を「理性」に、詩学を「想像力」に振り当てた(42)。十七、十八世紀におけるカリキュラム、図書館、百科事典を検討すると、ベーコンのこのような再分類が、この時代になされたさまざまな試みのなかでもっとも成功したものであったということが分かるだろう。

再編されるカリキュラム

カリキュラムの再編成は一定のパターンに従っているように思われる。差異化、専門化へと、さらには「バルカン化」〔弱小諸国家へと分裂すること〕とでも呼びうるような事態へと進むという、繰り返し起こる傾向がある。[43] 二十世紀後半の新しい諸国家の場合と同じように、新しい学問分野がその自治権を獲得するのは、結果として断片化だけを招く。フランス科学アカデミーの歴史を書いた本（一七〇九年）のなかで、アカデミーの書記官ベルナール・ド・フォントネルは、一六五〇年の物理学の状態を、「広大な、だが分裂した王国」（un grand royaume démembré）の状態に譬えた。その王国の諸地方には天文学、光学、化学などがあるが、それぞれが「実質的には独立」した状態になっていたのである。縄張りの問題についてはすでに振り返ったことがある（一三三頁）。

カリキュラムの再編成は大学によって違ったかたちを見せるが、しかしいくつかの一般的な傾向がうかがわれる。ボローニャやローマなどのいくつかの大学では、変化は徐々に起こり、「三学科」と「四学科」とのあいだのバランスは、徐々に「四学科」に有利なほうに傾いていった。[44] 多くの大学では、「三学科」と「四学科」に代わる別の体系が、カリキュラムに侵攻し、あるいはカリキュラムを膨張させていた。それは「人文研究」（studia humanitatis）の体系であり、五つの科目、すなわち文法、修辞学（これらは三学科のなかにもある）、さらに詩学、歴史、倫理学からなっていた。新しい科目が平穏裡に加わることもあったが、ときには、たとえば一五〇〇年頃のライプツィヒ大学での詩学の場合のように、ひどい抗争が起こることもあった。

とりわけ、歴史学の興隆は、法学および政治《ポリティクス》（〔政治学という〕学問分野の意味より、むしろ〔政治家という〕職業経歴上の意味での）との結びつきによって助けられた。たとえば、十八世紀以前にではないにしろ、十八世紀までには、パリでは、国際関係の歴史の勉強が、外交官にとってよい訓練になると考えられるようになった。国際関係史は、一七一二年に外務大臣トルシーによって設立された政治アカデミーで教えられていたし、一七五〇年代にはストラスブール大学でも教えられていた。十八世紀初頭の、オクスフォードとケンブリッジでの歴史学の欽定講座の創設も、同様の由来である。(45)

地理学は天地学《コスモグラフィ》とも言われていたのだが、地理学も近代初期に、イエズス会の学校《カレッジ》だけでなく大学でも目立つようになってきた、もう一つの学問分野である。(46) 一五二〇年代のハイデルベルク大学では、地理学の講義は、天地学に関する有名な書（一五四四年）を後に著わすことになるゼバスティアン・ミュンスターによってなされていた。オクスフォード大学では一五七〇年代、地理学は、旅行記の編者として有名になる以前のリチャード・ハックルートが講じていた。探検と帝国の時代において地理学の知識がいっそう必要になることはまったく明白であって、すでに見たように（九七頁）、セビリャの「貿易の館」では天地学が航海士たちに教えられていた。プトレマイオスやストラボンなどの古代のギリシア人やローマ人がこのテーマを重く受けとめていたという事実にも助けられて、地理学は高尚なものだと思われていた。地理学と天文学との繋がり、つまり地球儀と天球儀との繋がりも、地理学の高尚さに一役買っていた。地理学はしばしば天文学の教授が教えていたが、このことから窺われるのは、新しい科目が大学に比較的すんなりと迎え入れられるためには、すでに確立した学問分野の上着の後ろ裾にしがみつくとよい、ということである。いずれにせよ、フィリップ・クルヴェリウスが一六一六年にライデン大学の地理学の有給研究職に任命されたという事実は、研究に対する大学の関心、それもこの時代としては異例の関心の表われであるのはもちろんだろうが、〔他方で研究のみの職であったのは〕カリキュラムのなかに地理学を嵌めこむことが難しかったことの証でもあろう。[47]

「自然哲学」は徐々に四学科からの独立性を獲得していったが、結局は物理学、博物学、植物学、化学などの、実質的に独立した諸科目へと分裂することになった。たとえば、博物学のために最初にポストが据えられたのは、ローマ大学での一五一三年であり、フェラーラ大学とピサ大学が続いた。ライデン大学は一五九三年までには植物学の教授席をもつようになっていたし、オクスフォード大学では一六九六年までに、ケンブリッジ大学では一七二四年までに、そうなっていた。化学はすこし遅れて現われて、たとえば、ケンブリッジ大学では一七〇二年、ウプサラ大学では一七五〇年、ルンド大学では一七五八年である。植物学と化学のケースは、〈もう一つの知識〉の、つまり「狡猾の徒」や錬金術師の知識の、ある種の伝統的な形式に対して、新しい諸科目が一定の学問的な敬意を払っていたということの典型である。外科と薬学という大学の新科目の存在もまた、〈もう一つの知識〉をある程度は承認することを意味した。というのも十七世紀のフランスでは、それらの〈もう一つの知識〉の「技芸」の徒弟たちは、いくつかの大学の学部では、講義に参列することが許されていたからである。[48]

「後ろ裾の原則」(coat-tails principle)〔便乗原則〕とでも呼びうる原則が、ここでも働いていた。植物学も化学も大学に足場を築きえたのは、ある種の薬草や化学的調合の治癒効果によって、医学というずっと以前に確立した学部の「補助」(ancillary〔＜ancilla 女奴隷〕)科目となり、主人の学問分野の文字通り「侍女」となって、連携していたからである。たとえばチェザーレ・チェザルピーノが植物学の仕事をしたのはピサ大学の医学教授だったときだし、レンベルト・ドドエンスが植物学を教えたのはライデン大学の医学部の教授席を占めていたときだった。医化学の教授席が設けられたのは、マールブルク大学で一六〇九年であった。ゲオルク・シュタールは、ハレ大学では、医学に任命されていたにもかかわらず、化学の講義をしていた。ブールハーヴェが植物学と化学とを医学に組み合わせたということについては、すでに言及した[49]（一三九頁）。

医学との連携が別の新しい学問分野、すなわち政治学を助けたということさえも、ありうることである。「政体」（body politic）、「国家の医者」、「政治の解剖学」などのイメージは、とりわけ一七〇〇年以前には、たんなるメタファー以上のものであった。コーンリングがヘルムシュテット大学で十七世紀の中頃に医学と政治学の講義をしていた当時は、このような科目の組合せは今日ほどには奇妙なものだと思われていなかったのであろう。なにしろ、医学の教育を受けた錬金術師ヨハン・ヨアヒム・ベッヒャーは、自分には政治学について論ずる資格があると主張したのである。なぜなら、この二つの科目のモットーはともに「人民の健康が最高の法である」（salus populi suprema lex）ということだったからである[50]。

政治学と経済学の場合は、しかしながら、哲学というすでに確立された学問分野のおかげで、大学のカリキュラムに導入されることとなった。ケッカーマンはダンツィヒのギムナジウムでカリキュラムの改革を行なった。倫理学、政治学、そして古代ギリシアでの「家庭経営」という意味での「家政学」（disciplina oeconomica）を学ぶコースを、彼は第三年次に設けた。ハレ大学では、十七世紀の終わりに、クリスティアン・トマジウスが、彼の言い方では「実践哲学」（philosophia practica）

として、政治学と経済学とを教えていた(51)。

また、政治学の興隆と、もっとゆっくりとではあるが政治経済学の興隆は、中央集権化する国家の必要によって助けられた。政治学は、実践によって学ぶべき「技芸《アート》」ではなくて、学術的な仕方で体系化して教えることができるような学問（scientia, Wissenschaft）であると考えられるようになっていった。たとえばコーンリングは「政治の学問」（scientia politica）という言い方をしている。十七世紀後半からのドイツ語圏での流行の用語は「国家学」（Polizeywissenschaft）別の言い方では Statsgelartheit あるいは Staatswissenschaft としても知られていた）であった。ハレ大学とフランクフルト・アン・デル・オーデルの大学で一七二七年にこの科目のポストが設立されるまでは、この科目は大学の外の、官僚のための特殊学校で教えられていた。

「政治経済学」についていえば、これは家庭経営から発展した。国家を巨大な家庭と見立てるのである。この政治経済学という言い回しは、どうやらフランスのプロテスタントの劇作家アントワーヌ・ド・モンクレティアンが『政治経済学論考』（*Traité de l'économie politique*）（一六一五年）において案出したらしい。しかしながら、この新しい学問分野が学術的な体系のなかに初めて参入して、商人、銀行家、株式取引における投機家の実践的な知識を認め、理論化するようになるのが見られるのは、十八世紀に入ってからのことである。商業に関する重要な百科事典を著わしたカール・ルードヴィッチが一七七三年以降ライプツィヒ大学の「世界知」（Weltweisheit〔＝哲学〕）講座の任にあったことは適切なことであった（この講座がこのような名称で設立されえたということは、大学がこの点では革新に対して開かれていたという印象を受ける）。

経済学が大学という環境に入り込むのは、いつも容易であったり平穏であったわけではない。アダム・スミスは道徳哲学の教授としてグラスゴー大学に雇われていたが、『国富論』を書くことができたのは、ようやく、教授職を辞して貴族相手の巡業家庭教師になってからだった。他方ではたしかにスミスは、一七六二年から六四年に、大学のいわゆる「個人」講義で、非公式ながら「法と政治についての一般的原理」についての彼の考えを試みに論じてみることはできたのであるが。

もしドイツ語圏に、あるいはナポリに住んでいたなら、スミスも、彼の思想にとって大学の環境のほうが好ましいと考えたかもしれない。たとえばハレ大学とフランクフルト・アン・デル・オーデル大学では、「官房経済学」(Cameralia Oeconomica)として知られていたものに関する講座は一七二七年に設立された。これに、リンテルン大学(一七三〇年)、ウィーン大学(一七五一年)、ゲッティンゲン大学(一七五五年)、プラハ大学(一七五五年)、ライプツィヒ大学(一七六四年)が続いた。ナポリ大学では、「政治経済学」の席――ヨーロッパでこの名称を冠した最初の講座である――は、一七五四年にアントーニオ・ジェノヴェーシのために創設された。他方で、モスクワ大学はそのつぎの年に設立されたのだが、経済学(kameralija あるいは kameral'nykh nauk として知られていた)はほとんど開学のときから教えられていた。[52] この頃までにはすでに、この新しい学問分野は化学に救いの手をさしのべることができるほどに十分に確立した地位をもつに至っていた。ドイツとスウェーデンの大学で化学の講座が据えられたのは、「財政学」(Kameralistik)の学部のなかにであった。林学(Forstwissenschaft)などの諸専門分野への経済学の分裂もまた始まっていた。林学は科学的な地位を求める要求を裏付けるために、最新の量的な方法論を用いていた。[53]

図書館での再配列

図書館もまた再分類について関心をもっていた。それは一部には大学の組織編成の変化の結果であるが、しかしまた印刷術の革新がもたらした本の数の増加の結果、すなわち学者たちを驚愕させた溢れんばかりの数の本のもたらした結果でもあった。イタリア人の文筆家アントンフランチェスコ・ドーニはすでに一五五〇年に、「タイトルを読む時間さえないほどたくさんの本」がある、と嘆いている。コメニウスは「厖大な量の本」(granditas librorum)に言及したし、十七世紀後半のフランス人の学者バナージュはそれを「洪水」と表現した[54]。本の秩序よりもむしろ、当時の人々の目に映ったのは「本の無秩序」であり、それに対して管理統制をもたらす必要があった。「本の秩序」(ordo librorum)という言い方を生みだしたゲスナーでさえ、「本の、混乱していて、有害なほどのあの多さ」(confusa et noxia illa librorum multitudo)について嘆いている[55]。

この分野では知的な境界は、カリキュラムの場合よりも開放的なものにならざるをえなかった。なぜなら書物は、伝統的なカテゴリーのいずれにも当てはまらなくとも、どこかに置かなければならない、物質的な対象だったからである。たとえば政治学についての本がこの時代に急増した。そのことは、ドイツの大学人クリストフ・コレルスによる『政治学研究の秩序』(*De studio politico ordinando*)(一六二一年)のようなテーマ別文献目録や、あるいはフランス人の学者にして司書であったガブリエル・ノーデの『政治学文献目録』(*Bibliographia politica*)(一六三三年)からも明白に分かる。文献目録は、この時代にますます普及することになった参考図書の形態であり(二八四頁)、

ヨーロッパ中を股にかけることもできる「壁のない図書館」と呼ばれている。(56)

図書カタログはじっさい、カリキュラムよりは、目新しいものに対して抵抗が少なかった。たとえばゲスナーの一五四八年の総合的な文献目録はすでに、経済哲学、地理学、魔術、機械技芸などの諸題目と並んで、政治学のための場所を用意していた。ゲスナーの想像上の図書館は、人文学者フーゴ・ブロティウスが司書を務めていた頃のウィーンの帝国図書館のような、現実の図書館の蔵書カタログの基礎となった。スペイン人学者フランシスコ・デ・アラオスは、『図書館での配列の仕方』(一六三一年)という本のなかで、ある新しい複雑な体系を提案した。アラオスは本を一五の賓辞すなわちカテゴリーへと分割した。カテゴリーのうちの五つは宗教的なもので、神学、聖書研究、教会史、宗教詩、教父たちの業績であった。後の一〇は世俗的なもので、辞書、主要論題集、修辞学、世俗史、世俗詩、数学、自然哲学、道徳哲学、政治学、法学であった。

分類の問題についてのもっと簡便な解決法が、一六一〇年のライデン大学図書館の内部を描いた版画に記録されている(図9)。この版画の示すように書物は、神学、法学、医学という伝統的な学部に加えて、数学、哲学、文学、歴史からなる七つのカテゴリーに分けて配置されている。一五九五年に出版されたこの図書館のカタログは、このような七つのカテゴリーを使っているが、一六七四年のカタログには、「東洋《オリエンタル》の書籍」という八番目のカテゴリーが加えられた(すでにこの当時、ライデン大学は東洋研究に対する寄与によって有名になっていた)。

もう一つの簡便な解決を与えたのは、ガブリエル・ノーデだった。彼の『図書館の建て方指南』(一六二七年)の七番目の章は、分類についての質問に充てられている。そのなかでノーデは、山積

図9　J.C.ヴァウダヌス『ライデン大学図書館』
（1610年。W.スヴァーネンブルフ画，ライデン大学図書館蔵）

みの本が図書館ではないのは、兵士の集まりでも烏合の衆では軍隊でないのと同様である、と言明して、有名なミラノのアンブロジアーナ図書館を、主題別の分類が欠けており、本が「乱雑に積み上げられている」(peslemelez) だけだと言って批判した。彼はまた、分類の構成図式の眼目はたんに、本を「労力を使わずに、面倒なことなしに、困惑しないで」見つけることであるということを根拠にして、分類の「気まぐれな」構成図式を批判した。このような理由でノーデは、神学、医学、法学という諸学部、くわえて「歴史、哲学、数学、人文学、その他」という序列に従うことを勧めた。[57]

これらの解決策は実用的なもので

あり、学問分野の集合をあれこれ組み換えているが、しかしもっと根本的な問題を手つかずのままにしていた。プラトンの主張をまねるなら、本の国に秩序を導き入れるには、「司書＝哲学者」かもしくは「哲学者＝司書」が要求されるのだ、と言っていいかもしれない。実用主義の哲学者ジョン・デューイの才能と、有名な十進分類法の創始者メルヴィル・デューイの才能とを組み合わせるようなものである。[58] 十七世紀後半には、この理想はしばらくのあいだはライプニッツという人物によって実現された。ライプニッツはヴォルフェンブュッテルの公爵図書館で司書をしていた。「図書館は百科事典のようなものでなければならない」(il faut qu'une Bibliotèque soit une Encyclopédie) と一六七九年の書簡に書いていたライプニッツは、この仕事に刺激されて「図書館の図書配列のための計画」(Idea bibliothecae ordinandae) をつくったのだった。この計画は知識を九つの部分に分けており、そのうちの三つは神学、法学、医学の伝統的な上級学部に対応し、そこに哲学、数学、物理学、文献学、歴史、その他さまざま、が加わった。ライプツィヒの『学術日報』(*Acta Eruditorum*) は、新刊書の書評を定期的に掲載していた雑誌であるが、同様の仕方で新刊書を七つのカテゴリーに分けて載せていた。すなわち、神学（教会史を含む）、法学、医学（物理学を含む）、数学、歴史（地理学を含む）、哲学（文献学を含む）、そして「その他さまざま」である。[59]

「その他さまざま」(miscellaneous) というカテゴリーは、これまで考えられていたよりも、注目に値するものである。じっさい、数世紀にわたってこのカテゴリーに入れられてきた雑多な種目に注目すれば、分類するための代々の方式に抵抗してきたものになら何であれ焦点を合わせることになって、知の歴史を解明するのに役立つであろう、と言ってよいかもしれない。収集物を配列するための案内書（一六五頁参照）の著者ザムエル・クウィッヒェベルクは、「その他さまざま」のカテゴリーとして「文献学」（philology）という言葉を使って、そのなかに戦争や建築を含めた。フランス人書誌学者ラ・クロアは、七つのカテゴリーのうちの一つとして「雑録」（Mélanges）というカテゴリーを使って、そのなかに回顧録、気晴らしの読み物、楽園、煉獄、地獄、世界の終わり、を含めた。アルステートは『百科事典』（一六三〇年）のなかに、大きな「その他さまざま」の部分（farragines）をつくって、そこに歴史と記憶術を含めた。

博物館を整理する

分類の問題は、図書館の場合よりも、博物館の場合のほうが、さらにいっそう深刻だった。なぜなら、博物館の所有者あるいは館長が従い、受け入れることのできるような、中世以来の伝統が博物館にはなかったからである。博物館、すなわち「骨董品《キュリオシティ》の陳列室」は、十六、十七、十八世紀に急増した。ヨーロッパ中にその名を知られる有名な博物館もいくつかあったが、そのなかには、君主（たとえばプラハのルドルフ二世やパリのルイ十四世）のもつ陳列室だけではなく、私的な個人のもつ陳列室もあった。そのような個人には、ミラノの学者であるマンフレード・セッターラや、ボローニャ大学の教授ウリッセ・アルドロヴァンディ、ニュルンベルクの薬剤師バジリウス・ベスラー、カストルの医師ピエール・ボレル、コペンハーゲンの医師オーレ・ヴォルム、ロンドンの古物蒐集家ハンス・スローン（一六八頁参照）などがいた。十八世紀のパリだけでも、少なくとも七二三のコレクションが今日、知られている。一七〇〇年頃には、メダルがもっともよくある収蔵品だったが、十八世紀にはライバルとして貝殻が現われることになった。このことから分かるのは、古典世界についての学識へのアマチュア的な興味から、自然哲学への関心へ、という移り変わりがあったということである。(60)

これらの収蔵品が組織化された仕方を再現するためには、図画《イメージ》という証拠に頼らざるをえない。とはいえ、芸術家は現実主義的な描写よりも、むしろ寓話的な描写をすることを意図していたかもしれない、ということは心に留めておかなければならない。(61) 十七世紀の絵画は、今の人が見ればおそらく、あふれるほどの過剰という印象だけでなく、異種のものが混在しているという印象をも与えるだろう。たとえば、当時描かれたヴォルム博物館の版画（図10）では、われわれの注意は上着、ブーツ、拍車の横に立っている男の彫像に惹きつけられ、さらにまた、天井からつり下げられた魚がぎっしり並んでいる（小熊もいる）ところや、壁に陳列されている鹿の枝角、それに角の杯などにも、惹きつけられる。カタログを見れば、さらにもっと広い範囲の物があることが分かる。すなわち、エジプトのミイラや、古代ローマのブローチ、ジャワ島から来たお金、エチオピアと日本から来た手書きの本、ブラジルから来た煙草のパイプ、それに北欧の古代の遺物――グリーンランドの槍、ラップランドの弓、フィンランドのスキー、ノルウェーの古い盾――などである。

もっと注意深く見れば、しかしながら、雑多に見える陳列にも、分類しようという意思があることが分かる。ヴォルムの博物館のなかには、「鉄」、「石」、「木」、「貝殻」、「草」、「根」などのラベルを貼った箱がある。角の杯は鹿の枝角と一緒に陳列してあるが、それはこれらが同じ原材料からできているからである。ヴォルムの息子が出版した収蔵品の解説書は四巻に分かれており、それぞ

図10　G.ヴィンゲンドルプ『ヴォルム博物館』の口絵
（版画，1655年。ケンブリッジ大学図書館蔵〔M.13.24〕）

れ、石と鉄、植物、動物、人工物（artificiosa）を取り扱っている。換言すれば、博物館の内容物は、自然物にせよ人工物にせよ、場所と時代によってではなく、それらができあがる材料の物質によって、分類されているのである。ミラノのマンフレード・セッターラは同じく未加工の原材料による分類を採用して、これによって、博物館は小宇宙、ミニチュアの宇宙だという考えを推進させることになった。

さらにまた、アルドロヴァンディはみずからの収蔵品を秩序づけようとして、それを六六の箱（cassette）に区分し、それをさらに少なくとも七千にもなる小箱に下位区分した。大きな二巻本からなる「目録」が、特定の物を探し出すという仕事の助けになった。セッターラのものやヴォルムのものも含めて、いくつかのコレクションのカタログが十七世紀に出版されたが、それらは配列の背後にある論理を明らかにしてくれる[62]。

秩序についての同じような問題が、図画の収集の場合にも起こった。アルドロヴァンディはたとえば、画家に獣や鳥の姿を記録するように依頼した。もう一つの有名な例は、ローマの古物蒐集家であるカシアーノ・デル・ポッツォの「紙の博物館」（museo cartaceo）であり、これは古典古代の時代の図画やその他多くを取り扱うものだった。第三の例は、こんどは印刷物であるが、ベネディクト修道会の学者ベルナール・ド・モンフォーコンによって出版された『古代の解明』という一連の叢書（一七一九年～）であり、これは神々、祭儀、日常生活、戦争、墓碑など、古代世界のさまざまな側面の描かれた一一二〇枚もの皿を収録していた[63]。

物を秩序づけることの重要性は、ザムエル・クウィッヒェベルクの『銘文』（一五六五年）、ジャック・ワゼルの『古代コイン宝典』（一六七七年）、ジョン・イーヴリンの『メダル論』（一六九三年）などの典拠からも明らかになる。たとえばクウィッヒェベルクは、博物館を五つのカテゴリーに区分することを勧めており、そのうちの一つは「自然」であった。ワゼルは古典時代のコインを一〇の部類に分けて、それぞれ、皇帝、属州、神、徳、戦争、競技、神格化、公共建築物、司祭、その他さまざま、に関わるようにした。イーヴリンは、収集家志望の人びとに向けて書かれた論考において、メダルを「整理、配列、配置する方法」に数ページを充てた。そのなかで彼は、たとえば、フランス王の陳列室の二万枚のメダルは「年代に応じて整理されている」と指摘している。イーヴリンの抱いていた、彼の言い方では「方法的に整理すること」（methodizing）への関心は、ラムスを、そしてまたガブリエル・ノーデを思い起こさせるものである。本の秩序づけについてのノーデの論考を、イーヴリンは英語に翻訳している。

それゆえ、この時期に博物館が目に見えて圧倒的に増大したことが、これまで、好奇心の拡大を示すものとしてだけではなく、「知識の危機」を乗りきる試みとしても説明されてきたことは、不思議ではない。この知識の危機は、新世界やその他のところから新しい諸物――アリゲーター、アルマジロ、羽根で飾られたかぶりもの、新たに発見されたエジプトのミイラ、中国の磁器――がヨーロッパへ洪水のように流れ込んできたのに続いて生じたものだった。これらの新しい物は、伝統的なカテゴリーへ当て嵌める試みに抵抗を示したのである。(64)

アルファベット順になる百科事典

百科事典の場合、変化への刺激を与えたのは、またもや印刷術の発明だった。印刷産業の興隆は、この領域に二つの重要な帰結をもたらした。第一には明らかに印刷産業は、百科事典をより容易に、そしてより広範囲で手に入るようにした。第二に印刷産業は、印刷術の発明以前よりも、百科事典の必要性をはるかに高めた。もっと正確にいえば、百科事典の役割の一つがますます必要とされるようになったのである。その役割とは、印刷された知識の絶えず拡大する森――ジャングルとは言わないまでも――のなかを通り抜けられるように、読者を案内するという役割である。

百科事典の編纂者たちは、伝統的なカテゴリー体系を変更すること対して、徐々に大胆になっていった。ピエール・グレゴアールの『構成法』(*Syntaxes*)(一五七五―七六年)は、「すべての科学と技芸」の縮図をつくろうとした大胆な試みであって、独立した数節を機械技芸に充てた。そのなかには、裁縫、戦争、航海、医学、農業、狩猟、建築といった伝統的な諸テーマについての解説だけでなく、絵画についての独立した解説も含まれている。ベーコンの分類法がとりわけ影響を与えていたように思われる。たとえば、図書館の構成についてのノーデの議論は、ベーコンの枠組みを受け入れていた。イタリア人の司教アントーニオ・ザーラは、三六の主題を感覚、理性、想像という三つの主要なカテゴリーのなかに配列するという体系によってベーコンが説き勧めていた方法を、受け入れた。エフラム・チェンバーズは知識を、感覚の所産、理性の所産、想像の所産に区分した。[65]ダランベールは『百科全書』(*Encyclopédie*)への序論のなかで、ベーコンの考えについて論じた。

しかしながら、百科事典の編成におけるはるかに巨大な変化が、十七世紀初頭から現われはじめた。すなわちアルファベット順である。アルファベット順はすでに中世においても知られていた。十七世紀の新しい点は、知識を秩序づけるこの方法が、分類における下位の補助的な方式《システム》というより、むしろ第一の主要な方式になった点である。今日では、この方式のほうが自明な、それどころか「自然な」ものに見えるかもしれない。しかしこの方式が受け入れられたのは、少なくとも当初は、ある敗北感からだったように思われる。すなわち、新しい知識があまりにも急速に体系のなかに入ってきて消化も整理もできないような時代において、知的なエントロピーの力に対して人びとが抱いた敗北感からであった。アルファベット順が徐々に広まっていった過程については、第八章でより詳細に論じる。

この章では、知識についての考え方の数多くの変化について、指摘してきた。その一つに、計算への関心の高まりがある。計算あるいは統計の使用は、非個人的な、あるいは公平な知識という新たな理想、のちに「客観性」と呼ばれることになる理想（四七頁参照）と結びついていた。近代初期の流れのなかで生じた別の二つの変化もまた強調に値する。

第一に、自由学芸の知識と有用な知識とを比べた場合、その相対的な重要性が移動したことである。有用な知識は、デカルト、ベーコン、ライプニッツによって強調された。ジョン・デュリー、サミュエル・ハートリブ、ロバート・ボイル、ジョゼフ・グランヴィル、ハンス・スローンなど、多くのベーコン思想の継承者たちも有用な知識を強調した。一六九七年にトマス・ブレーが出版した『すべての必要で有益な知識を促進するための試論』は、この時代に典型的なものである。有益性を大げさな言葉で主張することは伝統的なものだが、実践的な知識を使用することに力点を置くのは新機軸である。一四〇〇年のミラノでのフランス人建築家の言葉（一二八頁参照）を逆にして、一七〇〇年のベーコン主義者ならば、「理論は実践なしには無価値である」、すなわち「技芸を欠く科学は無である」（scientia sine arte nihil est）と言ってよかろう。

十八世紀までには、有用な知識は尊敬を受けるようになっていた。フランス科学アカデミーは、一六九九年の新規約において、工学やその他の形態の応用科学を、それまで以上に重要視した。このような重要視はついには、何巻にもなる『手工業と商業について』（一七六一～八八年）の出版にまでいたることになった。[66] 錬金術師で経済学者のヨハン・ヨアヒム・ベッヒャーについて書いたある伝記作家は、その伝記のタイトルで、彼のことを「有益な学者の代表」（Das Muster eines Nützlich-Gelehrten）と評した。『紳士雑誌』（*Gentleman's Magazine*）の一七三一年五月号は、「われわれの知識は、第一にきわめて有用なものであるべきであり、そのうえまたきわめて時流にかなって紳士にふさわしいものであるべきである」と述べた。同じ年、ダブリンでは「農業（家政）の改善のための協会が設立され、その目的は「実践的で有用な知識を、図書館から出して日の光のもとにもたらすこと」であった。農家にとって役に立ちそうな知識を広めるために、農業協会が、ヨーロッパ中で設立された。エルフルト〔ドイツ中部の都市〕有用科学アカデミーは一七五四年に設立されたが、このアカデミーも同じような目的をもっており、それは、フィラデルフィアの協会（一七五八年）、ヴァージニアの協会（一七七二年）、ニューヨークの協会（一七八四年）も同様であった。ディドロや、『百科全書』に関わったフランス人の学者たちも、同様の見解であった。

ロシアでは、ピョートル大帝が西洋の知識の導入に熱心だったことは、ロシアで最初に印刷された本がレオンティ・マグニツキーの『算術』（一七〇三年）だったという事実だけでなく、数学と航海術を教えるために大帝が学校を設立したことにも、よく表われている。この種の実践的な知識のための名前として「ナウカ」（nauka）という新しいロシア語がつくりだされた。サンクト・ペテルブルグに新設された科学アカデミーの名前に使われたのは、この新しい言葉であり、ふつう英語では「諸科学」（sciences）と訳される。このナウカという言葉がもともと関わっていたのは学術的な領域ではまったくなく、陸軍、海軍、技術、経済などであった。

振り返ってみると、十七世紀の前半は短い「好奇心の時代」であった、と言いたい気持に駆られる。それは、「好奇心の強い」（curious, curiosus, curieux）という言葉がはるかに頻繁に使われるようになった時代であった。「好奇心」に対する宗教的な批判は、ついに世俗の領域からは実質的に追放された。他方で「無益な」な知識に対する世俗からの批判は、まだ声高には唱えられていなかった。第二には、知識についての考え方に関して、アレクサンドル・コイレの有名な言い回しを借りるならば、「閉じた世界から無限の宇宙へ」という転換があって、知識を累積的なものと捉える新たな展望が開かれた。「新奇さ」（novelty）は軽蔑的な連想を失い、推賞される長所になった。それは、ケプラーの『新天文学』やガリレオの『二つの新科学についての講話』などの書名からも窺われる[67]。

このような進歩の展望についてのもっともよく知られる表現は、適切にもそう題された『学問の進歩』（*The Advancement of Learning*）（一六〇五年）における、フランシス・ベーコンの表現である。一冊だけではなく複数の著書の題扉《タイトルページ》と本文において（図11）、ベーコンは、体系を変えたいという彼の欲望を象徴する印象的なイメージを用いた。すなわち、地球の版画で示される「知の世界」（mundus intellectualis）のイメージであり、もう一つには、新しい土地を求めてヘラクレスの柱を越えて航海してゆく船のイメージである。『哲学の反駁』においてベーコンは、「物質的な球体〔地球〕の広大な領域、つまり陸地と海が切り拓かれ、探検されているのだから、もし知的な球体の限界が古代人の乏しい諸発見のままで限られていたとしたら、われわれの不名誉になるであろう」と述べている。イギリス人のベーコン主義者ジョゼフ・グランヴィルは皇帝カール五世のモットー「さらに向こうに」（PLUS ULTRA）（越えて、すなわちヘラクレスの柱を越えて）を受け継いで、著書の

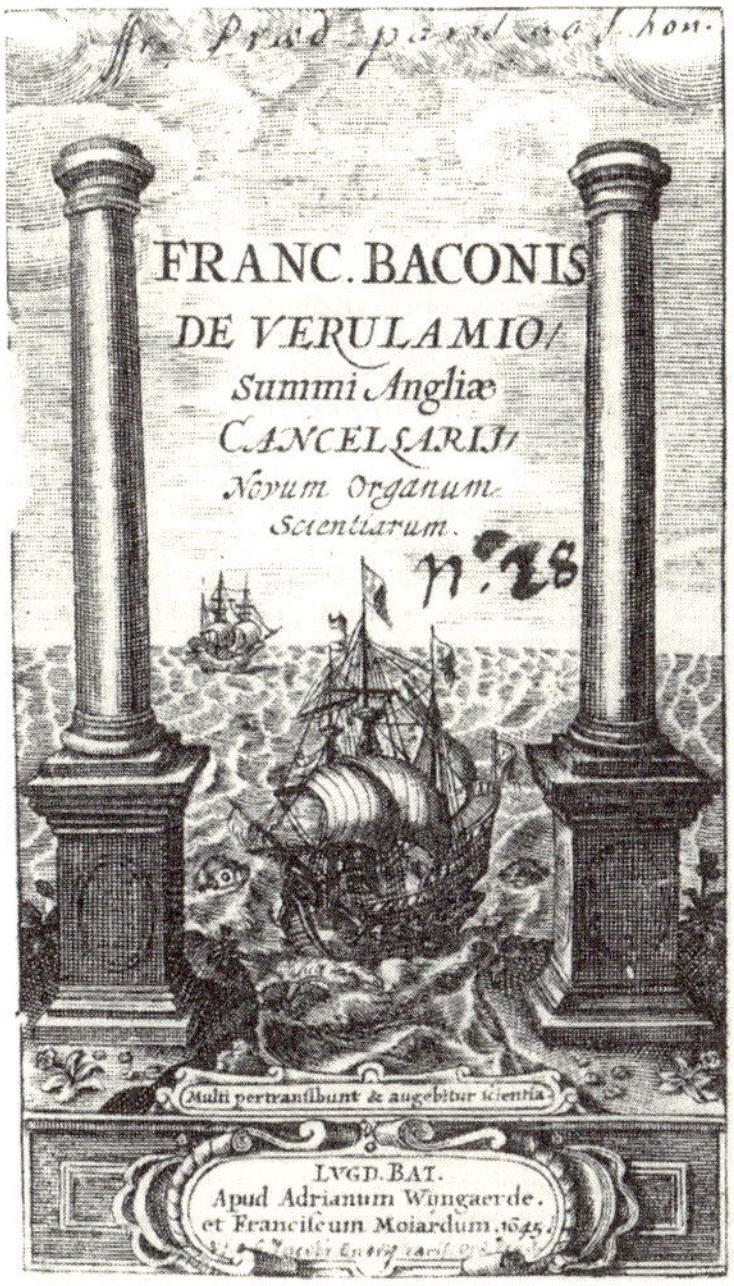

図11A　F.ベーコン『大革新』の口絵
（版画，1620年。パリ，ソルボンヌ大学図書館蔵。写真ジャン＝ループ・シャルメ〔Fonds V. Cousin, 5525 Rés.〕）

図11B　F.ベーコン『森の森』の口絵
（版画，1627年。ケンブリッジ大学図書館蔵〔LE 24.25〕）

一冊の題名に使った。ライプニッツも、一六七〇年代に取り組んでいた、学問の進歩に関わる草稿の冒頭に、このフレーズを書き入れた。

ベーコンの野望は、明らかに、「学問の地図を描きなおす」ような知のコロンブスになることであった。知識の進歩の具体的な例としては、地図そのものに立ち返るのがよいだろう。地図帳《アトラス》は、百科事典と同様に、改版されるたびにますます大きくなる傾向にあった。オルテリウスは、地図帳を改善するための情報を提出してくれるように読者に頼んで、それに応えた読者もいた[68]。知識の進歩あるいは「改善」という観念は、イギリスでは繰り返し何度も現われてくる。この観念は、一六五〇年代の千年王国信仰の熱狂や、一六六〇年代以降のもっと限られた希望と関わりをもち、ジョゼフ・グランヴィルの『さらに向こうに』（ヘラクレスの柱へのもう一つの引喩である）や、ジョン・ロックの『人間知性論』（一六九〇年）などにも表現されることになる。もう一つの鮮明な例は、ジョン・デュリーが一六五〇年に出版した、「図書館管理者」の役割についての短い論考に求められる。そのなかで彼は、大学図書館の司書は「取引での利益」について年ごとに「収支報告」をしなければならない、言い換えれば収蔵図書――それは「学問の在庫」と表現された――の増加について報告しなければならない、と論じた[69]。十八世紀には、知の探究の理想は、ホラティウスからの引用によってしばしば総括された。それは原典のテクストから引き出されて、スローガンになったもので、「敢えて知れ」（sapere aude）という文句であった[70]。

近代的学問の理想は、このような十七世紀、十八世紀の熱望を習慣化したものだと考えてよい。伝統を伝え残すことよりも、知的な革新こそが、高等教育機関の主要な役割の一つだと見なされた。それゆえ、より高い学位を取得することを希望する者には、「知識への寄与」を果たしていることが当然のように要求された。大学人にはある重圧《プレッシャー》、すなわち――第三章ですでに記述したような反対に働く圧力があるにもかかわらず――古い土地を耕しつづけるのではなく、むしろ新しい知の領土を植民地化せよという重圧がかけられたのである。

われわれの論ずる時代の終わりにダランベールが（ベーコンにしたがって）学問の「地図」と呼んだものについて、『百科全書』は卓越した理解を与えてくる。[71]この書物を重ねられた版ごとに見ると――そしてそれと競合するような書物を見ても――、知識の進歩への敏感な自覚がますます高まっていくのが分かる。それでもやはり、ダランベールが「序論」において提起し、ディドロが表のかたちで示して見せた知識の分類法は、伝統と革新のあいだでバランスを保っている。現代のわれわれの眼から見ると、『百科全書』の図式は伝統的なもののように見える。とくに知識の樹とその枝という観念や、自由学芸と機械技芸の区別や、文法、論理学、修辞学という「三学科」についての論説などは、伝統的なものに見える。

他方で、一五〇〇年の側から見ると、数多くの革新が際立ってくる。知識の樹は無用の枝が刈りとられた。[72]数学が第一の地位に昇格して、「三学科」に先だって論じられた。神学は哲学の下位部門になって、伝統的な位階秩序は転覆した（このことは『知識人雑誌』〔*Journal des Savants*〕でこの書を取り上げた書評者を驚かせた）。本文だけではなく版画の挿絵にも表われているように、機械技芸が、アルステートやザーラの百科事典の場合よりも、はるかに重大なものとして考えられるようになった。これは学術的な知識と非学術的な知識との親交関係が、ますます強固に確立されつつあったことを示す具体例である。

最後に、項目の配列がアルファベット順になった。もちろんそれには、ある程度、相互参照の仕組みが入念に設けられ、補い合っていたのではあるけれども。アルファベット順が採用された実際的な理由とは関係なく、アルファベット順の使用は、位階秩序的で有機的構造をもった世界という世界観から、個人主義的で平等主義的な世界観への転換を、反映もし、助長もしていた。このような点では、われわれはこの「形式の内容」について語ってもよいだろう。すなわちこのような形式には、少なくともいくつかの点では、社会的な位階秩序を転覆しようという編集者の野望をいっそう増長させるという内実があった。なぜなら『百科全書』は知的な事業であると同時に、政治的な事業でもあったからである。知識の政治学については、次の章でより詳細に検討する。

第六章　知識を管理する——教会と国家

権力の行使は永遠に知識を創り出し、逆に、知識はつねに権力の効果を惹き起こす。
——フーコー

知識の蓄積はすべて、とくにわれわれが支配権をふるう相手の人びととの社会的交流によって得られるような知識の蓄積は、……国家にとって有益である。

——ウォーレン・ヘースティングズ

第二章から第五章までは主として、学術的な世界について、その居住者たち、制度、分類法について検討してきた。政治がこの世界に存在しない、というわけではない。その点は、知的な縄張りの防御や革新に対する抵抗について以前に論じたときに、十分に明らかになったであろう。しかし今や、概観する範囲を広げて、知識の政治学に目を向けるべき時である。すなわち教会においてであれ国家においてであれ、権威をもつ者によって情報が収集され、保管され、引き出され、そしてまた抑圧もされるという意味での知識の政治学に目を向ける時である。この方面でなされた努力がしだいに増えていったことはおそらく、前章で論じたような有益な知識に対する関心の高まりを、もっとも明白に示すものである。

あらゆる政治体制が知識に依存するということは、アメリカの政治学者カール・ドイッチュの古典的な研究によって、ほぼ半世紀前に分析されたことである。[1]このテーマのいくつかの側面は、近ごろかなり集中的に研究されてきている。数多くの研究書がスパイ活動の歴史について、さらに一般的には政府が外交政策の基礎におく情報について、著わされている。[2]ヨーロッパの多くの国々での国勢調査の歴史についても、調べられてきた。[3]帝国における、とりわけスペイン語圏アメリカや英領インドにおける「情報秩序」が、比較的詳細に研究されている。[4]否定的な側面でいえば、さまざまな場所での宗教的および政治的な検閲（censorship）の働きが、多くの研究書のテーマになっている。[5]

これらの研究のおかげで、近代初期において、情報を表あるいは統計のかたちに整えるという傾向のみならず、さらにより多くの情報を蓄積するという一般的な傾向があったことは、かなり明らかになったように思われる。「監視国家」（surveillance state）という理想像についても、一部の地域では、語りうるかもしれない。他方では、領国内に住むすべての国民の生活の管理を、真剣に試みようとすれば必要になる役人の数が、近代初期の政府には欠けていた、ということも憶えておいたほうがいいが。実際のところ、政府が情報を収集していたのは、騒乱の扇動、伝染病、戦争などの特別の問題あるいは危機に対応するためであった。もちろん、長期的に見た傾向としては、政府の日常的な業務に役立つように情報を収集するほうへと向かっていたこともまた明白であって、とりわけ一六五〇年以降はそうである。

もっと曖昧で分かりにくいのは、このような情報の蓄積についての、精確な年代学、地理学、社会学であり、蓄積の根底にあるさまざまな理由である。この章では、このような問題を、比較による方法を用いて、とくに諸帝国に言及しながら調べてみよう。知識の拡張は、帝国の拡大の帰結であると同時に、その前提でもあると考えられる。この場合の諸帝国とは、ポルトガル帝国、スペイン帝国、イギリス帝国、フランス帝国、スウェーデン帝国、ロシア帝国のことである（オランダ帝国は、政治的な事業というよりむしろ経済的な事業であって、次の章で論ずる）。この時代に大学の科目として地理学が生まれたことは、確かに偶然ではなかった[6]。

課題は、権力と知識とがたがいに支え合う方法を解明することである。これは、帝国領インドについての最近の二つの研究が示して見せたことである。そのうちの一つでは、インドの征服は「知識の征服」として、あるいは「認識論的な空間」の侵入として、描かれている。その著者が強調しているのは、イギリス人の征服者たちが彼らの支配をより効果的に押しつけるために、インドの言語や法の知識を利用した方法についてである。もう一つの研究書では、ムガール帝国時代の伝統的な「情報秩序」に、さらに注意が払われている。イギリス人ははじめは現地の情報提供者に頼り、情報を収集するムガール帝国の手法に頼っていたということが論じられている。そのような手法に代えて、イギリス人の監視員に頼る「科学的な」機構を採用したことによって、インドの新しい支配者は地方の態度や感情についての知識から隔離されて、その結果イギリス人の不意を突いて一八五七年の反乱が起こったのである[7]。

理想的には、ここで企てられるような種類の比較史は、問題となる諸国家や諸地域あるいは諸領土のあいだの、類似性や差異性を明らかにするだけでなく、相互作用——それが紛争というかたちであれ、併合というかたちであれ——をも明らかにすべきであろう。相互作用の際立った例はこの時代には二つある。一つは国家と教会のあいだでの、もう一つは辺境と中央のあいだでの、情報収集の手法の交換であった。このような点ではしばしば——いつもではなくても——国家のほうが教会から学んでいたと論じてもいいような、一見して明らかな事例が少なくとも一つはある。他方では、最初は遠く離れた地方を統治するために開発された方法を使って、帝国の中心部が調査されていた。これらの仮説を検証するために、以下のページでは、さまざまな種類の情報を収集し、保管し、引き出し、使い、抑圧する過程について検討してみよう。

官僚制の興隆

政府機関は、それ以前の時代はともかくとして古代アッシリアの時代から、その支配下にある人民についての情報を収集し保管することに関心をもっていた。現代のある社会学者が述べているように、「すべての国家は「情報社会」であった。なぜなら、国家権力の生成は、行政上の目的に使われる情報を組織的に収集、保管、管理することも含めて、再帰的に監視される機構の再生産を前提とするからである[8]」。古代ローマ人は、完全な人口調査を実施しようとした。一〇六六年のノルマン征服のあと、イギリスの新しい王は、人間だけでなく動物も含めた人口の調査を命じた。しかしながら、「ドゥームズデイ・ブック」（Domesday Book）と呼ばれるこの調査書は際立った事例であり、その記載事項は、編纂後の二世紀のあいだほとんど参考にされることがなかった[9]。定期的で体系的な情報収集が、ヨーロッパでの統治の通常の手続きの一部になったのは、近代に入ってからのことである。行政がますます中央集権化されることによって、近代初期の支配者たちは、被支配者の生活について、中世において知っていたよりも、ずっと多くのことを知ることができるようになり、また知る必要にも迫られた。

中央集権化にともなって、マックス・ウェーバーの言う意味での「官僚制」の興隆が起こった。マンハイムとは異なり（二一〇頁参照）、ウェーバーはふつう知識の社会学者としては記憶されていない。しかし彼の有名な官僚制の理論は、実際のところ、このテーマに大きな貢献をした。なんといってもウェーバーは、官僚制を「知識に基づく支配力の行使」と定義したからである。彼はこのような「官吏による支配」を、非個人的な統治へと、すなわち、正規の経路を通じて提示される、公式の規制と書面での伝達とに基づく非個人的な統治へと、関連づけた[10]。

近代初期のヨーロッパにおいて、国家の歴史上、主要な発展の一つは、ウェーバーの意味での官僚制に向かう傾向であった。また同時に、「お役所仕事」（red tape）のような、くだけた言い方で軽蔑的な意味での官僚制に向かう傾向や、十六世紀に「書記官の支配」（四三頁参照）として知られていたものに向かう傾向もあった[11]。両方の意味での官僚制の高まりを示す指標の一つは、役人の数の増加である。もう一つの、もっと分かりやすい指標は、役所として建てられた建物の増加である。建物の増加は、フィレンツェのウフィツィ（Uffizi）（美術館になる前は、名前が暗示しているように、事務所《オフィス》の集合体であった）の場合や、文官の役人が使うために新宮殿の一部が建設されたヴェルサイユの場合などが、そうである。

支配者自身が、官僚を雇うだけではなく、官僚になりつつあった。古典的な事例はスペインのフェリペ二世である。彼は臣下たちから「書類の王」（el rey papelero）とあだ名されていたが、そのあだ名は、彼がデスクで過ごす時間の長さと、臣下の生活を知って管理しようとした結果生じた大量の書類とに由来していた。実際、王の施物分配吏は、主君に対して、このような紙の世界への現実逃避癖について、苦言を呈している。[12]〔スペインの〕エスコリアル宮がもっとも膨大な量の公文書の中心地であったのはもっともなことだった。それらの公文書は、紙と書類仕事とに基礎をおくもう一つの体制だった後期ローマ帝国以来、収集されてきたものだったからである。[13]

フェリペ二世は国王官僚の唯一の例ではなかった。近代初期における「書類国家」（paper state）とでも呼びうるものの興隆は、ヨーロッパの一般的な現象であった。ルイ十四世は、回想録のなかで、「すべてについて知らされていた」と自慢した。彼もまた長い時間を、デスクに向かって、あるいは審議会や委員会などの会議に出席して、過ごした。啓蒙主義の指導的な支配者も同様であって、とりわけプロイセンの大フリードリヒ、ロシアの大エカテリーナ、オーストリアのマリア・テレジアとヨーゼフ二世などである。委員会や役員会《ボード》（多数決によって議決する小集団で、スウェーデンやロシアではカレッジとして知られていた）の増加は、この時代の行政上の主要な革新の一つである。ライプニッツがピョートル一世に書き送ったように、「役員会《カレッジ》なしには、よい行政はありえない。役員会の機構は、歯車が互いを動かしつづけているような、時計の機構に似ている」。

ここで語られるべき主たる物語は、情報の蓄積という物語である。それは、課税するにせよ、軍隊に徴兵するにせよ、飢饉のときに食料を与えるにせよ、全住民の生活を管理したいという支配者の欲求がいっそう高じてきたことに対応しているし、その欲求をさらに高めることにも繋がった。しかしながら、情報が行政機関のどこかに蓄積されていたといっても、それは、情報を必要とする支配者や役人にまでつねに情報が届いていたということではない。組織が大きくなれば、組織に入る情報が最上部にまで届かないという危険もそれだけ大きくなる。言い換えるなら、政府と同様に歴史家は、いうなれば情報の「流通」ということを心がける必要がある。(14)

この章で論じられるような活動や傾向がどの程度まで西洋世界に限定されるのか、という点は、その重要性にもかかわらず、二次文献によってはまったく詳細に論ずることのできない問題である。いくつかのアジアの巨大国家、とりわけ中国、オスマン帝国、ムガール帝国のインドは、情報を集めることに関心をもっていた。たとえば、中国帝国の人口調査は一三八〇年に実施され、ふたたび一三九〇年代に実施された。数多くの案内書や百科事典が、中国の官吏のために、印刷、発行された。オスマン帝国では、国土の測量の記録は、徴税に使うために一定期間ごとに実施されたが、今日その多くが文書庫にまだ保存されており、印象的なものである。ムガール帝国のインドでも、監視という目的のために、機密情報を収集する周到な機構があったし、また統計的なデータに当局は関心を寄せていた。(15) 地図、計画表、図表《チャート》などは、西洋の専売品ではない。ピリ・レイスの例が思い起こさせてくれるように(八八頁)、それらはこの時代の中国、日本、オスマン帝国において、すでに統治の道具になっていた。(16)

もっと体系的な比較が行なわれないうちは、確固たる結論をくだすのは時期尚早であろう。私の印象では、一四五〇年頃には、ヨーロッパの主要な政府は、情報収集機関という面では、まだ中国やオスマン帝国の後塵を拝していた。ところが、一六〇〇年以降はヨーロッパが、より正確にはいくつかのヨーロッパの政府が、優勢になった。以下の記述では、フランスのような巨大な国家であれ、スウェーデンのような小さな国家であれ、より官僚化された国家のほうに焦点を当てることにしよう。

模範としての教会

最初のヨーロッパの官僚制が世俗のものではなくて教会のものだったということは、ともかく言っておいてもかまわないだろう。十三世紀、教皇インノケンティウス三世はすでに、公的な記録簿から情報を引き出すことに関心をもっていた。当時の文書記録を研究した最近の歴史家によれば、中世では、「国王の公文書保管所は、ローマ教皇の統治機構よりも、行政のための書記技術を発達させる点では、遅れをとっていた」[17]。これはあまり驚くべきことではない。なんといっても、カトリック教会は、いかなるヨーロッパの君主国よりも壮大な規模で築き上げられた制度だったし、かつては読み書きの能力は聖職者たちの準独占状態だったからである。教皇政治の官僚制はとくに中世の伝統のうえに築かれていたが、それはさらに十六、十七世紀には、ウェーバー的方向とでも呼びうる方向へと発展していった。たとえば教皇シクストゥス五世は、その短いが精力的であった教皇在任中に、数多くの専門的な委員会、すなわち「聖省」を設置した。文書庫（二〇八頁参照）や財政（とりわけ予算の発達、言い換えれば定期的な財務予測の発達について）など、さまざまな分野において、教皇制は先駆者だった(18)。

一五六三年に協議の結論を得たトリエント公会議のあと、カトリック教会の教会区の司祭は、出生、婚姻、死亡の記録簿をつけるように定められた。司教は、その管轄教区を定期的に訪れて、その地区の信仰状況について評価するよう求められた。このような司教の教区巡察は、それ以前にはいくぶん散発的にあったが、トリエント以後は定期的な行事になって、教会の物理的状態、教会区の司祭の教育の程度、信者会の数、平信徒の道徳性などに関する、厖大な記録が集められるようになった(19)。

〔カトリック側の〕反宗教改革の教会は、統計の歴史にもその名をとどめている。トリエント公会議で教会区民に課された年ごとの懺悔と聖餐という「復活祭の勤め」を、教会区民が果たしていることを立証する方法として、「魂」の人口調査と呼ばれた調査が定期的に実施された。さらなる調査として、教会区の司祭は、調書すなわち調査紙（scheda）を教会区民に配ることを命じられた。その調書は、懺悔あるいは聖餐のときに司祭が回収しなければならなかった。数的な計算力の発達のみならず、異端へのますます高まる恐怖が、統計学の興隆に貢献したのである。

この種の視察は、ヨーロッパのカトリックだけではなく、プロテスタントにおいてもあった。たとえば、十六世紀のルター派のドイツにおいては、教会区の視察が定期的に行なわれていた。宗教改革以後のイギリスにおいては、新しい主教たちは「尋問」を行なって、グロスターやウースターの管轄教区を調査し（一五五一～五二年の八九の質問）、ノリッジの管轄教区を調査した（一五六一年の六一の質問)。ルター派のスウェーデンとフィンランドについては、十七、十八世紀の教会の検査記録簿が、読み書き能力の上昇に関心をもつ歴史家たちによって、集中的に研究された。聖職者による世帯主の尋問についてや、言語能力の程度による世帯主の分類(よく読む、多少は読む、など)についての詳細な記録は、——異端審問の記録と同じように——精確な情報に対する公的機関の情熱をきわめてはっきりと示すものである[20]。

トリエント公会議は異端を弾圧するために招集されたのだが、その公会議以降のカトリック教会の調査が異端への恐怖に刺激されてなされたように、イギリスでの調査は、イギリス国教会の教義に反することへの恐怖に刺激されて行なわれた。たとえば一六七六年には、ロンドンの主教は「非国教徒」の調査を実施した。この調査は主教の名にちなんで「コンプトン住民調査」として知られている。一七四三年にヨーク大主教が教区の聖職者たちに向けて出した入念な質問表も、同様のことがらに関心をもっていたことを示している。「あなたの教会区にはどれだけの数の家族がいるか? そのうち非国教徒はどれだけか? 公立学校または慈善学校はどれだけあるか? 教会区に救貧院、病院、その他、慈善基金はあるか? 教会ではどのくらい礼拝が行なわれているか? ……どれほど頻繁に、具体的には何回ほど、教会で教理問答をしているか?[21]」 情報の収集と、信徒を管理しようという宗教的権威者たちの願望との関連性は、十分に明らかであろう。

知識の収集にもっとも関わりの深い教会の制度は、スペイン、イタリアなどにおける、異端審問である。異端として疑われた人びとは、信仰についてだけでなく、年齢、出生地、職業についても、きわめて体系的な仕方で尋問されて、言ったことがすべて、細心の注意をもって記録された。それ

ゆえさまざまな異端審問所の文書庫は、社会史家、とりわけ最近の一世代の社会史家にとって、多くを学びうる「データバンク」となっている。しかしながら、異端審問官による情報の収集は、たんに史料として歴史家の注目に値するだけではない。それだけで見ても一つの特異事象として、すなわち管理を目的に知識を追求する、近代初期を代表する事例として、注目に値する。[22]

十七世紀中頃に、世俗の政治に卓越した三人の枢機卿、すなわちフランスのリシュリュー、マザラン、そしてその同時代人のハプスブルク帝国のメルヒオール・クレースルが、キリスト教会の方法を、国家の需要に合わせて適用したのかどうかについて、あれこれ推測するのは魅力的なことである。いずれにせよ、知識の領域における、現世の権力と宗教的権力との相互作用は、今後の論述においても現われるテーマである。

知識の収集に関するかぎり、その近隣国、競合国あるいは敵国について支配者が獲得する知識を、帝国であれ「母国」であれ、みずからの領土について支配者が有する知識から区別するのが、有益であろう。

外務行政

外務行政の分野では、ヴェネチア共和国から始めるのが適切である。なぜならヴェネチアは、最初に駐在大使の機構を採用したヨーロッパ列強国の一つだからである。それは、他国と交渉するためでも、また他国の情報を集めるためでもあった。ヴェネチア政府は、海外代表者に、定期的に外信を届けることだけでなく、任期（三年程度）の終わりに正式な報告書を提出するように求めた。

それが有名な「報告書」（relazioni）であり、大使の派遣先の国の、政治的、軍事的、経済的な長所と短所とを記述したものだった。[23]ヴェネチアの大使はまた、海外に情報を流布するよう求められた。たとえば、一六〇六年に教皇がヴェネチアに聖務禁止令を出したとき、パリ在駐のヴェネチア大使は、フランス人にヴェネチア側の異議について確実に知らせるようにと指示された。

他の政府もヴェネチアを模倣したが、しかしあまり体系的ではなかった。大使の任務についての論考という新しい、しかし冊数の急増したジャンルでは、フレデリク・マルセラエルの『使節』（*Legatus*）（一六二六年）のように、一般に、情報を本国に送ることの重要性が強調された。たとえばジョージ・カルー卿による、アンリ四世時代のフランス宮廷についての洞察力に富む記述のように、「報告書」のスタイルの報告書は他の国にもある。しかしそのような慣行はヴェネチアの場合と比べて、他の国では定期的なものではなかった。

大使が情報を収集するのは、たんにみずから目を開き耳をすませることによってだけでなく、助手や、特務機関員（agent）あるいは「情報提供者」（informer）――スパイとは言わなくとも――を通じてもなされた。彼らは常勤で雇われることもあれば、政治情報を本国に定期的に送っていたイスタンブール在住のヴェネチア人商人たちのように、非常勤で雇われることもあった。「秘密情報機関」（secret service）（少なくともナポリでは、一五三八年までにはこの名で知られるようになっていた）は、近代初期において精巧に組織化された事業であって、暗号、偽の住所、隠れ家、二重スパイまでも揃えていた。ヴェネチア人は、スパイ活動と防諜活動の特に熟達した実践者であって、そうした目的でしばしば外国の大使館に潜入した。[24]

十七世紀までには、ほかの国もこのような分野でヴェネチアに追いつきつつあった。在ヴェネチアのイギリス大使だったヘリンー・ウォットン卿はミラノ（当時ミラノはスペイン帝国の一部をなしていた）のスパイを雇って、スペインの騎兵隊の動きを報告させた（図12）。ウォットンはローマやトリノでも諜報員を雇って、とくにイエズス会士の手紙を盗み見していた（ばれないように手紙を開封する技術はすでに非常によく知られていた）。このような仕方でウォットンが得た情報の価値が高かったことは、ときにドージェ（ヴェネチア首長）がミラノの統治者の計画についての知識をイギリスの大使から得ていたことからも窺われる[25]。

図12 「スパイ」
（17世紀，木彫り。ヴェネチア・サンロッコ校〔Scuola Grande di San Rocco〕の好意による）

スペイン政府に関しては、外交史家の記述によれば、スペイン政府は「広範囲にわたる、よく組織された、きわめて実効性のある、情報収集網」を有していた。一五三九年から四七年まで在ヴェネチアのスペイン大使だったディエゴ・ウルタド・デ・メンドーサは、オスマン帝国にスパイ網を組織した。他方、十七世紀初頭のロンドン在駐のスペイン大使だったゴンドマル伯爵は、イギリス政府の主要なメンバーに、情報を提供してもらうため、高給を払っていた（大蔵卿と海事大臣に一〇〇〇ポンドずつ）。逆に、十七世紀後半には、スペイン大使の書記官は、イギリス人に情報を渡すことで、年に一〇〇ポンドを受けとっていた。(26) フランスでも、数多くのスパイが政府と大使に雇われていた。(27) イギリスやその他の国に、プロテスタントの亡命者の集団が潜入して、美術収集がしばしばスパイ活動の隠れ蓑として使われた。たとえば鑑識家ロジェール・ド・ピールがオランダ共和国に派遣されたのは、表向きルイ十四世のために絵画を買うためであったが、実のところは政治情報を収集するためであった。オランダ人がその隠れ蓑を見破って、ピールは監獄でしばらく過ごすことになったが、彼はこの強いられた余暇を美術批評についての書を執筆するために使い、その本は後にその分野での古典になった。(28)

情報と帝国

批評家エドワード・サイードの著名な、かつ物議をかもした研究は、権力と知識についてのフーコーの考えを新しい領域に拡張したものだったが、その研究書のなかでサイードは、彼の言うところの「オリエンタリズム」を、表象と支配の西洋的体系として論じた。彼の物語は一八〇〇年頃の、ナポレオンのエジプト遠征における学者の役割というところから始まった。世界の他の地域を支配するためにヨーロッパ列強が体系的に知識を集めるというのは、はるか以前にも見られることである。

たとえば、近代初期の海洋帝国――ポルトガル、スペイン、オランダ、フランス、イギリス――はすべて、情報の収集に依存していた。まず第一に、それらの帝国はインドあるいはアフリカへの海路についての情報を必要とした。それゆえポルトガルやスペインでは、王室の天地学者が任命された。天地学者は、天文学、地理学、航海術についての情報を提供することを求められた専門家であった。知りえたことの記録は、しばしば海図のかたちで、すでに述べたように（九七頁参照）、リスボンの「ギニアの倉庫」（**Armazém de Guiné**）や「インドの館」（**Casa da India**）、セビリャの「貿易の館」（**Casa de Contratación**）に保管された。たとえばジョルジェ・デ・ヴァスコンセロスは、十六世紀初頭にアフリカとインドの「倉庫」の「館主」（**provedor**）であって、海図を管理していた。その海図は水先案内人や船長がポルトガルを離れるときに渡されて、戻ってくれば返すことになっていた。[30]

ルイ十四世の時代、有力な大臣だったジャン＝バティスト・コルベールは、情報という点ではどんな先達よりもはるかに几帳面であったため、「情報人」と評されている。[31]政治的な理由と経済的な理由とが相俟って、コルベールは中東と極東の情報を収集していた。イギリスとオランダに対抗するため一六六四年に東インド会社が設立されたが、これはコルベールの決断によるものだった。彼は会社の取締役とともにカレ神父をインドに送ったが、それはどうやら情報員として活動させるためであって、カレ神父は一六七一年にコルベールに報告を返してきた。[32]同じような関心は、代々の海軍大臣も示していた。すなわち、まずルイ・ド・ポンシャルトランであり、さらにその息子ジェローム、すなわちモールパ伯爵（父の座を一六九九年に継いだ）であり、さらにまたジェロームの息子で、一七二三年に父の職を襲った、これまたモールパ伯爵である。公式の遠征隊がたとえば南アフリカに送られ、技術者、天文学者、植物学者たちが「王の命令によって」観察を行なった。この「王の命令によって」というフレーズを、彼らは本のタイトル・ページに誇らしげに掲げたものだった。(33)

ほかの大陸の地域がヨーロッパの諸帝国に組み入れられるようになると、領土についての、その資源や居住者についての体系的な知識を獲得することが必要となった。スペイン政府の例はとりわけこの点で、教えるところの多いものである。カール五世はすでに一五四八年にメキシコの大司教に聞き取りをしていたが、しかし新世界に関する体系的な知識の収集は一五七〇年代に始まった。知識収集の重要なプロセスを担ったのはファアン・デ・オバンドだった。彼は一五六九年にインド審議会の視察者に任命されて、審議会員たちが新世界についていかにわずかの情報しかもっていないかを知ってショックを受けた。同年、彼は三七項目からなる質問表をメキシコとペルーの地方役人に発送した。その後、さらに入念な質問表を続いて出すことになる。このころまでには、質問表が教会における統治の一般的な道具になっていて、異端審問においてだけでなく、司教の巡察においても定期的に使われていた。自身も聖職者だったオバンドは、どうやら教会の方法を国家の仕事に適用したようである。(34)

医師のフランシスコ・エルナンデスをニュースペイン〔西半球の旧スペイン領〕に送って、その自然誌を研究させたのは、オバンドだった（九六頁参照）。(35)オバンドはまた「地理＝歴史官」（cosmógrafo-cronista）という新たな役職を創設した責任者だった。その職に最初に任官されたファアン・ロペス・デ・ベラスコは、オバンドの元書記官だった。ベラスコはベラスコで、一五七七年、その地域の自然誌、鉱物、地方史などについての印刷された質問票を、ニュースペインの市町当局宛てに発送した。質問の一部、より正確には命令の一部は、以下のようなものであった。

当該地方の発見者と征服者が誰だったかを述べよ。……異教時代にインディアンたちが誰に帰属していたかを述べよ。……さらに彼らのかつての礼拝、儀式、風習の決まりについて、善し悪しを問わず、述べよ。彼らがどのように統治されていたか述べよ。誰に対して彼らが戦闘行為を続けていたかを述べよ。彼らのかつての、そして現在の衣服と服装について述べよ。彼らはかつては今よりも多少なりとも健康だったのかどうか、そしてそれについてどのような理由が考えられるかを述べよ。[36]

知識の歴史という文脈においては、この記録は多くの理由から興味深い。まず気づかされるのは、質問表は十九世紀の社会学者の創案だったのではなくて、司教行政や世俗行政の役人たちが使っていた伝統的な行政手続きを、学術的な目的に適用したことが、十九世紀の新しい点だったのだ、ということである。この記録が明らかにするもう一つの点は、政府は人口の破滅的な減少（これは主として、インディアンにはまったく抵抗力のなかったヨーロッパの病気が輸入されたことに起因していた）に、すでに気づいていたし、また心配もしていた、ということである。この人口減少を、スペイン系アメリカの研究者たちは一九五〇年代になって再発見したのだった。質問が実利的なものに限られていないことも意義深い点である。それは政府の行政機構に人文主義者が関与していたことを示している。

十八世紀のロシアからは、情報を集めることに帝国政府が関わっていたことの、もう一つの印象的な例が得られる。ピョートル大帝は一七二一年にドイツ人司書J・D・シューマッハーをオランダ共和国に派遣し、オランダの工業技術についての情報を得ようとした。言い換えれば、こんにち「産業スパイ」と呼ばれているものに携わったのである（二三二頁参照）[37]。ロシア皇帝の関心は、ロシア帝国の東の境界線にまで拡大した。別のドイツ人ダニエル・メッサーシュミットは、シベリア地域の情報を収集するために、七年間（一七二〇～二七年）をシベリアで過ごすよう命じられた。他方ロシア人のフェドール・ルーツィンやイワン・エフレイノフ、デンマーク人のヴィートゥス・ベーリングは、アジアとアメリカのあいだは陸つづきなのかどうかを確かめるために、カムチャッカに送られた[38]。同様に、著名な植物学者カール・リンネが一七三〇年代にラップランドに探検旅行をしたのは、たんに科学の進歩のためだけではなく、帝国領のその地域における鉱物その他の資源についての情報を、スウェーデン政府に提供するためであった[39]。

エカテリーナ大帝も、ピョートルと同様の関心をもっていた。サミュエル・ベンサム卿（もっと有名なジェレミー・ベンサムの兄弟）は、一七八〇年から一七九五年まで彼女に雇われて、シベリアの地図をつくり、その鉱物資源と人的資源の調査に従事していた。エカテリーナ時代のシベリア調査隊の隊員たちに対する公式の指令（これはマーティン・サウアーによる当時の『ロシア北部地域への地理的調査旅行の記録』の付録として印刷された）は、（オバンドの場合と同じく）命令形で表現されており、つぎのような諸点を含んでいる。「以下について観察せよ。すなわち、彼らの気質とさまざまな肉体的な適性について。宗教的と世俗的とを問わず、彼らの統治、風習、産業、儀式、迷信について。彼らの伝統、教育、女性の扱い方について。有益な植物、薬、染料について。食物、食事を用意する仕方について。住まい、家庭道具、乗り物、船について。生活様式と経済の慣習について」[40]。女性の扱い方が文明化の指標として使われることは珍しくなかったが、この点をこのように重視することは、この知識収集の調査旅行に女帝が個人的に関わっていたということを示唆するものでもある。

キャプテン・クックの探検航海がロシア人に与えた影響も、注目に値する。ジョゼフ・ビリングズはロシア海軍に入隊するまではクックとともに働いていた人だが、彼がこのシベリア探検の指揮をとることになったのは、ひとえに異国の地での経験を買われたからであった。帝国の支配者にとって有益な情報と明白な実用的価値をもたない知識とが混在していることは、十六世紀のベラスコの質問表を彷彿させる。支配の欲望が明らかに、近代初期の国家、とくに帝国による情報収集の主要な動機だったが、しかし好奇心もまた一役買っていた。情報が集められたのは、たんにその情報がただちに役に立つからというだけでなく、いつの日か役に立つかもしれないという希望があってのことでもあった。

政府が研究を支援することは、すでに科学的なアカデミーの場合に論じたことだが（七五頁参照）、その支援は帝国のもっとも遠い地域まで、さらには帝国の外にまで広がっていた。初期の例は、ナッサウ伯ヨハン・マウリッツによって組織されて始められたブラジル探検（一六三七〜四四年）であり、この探検隊には、地方の動物誌や植物誌を研究し記録するために、フランス・ポストのような芸術家や医師ヴィレム・ピソのような学者までが加わっていた。フランスの学者たちによる有名な一七三六年のペルーへの科学的調査旅行は、モールパ大臣の支援を受けてのことであり、印刷された記録には、「王の命令によりなされた旅行」であると記されている。[41] さらに、デンマーク人は一七六一年にアラビアへの公式の探検調査を開始した。ドイツ人の神学者ヨハン・ダヴィド・ミハエリスは、聖書の解釈に光を投げかけてくれるという理由からこの地域に関心をいだき、デンマーク王に仕える大臣だったベルンシュトルフ伯にパトロンになってもらった。そして、学者のカルステン・ニーブールがデンマーク技術者隊副官として任命されて、文献学者一人、博物学者二人、芸術家一人を含むチームを指揮した。

このような探検調査によって集められた知識は、ただちに役に立つことはなかったかもしれないが、政治的に中立だったわけでもなかった。政府資金によって設立された、パリ、ベルリン、サンクト・ペテルブルグ、ストックホルムのアカデミーと同様に、このような探検調査はよい投資先であった。こんにち言われるのと同じように、探検調査による知識は、後援する政府に、よいイメージを与えたのである。当時の人びともこの点にはじゅうぶんに気づいていた。その証拠に、フランス科学アカデミーの書記官フォントネルは、アカデミー会員の死亡記事のなかで、コルベールの「賢明な政策」について言及して、その政策は学問を支援することで、ルイ十四世に光輝を添え、フランス人に「知性の帝国」（l'empire de l'esprit）を与えた、と言っている。十八世紀後半までには、このような調査探検がますます増えることについて、いくつかの方面では、すでに警戒感が抱かれるようになった。たとえば、オランダ人の著作家コルネリス・デ・パウは、アメリカ人についての「哲学的研究」(一七七〇年)の序文のなかで、地理学のいくつかの点を明らかにすることの代価として地球の一部が破壊されていると嘆いた。「すべてを知るためにすべてを侵略するという情熱に対して、われわれは限界を設けようではないか」(Mettons des bornes à la fureur de tout envahir pour tout connaître)。

国内行政

イギリスの土地台帳「ドゥームズデイ・ブック」の例が気づかせてくれるように、支配者はその人民と領土を知ることに昔から関心をもっていた。そのような知識を得る方法の一つは、その地域を旅することである。十六世紀の有名な例は、幼年王シャルル九世が即位の直後、一五六四年から六六年におこなった「フランス巡歴」(tour de France)である。このような直接的な方法は、この時代を通じて続いていた。フリードリヒ大王は、少なくともその治世時代の初期には、王国についてよく知悉するために、領内を旅した。一七八七年のエカテリーナ大帝の新ロシアへの視察は、よく知られている。それは、寵臣グリゴーリー・ポチョムキンが、モデル村の建設を命じて、エカテリーナの視察のたびに何度も建設しなおしては彼女を欺こうとした、という逸話がきっかけとなったものである。

しかしながら、支配者＝官僚には、王国を長旅するための時間がだんだんなくなっていった。彼らは前任者たちよりもはるかに多くの情報を入手していたが、しかしその情報は又聞きの間接的な仕方で、つまり報告書のかたちで届いた。たとえばフリードリヒ大王は、役人たちに命じて、管轄の諸地域を知るために旅をさせて、見聞したことについて新情報を伝えさせていた。ライプニッツがピョートル大帝に与えた助言のうちの一つは、「国についての精確な記述をつくらせる」ということだった。

新しい機構が稼働していた例として、典型的な官僚型国王だったフェリペ二世をふり返ってみるのがいいかもしれない。今日「地勢報告書」（Relaciones topográficas）として知られている詳細な報告書が、スペインの一地方、新カスティーリャのおよそ六百もの村について作成されたのは、このフェリペ二世の時代であった。この報告書は、一五七五年と一五七八年に発送された質問表（interrogatorios）（最初の質問表は五七の質問、すなわち capitulos からなり、次は四五の質問からなる）に対する応答に基づいてつくられた。質問のうちいくつかは行政、特権の享受、土地の性質、病院の数などの実際的な質問に関わる。しかしほかにも、居住民の宗教生活、彼らの好きな聖人と祭りなどに関わる質問もあり、司祭の巡察がモデルになっていたという仮説を裏付けるものである。もう一つのモデルとしては、人文主義者の「地方地誌」、すなわちある特定の地域についての歴史的＝地理学的記述が、考えられよう。前述した（一九〇頁）一五六九年のニュースペインの調査と、このフェリペの調査との類似性は、十分に明白であろう。この「地勢報告書」は、中央の調査が辺境の調査を模範としてそれに従っていたことの、一つの例を示している。[43]

コルベールも、質問表好きの一人である。一六三三年、彼は諸地方の地方長官に、管轄の地域についての情報を送るよう指示した。その後まもなく、彼は一連の調査（アンケート enquêtes）のための指示を与えた。(44) コルベールはアンケートという着想を教会から借りたのかもしれないが、しかし彼の洗練された方法が今度は逆に教会に影響を与えた。教会の質問表でもとりわけ入念なものが、ルーアンの大司教（コルベールの息子）と、ランスの大司教（コルベールの競争相手ルーヴォアの兄弟）によって発せられたことは、単なる偶然の一致のようには思われない。(45)

巡察とアンケートが、支配を目的として近代初期の政府が情報を獲得するために使用した手段のすべてではない。この時代は、近代的な「身分証明証」に相当するさまざまなものが増えていった時代として、特徴づけられる。伝染病の蔓延したときには、イタリアの保険局は旅行者に通行証（bollette あるいは bollettini として知られていた）を携行するよう求めて、感染の拡大を阻もうとした。旅行家だったフィリップ・スキッポンは一六六四年マントヴァでそのような通行証を受けとったが、そこには自分のことが、ヴェローナから来た英国人、二十歳、あごひげ、茶色の髪、黒みがかった瞳、普通の顔色と記述されていたと、スキッポンは書いている。パスポートはもともとは戦時における安全通行証だったが、十八世紀のフランスでは平時にも使用されるようになった。一七七七年以後、アフリカ出身の人びとは特別の身分証すなわちカルトゥーシュ（cartouche）を［常時］携行するよう求められた。(46) さらに、十八世紀初頭にロシア政府は、国内用パスポートの携行を旅行者に義務づけることを始めた。これらのパスポートは一七四三年に印刷されはじめたが、イタリアの通行証と同じく、それらは旅行者の身体的記述を含んでいた。これらのパスポートはもともとは（人頭税から逃れようとするのを防ぐという）財政上の目的をもっていたが、人口の動態を管理する政府の手段になっていった。

ロシアの支配体制を「警察国家」と呼ぶ歴史家もいるが、あの広大な国土で勤務する役人の数が比較的少なかったことを考えれば、この表現はちょっと誇張かもしれない。しかし管理を目的に情報を集めようとする意志は、たしかに十八世紀のロシアでは働いていた。元老院の行政総監ヴィアゼムスキーは、地方の情報員のネットワークをつくりあげた。一七六七年の大法典編纂委員会や、地方長官はその地方について定期的な報告をすべし、という一七七五年の要請も、サンクト・ペテルブルグの役人に入手可能な情報の総量を引き上げた[47]。

有給の国内スパイあるいは「情報員」は、政府のもう一つの手段であり、これは少なくともローマ皇帝の秘密諜報員にまで、すなわち「検察官部」（schola agentium in rebus 国家のことがらについて活動する者の部）、あるいはもっとくだけた言い方では「詮索屋」（curiosi）にまで遡るものである。十七世紀初頭のスペインでは、情報員は国王宮殿にまで配置され、「主席スパイ」（espía mayor）という職まで創設されていた[48]。

法を犯した者を隣人が告発することを奨励するのも、ありふれた手法であり、明らかに教会から国家が学んだ手法であった。教会は異端、瀆神、醜行を発見することに、すでに長いあいだ関わっていたのである。十六世紀ヴェネチアで任命された役人集団は、「国家の〔異端〕審問官」として知られていたが、この名称はこの制度が教会に起源をもつことに敬意を表するものだった。イングランドのヘンリー八世の統治下では、必要がなかったので有給情報員は雇われなかったと言われることがある。「情報はやって来るので求めなくともよい」。同じことはヴェネチアについても言えるだろう。ヴェネチアではいわゆる「ライオンの口」（bocchi di leone）、すなわち国民が署名、無署名を問わずに告発文を置き入れることのできる、ライオンの口の形をした郵便箱が、使用されていた。十七世紀半ばまでには、専門化が進み、さまざまな種類の告発文（強盗、ゆすり、賭博、政治腐敗、教会での不敬）をそれぞれの箱に入れることになっていた。[49]

これらの方法のおかげで、政府はますます情報を得るようになっていった。十七世紀にフランスを旅したスコットランド人のジョン・ローダー卿が回想録に残した話によると、リシュリュー枢機卿は「まるでそこにいたかのように、フランスで起きたことなら何でもすべてを知っていた。親しい腹心の二人がポワチエで枢機卿の悪口を言ってしまったが、なんと彼はそのことを四日も経たぬうちにパリで知ったのである。ある人はそれを彼の使い魔の仕業だと考え、ある人は彼がいたるところに手配していたスパイの仕業と考えた」。いずれが正しいにせよ、枢機卿のやり方は悪魔的なやり方だと考えられていた。このような流れはリシュリューで終わったわけではなかった。ルイ十四世とルイ十五世時代のパリは、雇われ情報員によって綿密に観察されていた。雇われ情報員はむしろ「蝿」（mouche）という名で知られていたが、たくさんのそのような蝿が、カフェの壁や、その他にも反政府的扇動の声が聞こえるかもしれない場所の壁に、止まっていたのである。一七二〇年までには、蝿たちは首都のおよそ四〇のカフェに職場をもつようになっていた。十八世紀の終わりまでには、フランス警察の犯罪記録、すなわちドシエ（dossier）には、重要な容疑者についての似顔絵付きの個人ファイルが含まれるようになった。[50]

国の地図をつくる

政府の役人の関心を惹くような大量の情報が、地図のかたちで記録された（図13）。「統治の一つの道具としての地図製作が現われてくる」のは、この時代の大きな潮流である。その目的が、境界線を決定することであれ、敵から国家を防衛することであれ、計画作成を容易にして行政を合理化することであれ、地図は一大潮流であった[51]。たとえばフェリペ二世は、一五六〇年代にイベリア半島の地図作製を奨励した。アルカラ大学の数学教授ペドロ・デ・エスキベルは、スペインの測量調査の実施を依頼されたが、任命された直後に死んだので、この計画は頓挫した[52]。ポルトガル人の天地学者フランシスコ・ドミンゲスは一五七一年から五年間をニュースペインで過ごして、この地域の測量調査を行なった。フェリペ二世が新世界の諸領土に送った一五七七年の質問表にも、地図を要求する項目が含まれており、その地図のうちの何枚かは現存している[53]。

フランスでは、国家の実質的な支配者リシュリュー枢機卿が、三〇枚からなるフランスの地図の製作を委託し、これは一六四三年に完成した。コルベールも地図製作に熱心な人で、それぞれの地方の地図の提出を要求した。一六六八年、彼は科学アカデミーに、地図の信頼性を高める方法を推薦するよう求めた。一六七九年、ルイ十四世は、フランスのさらに精確な地図をつくるのに着手しようというコルベールの提議を承認した（厖大な作業を要したので、地図そのものは一七四四年、王の死から一世代経ったあとに、ようやく出来た[54]）。この時代のフランスの地図製作は、社会学者の言うところの知識の「科学化」のプロセスを鮮明に描き出してくれる。王立天文台が地図製作のために使用されていた。天文学者のジャン＝ドメニコ・カッシーニは軍事技師セバスティアン・

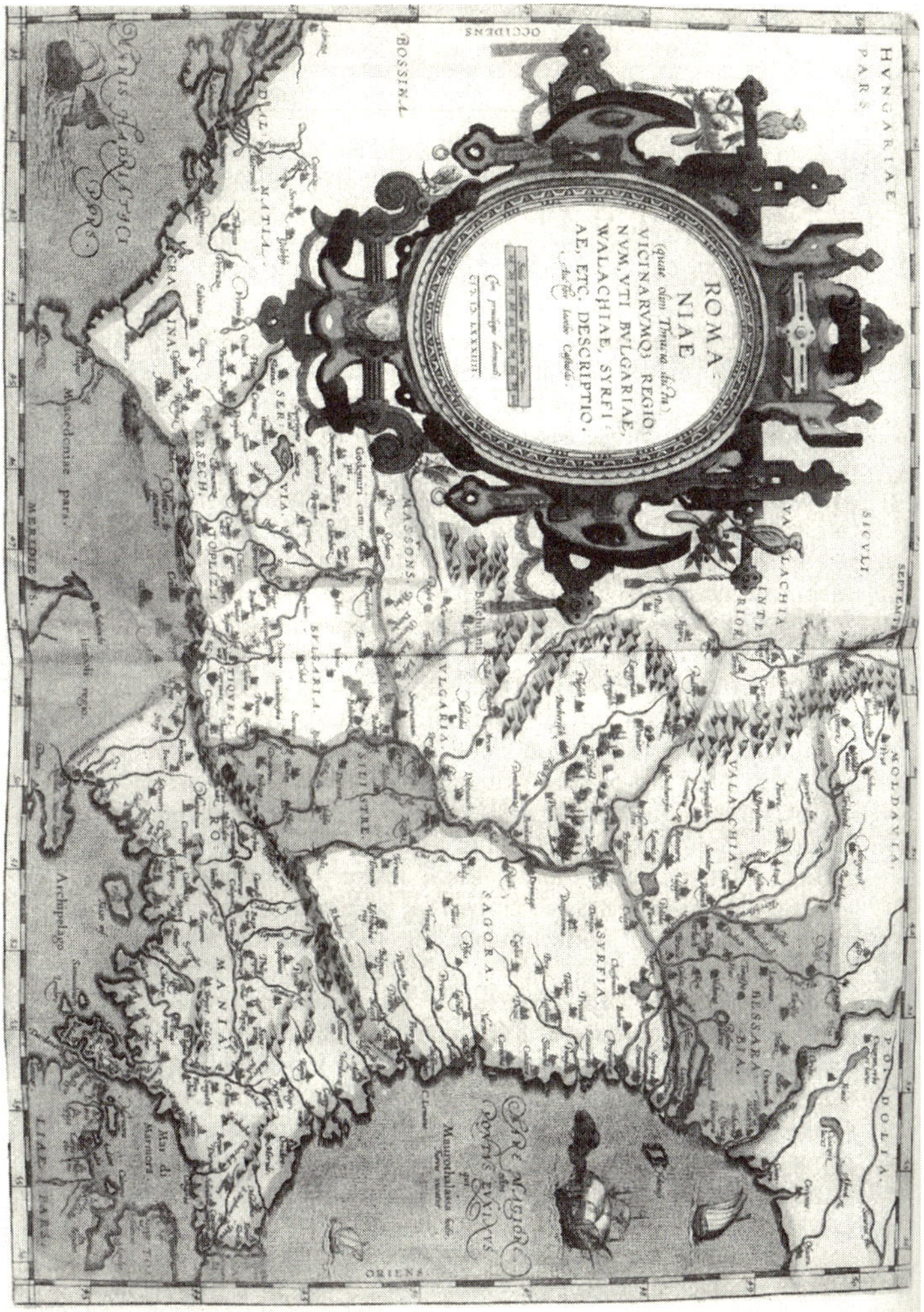

図13　J.カスタルドゥス「ロマーニア」の詳細図
（オルテリウス『地球の劇場』*Theatrum Orbis Terrarum*, アントワープ，1570年，所収）

ド・ヴォーバンとともに、軍事的な測量調査の改善のために尽力した。そしてカッシーニのかつての弟子で、国王の主席地理官となったギローム・ドリールと、カッシーニの孫のセザール＝フランソア・カッシーニは、ともに前記のフランスの地図に貢献した。(55) 精確さにこのように関心をもつことには、軍事的な理由だけでなく、十分な政治的理由もあった。ルイ十四時代の末期にスペイン継承戦争を終結させたユトレヒト会議では、合意されたことがらについて後から争議が起こらないことを確かなものにするために、地図が使われたのだった。(56)

ピョートル大帝が地図作製と測量に興味をもっていたことは、容易に予想がつく。ドイツ人の地理学者ヨハン・バプティスト・ホーマンが皇帝からロシアの地図をつくるよう委託され、海軍兵学校の学生がホーマンのところに情報を収集するために使われた。ピョートル自身が地理学者のドリールと一七一七年にパリで会って、ロシア地図に修正を加えることを提案した。そして一七二一年には皇帝みずから測地学者たちに詳細な指示を与えた。(57)

イギリスの事例は、一般的な論点、すなわちこの章で論じてきた諸分野の多くにおいて、辺境が中央よりも以前に調査されていた、という論点を、いま一度明らかに示してくれる。商務省が一七二〇年に植民地の地図をつくることを企てた。軍の測量士たちがスコットランドの地図（一七四七～五五年）をつくったが、この企画は、一七四五年の大反乱〔ピューリタン革命〕以後の高地地方における道路建設と「平定」とに関連があった。このあと、キューベックの地図（一七六〇～六一年）、ベンガルの地図（一七六五～七七年）、アイルランドの地図（一七七八～九〇年）が続いた。他方で、イングランドそのものは、ようやくこの世紀の終わりになって測量調査された。それは部分的には、フランス革命の時代、侵略される恐れがあったのに応じてのことであった。「陸地測量部」（Ordnance Survey）は、軍に起源をもつことを、まさにその名前によって顕わにしている。この名前は、とくに大砲の移動には地形の精確な知識が必要なので、もともと砲車隊（the Ordnance）の総長がこの部を組織したことに由来するのである。(58)

統計の興隆

地図への役所の関心が高まった理由の一つは、地図が一定の縮尺で量的な情報を提示するからである。近代初期の支配者と大臣は、ますます事実のみならず数字にもかかずらうようになった。とくに、領地にどれほどの数の人びとが住んでいるかを知りたがった。それ以前の政府は、「きわめつけの当てずっぽう」しかすることができなかった。たとえばイギリス政府は、一三七一年には四万の教会区があると信じていたが、そのときの実際の教会区数は約八六〇〇だった。(59)軍隊の規模が十七世紀と同じくらい急速に拡大していたような時代にあっては、政府はもはやこのような無知を野放しにしておくわけにはいかなかった。

出生、結婚、死亡の情報もまた収集されはじめた。この収集に向かわせる刺激の一つになったのはペストであった。ペストは際立った威力でたとえば一五七五年と一六三〇年にイタリアを、一六六五年にロンドンを襲った。人口統計学への関心が高まったのには他の理由もあった。十七世紀の中頃のオランダ共和国ではすでに、弁護士で政治家だったヤン・デ・ヴィットが、政府の運営する年金機構を設立するために、死亡者数を利用していた。スウェーデンでは、「豊富な貧民は国の最大の富である」という原則にもとづいて、政府が人口増加を奨励するのに腐心していたので、一七三六年に僧侶たちは、教会区での出生と死亡との年間の数字を提出するように命じられ、さらに一七四八年には全国国勢調査が命じられた。イギリスでも一七五三年に国勢調査法案が議会にかけられた。法案が提出されたこと、そしてそれが否決されたことは、このときの人びとの考えの趨勢をともに等しく明らかにしてくれるものである。このことは、一七五八年に提案された、出生、結婚、死亡の届け出を義務化する法案についても言える。(60) 十八世紀後半以来、全国国勢調査を定期的な行事とする国が次々と出てきた。デンマークとノルウェーの国勢調査は一七六九年に実施された。スペインの国勢調査も一七六九年になされ、さらに、新たに独立したアメリカ合衆国（一七九〇年）、イギリス連合王国（一八〇一年）、フランス（一八〇六年）の国勢調査が続いた。(61)

より小さい規模では、都市の段階にせよ教区の段階にせよ、全国国勢調査には多くの前例があった。数字で示された情報の利用価値に気づいていた初期の例としては、早くも十五世紀における都市国家フィレンツェとヴェネチアが挙げられる。フィレンツェとヴェネチアは、小さかったために先駆者であったのかもしれない――小さいことは美しいだけでなく効率的でもある。また、フィレンツェとヴェネチアは「算術的精神」をもった商人たちが支配する共和国であった。そのような精神を鼓舞していたのは、並はずれて広く普及していた計算力を支える教育体系、とくに算盤《そろばん》学校であった。政府がこの種の情報を収集する場合、民間の人びとがすでにその情報の価値を自覚していたほうが、やり易いことは明白である。(62)

どのような理由があったにせよ、市とその諸地域の国勢調査が、本質的には徴税を目的にして、一四二七年のフィレンツェで行なわれた[63]。調査の実施には経費が嵩むことが分かったので、まれにしか繰り返されなかったが、しかしフィレンツェの例を他の諸地域は見習った。たとえばホラント州〔オランダ西部〕では、一四九四年の「調査」と一五一四年の「情報」は、村ごとの国勢調査であり、家庭の数と税についての質問表への答えをまとめたものだった。ヘンリー八世時代の政府は教会区の聖職者に、出生、結婚、死亡の記録をとることを命じた。ヴェネチア政府も教会区の聖職者を情報収集者として使っていたが、遅くとも十六世紀には、印刷された書式を使うようになった。それは、情報がいくらかなりとも規格化された様式で、すなわち男、女、少年、少女、召使、ゴンドラ〔ヴェネチアの細長い平底船〕などの諸項目からなる一覧表のかたちで、提出されることを確実にするためであった。イギリス政府も一六九〇年代には、貧民の情報を収集するのに聖職者を使っていた。

自治国家の役人は聖職者を雇うだけではなくて、以前言及したような、教会による前例からも学んだ。そして十六世紀末期以降は、それ以前よりも、より多くの（そしてより詳細な）社会調査を命じた。スペインの国勢調査が実施されたのが一五九〇年から九一年、つまり前に論じた新カスティーリャについての非統計的調査の直後だということを知っても驚きではない（一九六頁）。十七世紀には、少なくともヨーロッパの諸政府においては、量的なデータに対する関心がますます高まっていった。量的データはイギリスでは「政治的算術」（political arithmetic）として、フランスでも「政治的算術」（calcules politiques）として知られていた[64]。たとえば一六三五年以降、イギリス商務省は、アメリカの植民地の人口を気にかけるようになった。十七世紀後期のイングランドは、ウィリアム・ペティ（彼は統計のための中央官庁の設立を提唱した）、ジョン・グラント、グレゴリー・キング、キングの友人チャールズ・ダヴィナント（輸出入検査官）の時代であり、そしてイギリスとアイルランドの富と人口を計算しようと彼らが試みた時代であった。(65)

ペティはパリのマラン・メルセンヌのサークルやロンドンのサミュエル・ハートリブのサークル（二〇三、一〇四頁参照）と親しくしていた人で、彼のいう「政治的算術」――彼はこれを「統治に関わるものごとについて計算によって推論する技術」と定義していた――の信奉者だった。彼は質問表に興味をもっていて、「いかなる国の状態でも調査する方法」という彼の草稿は、五三の質問を列挙している。質問は、賃金、物価、人口、病気、国の歳入、公務員、などについてであり、もちろんさらに、遊び、「宮中の美人」、「いちばん売れている本は何か」についての質問もある。これは実利性とより広いかたちの好奇心との混合の、もう一つの例である。(66)

フランスでは、リシュリューとコルベールが同様の考え方をもっていた。リシュリューは、正確な数を書き込んだ多くの調査《アンケート》を命じた。一六六一年に権力の座についたほぼすぐ後にコルベールは、海軍が必要とするものを考慮して、国王所有の森にある樹の本数調査を命じた。一六六七年には教会区の記録簿をつけるように命じた。一六六九年のコルベールの森林についての布告は、森林資源の管理に関して、彼が「ベーコン路線」と呼んでいた路線にそった指示を与えるものだった。(67)一六七〇年には、パリでの洗礼、結婚、埋葬に関して、月ごとに公表するように命じた。コルベールはまた、取引価格に非常な関心をもっていた。彼はフランスのさまざまな地域での価格について、定期的な知らせが来るのを待ちかまえていた。そしてオランダ共和国に向かうフランス大使は、オランダ船の隻数とオランダ船で輸入するフランス・ワインの量とを詳細に報告するよう指示された[68]。

コルベールだけが算術に関心をもっていたわけではなかった。この世紀の終わり頃、フランス王位の継承者のブルゴーニュ公爵を囲む改革派サークルの面々も、その関心を共有していた。一六九七年、公爵の政治的教育のための情報を入手すべく、一九項目の質問表が地方長官たちに送られた。サークルの一員だった大司教のフェヌロンは、羊飼いのイメージを聖職者に重ねて共鳴させながら、「羊の頭数も知らないような羊飼いは、何と言われるであろうか」と言った。サークルの別の一員のヴォーバン元帥は、「統計」(les statistiques)〔国家 status に関わること〕とみずから呼んだもの——換言すれば、政治家に有益な情報——に非常な関心をもっており、人口推計の方法を発達させて、一七〇七年に出版された論考のなかでは、フランスの生活水準を見積もることを試みた[69]。

十八世紀にロバート・ウォルポール卿が、下院は「修辞学の文彩」(figures of rhetoric)よりも「算数の計算」(figures of arithmetic)のほうを好むと指摘したが、このころまでには、この種の調査は、ヨーロッパの他の地域にもどんどん広まっただけでなく、ますます手の込んだ精巧なものになっていった。ライプニッツが一六八〇年代に薦めた統計表(Staatstafeln)は、フリードリヒ大王の時代には、プロイセンの日常的な政府業務の一部になっていた。ロシアでは、国勢調査は新たな人頭税の導入と関連して始められた(一七一八年)。スウェーデンでは、天文学者のヴァルゲンティンに、出生と死亡の統計(これはすでに聖職者たちに命じて提出させていた)を分析する仕事が与えられて、これは科学アカデミーの雑誌の諸論文で一七五四年から五五年にかけて発表された。一七五六年には、スウェーデン政府は統計に関わる常設機関、すなわち統計表審議会（Tabellkommission）を設置して、ヴァルゲンティンもその一員になった。[70]

国民の人口を数えあげること、ときには動物の個体数をも数えあげることへの支配者の関心は、その臣民たちからつねに好意的に受けとめられたわけではなかった。臣民は、このような調査の次には、高い税金や兵役への要求が増えるのではないかと疑っていたのであり、その疑いにはしばしば相当の理由もあった。「ドゥームズデイ・ブック」〔最後の審判の日の書〕という言い方は、褒め言葉のつもりで使われたのではない。一五五〇年のパルマで、一五九〇年代のナポリで、一六六三年のフランスで、国勢調査への反対が声高に唱えられた。一六六三年のときには「家族と動物とを数えあげることは、国民を奴隷の状態にすることである」（faire le dénombrement de families et du bétail, c'est mettre le peuple dans une grande servitude）と主張された。このような異議は、十八世紀のイギリスでもまだ唱えられていた。[71] 近代初期の多くの反逆者がとった最初の行動の一つが、役所にある記録文書を焼き払うことだったのは、不思議ではない。

情報の保存と引き出し

記録文書の巻数が増えるにつれて、それらを特別の保管室、つまり文書庫に収蔵して、特別の管理者、職業的な記録保管人をおいて、カタログや索引などを整備することが必要になった。[72] 中世の政府はすでに、大量の文書を作成して保存していた。フランス王フィリップ・オーギュストは「王室文書保管庫」（Térsor des Chartes）を設立して、これはその後パリのサント・シャペルに保存された。また、比較的小さい中世の王国だったイングランドが残した羊皮紙の巻物は、現在でも、公文書館の驚くほどの数の本棚を占め続けている。しかしながら、中世を通じてたいていの場合、文書はほかの貴重品と一緒に金庫に保管されて、持ち主に従って絶え間なく転々と居場所を移されたものだった。中世において国家文書庫の発達を妨げたのは主として、君主の移動が多かったことだった。公的文書の収集はあるにはあったが、地方に分散していたのである。[73]

近代初期はいくつかの理由によって一つの転回点であった。まず第一に、印刷術の発明によって手書きの文書が特殊な種類の文書になったので、手書きのものは別に分けて、図書館の特別の部分に、あるいは手書き文書のために建てられた建物に、保管するようになっていった。第二に、政府の中央集権化が進んだ結果、フェリペ二世が「この悪魔め、余の書類よ」と呼んだものが、かつてないほど増加した（フェリペ二世はときには一日に四〇〇もの文書に署名した）。フランスのルイ八世は政務机でフェリペ二世ほどの時間を費やす覚悟のない人だったが、このような支配者の場合には、書記官が王に代わって偽のサインをする権限が与えられていた。第三に、政府機関がウフィツィ（Uffizi）、エスコリアル宮、ヴェルサイユ宮殿、ホワイトホールなどに定住した。第二の流れによって文書庫が必要となり、第三の流れによって文書庫が可能になった。政府の中央化に続いて、文書の中央化が起きたのである。[74] 十六、十七世紀を通して、主としてあまりにも大きな遅滞を招かないで役人が情報を引き出すことができるように、数多くの保管室が設立され、あるいは少なくとも再編された。以前は役人の個人的な財産として扱われていた文書――リシュリューでさえ書類を姪に遺した――は、そのころには、国家に属するものと考えられるようになった。

この章で論じた他の分野の場合と同様に、反宗教改革の教会がここでも先駆者だったように思われる。この時代のローマ教皇たちのなかでも、三人の教皇がバチカンの文書庫に特別の関心を寄せた。一五六五年、ピウス四世は枢機卿司書官に文書庫をつくるよう求めて、次の年には教皇教書が、各教区で文書のために倉庫を整えるよう命じた。一五九一年、グレゴリウス十三世は、教皇の許可なしに文書庫の書類を参看することを禁じた。一六一二年、パウルス五世は特別な秘密の文書庫を設立した。非常勤の司書が文書の監督と目録作成のために任命され、これには後に常勤の司書が充てられた。[75] 教皇の手法は、次第に教会世界のほかのところでも手本にされるようになった。たとえばトレドでは、教会管区公会議が、一五八二年に司教文書庫の設立を命じた。ミラノでは、十七世紀中頃の大司教の司書が、おそらく迅速に参照しやすくするために、何巻もの巡察記録をまとめて製本した。

国家の場合では、小さいことは効率的であるという格言を例証するのは、スウェーデンの事例だろう。文書庫に対するスウェーデン政府の関心は、十七世紀初頭から官職として司書を任命したことからも分かる。最初の司書はヨハン・ブーレであり、一六〇九年には国家司書官（riksarchivar）に任命された。イギリスでは、新しい国家文書室（State Paper Office）がエリザベス女王によって創設され、国家文書の管理係という職は彼女の後継者ジェームズ一世によって制定された。スペインとフランスの政府はこの時代、とりわけ文書庫に関心をもっていた。スペインの文書庫の歴史のなかで、フェリペ二世は特徴ある個性的役割を演じた。すでに一五四五年に、摂政だったフェリペ王子はシマンカスの城に政府関係文書の保管を命じた。玉座に就いた後、フェリペ二世は歴史家のへロニモ・スリタに公文書の収集の監督をさせて、王自身が分類と保管のために文書を切り分けた。十七世紀には、フェリペ四世の最初の宰相だった精力的なオリバレス伯公爵が、分散した書類の発見、分類、再配置に腐心した。十八世紀には、アメリカ関係の文書のための特別な文書庫、つまりインド文書庫（Archivo de Indias）がセビリャにつくられた[76]。

フランスでは十七世紀は文書を秩序だてる時代だった。まず学者のテオドール・ゴドフロアが着手し（一六一五年）、ついでリシュリュー、のちにはコルベールが関わった。たとえばリシュリューは、特定の種類の書類を位置づけ分類することについて、細部にまで関わっていた。コルベールの書簡には、文書庫を調査せよという、部下に対する度重なる命令が残されている。この大臣は、古い文書庫の目録を作成して、そこで見つけた書類の写しをとることを強く主張した（フランス南部で見つかった文書の写しは一六六五年から七〇年にかけて編纂されたもので、二五八巻にのぼった）。ルイ十四世の外務大臣だったトルシーはとくに外交行政に関する文書に興味をもって、そのための特別の集積室を一七一〇年につくった。ルイ十四世が権力の座に就いたときには、どの中央官庁も文書庫をもっていなかったが、彼の死のときには、どの官庁も記録を所定の場所に積み上げるようになっていた[77]。

これらの文書庫は歴史家の便宜のためにつくられたのではなくて、行政官のために存在した。文書庫は「国家の秘密」（arcana imperii）の一部だった。この言い方は十七世紀にますます多く使われるようなったもので、ある種の政治的情報の独占権を侵害されることに役人が注意を払っていたことを示すものである。役人が家で仕事して、それゆえ書類を私的財産として扱っていた時代から、徐々に、役所で働いて、書類を文書庫に保管する時代へと転換していったこの時代は、国家の歴史における重要な一時期である。情報（ある種類の情報ならどんなものでも）を独占することは、権力の独占を達成する手段であった。[78] フランス革命とともにようやく、文書への公衆のアクセスの原則が公然と唱えられるようになり、それからはこの原則が徐々に実行に移されていった。

検閲

ここまで論じてきた情報のほとんどは、イギリス軍がかつてよく使っていた言い方でいえば、「最高機密」（TOP SECRET）であった。このために、また他の理由もあって、管理あるいは検閲の制度が実施されていた。たとえばヴェネチアでは、文書へのアクセスは厳しく管理されていた。〔首長の〕ドージェでさえも、単独で文書庫に入ることは許されなかった。元老院の議員だけが文書庫にはいることができ、また評議会の議員だけが書類を持ち出すことができた。保管している書類を読みたいという誘惑を避けるために、文書庫の管理係には読み書きのできない人を充てることになっていた。[79]

この時代に、最も有名で、広くいきわたっていた検閲制度はカトリック教会のもので、これは『禁書目録』と関連していた。この目録は、信者が読むことを禁じられた本についての印刷されたカタログ――おそらく「反カタログ」といったほうが適切だろう――だった。実際には多くの地方版カタログがあったけれども、重要なカタログは教皇の権能によって発行されたもので、キリスト教会全体に対して拘束力があった。

この目録は、プロテスタント教会と印刷術に対する対抗措置として発明されたもののように思われる。宗教改革のときプロテスタントたちは、知識は彼らの味方になると訴えた。たとえば、有名な「殉教者の書」の著者の英国人ジョン・フォックスは、「教皇が知識と印刷術を終わらせねばならぬのか、あるいは印刷術がついには教皇を根絶やしにせねばならぬのか、どちらかである」と訴えた。目録はこのような訴えに対応したものだった。それは印刷に対して印刷で戦って、本を読む人びとを管理しようという試みであった。一五六四年に発行された模範的な目録の記述は、三つの主要な種類の本、すなわち異端の書、背徳の書、魔術の書を禁じる一連の一般的な規則から始められた。ついで著者と題名のアルファベット順の一覧が続いた。著者は「第一種」(その全著作が禁書となる)と「第二種」(特定の著作についてのみ禁止が及ぶ)とに分けられた。検閲制度は複雑であって、そもそもローマにおいても検閲制度を制御しようと対抗して張り合う三つの団体が関わっていた。すなわち検閲制度は、印刷業者、書籍商、読者の抵抗を受けていたのであり、しばしばその抵抗は成功した。検閲が逆効果になって、信者の好奇心を助長したこともあったかもしれない。それでもやはり、検閲はカトリック世界の知識の循環を遮断したのである。

教会の〔禁書〕一覧表に載る本のほとんどはプロテスタント神学にまつわる著作であったが、しかしたまたま異端者によって著わされた他のテーマについての本も、一覧表には含まれていた。たとえば一五七二年に、パドヴァ大学のある医学教授は、プロテスタントによる著作だからという理由でツヴィンゲルの有名な百科事典(一四六頁)の入手が困難であることを知った。そしてマドリードのある書籍商は一六一八年に、コンラート・ゲスナーの魚についての研究書が自分の店にあることが分かったとき、似たような事情で、厄介事に巻きこまれたのだった[81]。同様の経緯で、十七世紀のもっとも有名な学術雑誌の一つであるライプツィヒの『学術日報』（*Acta Eruditorum*）は、その編集者がプロテスタントであったために疑惑をもたれた。

カトリック教会だけが、本を読む人びとを管理するのに関わっていたのではない。プロテスタント世界の検閲は早くも一五二〇年代に、ストラスブール、チューリッヒ、ザクセンで始まった。禁じられた著作のなかには、カトリックからの反論書だけでなく、再洗礼派のような急進的な改革者の著作も含まれていた。ジュネーヴでも検閲制度があって、本の著者は印刷の許可を、町議会から、後には教育を監督する委員会である「校長会」から、もらわねばならなかった[82]。カトリックの検閲がいまだ記憶されている一方で、プロテスタントの検閲がほとんど忘れられてしまったのは、おそらく、プロテスタント世界が分裂とは言わないまでも分散していたので、ある種の本を発禁にしようと企てても、どうしてもそれほどの実効力がともなわなかったという事情からであろう。

教会と同様に、そして教会を手本にしながら、近代初期のヨーロッパの諸国家は印刷報道を検閲する制度を組織した。教会が異端を恐れるように、国家は「扇動」を恐れていた。ヴェネチア、オランダ共和国、イギリスなどのヨーロッパの比較的寛容な地域でも、通信の自由にはいくつかの制限が加えられた。たとえばスピノザの『神学・政治論』を、一六七四年にオランダ議会は発禁にした。イギリスではメアリー一世女王の時代に、イギリス政府は、全印刷業者が属さねばならない「出版業者組合」を設立して、イギリスの書籍業界を規制した。彼女の後継者のエリザベス女王の時代には、印刷物をより効果的に管理するために、印刷業はロンドン、オクスフォード、ケンブリッジに限定された。

それでもやはり、オランダ共和国やイギリスで通用していたような、相対的に開放的な情報制度は、スペインやオーストリア、ロシアにおける相対的に閉鎖的な情報制度と比べると、対照的だといえるだろう。フランスは両者のあいだのどこかに位置した。オランダ共和国の場合には、商人が支配する都会化した地域での分権型の政治構造によって、印刷だけでなく口頭の話や書きものを通して情報が異例の自由さで流通することが実現していた。オランダの外交は「誰もが知っているほど公開的」だと評されており、秘密の文書でも部外者に売られることが稀ではなかった（二三一頁）。共和国を訪れた外国人は、オランダの技術についての情報を得ることの容易さについて語っている（二三一頁）[83]。

イギリスでは、出版の管理統制は十七世紀中頃の共和政のもとで廃止されたが、しかし事前許可制法によってまた管理が課されることになった。一六六二年の事前許可制法によれば、法学書は大法官による検査、歴史書は国務大臣による検査、他のほとんどの種類の本はカンタベリー大主教とロンドン主教による検査を受けなければならなかった。一六九五年の事前許可制法の失効によって、検閲だけではなく、出版業者組合による印刷の管理もまた終結した。約一四〇年にわたって続いた管理が終わったのである。出版界は刊行前の管理からいまや解放された。言い換えれば、「だれもが自由に、好むものを出版し、その結果を引き受けることができるようになった[84]」。

ルイ十四世のフランスで、警視総監のラ・レニーは、一六六七年から九七年に出版の厳しい管理を実施した。エリザベス統治下のイギリス人と同じような流儀で、コルベールは、管理を容易にするために、パリでの印刷をいくつかの業者に集中しようとした。一七〇一年にはパリには五一の印刷業者しかなかった。さかのぼれば一六四四年には七五、一五〇〇年には一八一もの印刷業者がいたのである。十八世紀にはまだ、本を公衆の面前で焼くことが続けられていた。焼かれた本のなかにはヴォルテールの『哲学書簡』(一七三三年)やルソーの『エミール』(一七六二年)もあった。しかし出版の自由を信奉する検閲官もいた。特筆すべきはマルゼルブであり、彼は一七五〇年から六三年まで「図書監督」の局を取り仕切っていた。あるときマルゼルブはディドロに、警察がディドロの家を捜索して『百科全書』を押収しに来るだろうと事前に警告して、さらにはこの疑惑の材料を自分自身の家に隠そうと申し出た[85]。

扇動の畏れだけが政府による検閲の理由ではなかった。機密事項を出版されることが、もう一つの懸念であった。たとえば、インドとアフリカについての知識を、ポルトガル政府は国家機密として扱った。一五〇四年マヌエル国王は、海図作成者がコンゴより向こう側の西アフリカ海岸を描くことを禁じて、さらに現存の海図を検閲のために提出するよう求めた[86]。ポルトガルの薬剤師トメ・ピレスがみずからの東方旅行について書いた今日では有名な旅行記『東方諸国記』は、マヌエル王に宛てて書かれたもので、香辛料の情報が含まれていたために、機密扱いだった。一五五〇年にラムージオの有名な旅行記の集大成のなかに収録されたピレスのイタリア語訳版は、あたかも草稿が検閲を受けたかのように、香辛料の項目を欠いていた。一五六一年にリスボンのフランス大使は、アフリカ南部の地図をもらうためにポルトガルの地図係を買収するよう指示を受けたほどだから、この件に関するポルトガル政府の懸念はもっともだったかもしれない[87]。このあとも長いあいだ、ポルトガルは情報の秘密にこのように心を砕きつづけた。一七一一年に、ブラジル在住のイタリア人イエズス会士がアントニルの偽名で出版したブラジル経済に関する書物『ブラジルの文化と富』は、ただちに発禁処分になった。どうやらそれは、外国人にブラジルの金鉱山への道筋を知られることを恐れてのことであったようだ[88]。

秘密情報の出版についてのポルトガルの不安は、一般的な傾向の一つの極端な事例であった。たとえばラッザロ・ソランゾという人が、一五九八年に十人会議によって逮捕されたが、この逮捕は、（フェラーラで）出版された彼の反トルコ的な書物をヴェネチア政府が、オスマン・トルコ体制についての機密情報を暴露するものだと見なした結果だった[89]。地図や計画表はとくに政治的に慎重な取扱いを要した。ヴェネチアの名士ダニエレ・バルバロの著わした、古代ローマの建築家ヴィトルヴィウスの書についての注解書（一五五六年）が政治的に危険な著作であると考えた人はいなかっただろうが、しかし、要塞の図版がヴェネチアの敵国を手助けすることになるという理由で、その出版には異議が唱えられたのである。フランス人の地理学者アンドレ・トゥヴェは、『天地学』（一五七五年）の巻頭に載せた国王への手紙のなかで、フランスの都市と要塞の図表を入れることを彼が拒否したことについて、次のような政治的な言い方で説明した。「フランスのこのような秘密を外国人に打ち明けるのは、賢明だとは思わない」（ne trouvant bon de découvrir aux étrangers les secrets d'icelle）[90]。

情報を秘密に保つために政府が暗号を使うのは普通のことだった。暗号は、外交交渉が生まれたのと並行してこの時代に発達した。イタリア人は暗号と外交の両方の分野で先駆者だった。ヴェネチアとローマの暗号書記官は、その技能の高さで世に知られていたし、またフェリペ二世の手紙を暗号化する責任者だったイタリア人もいた。[91] たとえイタリア人は、誤報の技術、言い換えれば偽りのうわさを広める技術に関しても、先駆者であったわけではなかったせよ、ジョヴァンニ・ボテロの『国家理性論』（一五八九年）のような書において、このテーマについてまっさきに公然と論じ〔て情報を広め〕た国民の一つであった。[92]

情報の普及

情報を管理することは容易ではなかった。共有財産と「国家の秘密」とのあいだの境界線はしばしばに踏み越えられて、大量の政治情報が、公式にも非公式にも、普及していたのである。情報は秘匿するよりも広めるほうが効果的な政治の武器になると、主張されることも時にはあった。とりわけ十七世紀初頭にヴェネチア政府の顧問だった修道士パオロ・サルピが、そのような主張をした。[93] いくつかの政治体制がとくにこの点で開放的だった。そのなかでも、オランダ共和国、内乱〔一六四二年から五二年のチャールズ一世と議会との争い〕中のイギリス、そしてふたたび一六八八年以降のイギリス、いわゆる「自由の時代」における、とくに一七六六年から七二年の六年間のスウェーデンなどが挙げられる。

文書庫は万人に開かれているわけではなかったが、特定の目的のために利用することはできた。レオポルト・フォン・ランケは、近代的な歴史的記述の創始者という彼のイメージに反して、文書に基づいて歴史を書いた最初の人ではなかった。近代初期の時代にも、フィレンツェのジャンバテイスタ・アドリアーニ、イギリスのウィリアム・キャムデン、プロイセンとスウェーデンのザムエル・プーフェンドルフのような、歴史を官職とする人たちは、政府の採用する政策を説明し正当化するために、公文書を利用することが認められていた。トルシーの政治アカデミー（七八頁参照）の学生は、政治教育の一環としてトルシーの新しい書庫（Dépot）を使用していた。一七一四年、フランスの学者ヤサント・ダルシュはロンドン塔の文書庫を利用することを認可された。その文書庫は、ジョン・セルダンのようなイギリス人の学者がすでに長いあいだ使っていたものだった。(94)

相続権をめぐる論争に決着をつけるといった地域的な理由のために、その地方の記録文書を使用することには、長い伝統があった。教会区記録簿はさまざまな目的で参照された。たとえば、トレドの司教座聖堂参事会員だったサンチョ・デ・モンカダは、スペインの凋落とその状況の改善方法についての論考において、結婚率が低下してきていることを示すために教会区記録簿を使った。スコットランドの長老派教会への一六七七年の攻撃のために、学者のジョージ・ヒックスはイギリスの教会区記録簿を役立てた。教会区記録簿から彼は、私生児の出生率が他の地方よりも「これらのパリサイ人」の地方では高いということを見いだしたのだった。(95)

政府もときに、みずからの目的のために、情報を一般に知らせる必要があった。法律やその他の規制の知識を広めることは、明らかに政府の利益になった。法律や規制は、定期的に公共の場所に印刷して貼り出されるだけでなく、大声で告げ知らされもしたのだった。(96) 政府の観点から見れば、大衆にあまりにも少ない情報しか与えないことと、あまりにも多い情報を与えることとのあいだでバランスをとることが課題であった。少なすぎる情報は、見当はずれのうわさが広まることを助長するし、多すぎる情報は、普通の庶民が国政についてあれこれ言うのを助長してしまうからである。

パリの『ガゼット』のような官製の新聞は、政府の観点からニュース記事を選んで掲載していた。外国のある観察者は一六三九年に次のような評価を述べた。「臣民に適切だと彼らが考えるような印象を与えるのに、フランス人はガゼットを驚くほどうまく使っている」。たとえば一六五八年に政府が検討したのは、そのときフランスの同盟国だったスウェーデンの国王について、『ガゼット』の編集者にかならず友好的に論評させるようにすることが必要だということだった。(97) フランスのやり方はすぐにロンドンやその他のところで手本にされた。ロンドンの『官報《ガゼット》』の二人の編集者、アーリントン卿とジョゼフ・ウィリアムソン卿はスパイ網の指揮官でもあったので、機密情報を入手するのにはなんの問題もなかった。(98) 官製新聞のニュースはつねに読者に信頼されるわけではなかったから、ときには情報を、十八世紀フランスで回し読みされていた手書きの「時事回報」のような非公式の情報発信源に漏らすことが、政府の利益になることも政府は知っていた。(99)

外交に関する機密情報は、とくに白日の下にさらされることが多かった。というのも、対抗する国や敵国の秘密を発見し、ときには暴露することに、各国が関心をもっていたからである。ロンドン、パリ、ヴェネチアなどでは、大使からの手紙も大使宛ての手紙も開封しては、発覚しないよう入念に封じ直すのが、一般的な慣例だった。たとえばブランシュヴィク公の一領土であるツェレでは、地方官吏が、フランスやデンマーク、スウェーデンの急送公文書から少しずつ集めた情報を、イギリスのウィリアム三世に送っていた。戦時には、急使を待ち伏せして、手紙を没収することもあった。たとえばリシュリユーの時代に、フランス人はスペインの急使をロシェの近くの森で待ち伏せした。重要な手紙はふつう暗号で書かれたが、しかし政府は熟練の暗号解読者を雇っていた。その解読者が、フランスのアンリ四世に仕えたフランソワ・ヴィエトや、クロムウェルとウィリアム三世の両方に仕えたジョン・ウォリスのように、数学者であることも珍しくなかった。ときには、敵国の二枚舌を暴くために、奪い取った急送公文書を印刷して公けにすることもあった。カトリックもプロテスタントも三十年戦争のあいだ、「戦争犯罪」を相手方に押しつけるために、この手法に頼った。対抗する二つの収集文書は、『アンハルト公文書庁』と『スペイン公文書庁』と題された。(100)

機密情報を非公式に出版することも頻繁に行なわれた。マキャヴェリの名高い『君主論』は、おそらくこのような見地で捉えられるべきであろう。なぜならそれは、特定の支配者に助言を与えるための手書きの論考、いわば長い覚書きであり、出版されたのは著者の死後だったからである。外交術の書によって、大使とその書記官の業務は、一般的に知られる知識になった。このような「企業秘密」を暴露する印刷物でもっともよく知られたものの一つは、時事回報の執筆者としても、(イギリスのための)スパイとしても活動していたオランダの外交官アブラハム・ヴィケフォルトの著作『大使』であって、これはフランスで一六八〇年に出版された。

ヴェネチア共和国はとくに政治的な秘密事項を守ることに腐心していた。しかし交替で役職に就く二五〇〇人もの支配階級の人びとからなる政府に、何人かのモグラ(スパイ)が含まれるのは避けられない道理だった。有名な「報告書」(relazioni)(一八六頁)は、その作成のさいに読者として想定されていた人びとよりも、かなり広い範囲の集団に読まれた。これらの文書のなかには、写しをとられて、さらには印刷までされるものもあった。たとえばシャルル五世の伝記は職業作家のフランチェスコ・サンソヴィーノによって一五六七年に出版されたが、この伝記は帝国宮廷に派遣された二人のヴェネチア大使による「報告書」を使って書かれていた[101]。遅くとも十七世紀頃には、「報告書」はヨーロッパのいくつかの都市で、とりわけローマで売られていた（これはヴェネチアの大使たちに衝撃を与えた）。たとえばレニエル・ゼン大使が一六二三年に書いたローマについての記述は、二〇年代後半にはローマの修道院の図書館から借り出して読むことができた[102]。在ヴェネチアのフランス大使館の元書記官のアムロ・ド・ラ・ウセーは、ヴェネチアの歴史（一六八五年）を書くのに、手紙や回顧録、「報告書」を利用できた。この歴史書によって、著者が序文のなかで「統治力の神秘」（**les mystères de la domination**）と表現したものが、一般に知られるようになった。「報告書」は、ヨーロッパの主要な公立あるいは私立図書館にあったし、今日でもなお見いだされる。ランケは、ヴェネチアに行って現地調査を実施する前に、すでにベルリンとウィーンでいくつかの「報告書」を発見していた[103]。

遅かれ早かれ「報告書」を印刷するほど冒険的で大胆な人が出てくるのは、当然予想されたことだった。この一歩を踏み出したのは、一五八九年にパリで（題名のページには「ケルン」として）『政治宝典』と題する文書選集を編纂した印刷業者だった[104]。これの再版はミラノとヴィチェンツァで出された。ローマに派遣されたヴェネチア大使の「報告書」がさらに三冊、一六七二年に『ローマ宮廷の財宝』という題名で出版された。出版の場所は「ブリュッセル」とされて、題名のページには印刷業者の名前がなかった。さらに驚くべきは、異端審問所による異端容疑者の審問記録が『フラ・バルドーに提出する論説』と題されて一五四七年に出版されたことであった[105]。スパイの歴史は長い。もちろん秘密は、経済的な理由ばかりか、政治的な理由や理想主義的な理由などの、さまざまな理由によって暴露される。しかしながら、印刷術の発明は、潜在的な市場を拡大することで、利益という動機に拍車をかけた。近代初期ヨーロッパにおける知識のための市場が、次章の課題である。

第七章　知識を売る——市場と出版

知識は神の賜物だから、売ることはできない。(Scientia donum dei est, unde vendi non potest.)

——中世の箴言

学問はそれ自体、商売である。

——ジョンソン

宗教的自由と良心の自由の観念は、知識の領域において自由競争が支配していることを表現したものにすぎない。

——マルクス

われわれが情報社会のなかで生きているといえる理由の一つは、知識の生産と販売が経済の発展にかなり貢献しているということである。何人かの北アメリカの経済学者は、すでに一世代も前からこの点を指摘していた。一九六〇年代に彼らの一人は、同僚たちが「知識の商品としての側面」を無視してきたと主張した。また彼は、機械は「知識を凍らせたもの」であると言い、経済発展は「本質的に知識の過程」であると示唆した。ほぼ同じころ、別の経済学者は、製品としての知識について、その在庫、経費、価格を考察する一冊の研究書を出版した。[1] 最近では、情報産業、情報市場、情報サービス、情報管理についての本や論文が洪水のように出ている。[2]

ここでもう一度、本書のなかで繰り返し出てきた質問を投げかけるのは意味あることである。すなわち、こうした状況のなかで、正確には何が新しいことなのか、と。私は、知識の商品化へと向かう最近の諸傾向が重要であることを否定するつもりはない。[3] それでもやはり、このような傾向を、もっと長い期間にわたるもっと緩やかな変化といった視点から眺めてみる価値はある。このような文脈では、一七〇九年のイギリスの著作権法を引き合いに出すことは重要ではあるが、しかしまだ十分ではない。この法が制定されたのは、その前文によれば「博学の士が有益な本をつくり、書くことを奨励するため」であり、換言すれば、虚構よりも知識を意図するような本を奨励するためであった。範囲をもっと広くとって、もっと古くまで遡る必要がある。一例として、知識を売るという観念は少なくとも、知識を売るソフィストの実践に対するプラトンの批判にまで遡ることができる。「財産」（possessio）としての知識という考えは、キケロによって明確に表明された。古代ローマにおいて、「剽窃」（plagiarius）という言葉は元来は奴隷を盗んだ者を言うのに使われたが、詩人マルティアリスがこれを文学上の盗みにも当てはめて使った。「略奪」（compilatio 編集）という言葉も、原著者からの略奪なのだから、剽窃を意味した。[4] 中世では、「編集」は尊敬を受けることになっていたが、これは知的な財産という感覚が弱まりつつあったことを示唆している。しかし十三世紀には、知識は「売ることのできない神の賜物」であるという伝統的な法学的議論は、教師はその労働の対価を受けとるべきであるという新たな原理から、異議を申し立てられた。(5) 十四世紀には、詩人のペトラルカは、『禍福双方の救済について』において、本を「まるで商品のように」（quasi mercium）見なす人びとを糾弾している。

ルネサンス時代には、剽窃をめぐる論争は、知的な所有権を定義することの難しさにもかかわらず（あるいはそれゆえに）、ますますありふれた出来事になっていった。ルネサンスの人文主義者たちは、たがいに「盗み」の罪でたえず訴えあっていた。他方で人文主義者たちは、自分たちは創造的な「模倣」以上のことはしない、と主張していたのであるが。十七世紀までには、このテーマに関する一般的な議論が印刷物に現われるようになった。著者と印刷業者は、文章に関する財産権について論争していた。このような論争は、ヤコブ・ブルクハルトがイタリア・ルネサンスについての有名な書のなかで論じたような、「個人主義」、対抗心、自己意識に関係づけられるべきである。このような概念は、「天才」という観念の出現や、「独創性」（originality）の起源（origin）という考えや、「権威」（authority）の概念の衰退と「著者」（author）の誕生」などに関連している。それはまた、知識の領域における独占と競争のバランスが変化したことを明らかにする。これは二十世紀中頃にカール・マンハイムとハロルド・イニスが論じたテーマである。(6)

十六世紀前半のドイツからの次の二つの例が、文章と思想の所有権に人びとがますます心を奪われていくさまを例証してくれる。最初の一五三三年の事例は、フランクフルトとストラスブールの二つの印刷業者のあいだの論争であり、薬草についての書物に、剽窃した木版画を使うことの是非をめぐるものだった。剽窃で訴えられた印刷業者は、知識を広めることは「人類にとって利益」であることを根拠にして抗弁した。第二の事例は著作家どうしの論争で、自然哲学を大衆化して広めた著作家が、コンラート・ゲスナー（一四二頁で論じた書誌学者）を含む多くの学者から、剽窃の咎《とが》で訴えられたのだった[7]。

　知的財産に関するかぎり、こんにち「科学革命」として知られる運動は、曖昧さばかりか、二面性をも顕わにする。一方では、人類全体の福祉のために知識を広く一般に知らせるという理想は、非常に真剣に受けとめられた。他方では、発見の所有権をめぐる個人間の深刻な論争があったという現実を無視することも不可能である。その論争は、望遠鏡から微積分法にまで広がっている。

　望遠鏡の場合には、オランダのレンズ研磨師が、遠くのものを近くに見えるようにする道具の特許を、一六〇八年に出願した。ガリレオはこの装置のことを、友人のパオロ・サルピから聞いた。サルピはヴェネチアの修道士であり、文通する人々の国際的なネットワークによって、メルセンヌのような知の仲介者になっていた（四五頁参照）。この知らせに刺激を受けてガリレオは、オランダの原型品より三倍も強力な彼独自の望遠鏡をつくった。しかしながら、ナポリの自然哲学者ジャンバティスタ・デラ・ポルタが知人に書いた書簡によれば、「筒に入った接眼レンズの発明は私のものであり、パドヴァの講師であるガリレオはそれを翻案した」というのである。

　微積分法の場合には、論争の主人公はニュートンとライプニッツであった。この二人の学者は、互いに独立に、無限小の数学に取り組んでいた。ライプニッツはニュートンの仕事について、知の仲介者のオルデンバーグ（四五頁参照）から聞き知って、ライプニッツ自身の発明をほのめかすような手紙を返信した。ライプニッツは一六七六年にこのテーマについて、ニュートンに直接に手紙を出した。このような予防策によっても、ニュートンの弟子が、一六九九年に出版した本のなかでライプニッツを剽窃の咎で訴えることを、防ぐことはできなかった。

すこぶる皮肉なことに、相互協力については、新しい技術が明らかに儲けにつながるような農業の分野のほうが、純粋数学の場合よりも、目立っている。十八世紀には、新しい技術の知識を広めるために、多くの農業協会がイギリス、イタリア、フランス、ロシアなどで設立された。農業の進歩は、本書の主要なテーマ、すなわち知識の相互作用を例証してくれる。というのも農業の進歩の情報は、上向きにも下向きにも伝わっていったからである。ディドロは、技術的なことがらにはいつも興味をもっていたので、『百科全書』において農業の項目を執筆して、たとえばイギリスの農場主ジェスロー・タルの新考案を論じることで、より広い公衆がこの新考案に注目するよう促した。(9)

学術的な知識さえも商品になりえた。お金のために教えることは、学校や大学でも等しく伝統的な活動であった。授業料を納めた聴衆に対する公開講義は、十七、十八世紀を通じて、ますます一般的になっていった。テオフラスト・ルノードは、すでに見たように（一〇三頁）、パリでこの種の講義を主催していた。このような「知識の小売り」は、十七世紀末期からはロンドンの文化の一部になり、その一世代後にはイギリスの田舎町にも広まった。十八世紀のロンドンでは、解剖学と手術法の広告が新聞に載ったが、その講義は「大衆向け」だと評されている。医学的知識の商業化を例証するものとして、「にせ医者」(quack)による宣伝、言い換えれば驚嘆すべき結果を約束する非公認の開業医による宣伝が、新聞においてますます目立つようになっていたということを挙げることができよう(10)。

知識と市場とが関連していることへの自覚は、十七、十八世紀のあいだに高まっていったように思われる。ベーコン主義者ジョン・デュリーは、よい司書は「学問の助けになるものを届ける仲買人あるいは商人」であると表現した。トマス・スプラットによる王立協会史は、経済のメタファーで満ちている(たとえば協会は知識の「銀行」あるいは「貿易港」と言われる)。ドイツの学者ヨハン・ブルカルト・メンケは一七一五年に、彼の言い方では学者たちの「いんちき」に対する強烈な弾劾書を出版した。「いんちき」とは言い換えれば、一風変わった服装をしたり、自分に尊大な肩書を付けたり、著書にもったいぶった題を付けたり、他の学者を攻撃したり、重要人物に自分の著書を献呈したりすることで、自己宣伝する狡猾さのことである。重要人物への献呈をメンケは、贈り物を装った売り込みだと評した。

この二つの領域のあいだの関係は双方向的である。この章のエピグラフが教えてくれるように、マルクスの考えによれば、知識に対する諸々の新しい態度とは、資本主義の興隆が文化的な上部構造に与えた諸々の影響の結果である。しかしながら、多くの学者が論じてきたし、またこの章でも例証を試みるように、新しい知識が経済に与えた影響もまたかなり存在したのである(11)。

知的財産の発生

中世末期からそれ以後、利益のために知識を利用すること、そして「価値ある知的な財産」として企業秘密を保護する必要があることを、人びとがますます重視するようになったことが分かる。[12] ルネサンスの建築家フィリッポ・ブルネレスキは、他人の発明を自分の手柄だと主張する人びとに対して用心するよう同僚に警告した。そして知られるかぎりでの最初の特許は、一四二一年、ある船の設計についてブルネレスキ自身に与えられたものだった。最初の特許法はヴェネチアで一四七四年に可決された。[13] 記録に残る最初の本の著作権は、一四八六年に、人文主義者のマルカントニオ・サベリーコのヴェネチア史に与えられた。芸術家の最初の著作権は、一五六七年、ヴェネチアの元老院からティツィアーノに与えられ、彼の作品の印刷を無断の模倣品から保護しようとした。[14] 規制は少しずつ断片的に始まった。教皇、皇帝、国王は、特定の文章、出版者、ジャンル、さらには新しい活字のフォントの保護のために、特権を、言い換えれば一時的なあるいは永続的な独占権を与えた。たとえば、神聖ローマ帝国皇帝カール五世は、その長い在位期間のあいだに、この種の「保護状」(Schutzbriefe)を四一も発行した。十八世紀の著作権法は、このような初期の特権制度から発達したのである。[15]

このような事例を分析するに際して、近代的なカテゴリーを当時のカテゴリーに無理に当てはめないようにすることが重要である。この点では、文章についての(さらにいえば図画についても)二つの考え方を、すなわち「個人主義的」な考え方と「集団主義的」な考え方とを区別することが有益かもしれない。前者の考えによれば、文章は個人の頭脳の仕事だから、個人の財産だと見なされる。われわれは現在、このような意味でひどく個人主義的な文化のなかに生きている。後者の考えによれば、あらゆる新たな創作は共有の伝統を活用しているのだから、文章は共有財産だと見なされる。この考え方は、写本の伝統が示すように、中世において支配的なものだった。手書きの本を書き写す筆写者は、どうやら、自由に追加や変更をしてもよいと感じていたようだ。逆に、「新しい」著作を書く学者は、先人たちの文章の一節を自由に自著に組み入れてもよいと感じていた。より個人主義的な態度に向かう傾向は、印刷術が現われたことで強められた。印刷は、文章を普及させることだけではなく、文章を固定することにも役立ったからである。それでもやはり、変化の過程は急激でも円滑でもなかった。特権や特許の興隆と共存しながら、集団主義的な態度が十六、十七世紀にも生き残っていたという例を見つけることは難しくない。

もちろん「共有財産」の観念は曖昧なものである。「だれと共有なのか」という質問を投げかける必要がある。そしてその答えはしばしば、「万人との共有」であるよりも、むしろギルドなり政府なりの「ある社会的集団との共有」である。さらに広い領域に知識を広めることは、一種の背信行為だと見なされても仕方がなかった。近代初期の時代に、企業秘密を守る関心と暴露する関心とが対立しながらも相補的に働いていたことは、さまざまな領域で観察することができる。

スパイは、すでに論じたように（一九八頁）政府の知識収集活動の一部であるが、それはまた知識の販売の一事例と見なすこともできる。オランダ政府は定期的に、たとえばヴェネチア大使などの外国の大使に対して、機密情報を漏らしてもらう見返りに報酬を払っていた[16]。すでに見たように（二一五頁）、公的文書さえも書き写して売られることがあったのである。アムロ・ド・ラ・ウセーは、フランス大使館の書記官のときに盗んだ文書を売ったとして訴えられた。十七世紀に広まった時事回報は、政治の情報を、「はじめて相当に大規模に売買される」ような商品に変えた。[17] 新技術の追求における競争関係が、産業スパイ活動を生みだした。

産業スパイ活動

学問の進歩はそれ自身のためだけでなく、その経済効果のためにも支援された。ベーコンとその支持者たちは、染色やガラス製造などの工業的な製作工程の改善に関心をもっていた。[18] このような改善は産業スパイ活動のおかげでヨーロッパ中に普及した。このようなスパイ活動を分析するにあたって、本書で論じてきたほかの多くの事例の場合と同様に、われわれの概念を過去に投影しないようにすることが大切である。起業家が外国からの訪問者に技術を見せびらかして自慢していたような時代にあっては、産業スパイ活動を精確に定義することはできない。オランダ共和国ではとりわけ、外国人が容易に新しい機械の動かし方を知ることができた。それゆえ、この領域を代表する学者に従って、「情報というスペクトルの末端にあるスパイ活動の部分」についてのみ語り、そのスパイ活動の部分を、外国から熟練した職人を引き抜いて招き入れようとする、政府や個人の起業家の試みと関連させるくらいで、とどめておくのが賢明だろう。このようにスパイ活動と引き抜きを関連させるのは、手工業の知識を書きとめることは現在もそうであるように困難であったので、技術の移動は労働者の移住を伴っていた、という事情があったからである。[19]

十七世紀後半には交易と産業に諸政府がますます関心をもつようになっていたが、この時期におけるこのような引き抜きの有名な例は、コルベールがヴェネチアの職人をフランスに招いて、彼らからガラス製造産業の秘密の技術を発見しようと試みたという事例である。在仏のヴェネチア大使は、秘密が暴露されるまえに、職人たちのうちの何人かを抹殺したと言われている。外国人が技術を探り出すためにヴェネチアを訪れた。「ヴェネチア人」というあだ名まで付けられたスコットランドの数学者ジェームズ・スターリングは、十八世紀初頭に約十年間ヴェネチアに住んでいた。彼はヴェネチアのガラス製造の秘密を発見したが、その後、暗殺を恐れてヴェネチアを去ったと思われる。

ヴェネチア人だけが、この種の注目の対象だったわけではない。十八世紀には、ローマ政府はフランス式の絹の染色方法を導入するために、リヨンから職人を招き、さらにオランダの方法を学ぶために六人の織工をトリノに送った。この時代までには、フランス人、スウェーデン人、ロシア人、オーストリア人は揃って、イギリスの技術と職人を獲得することに関心を寄せるようになった。イギリスでは一七一九年、熟練の職工がフランスとロシアに移住することに対して抗議の声が上がった。オーストリア人のヨゼフ・エマヌエル・フィッシャー・フォン・エルラッハ（有名な建築家の息子）は、政府の出資で一七二〇年代の初めにイギリスを旅したが、彼はイギリスの蒸気動力をスパイしたと言われている。イギリスを訪れたスウェーデン人たちは、実物を見てスケッチした機械装置について、自国の鉱山局や鉄鉱省に報告した。一七八〇年代には、フランスの技術者がイギリスを旅して、ウェッジウッドの製陶術の情報を集め、織機やその他の機械を収集して、郷里にもって帰った。一緒に三人の職工を連れて帰ったが、それは「その職工がいなければ、機械そのものがまったく役に立たないであろう」からだった。[20]

商業と情報

産業と同じように商業は、「もっていない情報を探し出し、もっている情報を守ること」と言われるようなことがらに依存していた。[21] ブザンソン、ピアチェンツァ、フランクフルトなどで開かれた国際的な定期市は、商品の交換だけではなく情報の交換の中心地であった。商人の文化は書く文化であったし、それはすでに中世からそうだった。十五世紀のフィレンツェ人のジョヴァンニ・ルチェラーイの言った、よき商人の指はいつもインクで汚れている、という主張は、決して例外的なものではなかった。[22] 商売の道は紙の道であり、商売の流れは情報の流れに依存していた。

十六世紀に、ジェノヴァ、ヴェネチア、フィレンツェなどの商家の人びとが、ヨーロッパやアジアの主要な商業都市から、自分の家に書き送った手紙は、まとめれば、実質的に「データバンク」になるほどの量である。たとえば、ジェノヴァ商人の外国居住者は、アントワープ、セビリヤ、リスボン、ロンドン、キオス、オラン、アレッポなどにもいた。さらに、一五六八年から一六〇五年のあいだに世界のさまざまな地域からアウスブルクのフッガー家の本部に送られてきたフッガー家の回報は、国際的な取引において情報が重要だったこと、またその重要性が認められていたことを証する証拠である。[23] 民族的・宗教的な少数集団——ユダヤ人、パルシー教徒、クエーカー教徒、分離派教徒など——が周知の商業的成功を収めた一つの理由は、部外者には比較的接近しにくいような情報網を築き上げた点にあったのかもしれない。

政治スパイ活動と産業スパイ活動には、商業スパイ活動がともなっていた。たとえば、ヴェネチア人とスペイン人はともに、ポルトガルの東方貿易の秘密を発見しようと試みた。インドからリスボンに着いたという香辛料のうわさが一五〇一年にヴェネチアに届いたとき、政府はすぐに反応して、事情を知るためにポルトガルに諜報員を派遣して、報告させた。この報告書はまだ現存している。スペインの水先案内人ファン・デ・ラ・コサは同様の理由で一五〇三年リスボンに派遣された。激しい競争のさなかでは、市場の情報に関するわずかの有利が、大変な利益になることもあった。一四七八年、イスタンブールからの最新ニュースを知るために、ドージェの官邸の屋根に穴をあけたヴェネチア人たちがいたことは、決して不思議ではない。十五世紀の大商人ジャック・クールは伝書鳩を使ったし、日本では十七世紀の大阪の仲買人は、市場価格の情報を中継するために火や旗、伝書鳩を使った。[24] 商品についての情報それ自体が商品であったし、市場の情報のための現金市場もあった。

それだから、一六六一年に、イギリスの東インド会社の副支配人だったトマス・シャンブレラン卿がバンタムにいた職員に命じて、カンボジア、シャム、日本の交易についての報告を送らせたのは、驚くべきことではない。[25] 過去の商取引の情報は将来の戦略の手引きになったので、商社や民間の商会は、記録簿をつけ、さらには文書庫まで備えるようになった。たとえば一六〇九年、東インド会社のロンドンの役員会は、会社宛ての手紙と会社から出した手紙の記録を保存するよう命じた。最善の通商路の知識は商業的に非常に価値があったので、すでに見たように（一〇三頁）、商社は地理学と航海術の知識に関心をもっていた。たとえば、ロンドンではロシアの会社が、マルティン・コルテスによる航海技術書を、代金を払って英訳させていた。東インド会社はトマス・フッドとエドワード・ライトを、数学的計算と航海術について職員に講義する職に、さらにリチャード・ハックルートを、会社の歴史を書く職に任命した。フランスでは、ダンヴィルの有名なインド地図（一七五二年）を発注したのはインド会社だった。近代初期と二十一世紀との類似性を誇張しようというわけではないが、会社はすでに研究のパトロンであったと言ってよい。

情報とVOC

この時代に情報の商業的価値に気づいていたという際立った一例を、VOC（Vereenigte Oost-Indische Compagnie 連合東インド会社）として知られるオランダの東インド会社の歴史から見ることができる。VOCは「多国籍」企業と評され、また、帝国に匹敵するほど情報に必要な諸装置を備えていた。[26] この会社の成功は、（その他の諸要因もあるが）その「効果的な情報網」、対抗する他社を寄せつけないほどのその情報網のおかげであると考えられている。[27] VOCはその領土を測量調査することに関心を寄せていて、その地図と海図を絶え間なく更新していた。有名な印刷業者のブラウ家の面々は、一六三三年から一七〇五年まで、VOCに地図制作者として雇われていた。言い換えれば、有名な地図帳《アトラス》には載っていないような秘密の情報を含む、手書きの地図の制作者として雇われていたのである。海図制作者は、これらの海図に情報を印刷しないこと、会社の構成員でない者に情報を公開しないことを、アムステルダム市長のまえで宣誓しなければならなかった。海図は航海に使うために水先案内人に貸与されたが、あとで返却することになっていた。それでもやはり、ときには相当の代価を払えば外国人にも入手可能だった。現在フランスの文書庫にあるオランダの海図には、「オランダの水先案内人より購入した」と記されている。同様にして、会社の遠回しな表現で言うところの「祝儀」を納めれば、オランダの外交官も外国の外交官もVOCの情報を入手することができた。[28] 政治情報は明らかに会社にとって重要であった。イタリア人のイエズス会士マルティーニが中国からの帰路の途中でオランダ人に捕らえられたとき（八七頁参照）、彼はバタヴィア（現在のインドネシアのジャカルタ）で尋問されたが、明王朝が崩壊したという彼のニュースにVOCは非常な関心を寄せたのであった。

VOCの情報機構についてもっとも特筆すべきは、定期的な文書による報告が会社にとって重要であったことである。定期報告に重きを置くのは、近代ヨーロッパのほかの地域でも同様の例があるが、しかしそれらはまったく異なった分野の話である。なかでもとくに、ヴェネチア国家は外交についての「報告書」（relazioni）を、イエズス会は「年次書簡」を整備していた。VOCは当然ながら商業的情報を、とりわけ統計的な形式での商業的情報を重視していた。たとえばバタヴィアから、総督と総督補佐機関は、「一般書簡」として知られる年次報告書を、取締役会（Heeren XVIII 十八人会）に宛てて提出していた。特定のテーマに限られた書簡は現在でもハーグの文書庫で見つけることができるが、その書簡には、管轄地域や在外商館（たとえばスーラト）から送られてくる報告書、それも統計的データを完備した報告書が含まれていた。

これらの報告書をピーテル・ファン・ダムがまとめて要約した。彼はVOCに一五年以上も勤めた弁護士であり、取締役会だけが読むための、会社の業務についての秘密の記録を書くよう命じられていた。市場での売買戦略にとって、情報、とくに統計的情報を、体系的に収集することが重要であるということを、VOCは比較的早くから自覚していたように思われる。この点で鍵となる人物は、会社の取締役であるだけでなく、また一流の数学者でもあり、アムステルダム市長でもあったヨハンネス・フッデである。フッデのおかげで、売上高はすでに一六九二年には分析されて、価格設定についての会社の将来戦略を決定し、アジアからの胡椒やその他の商品の取り寄せについて決めるために使われていた。[29] 報告書の場合と同じく、統計に対するVOCの関心にもっとも似通った事例は、競争相手となる他の会社にではなく、カトリック教会や中央集権国家に見られる（第六章参照）。

教会や国家と同じように、VOCも秘密のすべてを守ることはできなかった。たとえばイギリスの東インド会社は、アジアから戻ってくるVOCの船の到着日程とその積み荷の内容についての機密情報を、定期的に獲得していた。オランダ人の歴史家——以前は回報執筆者だった——のリーウェ・ファン・アイツェマは、五巻本のオランダ史（初版は一六五七〜六八年）のなかに、アジアの状況についてVOCに知らせる秘密報告書の写しを載せることができた。[30]

証券取引の出現

証券取引所（bourse）はとりわけ情報交換のための施設であり、ブリュッヘ（一四〇九年）、アントワープ（一四六〇年）、リヨン（一四六二年）、アムステルダム（一五三〇年）、ロンドン（一五五四年）、ハンブルク（一五五八年）、コペンハーゲン（一六二四年）に設立された。もともと商品の市場であった証券取引所は、証券と株券の市場に変わっていった。アムステルダム証券取引所の様子を、セファルディムの〔スペイン・ポルトガル系の〕ユダヤ人商人ヨセフ・ペンソ・デ・ラ・ヴェガが、『混乱の混乱』（一六八八年）という愉快な題名の付いたスペイン語の対話篇のなかで、生き生きと描き出している。会社の株券への投機や、さらには「雄牛」（bull 強気筋）と「熊」（bear 弱気筋）という分け方も、この当時すでに標準的な商習慣になっていたことが、この対話篇から分かる（イギリスでは、一七一九年までには、「熊の毛皮の買い手」（buyer of bearskins）という言い方が、熊が殺される前に毛皮を買うような人を指すのに使われるようになった[31]）。ロンドンでは、「南海バブル」（South Sea Bubble）が一七二〇年に崩壊する〔南海泡沫事件〕以前には、（十七世紀につくり出された言葉を使うなら）「証券仲買人」（stockjobber）たちが取引所通りにあるジョナサンの珈琲店に足繁く通って、ニュース、とくに「大南海」（すなわち太平洋、それゆえ南アメリカ）からのニュースを取引していた。

証券取引所は、需要と供給に影響を与えるものならどんなニュースにも敏感だった。たとえばヴェガは、インドからの知らせやヨーロッパでの平和と戦争の知らせが市場に与える影響について論じた。価格を上下させるためにうわさを意図的に広めることがあったのも、驚きではない。少し後の時代の有名な例は、ロンドンに一八一四年に届いたナポレオンの死のうわさである[32]。

証券市場への投機と同じく、海上保険も、情報にとくに敏感な商売のよい例である。保険業は多くの中心地で、とくにジェノヴァ、ヴェネチア、アムステルダムで発達したが、十七世紀末からはロンドンが優勢になった。株式仲買人と同じように、保険引受人たちは特定の珈琲店で会って、新情報を交換した。十七世紀末、エドワード・ロイドは、ロンドンのシティの古い商業地区であるロンバード街にある珈琲店の経営者であった。彼の店には当然ながら商人たちが通い、彼らの多くは船の到着や出発の情報に関心があった。このような事の起こりからして、ロイドがロンドンで、海運のニュースを専門的にあつかう新聞を創設して、さらにまた海上保険を発展させたのは、当然の成り行きだった。今日のロイズ保険者協会がなおロイドの名を冠しているのは、以上のような理由によるのである。(33)

印刷と、知識の販売

商業の諸事情の知識を得ることは、もちろん、ますます印刷に助けられるようになっていた。商人になる方法についての書物が急増した。貿易見本市、船の到着、さまざまな商品の値段などの商業情報が、どんどん印刷物のかたちで手に入るようになった。一五四〇年代には、アントワープ市場での商品の価格の一覧表が定期的に発行されていた。フランクフルトの『年鑑』(*Calendarium*)あるいは『見本市報告』(*Messrelationen*)(一五八八年に刊行開始)は、街の見本市についての情報を提供していた。一六一八年以降は、オランダの新聞が経済的情報を提供したが、そのなかには新世界からスペインに到着する銀についての詳細情報も含まれていた。『ロイド新聞』(*Lloyd's News*)(ロンドン、一六九六年〜)は船についての情報を専門にしていた。『一般商業新聞』(*Gazette Universelle de Commerce*)(コペンハーゲンで一七五七年に創刊)などの専門新聞は、ある種の商品の値段や船の到着と出発についてのニュースを載せていた。(34)商業の事典は、十七世紀末期以降、ますます普及していった参考図書の一形態であった。その皮切りは、ジャック・サヴァリの『完全なる商人』（*Parfait negociant*）（一六七五年）であり、これはコルベールに捧げられていた。

より機密性の高い情報も、許可を得て、あるいは許可なしに、印刷にまでいたることがあった。オランダの歴史家アイツェマの例はすでに言及した。商業文書を印刷した十七世紀オランダの書物はほかにもあった。そのなかでも、コメリンの連合東インド会社史（一六四六年）やブラジルでのオランダ人の歴史を述べたバルラエウスの書（一六四七年）は、西インド会社の文書を活用していた。[35]

本の出版はそれ自体商売であり、実業家たちの関心を惹きつけた。実業家たちはすでに十五世紀には、印刷業者の資金調達を手助けしていた。[36] さらに重要なこと、少なくとも目下の研究の観点から見てさらに重要なことは、印刷があらゆる種類の知識の商業化を助長したことである。印刷術の発明がもたらした明白な、しかし意味深い帰結の一つは、知識を広める過程に、つまり「啓蒙の商売」に、企業家がより密接に関わるようになったことである。[37] 印刷業者が古典的文献の新版や、翻訳、参考図書を注文することも稀ではなかった。

同じ時期に、同一の主題に関する、さまざまな著作が頻繁に出版されるという状況は、印刷業者間の競争の激しさを物語っている。この新版はこれまでのものより正確であるとか、より多くの情報を含んでいるとか、競合する書物にはないような目次や索引を備えている、といったような、タイトル・ページに掲げられた宣伝文句もまた、激しい競争の証である。多くのなかから一つ例を挙げれば、ルーヴァンで一五七〇年に出版された日本からの宣教師の書簡集は、「索引付きで、より正確かつ詳細な」(cum indice castigatior et auctior) 第三版であると言い立てている。[38] もっと大きくてもっと詳細な地図帳や百科事典をつくろうと絶えず駆り立てられるのも、商業的な競争に火をつけられたためである。

主要な参考図書を年表式に並べれば、この点についてはっきり示すことができるかもしれない。ブラウの一六三五年の『アトラス』のあと、ほとんど間髪を入れずに、競争相手のヤンソンから一六三八年に『新アトラス』(*Atlas novus*) が出た。マルティン・リペンが編集した、法学・医学文献目録(一六七九年)のあとに、コルネリス・デ・ボイゲン編の文献目録(一六八〇~八一年)が出た。チャーチル家の編集した旅行記集(一七〇四年から)には、ハリス編の旅行記集(一七〇五年)、スティーヴンズ編の旅行記集(一七一一年)が続いた。ポストレスウェイトの『通商一般事典』(一七五一~五五年)には、ロルトの『通商新事典』(一七五六年)が続き、『ブリタニカ百科事典』の改訂新版(一七七七年~)には、チェンバーズの百科事典の改訂版(一七七八年)が続いた。

印刷業者のなかには、人文主義や、プロテスタントの宗教改革、啓蒙主義などの知的な運動に、個人的に関わっている者もいた。しかしそのほかの印刷業者は、宗教の戦争のあいだカトリックとプロテスタントのどちらのためにも働くような、報酬目当ての傭兵のようなものであったと評したほうが適切である。彼らのなかには、広告の重要性、言い換えれば品物やサービスを売るためにはそれらについての情報を印刷することが重要だということに気づいていた者もいた。このような宣伝活動は十七世紀に発達した。十七世紀オランダの簡易新聞は、本や家庭教師業についての広告を載せていた。一六五〇年頃のロンドンでは、一つの新聞に平均して六つの広告が載せられていた。

一〇〇年後には、それが一五に増えた[39]。十七世紀末にイギリスでこのような仕方で宣伝されていたもののなかには、演劇、競馬大会、にせ医者、一六八八年に特許をとった製品「ホルマンのインク粉」――おそらく最初のブランド名である――などがあった。とくに広い範囲の読者に届けられる年鑑（almanac）は、たいてい広告を載せていた。イギリスでは、ガドベリーの一六九九年の年鑑はアンダーソン博士のスコットランド式丸薬の効能を称賛し、他方、競争相手のコウリーのカレンダーは「バックウォースの薬用ドロップ」を支持していた[40]。

本や雑誌はしばしばほかの本や雑誌の広告を載せていた。巻頭あるいは巻末のページには、同じ印刷業者が売っているその他の本の広告があった（印刷業者《プリンター》と出版社《パブリッシャー》との近代的な区別はこの時代にはまだ標準的ではなかった）。メンケの『学者のいんちき』がフランス語に翻訳されてハーグで一七二一年に出版されたが、そのとき印刷業者はその書に、二九ページもの在庫本リストを添えた。イタリアでは、価格表示付きの本のカタログを独立に印刷した冊子が、早くも一五一四年につくられた。十六世紀以降、フランクフルトの書籍見本市では、個々の本の題名を国際的に告げ知らせるようになった（これは現在も続いている）。十七世紀後半には、学術雑誌は最近の出版物についてのニュースを提供した（二五五頁）。書籍商のカタログを顧客に郵送するという慣習は、十八世紀に確立された[41]。十八世紀、近代初期が終わる頃のフランスでは、「新刊書カタログ」（catalogue des livres nouveaux）が毎週刊行されていた。

潜在的な利益が高くなるにつれて、包括的な法律によって文学的なあるいは知的な財産を保護することが、ますます緊急の課題になってきた（二二六頁参照）。たとえばイギリスでは、著作権法が一七〇九年に成立した。この法律の成立は、知識を個人的なものとする考え方と、知識を共有のものとする考え方という、対立する二つの考え方から生じる問題を解決しようとする試みであった、と解釈することもできよう。つづいて、ウィリアム・ホガースの尽力によって、一七三五年に版画家著作権法が成立した。ホガースは、自分の絵を剽窃されることによって、他の芸術家よりも多大の損害を蒙っていたからである。フランスでも、イギリスと同様の著作権法が、フランス革命のあと一七九一年と一七九三年に可決された。

しかしながら、剽窃は続いた。当時は「偽造」(contrefaçon)として、あるいはもっと露骨に「海賊行為」(piracy)として知られた不法な競争が行なわれていた。言い換えれば、別の人に著作権が帰属する書物を出版していたのである。海賊行為も含めて知識の商業化についての事例研究として、主要な出版中心地だった三つの都市をさらに詳しく見ることによって、より鮮明な理解が得られるだろう。その三つの都市は、十六世紀のヴェネチア、十七世紀のアムステルダム、そして十八世紀のロンドンである。

十六世紀のヴェネチア

十五世紀には、ヴェネチアで印刷される本はヨーロッパの他のどの都市よりも多かった(約四五〇〇種類の版があって、これはおおよそ二〇〇万冊の本になった)。競争は激烈だった。印刷業者が産業スパイ活動を行なうことも、つまり製作途中の本の印刷用紙を入手して、ほとんど同時に同じものを出版して競い合うということも、知られざる手法ではなかった。最初に著者の著作権が認められたのが当時のヴェネチアであったのは、不思議ではない[42]。

十六世紀のあいだ、ヴェネチアはヨーロッパの出版の中心地としての地位を維持した。ヴェネチアには約五〇〇の印刷施設があって、一八〇〇万冊の本をつくっていた。ガブリエル・ジョリートという一つの出版者だけで、約八五〇もの書物を出した。ジョリート書店は、ボローニャ、フェラーラ、ナポリに、支店を出した。彼はおそらく、このように事業拡大した最初の書籍商であった。彼は叢書式に、あるいは彼の言い方では「数珠玉」（collana 首飾り）式に、本を出版した最初の書籍商であったと思われる[43]。

ヴェネチアの印刷業者の数の多さが、読書人にとってこの街の魅力の一つだった。市場によって彼らは、パトロンから独立して生計を立てることができたからである。ピエトロ・アレティーノは、そのような読書人集団のなかでもっとも有名な人だった。彼らは生き延びるために、非常にたくさん、しかも広い範囲にわたるテーマについて書いたので、「多筆家」（poligrafi）とあだ名されていた。彼らが書いたのは、散文と韻文、翻訳、他の作家からの翻案、そしてとくに実用書、すなわちヴェネチア訪問者のための案内書、礼儀作法の指南書、愛やお金などさまざまな主題について手紙を書く方法を解説した本などの、実用的な情報を提供する著作であった。多筆家のなかには、編集者あるいは校正者として特定の出版社に勤める者もいた（とりわけジョリート書店に彼らの多くは勤めた）。編集や校正は、印刷術の結果として生まれた職業であった。パリやロンドンでも多筆家に相当する人びとがいたが、しかしヴェネチアは十六世紀には、職業的作家の集まる第一の中心地だった。

印刷された書物はたんなる商品ではなかった。書物は売られるだけではなくて、また贈られもした。この贈り物は、友人やパトロンへの献呈と同様に、社会的関係を維持するのに貢献した。[44] にもかかわらず、ヴェネチアで一五九〇年にこの献呈というテーマについての論考を出版した著者も含めて、すでに複数のその当時の人びとが言及していたように、献呈はときに商業化した。報酬目当ての作家は、報酬目当ての印刷業者に追従したのである。[45]

十七世紀のアムステルダム

十七世紀になると、オランダ共和国がヴェネチアにとって代わって、他国よりも宗教的多様性を許す寛容さをもつ安全地帯の島となり、そしてまた情報の主要な中心地にして主要な市場、ベールが一六八六年に言ったように「総合倉庫」（magasin général）となった。[46] ラテン語、フランス語、英語、ドイツ語などの言語の印刷物の輸出は、この新しい国の繁栄に大いに貢献した。たとえば最初のハンガリー語の百科事典である、アパーチャイ・チェレ・ヤーノシュの『マジャール〔ハンガリー〕百科事典』は、ユトレヒトで一六五三年に出版された。

この中心地のさらに中心地はアムステルダム市街であった。かつてのヴェネチアに代わって、十七世紀の後半までには、アムステルダムがヨーロッパの書籍出版のもっとも重要な中心地になっていた。二七〇以上の書籍商と印刷業者が、一六七五年から九九年までの二五年間にアムステルダムで活躍していた。ブラウ家だけで一六三三年以降に七つのカタログを出版した。ヴェネチアの場合と同様、地図と旅行案内が印刷会社のレパートリーの重要な部分をなしていた。たとえばヤン・テッシングは、一六九九年にアムステルダムで南ロシアの地図を出版した。ヘンドリク・ドンケルは、旅行書と地図だけを専門に出版した。アムステルダム最大の印刷所であった、ブルームグラハトにあるヤン・ブラウ（ヴィレム・ブラウの息子）の印刷所は、地図帳を専門にしていた。競争相手のヴィレム・ヤンソンも同じ専門で、ジョリートと同じように支店を、ライプツィヒその他に開いた[47]。イタリア人のイエズス会士マルティーノ・マルティーニは、すでに見たように（八七頁）、ブラウ社に中国の地図を印刷してもらうために一六五三年にアムステルダムを訪れている。

アムステルダムの印刷業者は、以前のヴェネチア人と同じように、さまざまな言語で印刷することを得意としていた。彼らは英語の聖書をここで印刷して、英国製の聖書よりも安い値段でイギリスで売った[48]。十七世紀末までには、「イギリスの船乗りは、海図や航海指南書を、オランダの出版社に頼っていて、自国イギリスの海岸の地図さえ、オランダ製である」と言われるまでになった[49]。オランダの出版者は、オランダ語、ラテン語、フランス語、英語、ドイツ語だけではなく、ロシア語、イディッシュ語、アルメニア語、グルジア語でも印刷した。

都市に住む民族的な少数者たちは、この分野での都市の経済的成功に欠くべからざる貢献をした[50]。ソーミユール出身のアンリ・デボルドは、一六八一年にアムステルダムに移ってきて、次の年にカルヴェル街に店を構えたが、これは、ルイ十四世のフランスからのカルヴァン派の難民がアムステルダムの経済に貢献したという、よい例である。一六九八年に、ピョートル大帝はみずからの領土に科学的、技術的知識を導入しようとして、イリヤ・コピエフスキーやその他のロシア人亡命者を雇って、ロシア市場に向けて技術書、地図、海図を印刷させた[51]。

オランダ共和国は、一六五〇年代から一六六〇年代には東アジアに関する情報の「ヨーロッパの主たる倉庫（entrepôt）」だったと評される。ヨーロッパ以外の世界の部分も忘れられていたわけではなかった。共和国の主要な印刷業者の一つ、エルセヴィルは、おそらく学術的な編集者による叢書としては史上初となるシリーズ本を世に送り出した。ヨハンネス・デ・ラエトは、西インド会社の取締役でもあった学者であり、世界のさまざまな国家の体制と資源についての情報の概説書の叢書を指揮する編集者を勤めていた（すでに一一九頁で言及した）。叢書のなかには、フランス、スペイン、オランダ、オスマン帝国、インド、ポルトガル、ポーランドの概説書の場合のように、デ・ラエト自身が編纂したものもあった。その他については下請けに出して書かせた[52]。

デ・ラエトは、ヴェネチアでの多筆家（poligrafi）に相当するようなオランダ人であった。そのほかの多筆家のような人びとのなかには、ルイ十四世がナント勅令を廃止して、一六八五年、カトリックへの改宗かそれとも国外移住かという選択をカルヴァン派に強いた結果、オランダ共和国に逃れてきたフランスのカルヴィニストがいた。たとえばピエール・ベールはフランス南部からロッテルダムに移住してきた人であり、文学雑誌『書物共和国新報』を編集して、一六八四年以降はアムステルダムで毎月刊行していた。ジャック・ベルナールは一六八八年にオランダに着いて、ルクレールと共同で仕事をした（ルクレールもまたアムステルダムにこの時代の一六八三年に到着した人だが、ベルナールとは異なってスイス出身であった）。すでに見たように（五一頁）、カルヴァン派の離散民がジャーナリズムの興隆に貢献したのである。

オランダの知識の普及家たち、のちに「執筆族」（broodschrijver）として知られるようになる人びとのことは、ヴェネチアやロンドンあるいはパリで同じ役割を担った人びとと異なって、まだ集団として研究されるに留まっている。[53] 執筆活動とほかの職業とを組み合わせたのはヨハンネス・デ・ラエトだけではなかった。たとえばカスパル・バルラエウスは大学に職を有していたが、しかしまた新世界でのスペイン人についての記述を翻訳したり、イタリアについての匿名の解説や、ナッサウ伯ヨハン・マウリッツのペルナンブコ探検記を自分で書いたりもした。イサク・コメリンはアムステルダムへの旅行案内書や連合東インド会社の航海史を書いた。医学博士のオルフェルト・ダッペルは、アフリカやアジアについての書を著わした。アルノルドゥス・モンタヌスは牧師にして教師であり、さらに大衆的な伝記や『東方の奇観』のような旅行記を書いた作家だった。

十八世紀のロンドン

十六、十七世紀におけるイギリスの書籍市場は、大陸と比べれば「実質的に田舎」であると評されてきた。一七三〇年代までは、イギリス人は本を、輸出よりもむしろ輸入していたのである。十八世紀半ばまでは、イギリスには大きな出版社もなかった。[54] しかし、十八世紀には、状況は変わりつつあった。しかも急速に変わりつつあった。一七七七年までには、ロンドンには七二の書籍商が存在し、その当時のほかのヨーロッパのどの都市より多くいると言われていた（もっとも一七三六年のヴェネチアには九六の書籍商と印刷業者がいたのだが）。[55]「業界」（the Trade）という言い方は、まるで書籍商こそが商売人（trader）の典型であるかのように、書籍商のことを言うのに使われた。一七二五年、すでにダニエル・デフォーは、「著述業はイギリスの商業の非常に際立った一部門になった」と言明している。デフォーは書籍商を「工場長」に、著述家を「職工」になぞらえた。このような労働者のうち少数の人びとしか十分な給料をもらっていなかったということは、付言しておくに値する。少数の著者、とくにノンフィクションを書く少数の著者だけが、パトロンのもとを去って、著述の収入で生計を立てようと考えはじめることができるほどの、十分な額の前払い金を出版社から受け取っていた。たとえばジョンソン博士のパトロン嫌いは有名だったが、彼は一七四六年に『英語辞典』に対する前払い金として一五七五ポンド〔約三三〇〇万円〕受け取った。[56] デーヴィッド・ヒュームは『英国史』の第三巻に、一四〇〇ポンドの前払い金を受け取った。ウィリアム・ロバートソンは『カール五世伝』の前払い金として三四〇〇ポンドを受け取った。この世紀で最高額の前払い金、少なくともイギリスでは最高額だったと思われるのは六〇〇〇ポンドであり、これは、アンドリュー・ミラーの後継者だった二人の共同経営者、ウィリアム・ストラーンとトマス・キャデルが、ジョン・ホークスワース博士の著わした、キャプテン・クックの発見についての記述に対して支払ったものだった。[57] この出版物についてジョンソン博士がボズウェルに言った論評は痛烈なものだった。「商業の対象としていうなら、この書は儲けになるだろう。人間の知識を増進すべき本としていうなら、思うに、この書からは大した収穫はないだろうね」。

われわれは早まって十八世紀の著述家たちの状況を理想化してはならない。成功した読書人一人に対して、「グラブ街」〔Grub Street 地虫街、三文文士街〕として知られた通りでは、数十人あるいは数百人の文筆労働者が——そして女性の労働者も——貧困にあえいでいたのである（これは十六世紀のヴェネチア、十七世紀のアムステルダムも同様であった）。[58] 彼らは金で雇われる傭兵であり、あるいは「売文」（hack）作家――十八、十九世紀のタクシーである賃貸し馬車（hackney carriage）からの類推でそう表現された――であった。

成功した人びとにとってさえ、新しい自由にはその代償がともなっていた。ジョンソンはおそらく辞典を編纂するよりも自分で本を書くほうがよかっただろうし、ポープはホメロスを翻訳するより自分の詩に取り組みたかっただろう。ヒュームが歴史を書いたのは、哲学よりもよく売れるからだった。もしヒュームがこの現世に戻ってきて、英国国立図書館のカタログを調べたとしたら、自分の名が「デーヴィッド・ヒューム、歴史家」と記載されているのを見てよろこんだとは、きわめて考えづらい。しかしそれでも、十八世紀の読書人の一部は、編集や校正で生計を立てていた十六世紀の先達たち、すなわち「多筆家」たちよりも、はるかに大きな自主独立を享受していたのである。

今度はこのような変化を印刷業者の観点から見ることにしよう。前述のような費用に加えて、印刷業者はかなりの資本を必要とした。前払い金を払って本を印刷したあとに、学問の荒海での海賊行為によって損害を被ることもあったのだから、なおさらだった。文筆の海賊は、中央集権国家の国境を越えた外側で、すなわち印刷業者の特権が通用しない地域で、活動する傾向にあった。ダブリンは十八世紀中葉には、イギリスの刊本の海賊版の中心地として悪名高かった。ジュネーヴやその他のスイスの都市はフランス語の書物の海賊本によって有名であり、アムステルダムは英仏どちらの言語でも海賊版を出すことで知られていた。ますます激しくなる競争世界のなかで生き残るために、印刷業者と書籍商は、とくにイギリスでは、それまでより頻繁に提携を結ぶようになった。

十七世紀には、書籍出版業組合はすでに「共同資本」を有していた。十八世紀には「書籍協会」（conger）は成長して、危険と利益を分担するための企業間のシンジケートあるいは提携体系ができていた。ジョンソンの『辞典』に、五人の「引受人」が出資していたのはそういう事情である。そのうち三人はよく知られた人物で、トマス・ロングマン、アンドリュー・ミラー、ウィリアム・ストラーンであった(59)。

前もってお金を集める一つの方法は、予約にもとづいて出版することであった。一七〇〇年以前の予約出版は、八七件の例がイギリスで見つかっている。たとえばジョン・オーグルビーはヴェルギリウスやホメロスの翻訳をこうした方法で出版して、売れなかった本は抽選で配布して処分した。彼はまた、中国の解説書『東インド会社からの大使』（一六六九年）の資金を集めるのにも、抽選（富くじ）という仕掛けを使った(60)。予約の慣習は十八世紀にもまだ一般的で、とくに高い本にはよく用いられた。予約者の一覧は、ほかの人々にも予約を勧めるために、しばしば本そのもののなかに印刷されていた。二〇〇〇以上ものそのような一覧表が発見されており、少なくとも一〇万人の読者が十八世紀イギリスで本の予約をしたと見積もられている(61)。

このような方法をヨーロッパ大陸が手本にすることもあった。たとえばイタリアでは、二〇〇以上の予約出版の事例が十八世紀前半にあったと知られているし、この慣習はその後さらに普及していった。オランダ共和国では、予約出版は早くも一六六一年に記録されている。他方でドイツでは、この慣習が届くのは遅かった。一七七三年に上梓された「書物の共和国」を描写したクロプシュトックの書物が、このような方法で出版された最初のドイツの本の一つであった(62)。

フランスでは、ベルナール・ド・モンフォーコンが古代世界の図像を収集して、『古代の解明』（*Antiquité Expliquée*）（一七一六年）という何巻にもなる書物を著わしたが、これが、「イギリス方式」（la manière d'Angleterre）と広告では言われていた方式、すなわち予約による出版の方式にしたがって出版された最初のフランスの例だった。一七五〇年代には、多くのページを使ったフランスの地図をつくるために、株主による会社が設立されて、地図に約六五〇名の予約者を募った。『百科全書』は第一版に、一〇〇〇リーヴル〔約一〇〇〇万円〕近いその価格にもかかわらず、四〇〇〇人近くの予約者を集めた。(63) 書籍協会の役割についていえば、モンフォーコンの書物の出版費用はパリの八人の印刷業者が担い、『百科全書』には四人の、アムステルダムの雑誌『万有図書館』（*Bibliothèque Universelle*）には三人の出資者がいた。(64)

新聞と雑誌

とりわけ雑誌は予約に頼っていた。たとえば『異国人雑誌』（*Journal Etranger*）はそうだった。最近の出来事についてのパンフレットはすでに十六世紀には普及していたとはいえ、新聞と雑誌は一六〇〇年以降に刊行が始まったもので、情報の商業化のもっとも明らかな事例となる著作ジャンルであった。十七世紀にはニュースはすでに商品と見なされていた。ベン・ジョンソンは、独占企業の出現を茶化した戯曲『ニュースの専売所』（*The Staple of News*）（一六二六年）のなかで、新しい事務所の開設を想像している。新しい事務所は「莫大な通商の場所となり」、「そこにあらゆる種類のあらゆるニュースが集められるだろう。／そこですべてが吟味され、記録される。／そして事務所の紋章をつけて発行されるだろう。／それだけが重要なニュース（staple news）として。他のニュースは広まらないはずだ」（第一幕第二場）。ジョンソンの立場を、あるヴェネチアの情報伝達者あるいは「記者」（reporter）（reportista はローカルな言葉であった）も共有していた。ヴェネチアのこの記者は十八世紀末に「ニュースはほかの品物と同じように、金銭あるいは交換によって獲得される商品である」と書いた。手書きの「時事回報《ニューズレター》」は、印刷には適さないあらゆるニュースを掲載していたもので、この時代を通じて商業的な事業でありつづけた。「時事回報」のおかげで、書き手あるいは「記者」は生計を立て、ときには後継者に事業の暖簾を売ることができた。[65]

印刷された簡易新聞は、一六〇九年にドイツではじめて記録されているが、十七世紀初頭にオランダ共和国で発達し、十八世紀までにはすでにヨーロッパのほとんどのところに広まっていた。[66] 一六二〇年に英語とフランス語ではじめて登場した新聞は、英語版は『イタリア、ドイツなどの新報』（*The Corrant out of Italy, Germany etc.*）、そしてフランス語版は『イタリア、ドイツなどの新報』（*Courant d'Italie, Alemaigne, etc.*）という紙名を付けて、アムステルダムで印刷された。この新しいジャンルはすぐに成功した。この成功には、一六一八年にヨーロッパ中央で勃発した三十年戦争、そして一六四〇年代にイギリスで起きた内乱が一役買っていた。どちらについてもオランダの新聞がすべてを報道していたのである。[67] 一六六〇年代以降は、フランス語の週刊紙『アムステルダム新聞』（*Gazette d'Amsterdam*）が、ヨーロッパの出来事の情報だけではなく、カトリック教会やフランス政府の政策に対する遠慮ない批判をも掲載して、読者に知らせていた。その競争相手の『ライデン新聞』（*Gazette de Leyde*）は、ニュースが届けられるのを待つよりも、むしろニュースを探しにいくことを得意としており、一六九九年パリに通信員を送って、ルイ十四世の新しい彫像の除幕式を取材させた。

オランダ共和国から遅れること約八〇年、イギリスも新聞の国になった。出版物の急増は、一六九五年に事前許可制法が失効したのに続いて生じた。一七〇四年までにはロンドンには九つの新聞があったが、一七〇九年までにはその数は一九に増えていた。ブリストルやノリッジのような地方の主要な町にも、『ブリストル配達人』(*Bristol Postboy*)(一七〇二年)などの新聞があった。[68]

もっと学術的な知識は、月刊あるいは隔月刊の学術雑誌によって広められた。このジャンルは一六六〇年代に、パリの『知識人雑誌』(*Journal des Savants*)、そしてロンドンの王立協会の『哲学紀要』(*Philosophical Transactions*)から始まった。十七世紀後半にはアムステルダムは、アンリ・デボルドが出版する『書物共和国新報』(*Nouvelles de la République de Lettres*)と、そのライバル誌だったジャン・ルクレール編集の『普遍的で歴史的な図書館』(*Bibliothèque Universelle et Historique*)という二つの雑誌の出版地であった。とくにデボルドの誌名はうまく選ばれている。定期刊行の形式で出版することの眼目はまさに、有名な学者の死亡記事や、新刊書の書評——これはこのとき初めて載せられるようになった——などを含む、「書物の共和国」〔文学界〕の新情報を提供することだったからである。学術雑誌が儲かる商売だったろうことは、『知識人雑誌』の海賊版がアムステルダムと「ケルン」で出されたということ、さらにこの学術雑誌の出版方式がローマ、ヴェネチア、ライプツィヒなどで模倣されたということからも窺うことができよう。

参考図書の増大

必要なときに情報を見つけるという課題、今日の呼び方では「情報検索」（information retrieval）〔情報の引き出し〕の課題は、古くからあった。印刷術の発明のあと、この課題は新たなかたちをとった。印刷術は、ある意味では課題を簡単にしたし、別の意味では複雑にした。本は多くの情報を発見しやすくした。ただし、適切な本をまず見つけることができたとして、の話だが。一五〇〇年以後の本の増殖を考えれば、この但し書きは真剣に考慮しなければならない。十七世紀後半の書評の出現は、ますます深刻になってきた課題に対する一つの応答であった。

解決に向けたもう一つの試みは参考図書の発明であった。この種の本のめまいがするような多様性は、近代初期、とりわけ十八世紀に拡大した。百科事典、辞書、地図帳、文献目録は、そのような図書集団のなかのもっとも目立つ部分にすぎない。辞書は一五〇〇年には稀だったが、十七、十八世紀に急増して、ヨーロッパ以外の言語をも含むほど拡張された。この時代の参考図書には、年鑑、草木誌、年代記、規則書（directory）（指令あるいは規則の書）なども含まれていた。聴罪司祭と懺悔者のための、良心の〔信仰上の〕諸問題についての手引き書もあった。図書館、博物館、書籍商についてそれぞれカタログがあり、もちろん「禁書目録」があった。読むことが許されていないのだから読めば面白いに違いない本の載っているカタログとして、「禁書目録」を使う読者がいたのである。

地理についての参考書は増殖していた。場所の辞典あるいは「地名辞典」（gazetteer）があった（gazetteer は、読者が新聞〔gazette〕の記事を理解するのを助けるということで、十八世紀からそう呼ばれるようになった)。都市、地域、地方の案内書(とくに一連のエルセヴィル社のもの)、あるいは世界の案内書があった。世界の案内としては、イタリアの司祭ジョヴァンニ・ボテロの『世界報告』(*Relationi universali*)が一五九〇年代に出版されたし、ピエール・ダヴィティの『記述』(*Description*)(一六四三年)は四巻本で、各巻が四つの既知の大陸のそれぞれに充てられていた。郵便の予定時刻表があり、商人などの住所録――電話帳のご先祖――があった[69]。

さらにまた、逸話のアンソロジーがあり、もっと長い文章を集めたものがあった(紀行、法、条約、教会会議の教令などについて)。また、習字、彫刻、調理、舞踏、穿孔、農業、手紙などのさまざまな技法について指示を与える入門書が、幅広い分野にわたって存在した。一四七〇年から一五九九年のあいだに印刷された、商人のための一六〇〇以上の手引き書が確認されている。その二倍以上の手引き書が十七世紀には印刷された。さらに十八世紀には、商業と産業に関して何巻にもなる浩瀚な百科事典が出現するのを見ることになる[70]。

参考図書の増殖を、読書人のメルヒオール・グリムはすでに十八世紀半ばに嘲笑していた。「われわれの辞書への熱狂(la fureur des dictionnaires)はとても激しいもので、誰かが近頃『辞書の辞書』を印刷したほどである」。彼は大げさに言ったのではなかった。そういう辞書は一七五八年にパリで、デュレ・ド・ノアンヴィルという人物によって出版されていたのである。

これらの参考図書の題名には以下のようなものがあった。「地図帳」(atlas)、「格言集」(axiomata)、「摘要書」(breviat, summary)、「城」(castle)、「カタログ」(catalogue)、「主要論題集」(commonplaces)、「大要」(compendium)、「集成」(corpus 体)、「辞典」(dictionary, lexicon)、「指令集・氏名録」(directory)、「百科事典」(encyclopaedia)、「梗概」(epitome)、「詞華集」(flowers flores, polyanthea, anthologies〔いずれも花に由来する〕)、「森」(forest, silva)、「庭」(garden)、「用語辞典」(glossary)、「金山」(gold mine)(aurofodina〔ドレクセル、一六三八年〕)、「案内」(guide)、「手引き」(handbook)(enchiridion と manuale〔いずれも手に由来する〕という古典的な伝統にしたがっている)、「目録」(inventory)、「旅行案内」(itinerary)、「鍵」(key, clavis)、「図書館・書斎」(library)、「精髄」(marrow, medulla)、「鏡」(mirror, speculum)、「所蔵庫」(promptuarium)、「集録」(recueil)、「収集目録」(repertory)、「概要」(summary)、「劇場」(theatre)、「宝典」(treasury)、「樹」(tree)、「必携」(vade mecum)。時がたつにつれて、具体的なもの(花、庭、樹)からより抽象的なものへと移りゆくことを認めることができる。

もっとも成功した本のなかには、聖職者のルイ・モレリの歴史辞典(一六七四年から一七五九年のあいだにフランス語版で二四版、翻訳で一六版を数えた)やケンブリッジの寮長ジョン・イーチャードの地理辞典『新聞地名解釈』(*The Gazetteer's Interpreter*)があった。後者の地理辞典は一七五一年には第一七版に達し、一八〇〇年以前に、フランス語、スペイン語、イタリア語、ポーランド語に翻訳された。学問の世界への手引き書も、いくつかドイツで出版されて成功した。なかでも、ダニエル・モルホーフの『博識家』(*Polyhistor*)(一六八八年)は、図書館、会話、そして「あらゆる学問分野」への手引き書であり、一七四七年までに第五版――大幅に増訂された――に達した。またブルクハルト・シュトルーヴェの学識(res literaria)および図書館利用法への入門書は、一七〇四年に初版が出て、一七六八年に増訂第六版が出た。

参考図書の増殖は、その専門化をも招いた。たとえば文献目録は、少なくとも学問とラテン語の領域においては、普遍的であろうという目論見とともに始まった。そのあとに、ラ・クロア・デュ・メーヌの『フランス図書館』（*Bibliothèque Françoise*）（一五八四年）のような、国単位の文献目録がつづいた。すこし後になって、十七世紀初めには、テーマ別の文献目録が現われて、神学、法学、医学、歴史（二八四頁参照）、政治学などのカテゴリーに沿って目録が編まれた（一七三四年、フランスの学者ニコラ・ラングレは小説についての最初の――精選した――文献目録を出版しようとした）。ますますその数が増えていった参考図書は、公衆のなかの特定の部分、すなわち聖職者、商人、医師、法律家、女性などに向けてつくられていた。たとえば司祭ならば、フランシスコ・ラバタの『説教師の道具』（*Apparatus concionatorum*）（一四六頁）、あるいはフランス人のイエズス会士ヴァンサン・ウードリの『説教師の図書館』（*Bibliothèque des Prédicateurs*）（一七一二年）に頼ることができた。どちらの著作も何版かを数えた。ウードリの著作はイタリア語に翻訳され、そしてもっと国際的な市場に出すためにラテン語にも翻訳された。

百科事典

百科事典はこの時代に夥しく増えて、より大きく、より重く、より高価になった。モレリの歴史辞典は最初は一巻本で出たが、ほぼ一世紀のあいだに、一〇巻本にまでなった。ドイツのジャーナリストのヨハン・ゲオルク・クリュニッツは一六巻の経済学百科事典を編纂した（一七七一～七二年）。ツェートラーの『事典』（*Lexikon*）は三二巻にもなり、フランスの『百科全書』は三五巻、スイスの競争相手の事典『人間の知識の理論的事典』（*Dictionnaire raisonné des connaissances humaines*）

は五八巻にもなった（一七七〇〜八〇年）。クリュニッツの事典は定期的に改訂されて、一八五八年には拡大されて二四二巻にもなった。

このような膨張一方の流れは、それを補足する反対のもの、すなわち「携帯用の」参考図書の必要を生みだした。たとえば『携帯用系譜事典』（*Lexicon genealogicum portatile*）（一七二七年）、『携帯用説教師辞典』（*Dictionnaire portatif des prédicateurs*）（一七五七年）、『携帯用家庭事典』（*Dictionnaire domèstique portatif*）（一七六二年）、『携帯用イタリア事典』（*Dictionnaire portatif d'Italie*）（一七七七年）、『携帯用女性事典』（*Dictionnaire portatif des femmes*）（一七八八年）、『携帯用地理辞典』（*Dictionnaire géographique portatif*）（一七九〇年）などである。一般的な読者を商売相手にして、その百科事典の助けなしには新聞が読めず、さらには知的な会話もできない（そこから「会話辞典」〔*Konversations-lexikon*〕という発想が生まれた）というふれこみで、彼らに百科事典を売り込もうという試みがなされた。

冒険的な出版社は、新しい生産方法に取り組んだ。百科事典の編纂は専門的な仕事になりつつあった。フュルティエールの『辞典』（一六八九年）は、アカデミー・フランセーズのまとめた公式のフランス語辞典と張り合って、個人で仕上げた辞典であるが、この辞典を出した出版社だったロッテルダムのレイニエル・レールスは、亡命学者のピエール・ベールが『歴史批評辞典』（一六九七年）に取り組んでいるあいだ、その支援のためにベールに給料を支払いつづけた。(71) 同様にして、ドイツの博識家カール・ルードヴィッチは常勤でツェートラーに就いて働いていた。ディドロの一七四七年の契約書は、『百科全書』の編集に対してディドロが七二〇〇リーヴルを受けとることを明記しており、また仕事の分担が少ないダランベールは、二四〇〇リーヴルを受けとることになっていた。

集団的な研究・著作の増大は、もう一つの新しい傾向であった（七五頁を参照）。ジャン・ルクレールは、モレリの歴史辞典を校正し増訂するために、専門家の国際委員会を組織することを提案した。学者が示唆したことを、企業家が実践に移した。ツェートラーの『事典』や『百科全書』は寄稿者のチームによってつくられた（ディドロの事業の場合、少なくとも一三五人の寄稿者がいた）[72]。浩瀚な百科事典は、際立った明瞭さで知識の商業化の具体例を示してくれる。なぜなら大規模な事業には、それ相応の額の資本投資が必要だったからである。十八世紀の有名な百科事典の多く――ヴェネチアで出版されたピヴァーティの『新科学事典』（*Nuovo dizionario scientifico*）、ライプツィヒで出版されたツェートラーの『事典』、フランスの『百科全書』――は、予約にもとづいて出版された。ジョン・ハリスの『技術事典』（*Lexicon technicum*）（一七〇四年）は、一〇人の書籍商や「引受人」の連合組織によって出版されて、九〇〇人近くの予約者を募っていた[73]。

この時代のイギリスのもっとも有名な二つの百科事典、すなわち、いずれもスコットランドに起源をもつチェンバーズの百科事典と『ブリタニカ百科事典』は、いずれも、予約制と、書籍商の提携とに基礎をおいていた。書籍商の提携は費用と利益とを分担するためのものであって、その協力体制は共同資本会社の協力体制に比較される（じっさい、出資した株券は時には売買されることもあった）。

エフラム・チェンバーズは一七二八年に『百科事典』（*Cyclopaedia*）の初版を、二つ折り版《フォリオ》の二巻本で四ギニーの値を付けて出版した。それは一七四六年までに五版にまで達した。費用は数多くの出版者が分担していた。そのなかにはトマス・ロングマンも含まれており、彼は共同出資者たちから株券を買って、一七四〇年までには事業の六四分の一一を所有するにいたった。同じ仕方で、ウィリアム・ストラーン――彼はジョンソンの『辞典』の株券も所有していた――は、一七六〇年までにチェンバーズの事業の六四単位のうち五単位を獲得していた。[74]『ブリタニカ』に関していえば、これは版画家アンドリュー・ベルと印刷業者コリン・マクファーカーの共同事業として始まった。第三版の売上げによって、そのとき唯一残っていた共同事業者だったベルは、四万二〇〇〇ポンドを受け取った。しかしながら、もっとも大きな成功はおそらく『百科全書』の成功であろう。パリの二つ折り版の原版だけでなく、ジュネーヴ、ルッカ、リヴォルノで刷られた再版、ジュネーヴとヌーシャテルの四つ折り《クアルト》版、ローザンヌとベルンの八つ折り《オクタヴォ》版をも勘定に入れるなら、一七八九年までに合計でおよそ二万五〇〇〇冊売れたことになる。[75]

この章で以前に詳細を述べたところからも分かるように、知識の取引は十八世紀に始まった新しいことではない。新しいのは、知識が大きな商売になってきたことである。『百科全書』の出版者の一人であるシャルル・ジョゼフ・パンクークが、『百科全書』を「商売の仕事」（une affaire d'argent）と表現したが、この表現が事情を要約している。一七もの雑誌の所有者であったパンクークは、知識を売る手順についてだれよりも知り抜いていたのである。[76]

比較と結論

これまで述べてきた出版における発展は、「本の商業化」として要約できるかもしれない。それをより広い文脈のなかにおくならば、十八世紀における「消費者革命」あるいは「消費者社会の誕生」と歴史家が呼ぶようになったもののなかに位置づけられる。このような動向はとくにイギリスで際立って生じた変化であったが、しかしヨーロッパのほかの地域にも、さらにはヨーロッパを越えても広がっていった。たとえば予約は、この時代にさまざまな目的のために使われた仕組みであった。すなわちクラブの予約、演劇の予約、講義の予約、等々である。「余暇の商業化」と「文化の消費」はこの革命の重要な部分であって、入場券の代金を払う用意のある人ならだれでも入ることのできる劇場、オペラハウス、絵画の展覧会が現われたことは、その一例である。[77] ここでもふたたび、鋭敏な同時代人が歴史家よりもずっと以前にこの傾向を指摘していた。アダム・スミスはかつて、「商業社会」においては「普通の人の知識」の大部分は購入されたものである、と述べた。

この章で記述し分析したヨーロッパの動向を、より広い文脈のなかに置き直してみれば、問題に光を当てることができるかもしれない。イスラム世界はこの時代、印刷術に抵抗していた。その抵抗には、十八世紀初頭にイスタンブールに設置された印刷所のような、とてもわずかの例外しかない。その印刷所もほんの数年だけ続いて、わずか一〇〇冊ばかりの書物をつくったにすぎなかった。もっとも有益な比較はおそらく東アジア、とりわけ日本との比較であろう。徳川時代の日本における本の商業化は、当時の都市化と余暇の商業化に関連していた。この時代の大陸間通商の成長にもかかわらず、どうやらこの本の商業化は、西洋の動向に結びついて〔影響されて〕いたというよりも、むしろ〔独立に〕西洋の動向と並行して進んでいたようである[79]。

日本では、十七世紀以降、印刷術の急発展、それにともなって本屋の増加を見てとることができる。書籍取引の拡大は、新しい種類の書物の興隆と関係していた。新しい本とは「仮名草紙」であり、これは「民衆本」とでも翻訳できるものである。これらの本は、作り話にせよ財をなすための案内本にせよ、通例とは異なって中国の文字〔漢字〕ではなくて、もっと簡単な音節に基づく書記体系（カタカナ）によって書かれていた。そのために、これらの比較的安価な出版物は、新しい種類の読者、とりわけ女性――女性は漢字を習わなかった――にも読むことができるようになった[80]。一六五九年までには、京都の書籍商のカタログは、著者、書名、出版社、価格の情報を提供するようになった。一六九六年までには、約八〇〇〇種の書物が流通していた。

中国では、十六世紀のイタリア人イエズス会士のマテオ・リッチが東西を比較するのに最適の立場にいた人だったろうが、彼は自国と比べて中国の本の値段が安いことに言及している。同じ一つだけの文章言語を使う一億人以上の国民からなる国の書籍市場の大きさ、そしてその結果として可能になる規模の利益のことを考えるなら、リッチの観察は道理にかなっている。近代初期の中国において読み書きの能力は、歴史家がかつて信じていたよりも、広く普及していた。教養ある人物だと思われるためには約三万の表意文字を覚えなければならなかったし、それは何年も努力しなければ達成できないことだった、というのはたしかに本当のことである。しかし他方では、二〇〇〇文字の知識があれば日常生活を切り盛りしてやっていくことができたのであり、そして明白な証拠のあるように、普通の都市住民は男性でも女性でもたいていこのレベルに到達していたのである[81]。

暦や小百科事典をはじめとする安価な出版物が大量に出回っていて、福建省の印刷業者がこのような市場部門を専門に受け持っていた。換言すれば、ヨーロッパだけではなく、中国にも情報の「商品化」への趨勢があったのである。もっともこの中国の趨勢は、百科事典にまでは到達しないで停止したようであるけれども。

中国の百科事典の伝統は紀元三世紀にまで遡る。西洋の古典時代からの伝統とは異なり、中国の伝統は中断されずに連続的であった。明朝時代の一三六八年から一六四四年だけで、一三九の百科事典が知られている。中国の百科事典は西洋の百科事典のはるか以前に、厖大な規模に達していた。十五世紀初めの『永楽大典』は約二〇〇〇人の寄稿者からなり、一万巻以上に達して、あまり高価になったため印刷できず、保存も困難だった（その四パーセント足らずしか残っていない）。清朝時代には、一七二六年に皇帝の庇護のもと、『清朝古今図書集成』というさらに壮大な事業が、今度は印刷されて、出版された。これは七五万ページ以上もあり、十中八九、世界最長の印刷本である。この事業の眼目は伝統的な知識を収集することにあった。この点は、保存するべき約三五〇〇冊を集めて、手書きの写本にして七つの異なった場所に保管した『四庫全書』の例がはっきり示している。この事業は一七七二年から一七八〇年代末までつづけられた[82]。

百科事典の編成、機能、読者層についての中国と西洋の対照は、強調に値する。早くも唐朝において百科事典がつくられたのは、主として、皇帝の官僚組織での官職を得るための試験を受ける受験者の必要に応えるためであった。試験は評論の形式で行なわれたので、参考図書は主に主題別に配列された引用文で構成されていて、記憶力のいい受験生なら、古典文献への適切な参照で答案を飾り立てることができるようになっていた。『図書集成』については、皇帝から庇護されたこと、そして印刷された冊数が少なかったことから、それが官吏の仕事を助けるためにつくられたものだったことが窺える。チェンバーズやツェートラーや『百科全書』との対照は明白であろう。朝鮮では、政府による印刷の管理は中国よりもさらに徹底しており、個人的な出版や書籍販売が禁止されることもあった(83)。

このような対照の意味は、熟考する必要のあることがらである。だが私はとりあえず、この対照は二つの知識の体系のあいだにあるもっと大きな差異の兆候あるいは指標であると見なしうるだろう、と示唆しておきたい。すなわち、中国における、知識の官僚制的な秩序とでも呼びうるものと、ヨーロッパにおける、知識のより企業家的な秩序、すなわちときに「印刷資本主義」として知られる秩序とのあいだの、知識体系の差異である(84)。アーネスト・ゲルナーの言葉に戻るならば(一九頁)、近代初期の中国においては、認知は強制に結びついていたのであり、この場合、強制とは兵士に対して、というより官吏に対してであり、剣よりもむしろペン(より正確には毛筆)に結びついていたのである、と言っていいかもしれない。

他方で、近代初期のヨーロッパにおいては、認知は、印刷を経由して生産のほうにさらに緊密に結びついていたのであり、これが結果として、知識のより開かれた体系を導いた。印刷術の発明は、知識を公共のものにしようという関心をもった新しい社会集団を生みだすのに効果的だった。これは、知識が共有されたのはただ経済的理由のみに起因する、ということを意味するのではない。前の章からも分かるように、政治的な対抗関係の結果として、ある政府の秘密が別の政府に漏れることもあった。それでもやはり、情報における市場の役割の重要性は、近代初期を通じて大きくなっていった。すでに見たように、「純粋な」すなわち学術的な知識でさえも、この傾向に影響を受けた。

同様の点をソースタイン・ヴェブレンは、彼らしい鮮明なやり方で明らかにした。ヴェブレンは、彼の時代の商業と技術の言葉を使って、当時のアメリカの「高等教育」を、「実務的な」、そして「機械論的な」ものとして記述した。彼の主張するには、高等教育は、「徹底的に消毒された、耐菌性のある、知識の機構」なのである。知識の選別、組織化、提示は、中立的で没価値的な過程ではない。反対にそれは、社会的および政治的な体制に、さらには経済的な体制に支えられた、ある世界観を表現するものなのである。

第八章　知識を獲得する——読者の役割

学問の殿堂を正門から入るには、それなりに時間をかけ、きちんとした格好で入る必要がある。礼儀知らずで忌まわしい人間ほど、裏門から入って満足してしまう。

——スウィフト

知識には二つの種類がある。われわれはある主題について、みずから知っているか、その情報をどこに求めたらよいのかを知っている。

——ジョンソン

前章では、利益を得るための知識の生産と、十八世紀「消費者社会」の誕生との関連に焦点を当てて論じた。ここでようやく消費者自身のことを検討する時がきた。消費者がどのようにして知識を得たり、自分のものにするのか、そしてその知識をどのように使うのかを見ていこう。

知識の分野においては、個々の消費はかなりよく記録されている。商品目録に叢書名が掲げられている場合が多く、その内容もタイトルごとに記載されていた。予約出版の慣習については第七章で述べたが（二五二頁）、予約者が公表されたため、それを参考にして歴史家は、地域や時代の違い、書籍の種類によって、どのように読者層の印象が変わるかを知ることができる。例えばジョン・ハリスの『技術事典』（二六一頁）の予約者を見ると、アイザック・ニュートンや古典学者のリチャード・ベントレーがいるかと思えば、船大工や時計製作者も含まれているし、聖職者の公的地位に批判的な『百科全書』の予約者のなかにかなりの数のフランス人神父が含まれていることを知って驚かされる[1]。

予約者名簿の存在は、当時の人びとにとって知識を得る機会が限られていたことを、はっきりと思い起こさせてくれる。ほんのひとにぎりの人間しか、二つ折り版《フォリオ》の百科事典を予約購入することはできなかったし、雑誌についても同様であった。公立図書館や半ば公的な図書館は、すでに述べたように（一〇五頁）存在してはいたが、所在地の点で利用できる人間は限られていた。ローマやパリは他の地域と比べて格段に有利な条件にあった。ジャン・バーベイラックというフランスの法律家は、図書館が利用しやすいという理由から、ローザンヌよりもベルリンに住みたかった、と一七一六年に述べている。他方、イギリスの歴史家エドワード・ギボンは、一七六三年にローザンヌとジュネーヴの公立図書館に勤務していたが、ロンドンには公立図書館が一つもないと嘆いている（ギボンは一七七〇年に大英博物館が開くとすぐにその利用者となった[2]）。

知識を得ることの歴史を考える際、「図書館の地理学」も大事だが、「図書館の社会学」も必要となってくる。近代初期の図書館の利用は、司書や館員の態度に依存していたからである。例えば、外国からの学者の書簡を読むと、ヴェネチア共和国のマルキアナ図書館がいかに利用しづらかったかが分かる。ガブリエル・ノーデは、図書館についての論考のなかで、学者が自由に入館できるところと言ったら、オクスフォードのボドレアン図書館、ミラノのアンブロジアーナ図書館、そしてローマの聖アウグスティヌス図書館くらいのものだと述べている。（一六二〇年から四〇年のあいだにボドレアン図書館を利用した外国人学者の数は三五〇人いることが知られている）。十七世紀イギリスの旅行家リチャード・ラッセルズは、アンブロジアーナ図書館は「あらゆる来館者に開かれていて、望みの本は何でも読ませてくれた」し、ローマでは大学図書館も聖アウグスティヌス図書館も「毎日開館していて誰もが利用でき、親切な紳士が必要な本を出してくれた」と嬉々として伝えている。

この時代に公立図書館の数は倍増し、利用者の数も閲覧できる開架図書の数も倍増した。例えば一六四八年にパリのマザラン図書館を、開館時間に定期的に利用した学者は八〇名から一〇〇名いた。ウィーンの高等図書館は一七二六年に公けに開放されたし、パリの王室図書館も一〇年遅れて公開された。十八世紀後半までには、閲覧書を記入する印刷された用紙が用意されるようになっていたが、それでも当時の大衆作家セバスティアン・メルシエは不満を漏らしている。「これほどの蔵書があっても、週に二日しか公開されないし、入館しても二時間半しか利用できない……館員も尊大な態度で対応し、市民の役に立とうという気構えがない(3)」と厳しい。

大学で学生相手に行なわれる講義よりも、より広い聴衆層に向けた公開講義が、ロンドンやパリなどで頻繁に行なわれるようになった（二二八頁参照）。当時はまだ大部分が個人の所蔵品から成っていた博物館も、この時代になると、次第に公開されるようになっていた。もっとも現存する入館者名簿を見ると、まだ利用者は上流階級に限られていたことが分かる[4]。

この章では、ともあれ、書物や定期刊行物の読書を通じて知識を得ることに焦点を当てることにしよう。学習を容易ならしめるという点で、定期刊行物は特に注目すべきだろう。イタリアの哲学者チェザーレ・ベッカリーアがかつて――雑誌『イル・カフェ』(*Il Caffè*)のなかで――語ったように、書物が手書きの草稿よりもはるかに広く知識を伝えるのならば、定期刊行物は書物以上に広く知識を普及させるのである。読者のなかには書物を畏敬するあまり、自宅に所蔵することを好まない者もいる。一方、定期刊行物は読者に親しみがもてる。「それはあなたに一言語りかけることを願う、一人の友人のごとく存在している」。

読書と受容

既存の知識の蓄えを利用しうる可能性だけに、知識の獲得は依存しているわけではない。当然ながら、個々の人間の知性、精神性、習性にも依存している。聞くことの方法や見ることの方法の歴史に関しては、これまで深く研究されたことはないが、読書の歴史についてはここ二〇年ほど多大な関心が寄せられ、例えば、科学史の新しい書き方に帰着する研究が生まれたりしている[5]。

この新しいアプローチは多くの論争を生みもした。「漁り読み」、「拾い読み」、「調べ読み」とも言いうる、「多読」と呼ばれる広く読む習慣の誕生をめぐって、論争が起きたことは有名である。ある歴史家は、精読〔深く読むこと〕から多読〔広く読むこと〕への転換がなされたという意味で、十八世紀後半のドイツで「読書革命」が起きた、と主張している。書籍の増加とそれに伴う世俗化の結果生じた、「深く畏敬をもって読むことから、広く気儘に読むことへの」読書スタイルの変化は、もっと緩やかでもっと広汎な現象であった、とする研究者もいる。ジョンソン博士が対談の相手に向かって、おきまりの語り口で、「ねえ、君は最後まで読んでるかね?」と聞いたのは、十八世紀半ばのことであった(6)。

とはいえ、多読は決して新しい発見ではなかった。すでに古代ローマの哲学者セネカは、ルキリウス宛の第二書簡のなかで、食い散らかすようなものだから、漁り読みなどするな、と弟子に教え諭している。フランシス・ベーコンも読書と食事の比較を「学問について」という随筆のなかで行なっている。ベーコンによれば書物の読み方には三種あり、「ある本は味わうべきであり、ある本は呑み込むべきであり、そしてわずかの一部の本は噛んで消化すべきである」と言う。このベーコンの忠告を読むと、十七世紀にしてすでに今日のわれわれの多くと同様に、一人の人間が異なる読書の流儀をもちえたことが分かる。ジョン・ハリスは専門辞典の序文で、この書物は「他の辞典のようにときおり参照するのもよいが、じっくり読み込むと役に立つ」と言っている。

アリストテレス、キケロ、『聖書』そして『ローマ法典』などの古典に精通することが必要とされた学校や大学では、精読が推奨された。古典に精通するには、学生は古典的な技術である「人工記憶」(記憶術)を実践することもあった。記憶したいと望むことがらを、教会や劇場などの仮想上の「配置」に置かれた、鮮烈で劇的な視覚像と結びつけるのである(7)。

マルセル・プルーストや同時代の社会学者モーリス・アルブヴァクスが現われる何世紀も前に、

連想力や記憶行為に対する配置の重要性が明確に理解されていたのである。おそらくこうした理由から、ロバート・コットン卿は自分の書斎の主な部分に、本棚に胸像が置かれているローマ皇帝の名前をつけたのだろう。チャールズ二世の治世下で大臣を務めたジョゼフ・ウィリアムソンも、同じような方法で自分の論文を整理している(8)。

他にも方法はあって、学生たちは原典を読みながらメモをとることもあった。こうした慣習が今でも根強く残っている、という事実があるからといって、その慣習が変わらぬまま続いたと理解したり、思い込んだりすることはできない。「メモとり」の歴史は、あえて書くのであれば、知性史にとって貴重な貢献となるだろう。その歴史には講義ノートも含まれることだろう。十六、十七世紀以降、講義ノートはかなりの量残存しているし、グランド・ツァーに出た若い貴族たちが、教育的な理由から書いた旅ノートも多く残っている(9)。

原典テキストのなかにメモが書き込まれることもある。テキストの一節に下線を引いたり、余白部分に見出しをつけたり、あるいは注意を惹く(nota bene)言葉を添えたり、時には指さしの印をつけたりすることもあった。この種の欄外の書き込みを、学生が勉強しやすいようにと、印刷業者がすることもあった。他には、特別にノートを用意してメモを書く場合もあった。整理がきちんとしている学者ならば、主題ごとに個別のノートをつけることもある。例えばモンテスキューは、歴史、地理、法律、政治、神話などのジャンル別のノートをつけていたという。それ以前にはなかったにせよ――コンラート・ゲスナーのような書誌学者たちにとって、他にやりようがなかったのだから――、十八世紀までのあいだに、紙片やフィッシュ(カード)にノートがとられるようになっていた。必要な際に異なる配列で並べ替えたりできる、という利点があったこともあるだろう。だが紙片は破れ易いので、学者のなかにはトランプ・カードの背表紙にノートをつける者も現われた。パソコンが登場するまで、こうしたカード検索システムの祖形は重要な存在であり続けたのである。(10)

ノートとりの習慣は、それ以前にはなかったとしても、少なくとも十六世紀までには学校で教えられるようになっていた。覚書きという意味の「ノート」という言葉は、要約という意味の「ダイジェスト」と同様に、十六世紀になって初めて英語で用いられるようになった。当時は「抜き書き帳」(commonplace book)として知られていたものを、必ず記録するようにと、何度も忠告されたものだ。この抜き書き帳は、アルファベット順に「話題」や「主要論題」(commonplaces, loci communes, liex communs, etc.)が並べられることも多かった、系統的に整えられたノートのことである。すでに述べたように(一四六頁)、これは知識を整理する方法としてはよく行なわれたものである。記憶術の「場所」と関連づけられた「主要論題」は、作家が新しいテキストを生み出す助けとなり、学生であれ、演説の準備をする法律家であれ、あるいは説教をする牧師であれ、読者になる者に対して最小限の努力でそれらを吸収できるようにした。

牧師たちは、例えば、説教の概要を集めたものをよく参照していて、その概要はすでに十五世紀には印刷されて流布していた。翌週の日曜の説教のことであれこれ悩む心配がなくなる、ということから、「安眠の書」(Dormi secure)という愛称を得たほどだ。牧師が説教の種本として使ったものは他にもまだあり、第五章で扱った、フランシスコ・ラバタが書いた『説教の仕方』(一六一四年)

やヴァンサン・ウードリの八巻本『説教師の図書館』（一七一二年）などである。ウードリの本は四版では二三巻まで増訂され、主として「苦悩」とか「野心」といった道徳的なものを含む、説教用の話題をアルファベット順に集成し、適切な聖書や教父たちあるいは神学者や説教師からの言葉の引用を添えて利用に供していた。この本が「主要論題」の伝統から派生したものであることは、例えば「謙遜」と「高慢」などの反対の性質を対にして考察する著者の性癖から明らかとなる。

記憶術で用いる「場所」には、類似性や反意性などの抽象概念が含まれていて、それらによって読者は情報を容易に組織することができ、必要なときに思い出すことができた。エラスムスやビベスらの教育論の著者たちが実際に勧めたように、話題のなかには、思慮深さ、正義、剛毅、節制などの徳目が含まれ、ときにはそれらと反対の悪徳と組み合わせられた。特定の行動方針に対して賛成意見や反対意見を述べる際に役立てようと、学生たちは、ホメロスやヴェルギリウスなどの古典から、こうした見出しのもとに、目立つ箇所を抜き書きするよう促されたのである。同じ例が頻繁に繰り返されることから、「主要論題」という発想は、次第に能動的なものから受動的なものへと変化し、情報を系統だてるための体系から、われわれがクリシェ〔陳腐な決まり文句〕と呼ぶ表現へと変わっていった(11)。

このように抜き書き帳として具体化され、実際学校や大学で教えられていた、道徳的＝修辞的な方法は、近代初期の西欧の読書方式に影響を与え、それゆえその方式を研究者が復元する際にも用いられた。歴史を例にとって考えてみよう。歴史に関する書物を読む技術について、これまで多くの論文が書かれた。「歴史学論文を読む順序について」という章を含む、ジャン・ボーダンの『歴史が簡単に分かる方法』（一五六六年）などは、このジャンルの有名な例である。この本の第三章「歴史資料の正しい分類法について」のなかでボーダンは、抜き書き帳をつくって、過去に関するものを読んでいるときに遭遇した事例を、「価値のないもの、賞賛すべきもの、有用なもの、無用なもの」の四種の型に分けて記録するよう読者に勧めている。

歴史の研究は一般的には道徳的な理由から正しいものとされた。リヴィウス、タキトゥス、あるいはグイッチャルディーニの読者は、注意深く教訓的な例を探すよう求められた。模範とすべき良い例と真似てはならない悪い例を探すのである。古代や近代の歴史家たちが頻繁に示してくれる教訓的な考察は、読者の作業の多大な助けとなる。印刷された傍注によって、読者の注意がこうした考察に向けられることもあった。著者の考察はときには別のページに格言索引や金言集の形でまとめられた。それゆえ十六世紀の読者は、今日の読者とは全く異なる歴史の読み方をしていたのかもしれない。彼らは事実よりは教訓に関心をもち、細部を読み込んだりせず、ある状況の一般的な特徴に目を向けたのである。

歴史は生徒がよく記憶している修辞の規範に合わせて読まれることもあった。十六世紀の歴史家たちは、古代ギリシアやローマの歴史家と同じように、彼らの説明の大半を、弁護士、将軍、外交大使の口を借りて、演説のかたちで提示した。そうして、ある行為に賛成したり、反対したり、あるいは軍隊に戦闘を呼びかけたりしたのである。フランスの職業作家フランソワ・ド・ベルフォーレは、ヴェネチアでいう「多筆家」（poligrafi）であったが、『大演説』（一五七三年）と呼ばれる演説集を出版したことがある。この本は古代および近代の代表的な歴史家の著書から、演説の部分を抜粋して集めたものであり、個々の演説の前に要約が付され、末尾に印象批評を加えている。格言や「主要論題」を含む、詳細な索引が設けられるようになったため、参考図書としての価値は以前にもまして大きくなった。

参考図書

抜き書き帳の存在が精読を促したとすれば、その対極にある多読の方は、参考図書の誕生から刺激を受けた、と言えるだろう。参考図書という文献ジャンルあるいはジャンル群については、制作者の観点からすでに論じた（二五六頁）。今度は需要の側から見てみることにしよう。参考図書は誰の手に渡り、どんな使われ方をしたのか。

参考図書とは「全編を通読する」のではなく、特定の情報項目について知ろうとしている読者が「調べたり、参照したり」するための書物であり、いわば簡便な知識案内の書である。本章の冒頭に引用した題辞の一節で、ジョナンサン・スウィフトは手際よくその本質を衝いて、参考図書は「学問の殿堂」への「裏門」なのだと言っている。

読者の立場からすると、そもそも参考図書などというものは、言いようによっては、存在しないとも言える。というのも、どんな本でも、それが小説であっても、参照することはできるはずだし、いかなる書物も、たとえ百科事典であろうと、通読できるからである。確かに浩瀚なものになると、通読するのは難しくなる。参考図書は、さまざまな対象を整理して集成したものと考えるよりは、むしろ読者の使い方を通じて定義すべきであろう。

バルダサーレ・カスティリョーネが書いた『宮廷人の書』を例にとって考えてみよう。一五二八年に初版が刊行されたこの対話篇の著者は、宮廷での教育と生活に関して、あれこれと問題を探し出そうと試みていて、明確で判然とした答えを出そうとはしていない。二つ折り版《フォリオ》の原書は、章分けすらなされておらず、ともかく何かを探そうにもすぐには探せない構成になっていた。ところが、この本はベストセラーとなり、刊行後、その世紀を通じてさまざまな言語に翻訳され、一二五回も版を重ねたのである。現存する版から分かることは、読者がこの本を行儀よくふるまうための情報源として用いていたことと、仲間うちでの話の種にさえ使っていたということである。さらに一部の出版社は本書の可能性を考慮して、章分けを施し、傍注を充実させて、情報検索を容易にできるようにすることで、立派な参考図書に変えてしまったのである。(12)

近代初期になると書物の版組に変化が起こり、多くの書籍が精読以外の読み方に適した体裁となる。索引や目次が頻繁に設けられるようになった。目次は文字通りの意味で「内容の表」(table of contents)となった。章構成の代わりに、第五章で論じたような、枠で囲んだ表形式の要約文が付されるようになったからである。この表があれば読者は一目で本全体の構成が見てとれる。ロバート・バートンの『メランコリーの解剖』ではこの技術が用いられており、メランコリーの定義、種類、原因、徴候の順に整理されていて、内容が一覧しやすい。徴候は精神的なものと身体的なものに分類され、原因は一般的なものと特別なもの、自然的なものと超自然的なもの、といった具合に細分された上で要約されていた。

他方、年表のなかの対比欄は、異なる年代算定方式(ユダヤ暦、キリスト暦、イスラム暦など)

を「年代同定する」作業をするうえで、読者に便益を与え、「年代錯誤」を暴くのに役立った。統計学の興隆（二〇三頁）と並行して、天文学書であれ、歴史あるいは政治経済の本であれ、数値表の重要性が痛感されるようになっていった。植物誌から訓練書にいたるあらゆる種類の解説書では、図表や挿画が頻繁に印刷されるようになり、本文にさほど注意を向けずとも本を利用することが可能となった。地図や数値表を理解するのに、新しい読書技術や教養のあり方が次第に必要となっていったのである。

書物の数が増加したことで、同じ現象について書かれた異なる記述を、無駄な時間を使わずに、どのようにして比較すべきか、という問題が浮かび上がってきた。開いた本を数冊載せることのできる車輪付書見台のおかげで、比較照合が以前よりもたやすくなった。この種の車輪は十六世紀後半から見られるようになるが、ヴォルフェンビュッテルにあるヘルツォーク＝アウグスト図書館に今日もなお保存されている。

一部の種類の書物は、通読する気になれないような構成をもつ。例えば辞典類、地図帳、新聞、（恒星、植物、書籍などについての）目録、あるいは、エラスムスが評判を得るきっかけとなった『アダージオ』のような格言や諺の集成や、さらに百科事典の類いとなると、とりわけアルファベット順に配列されていた場合には、最初から最後まで読もうという気にはなれないものである。

アルファベット順

『百科全書』の序文でダランベールが指摘しているように（一七三頁）、（少なくとも西欧の）百科事典における情報の整理の仕方は、本質的に二つ存在する。第一に、彼が「百科全書の原理」と呼ぶもの、言い換えるならば、主題別編成である、伝統的な「知識の樹」である。第二に、彼が「辞書の原理」と呼ぶもの、つまりこの節の主題であるアルファベット順編成である。

アルファベット順は、『スイダス』の名で知られる十一世紀ビザンティンの百科事典で導入された。この種の索引は、シトー派修道院などでも十三世紀になると用いられていた[13]。パリにあるサン＝ヴィクトール修道院の有名な図書室は、十六世紀初めにアルファベット順の蔵書目録を置いていたし、エラスムスも有名な諺集『アダージア』（一五〇〇年）をアルファベット順に編集した。ゲスナーの『書誌』（一五四五年）はアルファベット順に本を紹介しているし、『動物誌』（一五五一年〜）も動物をアルファベット順に記述した。カトリック教会の『禁書目録』もやはり同じ原理で編集されていた[14]。一部の博物館にも同じことが言える。例えばファルネーゼ家がカプラローラの大邸宅に蒐集した骨董品は、AからNの順にラベルを貼った引出しの中に整理されていた。

アルファベット順の配列は、十七世紀になると普通に見られるようになる[15]。オクスフォード大学のボドレアン図書館の司書であったトマス・ジェームズは、一六〇五年に出版された図書館の蔵書目録をアルファベット順に編集したいと望んでいた。しかし、図書室の創設者トマス・ボードリ卿が伝統的な分野別の編集を主張したため、ジェームズはアルファベット順の索引を作成することで満足せねばならなかった（一六二〇年の版でようやくアルファベット順の目録が実現する）[16]。地名辞典には『全世界のＡＢＣ』（一六五一年）といった書名がつけられた。政治家ジャン＝バティスト・コルベールの書斎には、地図とか論文など彼にとって重要な草稿をまとめた「アルファベット表」があったという。[17] このようなかたちで編集された参考図書の著名な実例としては、ツヴィンゲルの主題別百科を再編集した、ラウレンティウス・バイヤーリンクの『人生劇場』（一六三一年）や、何度も版を重ねたルイ・モレリの『大歴史辞典』（一六七四年）や、モレリに対抗して出版された、ピエール・ベールの『歴史批評辞典』（一六九七年）などがある。実際ベールは自分の事典でもアルファベット順に項目を書いたと思われる。[18] 十八世紀半ばになると、サミュエル・リチャードソンが、小説作品に初めて読者のための索引を設けたことが知られている。同じ世紀の終わりには、図書館の蔵書目録はカード（もともとはトランプの裏面であったことを思い出そう）に記されるようになる。新しい蔵書が加わったときに、該当箇所に挿入するだけでアルファベット順を守ることができたからである。[19]

アルファベットの原理は今日では自明のように思われるのだが、（話題別の編成にアルファベット順の索引を付けただけのものに対抗して）アルファベット順の配列が主流となるまでには随分と時間がかかった。エラスムスが一五〇〇年にアルファベット順に編集して刊行した諺集は、一五九六年になると、今度は話題別配列にして再版された。イスラム世界に関する参考図書の編纂者バルテレミー・デルブロの『東洋文庫』（一六九七年）の場合は、十七世紀末になっても、アルファベット順は珍しいものであったらしく、序文でその点について読者にお詫びをする必要を感じた彼は、この配列方法でも「読者が想像されるほど混乱するようなことはない」と説明したほどである。それでもギボンは『ローマ帝国衰亡史』第五一章で、デルブロの本のアルファベット順配列など「理解」できない、と不満をもらしている。『ブリタニカ百科事典』（一七七一年）の序文には、チェンバーズの百科事典とフランスの百科全書に対する批判がある。「科学知識をアルファベット順に配列された技術用語のもとに伝えようとする愚かしい試み」をしたからだと言う[20]。

二つの配列方式の争いは、知識の歴史を進歩の物語として描くことから生じる問題をよく伝えてくれる。主題方式からアルファベット方式への転換は、決して非効率から効率への単なる変化ではない。そこには世界観の変化が反映されているのだ(一七四頁)。言葉と世界との一致への信念が失われる、という変化が隠されていたのである。読書方式の変化にも、それは対応している。

第五章で紹介した伝統的な百科事典は、特定の項目を調べている読者が手際よく使いこなすのには向いていないことは明白である。アルファベット方式は時間の節約になる。ところが、いわば「スイダスの解決」とでも呼ぶべき、情報検索の問題に対するこの解決にも代償はあったのだ。カナダの情報理論家ハロルド・イニスは、「百科事典は知識を引き裂いて、アルファベットの箱に押し込めてしまう」と苦情を言っている[21]。百科事典は近代における知識の断片化を体現し、助長したと言うわけだ。デルブロが語った「混乱」は、読者が新しい方式の要請に単に適応できないこと以上のものであった。

結局のところ、伝統的な主題別配列、すなわち知識の有機的、全体的編成には、明らかに大きな利点があったのである。「精読」する読者に対して、ダランベールが「知識の連携」(l'enchaînement des connaissances)と呼んだもの、つまり異なる分野や専門の知識のつながりを教え、それらの背景にある体系に目を向けさせたからである。中世やルネサンスの百科事典は、(ライシュの事典のように、アルファベット順の索引はあったにせよ)参照するのではなく、読むために書かれたのである。

　アルファベット順のもつ恣意性は、関連事項についての他の見出し項目へ相互参照することで緩和することはできたし、実際そのようになった。ライプニッツが指摘しているように、この方式は同じ素材を異なる観点から提示する、という利点をもつ。ヴォルフェンビュッテルの車輪付書見台のような、補助機械があってもなくても、こうした参考図書を調べる作業は、「参照読書《レファレンス・リーディング》」は安易な選択ではないし、そうであってはならない、ということを思い出させてくれる。マイルス・デイヴィスというイギリス人は、その著書『ブリタニカの学堂』のなかで、一七一六年に次のように苦情を述べている。「一〇〇人の読者のうち一人でさえ、添えられた参照符に従って、前に戻ったり、先に進んだりする苦労を好んですることはないだろう」。ところが、百科全書の相互参照《クロス・レファレンス》の一部は、読者がページをめくらなくとも、確実にその転覆《サブヴァーシヴ》的な意図を伝えていた。聖体拝領の項目の末尾に「食人習慣を参照のこと」と添えるだけで十分だったからだ。

歴史研究の助けになるもの

　ある特定の話題に関する知識を調べている人間にとって、世紀を改めるたびに、利用しうる資料が増えていったのだが、その経過についての鮮明な理解を得るためには、歴史学自体を例にとった方がよいだろう。例えば特定の事件がいつ起きたのかを調べたり、何世紀も前に生きた個人に関する情報を探したり、ある文献の原典を求めている学者のことを想像してもらいたい。

　一四五〇年ならば、その学者は手で書かれた手稿資料に依拠せざるを得なかっただろう。一〇〇年経つと、少しばかりだが参考図書を利用できるようになる。例えば、地理については、ゼバスティアン・ミュンスターの『世界誌』（一五四〇年）を見ることができる。書誌学については、ゲスナー（一四二頁）や、ドイツの修道院長ヨハンネス・トリテミウスが編纂し、一四九四年に出版された聖職者作家の一覧などを参照できる。各国の歴史に関しては、国外追放の身であったイタリアのユマニスト、パオロ・エミリのフランス史（一五一六～二〇年出版）、ルカ・マリネオのスペイン史（一五三三年）、ポリドール・ヴァージルのイギリス史（一五三四年）、そしてアントニオ・ボンフィニのハンガリー史（一五四三年）を参照できたはずである。一五五〇年以降になると、ジョルジオ・ヴァザーリのイタリア画人伝を読めたし、一五五三年を過ぎれば、フランスの学者兼印刷業者シャルル・エティエンヌが編集した歴史辞典を手にとれたろうし、一五六六年以後は、歴史学全般を網羅する書誌学的論文である、ボーダンの『方法』を繙《ひもと》くことができただろう。

一六五〇年までに状況は一変する。定期刊行物や専門の参考図書が、学者間の私的書簡のなかに、以前にもまして、頼るべき情報源として登場するようになったからである。(22) ボーダンの本の補足として、オクスフォード大学の学監デゴリー・フィーアの『歴史を読む方法』（一六二三年）が読まれるようになり、さらにドイツの牧師パウル・ボルデュアンの詳細な歴史書誌（一六二〇年）も利用されるようになった。アブラハム・オルテリウス（一五七〇年）、ゲラルド・メルカトール（一五八五～九五年）そしてブラウ一家（一六三五年以降）による世界地図のおかげで、歴史文献で論じられる都市や地域の場所を特定する作業が楽になった。世界史年表は多くの書物に含まれるようになり、そのなかにはジョゼフ・スカリゲルの有名な研究書（一五八三年）やフランスのイエズス会士ドニ・ペタヴィウスの著書（一六二七年）があった。

個人についての情報が必要ならば、すでに多くの参考図書が出版されていた。例えば、スイスのハインリヒ・パンタレオンが著名なドイツ人の伝記を集成して書いた「人物研究」（一五六五年）、「アダム主義者」〔裸体主義者のこと〕からツヴィングリまでアルファベット順に編集した、フランス人ガブリエル・デュ・フローの異端者の辞典（一五六九年）、画家カレル・ファン・マンデルが書いたオランダ画人伝（一六〇三年）、メルヒオール・アダムがまとめ、一六二〇年代に出版した、ドイツ人神学者、法学者、医師の人名録などがある。系譜的問題については、ヘニンガーの『系譜の劇場』（一五九八年）が役に立った。特定の国の事実や数字に関しては、一五九〇年代から利用できたジョヴァンニ・ボテロによる世界記述や、一六二〇年代以降見ることのできた、本書第七章で論じたエルセヴィルの一連の著作が参考になった。公文書の集成のなかには、ドイツ皇帝の詔勅あるいはドイツややボヘミアの年代記作者の文献が含まれていたりする。外国語で書かれた著作は、辞書を使って翻訳することができた。一五五〇年以前では稀なことではあったが、一〇〇年後には、西英辞典、伊英辞典、仏英辞典、仏西辞典、独羅辞典、独ポーランド語辞典、羅スウェーデン語辞典など、四ヵ国、あるいは七ヵ国、クロアチア語、チェコ語、ハンガリー語を加えて一一ヵ国にまでわたる、多くの辞典が研究に不可欠なものとなっていた。

一七五〇年までには、学者は規模の大きい図書館を利用できるようになっていた。彼らは図書館で競い合って棚に並ぶ年代記の数々を利用することができた。イギリス人ジョン・マーシャムによる年代記、フランスのベネディクト派修道僧によって出版された批判的研究書『年代を確定する術』

（一七五〇年）などはその一例である。世界地図としては、ブラウの六巻本（一六五五年）、シャトランの専門向け『歴史地図』（一七〇五年）、そしてブルザン・ド・ラ・マルティニエールの一〇巻本『批判的地理大辞典』（一七二六〜三九年）がよく読まれた。読者の利用を競い合ったモレリ（一六七四年）とベール（一六九七年）の歴史辞典は多くの版を重ねた。匿名作者は仮名作者については、一六七四年のプラッキウスの辞典をはじめとして多くの辞典に記載されていて、誰のことだか突きとめることができる。伝記辞典のなかには、学者の生涯を綴ったメンケの『学者辞典』（一七一五年）やジャン＝ピエール・ニセロンの浩瀚な四三巻の辞典『著名人士回顧録』（一七二七〜四五年）が含まれる。

契約書、中世の年代記あるいは信徒会議の布告などの文書も、イギリス人トマス・ライマーによる二つ折り版（二〇巻）、イタリア人ルドヴィーコ・ムラトーリによるもの（二八巻）、大司教ジョヴァンニ・ドメニコ・マンシによるもの（三一巻）などに収録され、読むことができた。ラテン語で書かれた古風な形式も、フランスの学者シャルル・デュ・カンジュの語彙集の出版（一六七八年）以降は、さしたる障害とはならなかった。歴史書の書誌には、いずれもドイツの学者が編纂した、コルネリス・ド・ボイゲンの四巻本『歴史書目録』（一六八五年〜）とブルクハルト・シュトルーヴェの『歴史書目録選』（一七〇五年）、および、フランスで出版されたルイ＝エリス・デュ・パンの『歴史家の一般文庫』（一七〇七年）と、ボーダンの伝統のもとで書かれた論考である、ニコラ・ラングレの『歴史研究の方法』（一七一三年）がある。歴史や他の多くのテーマに関する新しい書籍は、『書物共和国新報』や、ライプツィヒの『学術日報』などの学術雑誌のページを探せば見つけることができた。

個人が専有する知識

多くの参考図書が市場の特定の購買層、つまり聖職者、法学者、医師、女性など、に向けられたものであったことは明らかである。例えばドイツ語圏では特に、主として女性を読者に想定した百科事典が誕生した。[23]

近代初期の読者がどのように知識を得て利用したのか、その実相を再構成するためには、個人に関する事例研究も必要となる。小規模の図書館の所有者が、どういった参考図書を揃えていたのか。これが分かると事情がはっきりしてくる。十六世紀ケンブリッジ大学の学生と教官が残した読書記録には、例えば、多くの辞典を参考にしたこと（有名なところで、アントニウス・カレピヌスの辞典）や百科辞典（とくにグレゴール・ライシュの百科事典）を調べたことが書かれている。[24] だがその参考図書をどのように使ったのか、という重要だが分かりにくい問題が残されている。スペインのフェリペ二世は、一五八八年、スペイン艦隊の遠征を準備している際に、フランスの村の位置を確認しようと開いたとたん、オルテリウスの世界地図に没頭してしまった。[25] また、神学者サンチョ・デ・モンカダは、一六一九年の著書『スペイン政治の復興』のなかで人口減少を論じる際、何度もボテロの著作に言及している。ジャン・ボーダン、ジョン・ディー、ガブリエル・ハーヴィ、ヨハネス・ケプラーらを含む著名な学者の読書習慣については、若干詳しく研究されてきた。そして、十八世紀初頭のボストンの貴族サミュエル・セウォールが情報を得ていた異なる複数の経路に

ついては、入念な分析がなされている。(26)

一人の熱心な読者についてとりわけ詳しく文献を調べた例に、博識家ペレスクの研究がある。ニコラ＝クロード・ファブリ・ド・ペレスクは、かなり広い領域にわたる知的関心をもつ治安判事であった。学術雑誌の刊行が始まる一世代前のプロヴァンスに生きたペレスクは、「われわれと同じ好奇心をもつ人びと」（gens curieux comme nous）と彼が呼ぶ、書物の王国の最新情報を分かち合う友人たちの国際的ネットワークに依存していた。その大半が公刊されている彼の膨大な書簡を読むと、多くの新刊書に言及していることが分かる。カトリック教会の教父の編書、アラブの歴史、ガリレオの最新論文、ポーランドや他の国家に関するエルセヴィルの一連の著作、リチャード・ハックルートやサミュエル・パーチャスが編集した旅行記の選集、そして特に、手書きのものも印刷されたものもある、ヴェネチア、アムステルダム、ローマなど各地から集められた公報や新聞などである。

ペレスクは書物だけから学んでいたのではない。彼はローマの硬貨やエジプトのミイラなどの骨董品を熱心に集めていた。知識を得る方法はいくらでもあり、読書だけを強調すべきではない、ということがよく分かる。骨董品の蒐集は知識の専有を分かりやすいかたちで伝えてくれる。それゆえ前の章で（一六四頁）述べた、ミラノの貴族の聖職者マンフレード・セッターラが所有した蒐集物を収蔵した、十七世紀の有名な個人博物館の中をざっと見てみることは有益だろう。この収蔵品のカタログは十七世紀に出版されている。もちろんカタログでは収蔵品そのものの代わりにはならないのだが、当時の多くの人びとが収蔵品について知り得る手段ではあろう。

セッターラ博物館の当時の様子を伝える銅版画を見ると、尽きることのない多様性を感じることができる。天井からは鰐と魚がぶらさがっており、床には骨壺と胸像が置かれ、部屋の中央には、陳列棚が所狭しと並べられている。カタログが伝える博物館の印象は、世界中のありとあらゆる標本を集めた、まさに小宇宙（一六四頁）である。この手の博物館を一種の学校と見ることもできる。木材、金属、陶器などの物質の用途を見学者に示し、世界のさまざまな地域の産物についても教えてくれるからだ。ボリビアのポトシ鉱山から銀が、中国から磁器が、オスマン・トルコやブラジルから弓矢が、エジプトからミイラがやってくることが分かるし、中国や日本では表意文字を使っていることも教えてくれる。カタログのなかで、ゴンザレス・デ・メンドーサの中国論などの書物に言及しているところもあるし、（セッターラに日本の花瓶を贈った）ミラノ大司教のような寄贈者に触れているくだりもある。こうしたことから館主が陳列品を、異なる素材の見本としてだけでなく、少なくとも歴史的、地理的な文脈で眺めていたことが分かるのである（この点は第五章の一六四頁で論じた[27]）。

モンテーニュからモンテスキューまで

本書の初めの方の章では、ローマやパリなどの大都市の重要性を強調したけれども、ここでは地方に居住した人間に照明を当ててみよう。十六世紀後半までに、イギリスでは地方の紳士が歴史の知識を得たり、交換したりする場面が見られるようになっていた[28]。ペレスクの事例はさきほど論じたばかりである。この時代の変化を知るためには、立派な書斎をもち、関心が広く、よく旅行をした二人のフランス人紳士を比較してみるとよいだろう。二人ともボルドーの近隣に住んでいたが、生きた時代は一世紀半ほど離れている。モンテーニュとモンテスキューのことである。

モンテーニュが自分の領地に隠遁したとき、後に彼が瞑想しては思いを綴る場となった塔に、蔵書が十分あるかどうかを確かめた。彼が用いた書物は二七一冊であることが知られている。法律関係はたったの三冊、医学が六冊、神学が一六冊なのに対して、古代および近代の歴史書は一〇〇冊近くあった(29)。よきルネサンス人がそうであったように、モンテーニュはギリシア語とラテン語で書かれた古典に通暁していた。特にセネカとプルタルコスの道徳を論じた著作を好んだ。彼は自分が住む地域の歴史にも興味を抱き、ユマニストのジャン・ブーシェの『アキタニア年代記』をかなりよく利用していた。フランス史については、ジャン・フロアサールの年代記と外交官フィリップ・ド・コミーヌの回顧録を読んだ。イタリア史に関しては、フランチェスコ・グイッチャルディーニの著名な歴史書を好んだ。モンテーニュは同時代人のジャン・ボーダンの政治制度に関する比較研究である『共和国に関する六書』（*Six Livres de la république*）と同様、同じ著者の『方法』も利用していた。ヨーロッパを越えた世界への関心は、スペイン宣教師ホァン・ゴンザレス・デ・メンドーサによる中国史やアメリカに関するわずかの著書によって促された。すなわち、スペインによる征服についてはスペイン人フランシスコ・ロペス・デ・ゴマラとイタリア人のジロラモ・ベンゾーニの本、ブラジルについては、アンドレ・トゥヴェの世界誌と宣教師ジャン・ド・レリの著作を彼は読んでいたのである。

モンテーニュの読書法についていえば、彼独特の観察は多くあったにせよ、彼の時代に共通したものであり、少なくとも、道徳的な教訓を求める態度で書物に接していた。確かに彼は「主要論題のパテ」（**pastissages de lieux communs**）と呼んだものを毛嫌いしていたけれども、自身も「主要論題」を綴った抜き書き帳をもち、注釈書を所有していたことは確かである。例えば、彼がもっていたクィントゥス・クルティウスによるアレクサンドロス伝を見てみると、「武装馬車」、「アマゾン人」、「ダリウスの言葉」などの話題の欄外に書き込みを行なっていることが分かる。初期のモンテーニュの随筆は、彼が好んで読んだ著書からの抜粋に彼なりに肉づけした上で、道徳的カテゴリー別に配列したものとして読むことができるし、「主要論題」の使用は、後期の随筆の表題や内容にまで反映していることが分かる。[30]

モンテスキューの方はより体系的な研究をしていて、当時利用できた本をかなり手広く読んでいた。ラ・ブレドにある彼の邸宅の書斎には、三〇〇〇冊の本が収蔵されていた。大半が表題のみ知られている、彼の残した覚書きについては、この章の初めの方でふれた（二七三頁）。そのなかでも現存する一冊、いわゆる『文集』（***Spicilège***）を読むと、モンテスキューの情報獲得の方法について、何かしら知ることができる。自分で買うべき本をメモしたものも、そこには含まれていたし、ジョン・ハリスやチャーチル一家が編集した旅行記の集成も含まれていた。また会話によって得られた知識についても言及していて、例えば、中国から帰還したばかりの、フランスのイエズス会宣教師との会話が記録されていたりする。

覚書きを見ると、モンテスキューは有名な歴史書を読んでいることが分かる。ニッコロ・マキャヴェリのフィレンツェ史、ピエトロ・ジャンノーネのナポリ史、ギルバート・バーネットのイギリス史などである。さらに、リオ・デ・ジャネイロからダイヤモンドを積んだ船がリスボンに到着したときのように、特に商業的情報がある場合は、『アムステルダム新聞』などの新聞から抜き書きをしたりもしている。ケンプファー（ケンペル）の有名な日本紀行（九五頁）のくだりなど、覚書きには詳しいところもある。モンテスキューの主題選択には原則のようなものがあり、とくに日本の生活様式には興味があったようである。当時日本は人口過密であり、人口維持の説明として、米作農業などに関心があったのだろう。さらにこの覚書きと書簡をつき合わせてみると、モレリやベールの歴史辞典、チェンバーズの百科事典、そしてフランスの法学者ピエール＝ジャック・ブリヨンが編集した法律辞典などの参考図書を、モンテスキューが日頃よく利用していたらしいことが分かる。[31]

モンテーニュとモンテスキューのそれぞれの特異性あるいは独創性を無視するわけでも、否定するわけでもないのだけれど、この二人の隣人のあいだの対照には、まさに十六世紀と十八世紀の読書法の対照が現われている、と言えるだろう。モンテーニュの場合、読書は精読中心であり、（ところどころ不正確な引用があったりするように）記憶を頼りにして文献の一節を引用し、道徳的な見本たるべきものに焦点を当てていた。モンテスキューの方は、書物を読み通すよりも参照することの方が多く、統計を含む事実への関心から読書を行なっている。

他文化の知識を得ること

モンテーニュとモンテスキューに共通する点は、たとえ彼らが異なる資料に頼っていたにせよ、異文化に対する鮮烈な好奇心をもっていたことである。十七世紀、十八世紀ヨーロッパの代表的な思想家の多くは、この好奇心を共有していた。フランスでは、ヴォルテール、ディドロ、ルソーと言った名前が浮かぶ。イギリスだとジョン・ロックとアダム・スミス。ドイツだとライプニッツで、彼はゾフィー・シャルロッテ選定侯夫人宛の一六九七年の書簡のなかで、自分の部屋のドアに「中国情報局」と貼紙をして、中国関連の情報を求めて訪れる人びとに分かるようにしたと言う。

一般的にいえば、教養ある西欧人たちは、ヨーロッパ以外の世界に関する知識を、かなり限られた書物から得ていた。その情報源はこの時代を通じて次第に変化していった。例えば一六〇〇年頃、モンテーニュのように、ゴンザレス・デ・メンドーサの中国論、ロペス・デ・ゴマラのメキシコ史およびジャン・ド・レリのブラジル史を読む者はいただろう。イタリアのイエズス会修道士マテオ・リッチが宣教師として中国を訪れた際の報告書や、彼の同僚ルイス・フロイスが同じく宣教活動で日本に渡ったときの記録も参考にしたことだろう。アフリカについては、アフリカ人レオ（ハッサン・アルワザーン）による北部の記述があった。レオは海賊に誘拐され、ローマに連れていかれたイスラム教徒である。またコンゴについては、デュアルテ・ロペスによる記述（イタリア語、ラテン語、オランダ語そして英語で読むことができた）がある。

当時のヨーロッパ人が恐れていたオスマン帝国に関しては、棚いっぱいに並ぶほど文献があり、そのなかにはフランドル人の外交官オジエ・ギスラン・ド・ブスベクによる直接の見聞録が含まれていて、ラテン語、ドイツ語、チェコ語、スペイン語、フランス語そして英語で読むことができた。

十八世紀初頭までに、はるかに多くの情報が利用できるようになり、もっとも頻繁に引用される書物もそれに伴って変化した。侵略の脅威が低下したため、オスマン帝国への関心は低くなっていた。他方、中国ブームが起きて、中国のことを知るために、フランス人イエズス会士ジャン゠バティスト・デュ・アルドの『中国論』(一七三五年)の四巻本を参照したのは、決してモンテスキューただ一人ではなかった。日本への関心も上昇していったが、一七二七年に英語版、一七二九年にフランス語版が刊行されたエンゲルベルト・ケンプファーの詳細な記述によって拍車がかけられた。ケンプファーはモンテスキューばかりでなく、ドイツの哲学史家ヨハン・ヤコブ・ブルッカー、ジャン゠ジャック・ルソー、ディドロをはじめとする『百科全書』の寄稿者たちによって注意深く読まれていたのである。[32]

アフリカについては、ポルトガルの旅行家デュアルテ・ロペスによる記録に加えて、イエズス会宣教師のジェロニモ・ロボによるアビシニア論が、一六七三年に発刊された(そしてサミュエル・ジョンソンの一世紀後の小説『ラッセルズ』に影響を与えた)。一七〇四年以降は、オランダ商人ヴィレム・ボスマンによる、黄金海岸、奴隷海岸、象牙海岸に分けたギニア論が、これらの記録の補足として読まれた。十八世紀半ばになってはじめて、アフリカ奥地の詳しい情報が分かるようになってきたのである。[33]

南アメリカも次第に関心を集めていった地域である。ヴォルテールはこの地域について書かれた本を一三冊ももっていて、そのなかには、シャルル゠マリー・ド・ラ・コンダミーヌが公務でペルーを訪れた際の報告書や、引き続いて彼が行なったアマゾン下流域の探険の記録が含まれていた。

博物学者ビュフォン、フィロゾーフのドルバック、そしてエディンバラ大学の学長で、好評を博した『アメリカ史』(一七七七年)の著者であるウィリアム・ロバートソンは、ラ・コンダミーヌの著作を敬意をもって引用している[34]。

だがこの種のモノグラフを読む時間も意欲もない読者はどうしたのかというと、確かにアジア、アフリカおよびアメリカに関しては物足りない感は免れないにせよ、モレリやベールの百科事典、あるいは百科全書を頼りにしていたのである[35]。

ノート取りの方法について前のところで述べたことが正しければ、近代初期の一般的読者がヨーロッパ以外の世界に関して有した知識は、奴隷、専制君主、野蛮人そして食人習慣についての一連の覚書きのなかに集約されていたことになる。例えば、オスマン帝国といえば、イスラム皇帝であるスルタンが新たに即位すると、自分の兄弟たちを、その婦人部屋(ハーレム)や後宮の女性たちともども殺戮する、というイメージが浮かんできた[36]。インドと聞くと、裸身の哲学者(古代ヒンドゥーの裸行者)や(クリシュナ神の偶像である)ジャグラノートを思い出しただろう。一六六三年にフランスのカーン大学で行なわれた講義では、インドのカルカッタについて次のように説明していた。「カルカッタの住民はパンの価値が分からず、女性の貞潔を忌み嫌い、しばしば妻を交換しあった[37]」。

多くの読者は異国の書法に格別の関心を払っていたように思われる。アラビア語、エチオピア語、中国語そして日本語で書かれた文献が、セッターラとヴォルムの博物館に陳列されていた。メキシコは絵文字の使用あるいは「神聖文字」の使用が注目され、ペルーは縄の結び目による記憶法であるクィプを用いていたことを、誰もが思い浮かべた。メキシコの絵文字は一六二五年に初めて印刷され、サミュエル・プルカスが編集した旅行記の集成に収録された。オランダの学者ヨハンネス・デ・ラエトもプルカスの本を使って、一六三三年の著書『新世界』のなかで、メキシコ文化を紹介している。イエズス会の博識家アタナシウス・キルヒャーもまた、プルカスの記録を利用して、神聖文字に関する野心的な比較研究となった『エジプトのオイディプス』(一六五二〜五四年)のなかのメキシコ論の章を書いているのである。

ヨーロッパ以外の世界に関する西欧人の知識をもう少し詳しく知るために、日本と中国の場合を見てみよう。一五〇〇年の時点では、確かにマルコ・ポーロの旅行記が、ラテン語版で初めて出版された頃ではあったが、ヨーロッパ人はそもそも日本という国があるのかどうかも知らなかった。マルコ・ポーロは「チパング」と呼ぶ大きな島について言及していて、品行のいい居住民がいて「金が豊富に存在する」と書いている。スペインの宣教師フランシスコ・ザビエルの書簡でも、日本人が礼儀正しい民族であることを強調していて、この印象は急速に当時の「主要論題」となりつつあった。東洋学者のギヨーム・ポステルは、例えば『驚異の話』(一五五三年)のなかで、「ジアパン」(Giapan)は宣教師が到着する前から、実際、キリスト教徒であるかのような国だと指摘した。ポステルは「シアビア」(Schiabier)と自ら呼ぶ者からの情報を利用していたし、他のイエズス会の筋からの情報も得ていて、「ザカ」(Xaca)(他の表現だとブッダ)のことを救世主であり、かつ皇帝である「最高位の聖職者」とした。[38]

ボテロもまたイエズス会情報に従って、日本人のことを礼儀正しく、威厳のある民族だと理解し、スペイン人と比較したりしている。また、地震が多い国であり、「彼らがチャと呼ぶ貴重な粉末」（抹茶のこと）を水に混ぜたものを好むと信じていた。年月を経るにしたがって「主要論題」も増えていった。例えば、一六六九年、王立学会の定期刊行誌『哲学紀要』に「日本に長年滞在した慧眼の人物による、日本に関する観察」と題する論文が掲載され、日本について二〇点ほど特徴を述べていて、そのなかには「文字を上から下へ書くこと。政治は独裁制であり……左手の方が高貴だとされている」ことなどが書かれていた。ここでもまだ深刻な情報の欠落があることが分かる。十七世紀末になっても、フランスの代表的な地図作製者であるドリールでさえ、日本が島国であるのかどうかを依然として論じていたほどだ。

中国の場合は、「主要論題」はとくに多く存在した。中国の皇帝は名ばかりの存在であるとか、（ヴィーコの友人の哲学者パオロ・マッティア・ドリアが一七〇九年の著書『都市生活論』のなかで書いているように）中国人は非好戦的民族であり、野蛮人に侵略されても、征服されるがままに彼らを受け入れ、結局手なづけてしまうとか、中国人は西欧人よりも早くからアルファベットではなく表意文字を利用していたとか、火薬やおそらくは印刷術を発明したとか、言われていた。ヨーロッパで利用される千年前から、印刷術もおそらく火薬も、中国には存在した、とモンテーニュは書いているし、学者兼印刷業者のプロスペル・マルシャンは一七四〇年に、その二つの技術は東から西へと伝播したと論じている。

オクスフォード大学学長であったロバート・バートンは、優れた読書家ではあったが東洋学の専門家ではなかった。彼は有名な『メランコリーの解剖』（一六二一年）のなかで何度も中国に言及している。バートンがとくに心を打たれたのは、彼が「読書人官僚」(literati)と呼んだ(五四頁)中国役人の地位であった。彼は中国には乞食がいないことにも言及している。科挙に落ちた恥辱から自殺する風習とか、中国医学と西欧医学との比較などについても述べている。(マテオ・リッチから情報を得た)バートンによれば「医師たちはわれわれの世界の医師とは正反対の治療を行なった……彼らは患者に植物の根、香草、薬草を施した。彼らの医術はある意味で薬草学として理解することができる。医学校も、医療技術も、学位も存在しないが、商売のように、誰もが個人的に師匠から教わっている」(第二巻四部一、五節)。

これらの知識が未だ「主要論題」になっていなかったにしても、バートンの発言はすぐに「主要論題」となり、さらに幾点か付け加えられた。一六六六年に刊行されたばかりの新しい中国関連の書物を評釈している『哲学紀要』の一節に、中国人は「朝鮮人参の根を珍重し」、医薬品として茶を処方する、と書かれている。十七世紀のあいだ、中国哲学は医学と同様に西欧人の関心を集めた。特に孔子は、異教徒の聖人としてソクラテスと同列に扱われた(39)。

異国の知識を受容すると、半ば必然的に同化と類型化が行なわれる。西欧の「専門の」観察者でさえ、なじみの薄い文化を類型に基づいて理解してしまう傾向がある。アメリカの食人習慣とか東洋の専制君主の話のように、外国の文化と観察者の文化とのあいだの距離を、実際以上に誇張してしまう者もいる。全く反対のことをする者もいる。例えば、カルカッタでは、ポルトガルの船乗りヴァスコ・ダ・ガマがインドの寺院に入り、それをキリスト教会として眺めた。ブラフマー〔梵天神〕、ヴィシュヌ神そしてシヴァ神の結合を、彼は聖なる三位一体のイメージで捉えたのである。

ザビエルは、スペインの郷士である「ヒダルゴウ」（hidalgos）や「大学」を日本で見たことを報告している。もっとも、日本の天皇についてはローマ教皇のように見ていたようだが。イエズス会士はアリストテレスの分類学を中国に適用し、陰と陽の原理を「質料」と「形相」として解釈した。本国の読者はこのような類型的記述を批判することはできなかったのである。彼らによる「主要論題」の書物は、ときには偏見の寄せ集めと化す場合があった。

ともあれ、近代初期の読者がヨーロッパ以外の世界やその関連のことがらについて、読んだ内容をそっくりそのまま信じていたものと考えるわけにはいくまい。知識の信憑性は論ずべき主題であり、もっと正確にいうと、多くの論争を生むテーマでもある。次章で検討することにしよう。

第九章　知識を信ずることと疑うこと——終章

真理を発見したなどと口が裂けても言おうとしない、古代の懐疑論者たちは、それにもかかわらず、疑いを抱いている軽薄な議論を避け、探求の自由を重視する人間にとって、真理を発見する最良の方法が、真理の聖域へと導き、そのなかへ誘う唯一の方法のなかに存することを教えてくれる。

——セルダン

知識は信頼できるものである、と当然のように考えるわけにはいかない。文化や時代が異なれば、知識の信頼性の基準も違ってくるし、変化することもある。(1)近代初期のヨーロッパにおける最も重要な知的傾向の一つは、知識と称するものに対するさまざまな種類の懐疑主義の高まりであった。その傾向の規模を推し量ることは不可能だし、説明したとしても推測の域を出ないだろう。これから私が行なう解説も、明らかに、そして実際避けられないことだが、単純化され、推測されたものにすぎないことから、読者の方々もある程度の懐疑心をもって読んで欲しい。

序論的段階として、「高級な」一般的、哲学的懐疑主義と、「低級な」特定の、実際的な懐疑主義とを区別しておくことは有益であろう。実際的なレベルでは、例えば、ジャン・ボーダンはイタリアの歴史家パオロ・ジオヴィオに批判的であった。「彼が報告したペルシア人、アビシニア〔エチオピアの旧称〕人、そしてトルコ人の帝国に関する多くのことがらは、それが真実であるかどうか、そもそも彼が知っていたのかどうかも怪しいものである。彼は風評をそのまま受け入れていたからである」。いつものごとくぶらりとスカイ島にやってきたサミュエル・ジョンソンが、モンテスキューの『法の精神』についてボズウェルに語ったことと、ボーダンの言葉とを比べてみてもよいだろう。ジョンソンはこのようにモンテスキューを評した。「彼はね、奇妙な意見をもっともらしく見せたいときは、いつだって日本だとか、自分の知らない遠い国々の風習を持ち出すんだ」。「高級な」哲学的懐疑主義と、より日常的で実際的な知識もどきへの不信との相互作用は、本章の主要なテーマの一つとなるだろう。

ピュロン主義の復興

もっと一般的なレベルでは、哲学的懐疑主義あるいはギリシアの哲学者、エリスのピュロンの名に因んだ「ピュロン主義」に対する大きな関心がある。カルネアデスのようなピュロン主義者の著作と同様に、ピュロン自身の著作は失われて存在しない。だが、現象を超えたあらゆる知識の主張について、見解の多様性ゆえに、判断は保留すべきであるとする彼の主張の要約は[2]、後代のギリシア語原典、セクストゥス・エンピリクスの『概要』に収録され、読むことができる。セクストゥス・エンピリクスの原典はルネサンス時代のイタリアで再発見された。一五六二年にフランスで出版され、一五六九年にはそこでラテン語に翻訳された。この原典はモンテーニュも知っていて、霊感を受けてかの有名な座右の銘「私は何を知るか?」(Que sais-je?) を思いついたと言われる。疑問符がついているのは、彼が懐疑主義に対しても懐疑的であったことを示している。モンテーニュの弟子であったピエール・シャロンは、他方、もっと断定的に否定する「私は何も知らない」を好んだ。十七世紀初めまでに、懐疑主義の思想を魅力的と感じる学者集団がフランスに出現していた。いわゆる「博識な自由思想家《リベルタン》」のことである。(3)

十六世紀、十七世紀ヨーロッパにおける懐疑主義の学説の魅力は、「宗教改革の知的危機」と言われてきたものに対する反応にあった。カトリック教会とプロテスタント教会とのあいだの宗教的信条の根拠をめぐって展開された論争のなかで、聖書も教会の伝統も、いずれの側も、自分の立場を擁護することより、敵を攻撃する点で成功を収めていたことが、その理由とされた。(4) この議論はもっともらしく聞こえる。だが、ひとたび始まってしまうと、懐疑主義は宗教的問題を超えたところまで及ぶようになった。

例えば十七世紀フランスの作家フランソワ・ラ・モト・ル・ヴェイエは、歴史の著作は信じることができない、何故なら、国家とか宗教とか、見る視点が異なれば同じ事件でも違って映るからである、と述べた。ラ・モトによれば、問題の本質的は不公平の問題である。それは、例えばスペインの問題であり、あるいは、自分の側の成功を誇張し、失敗を最小限に記述するような、カトリック教会の問題であった。ピエール・ベールもこの点では同意見であり、近代の歴史家の著作を読むのは、事実について知りたいからではなく、著者の偏見について知りたいからだ、とまで言って憚らない。実際、不公平つまり利害や「偏見」の問題は、十七世紀の歴史記述に関する論文で取り上げられた中心的な問題であったのだ。[5]

学者たちを悩ましたもう一つの問題は、過去における真正のテキストと偽造されたテキストをいかに区別するか、という問題であった。「ダレス」あるいは「ディクティス」の名で流布し読まれたトロヤ戦争の物語は、本物なのだろうか、それとも偽造されたものなのか。キリスト教の教義を予言しているようにも読める「ヘルメス・トリスメギストス」が書いたとされる文書は、本当に古代エジプトで書かれたのか、それとも紀元後になって書かれたのか？　カトリック教会の教父たちが書いたと言われるテキストは、すべてアウグスティヌスやアンブロシウスらが実際に書いたのだろうか？　そうだとすると、ギリシアやローマの古典の作者を、プラトン、ホメロス、ヴェルギリウスそしてホラティウスだと考えることは、どれだけ信憑性があるのか？　十八世紀初頭のフランスのイエズス会士ジャン・アルドゥアンは、古典の著者をことごとく疑ったことで悪名高い。その見解は一般的には極端すぎるものとして否定されたが、一部の特定の古代テキストの著者については、彼と同様に疑っている学者もいる。[6]　有名な例は、いわゆる（古代シチリアの暴虐をふるった僭主）「ファラリスの書簡」の場合である。後になってイギリスの学者リチャード・ベントレーが一六九九年に、後代（二世紀末）に捏造されたものであることを立証した。懐疑主義者の第一人者であるジャン・アルドゥアンは、決して時流から外れていたわけではないのである。古典作者の信憑性をめぐる論争の結果、多くの文献研究が生まれ、未詳の作者を探し出したり、偽名の著者の本名を暴いたりした。例えばドイツの博識者ヴィンケント・プラッキウスは『作者未詳の著作について』（一六七四年）という本を書いている。

もし著者であることの証拠があやふやだったりしたら、そこに語られている物語の信憑性はどうなるのか？（ヴェルギリウスが書いているのだが）アイネイアスは本当にイタリアに行ったのか、そして（歴史家リヴィウスは自分の語る出来事を、かなり時間が経過してから書いていることから）古代ローマ史の最初の数世紀について、何であれ知りうるものは存在するのか、と学者たちは問い始めたのである。

知識の地位が問われるようになった、もう一つの大きな議論の場は、特に十七世紀の自然哲学であった。この領域においては、見かけの現象界を超えた世界、例えば原子の世界が発見されたことにより、そして、それに引き続き沸き起こったこの世界の本性をめぐる論争によって懐疑主義が促進された。よく引用される「新哲学は何もかも疑ってかかる」という詩人ジョン・ダンの言葉は、この状況を的確に言い表わしている。フランスでは、例えば自然哲学者ピエール・ガッサンディとマラン・メルセンヌが、記述に重点を置き、説明を一切排した「現象についての知識」（scientia apparetiae）を認めることにより、事物の本質に関する適度で「穏やかな」懐疑主義を展開していた。[7]

ナポリでは医師のレオナルド・ディ・カポアが医療知識の確実性に関して疑義を呈していた。

ロンドンではロバート・ボイルが、対話篇『懐疑的化学者』（一六六一年）のなかで「カルネアデス」という名の登場人物の口を借りて自分の見解を述べている。ボイルはモンテーニュが用いた「エセー」〔essay「随筆」と訳されるが「試み」の意もある〕という用語で、自分の書いたものを表現し、まさにその仮説的な性質を強調した。「自分が信じる意見の不確実性」が伝わるようにと、彼がよく「ありそうにない話ではない」といった遠回しの表現を用いたのと同様である。[8] ボイルと同じように王立協会の会員であったジョゼフ・グランヴィルは、『独断論の虚しさ』という表題の本を書いて、穏やかな懐疑主義の立場を擁護した。ジョン・ロックは『人間知性論』（一六九〇年）の「知識と意見」に関する議論（巻四第一二章）のなかで、「われわれの能力は、物体の内部構造や実在的本質にまで迫るようにはできていない」と述べている。人間の能力の限界についてのロックの見解は、ガッサンディを思い出させるが、自分の結論は暫定的なものにすぎない、という含みをもたせて「エセー」という言葉を使った、という点では、ボイルやグランヴィルと同列であり、モンテーニュの伝統に位置する。

実践的懐疑主義

こうした哲学者の動きにともない、実用的あるいは実践的な懐疑主義が次第に目立つようになり、最終的にはかなり多くの人びとに影響を与えたと思われる。古代の権威、とくにアリストテレスが批判の俎上にのぼり、大学などの知的「権威」そのものも疑われるようになっていった。今日の人間であれば「原文に基づく」批判あるいは文芸批評と呼ぶようなものを表現するために使われた「批判的」という言葉が、十七世紀末から十八世紀初頭にかけて、肯定的で当世風の言葉として流布した。書名に「批判的」という形容詞を冠したものが、この時代に多く見られるようになったことは、こうした変化の一つの現われである。例えば、リシャール・シモンの『旧約聖書の批判的歴史』（一六七八年）、ピエール・ベールの『歴史批評辞典』（一六九七年）、ピエール・ルブリュンの『迷信深い慣習の批判的歴史』（一七〇二年）、およびスペインの僧侶ベニト・フェイホーの『普遍的批判的劇場』（一七二六年～）などである。

実践的懐疑主義は、哲学論争だけでなく、印刷物の普及によっても助長された。本書の主題の一つでもある「情報の急増」が拍車をかけたのだ。印刷機によって、競い合う主張の存在が、以前にもまして広く知られることとなったからである。例えば、すでに述べたように、モンテーニュはスペインの征服について、スペイン支持派のロペス・デ・ゴマラと、反スペイン派のベンゾーニの両者の本を読んでいたし、ブラジルについても、カトリック教会のアンドレ・トゥヴェとプロテスタント教会のジャン・ド・レリの両方を読んでいた。さらに『エセー』（巻三第七章）で彼は、政治理論に関する二人のスコットランド人の本を同時に読み、君主制に関する彼らの見解ほど深く対立しているものは、これまでなかった、ということを冷静に観察している。「権力と支配力において、民主主義者は国王を荷馬車引きよりも低く扱い、君主制主義者は国王を神よりも上に置く」。

異なる「権威」が互いに異議を唱え合う、という問題を意識したことは、どんなかたちであれ新しいことではなかった。十二世紀の哲学者ピエール・アベラールの論考「然りと否」（Sic et Non）ではすでにそうした矛盾が指摘されていたからだ。とはいえ、書物が増えたために、同じ現象に対して異なる記述が存在し、同じ出来事について違った説明がある、といった食違いが多く存在することを、以前にもまして大勢の人びとが気づくようになったことは確かなことである。(9)

出来事に関する物語の信憑性が疑われたのと同じように、旅行の記述についても批判的な吟味がなされた。遠い異国の地へ旅する者がそこで見聞したことを書物にして出版するようになるにつれて、それらの記述間の食違いも明らかになっていった。ドミニコ修道会の宣教師ホアオ・ドス・サントスは、デュアルテ・ロペスによるアフリカの記述を批判し、見聞したという場所に実際は行ったことのない著述家のことを「嘘つき」と言って非難した。このように旅行家のなかには、他の旅行記の不正確な点を批判する者も出てきたのである。旅行談のなかには、作り話であることが露顕したものもある。リチャード・ハックルートはその有名な叢書の第二版で、「ジョン・マンデヴィル卿」の旅行記を虚構であるとして排除したし、ジョルジュ・サルマナザールの『台湾誌』(一七〇四年)も創作であることが判明した。

サルマナザールはフランス人だったが、イギリスに渡って自分を台湾人であると偽り通そうとした。彼の『台湾誌』には、初期の台湾島の記録から得た情報も含まれていたが、自らでっち上げた話も付け加えられていた。台湾島は日本に属しているとか、台湾文字があるなどと書かれていたのである。偽造が発覚する前に、サルマナザールは王立協会に招聘され、ハンス・スローン卿と会食した。折しも彼の本がフランス語とドイツ語に翻訳された頃である。ソールズベリ主教ギルバート・バーネットがこの詐欺師に向かって、台湾人であることを証明して欲しいと迫ると、サルマナザールは、「あなたは台湾に行って自分がイギリス人であることを証明できますか、見たところオランダ人のように見えますのに」と応酬したと言う。それでも、当時新しく発刊された学術雑誌の一つ『ジュルナール・ド・トレヴー』[10]に寄せられた、あるイエズス会士の一七〇五年の論文で、彼の捏造は広く知られることとなったのである。

偽造を見破る話はこれくらいにするが、たとえ現地に行ったことのある本物の旅行家の場合でも、自分の眼でじかに観察する代わりに、過去の文献を参照したり、書き写したりすることがあり、それがどれほどのものであるか、という点に批判が集中するようになった。換言するならば、ここでもまた、異なる証拠の信憑性を評価しようという試みがなされたのである。旅行記批判が急を要する問題となった背景に、王立協会などのヨーロッパの学術協会が世界各地の自然現象の情報を集めだして、旅行家の観察に依存するようになった、ということがある。学者たちは観察して欲しい情報についての質問表をつくり、印刷さえして、協力してくれる旅行者を導こうとしたが、集められた証言が信じられるものかどうか、それをどう評価するかという問題が残った。冷たさの効果に関する研究のなかで、例えばボイルは一六六〇年代にロシアを訪れたサミュエル・コリンズという医師の証言を利用している。

十七世紀になると、歴史叙述の情報源として口承伝統を用いることは少なくなっていく。歴史家たちが口承情報の信用性を次第に疑うようになったからである。イギリスの古物研究家ジョン・オーブリーは、妖精に関する「昔話」が廃れたのは、「イギリス市民戦争の少し前に……流行《はや》りだした」印刷物の増加のためだ、と述べている(11)。

小冊子や特に新聞が同じような効果を発揮した。十六世紀には、例えばドイツの宗教改革やオランダのスペインからの独立戦争の間に何千もの小冊子が印刷されたように、競い合う小冊子が公衆を前にして、互いの言い分を否定し合っていた。当時好まれた表現を使うならば、互いに相手の嘘の「仮面を剥いで」、真の動機を暴露し合い、あらゆる団体の議論に読者が疑いの眼をもって接するよう促していたのである。この点は、一九三〇年代の似たような状況のなかで、カール・マンハイムが指摘しているのと同じである（一五頁）。

起きたばかりの出来事についても、複数の報告が食違いを見せることがあり、そのため近代初期の読者は、ますます分別ある懐疑主義者になっていった。一五六九年にあるイギリス人が述べているように、「われわれは毎日多くのニュースに接するが、それらは矛盾しているときでも、みな真実であると言い張る」のである。[12] 十七世紀になると簡易新聞が刊行されるようになり、たとえ「事実」の報告であっても決して信用できない、ということを、ますます多くの人びとが知るようになった。というのも、例えば戦争のような出来事について、対立する食い違った記事が、大都市では同じ日に届けられ、容易にそれらを比較し対照することができたからである。このような新聞では、以前の号で急いだため誤って伝えた内容を、後の号で訂正することがあったが、まさにその公正な態度が、ますます多くの読者を批判的な眼でニュースを読むように仕向けたのである。十七世紀後半の歴史家は互いの著作を、「架空の話」だとか「新聞」に譬えて非難し合うことが少なからずあったが、この二つの言葉はこうした文脈では同義語だったのである。[13]

歴史家は「危機」とか「革命」といった劇的な表現をやたらと使い過ぎ、そのために自らの知的な信用を貶めている、とよく言われる。だが以上挙げてきた理由から、前のところで引用した「宗教改革による知的危機」や、思想史家のポール・アザールが一六八〇年から一七一五年までの期間を表現するために、自らつくった「ヨーロッパ的意識の危機」[14]という有名な言い回しに倣って、十七世紀後半のヨーロッパに「知識の危機」が訪れたと語ることは、決して無理なことではないのである。「危機」（crisis）という言葉は、本来は医学用語であり、患者が生きるか死ぬかの瀬戸際である、「危篤」の病状になったときのことを意味した。できる限り原義に忠実でありつつ、この用語を状況に当てはめるならば、比較的短い期間の混乱や動揺で、その結果一定の知識の構造が別の構造へと変容するような場合には、この「危機」という言葉を使ってもよいと思われる。

十七世紀後半に「意識の危機」があろうとなかろうと、「危機の意識」があったことは確かである。哲学者たちは知識の問題に解決を与えようと努めていて、その結果二つの可能性、二つの方法に彼らは到達したのである。

幾何学的方法

一つの方法は、ルネ・デカルトを連想させる幾何学的方法である。数少ない公理から知識体系を演繹した『方法序説』（一六三七年）のなかで述べていることだが、デカルトはすでにこの方法により、自らの懐疑的危機に対する解決法を発見したのである。この解決法は、フランスや各地にかなりの衝撃を与えた。一七〇九年に出版されたフランス科学アカデミーの歴史についての序文のなかで、ベルナール・ド・フォントネルは、この方法に対して忘れがたい言葉を残している。「幾何学的精神は、数学以外の知識の領域に持ち込んだり、適用したりできないほど密接に、幾何学に属しているわけではない。たとえ道徳、政治学あるいはおそらくは雄弁術の本であっても、幾何学者が書けば、もっと洗練されたものとなるだろう」と彼は書いている。

フォントネルの主張は今日からすれば、誇張しているように感じられるだろうが、幾何学的方法が数学の範囲を超えて適用しうる、と信じた者はフォントネルだけではなかった。例えばヤンセン主義者であったピエール・ニコルは、恩寵の神学に関する「幾何学的試論」を書いた。アヴランシュの司教ピエール＝ダニエル・ユエは、『福音の証明』（一六七九年）のなかで、歴史的な宗教としてのキリスト教の真理性を、次のような「公理」を基礎にして確立しようと試みた。「あらゆる歴史的著作は、当の事件と同時代かあるいはそれに近い年代の多くの書物と同様の語り方で、実際に起きた事件のことを語っているのならば、真実を伝えていることになる」。

幾何学的方法への熱狂は、フランスだけに限られていたわけではない。例えばスピノザは『エチカ』のタイトル・ページに「幾何学的方法により証明された」という文句を書いた。ジョン・ロックも『人間知性論』（一六九〇年）のなかで似たような主張をしていて、数学に基づく道徳を「証明可能な知識」の部類に入れている。アイザック・ニュートンの後継者であるジョン・クレイグは、『歴史的証拠の規則』（一六九九年）のなかで、次のように公理や定理の形式で歴史的方法を論じている。「歴史資料の信用性は、記録された事件とその資料との距離に比例して変化する」と。

ライプニッツは幾何学的方法を一般に適用することに対して懐疑的であったが、彼はある種の普遍数学が存在し、それによって意見が食い違う哲学者たちが腰を下ろして、真理を計算するようになることを望んでいた。これを実現するには、「一般言語」とか「思考のアルファベット」（alphabetum cognitionum）を考案しなければならないだろう。このような普遍言語への信念は、十七世紀には珍しいものではなかった。最も有名な試みの一つは、王立協会の会員でもあったイギリスの司教ジョン・ウィルキンスによってなされた。数学と、中国語を書くのに用いる文字〔漢字〕に影響を受けて書かれた『真の文字と哲学的言語に関する試論』(一六六八年)のなかで、ウィルキンスは言葉ではなく、事物を直接指し示す記号の体系を提案している。[15]

経験主義の興隆

幾何学的方法以外に、知識の危機から抜け出す別の試みが存在した。当時はさほど注意を惹かなかったものの、後に有名になった一つの方法は、ジャンバティスタ・ヴィーコが『新しい学』(三三一節)のなかで定式化したもので、「事実の真理」(verum-factum)の原理というものである。すなわち「疑いの余地のない真理、市民社会が人間によってつくられたということと、その原理がそれゆえわれわれ人間精神の変容の内部に発見されること」である。

危機に対するもう一つの対応は、少なくとも一部の領域においては「自然知識を生み出す系統的手段」として見なされた実験的方法の発達である。[16]「自然を問い質す」というベーコンの理論と、ボイルの例えば空気ポンプなどの実験は、この場合の典型である。系統的な実験は、決して十七世紀の発明ではない。実際十三世紀のある哲学者は、太陽光の反射と屈折という観点から虹の成因を説明するために、水晶玉とフラスコに入れた水を使った。新しかったのは実験的方法の普及であり、実験が「知識を生み出す実践行為」として、ますます受け入れられるようになった、という点である。[17]

運の悪いことに実験を通じて自然世界のすべてを研究し尽くすことは不可能であり、人間社会のこととなればなおさらである。物理や化学に有効だからといって、普遍的なものと考えることはできまい。例えば天文学や植物学では、別の方法を必要としていたのだから。とはいえ、帰納法あるいは経験主義は、いつも存在していた。この方法（三三一頁で論じた）は、実験とくらべて、積極さと系統性に欠けてはいるが、実験の一種とも言えるものであり、応用の広さという点では実験よりも優っていた。

懐疑主義への反動として、換言すると、特定の時代になされた発明や発見として、経験主義を語るのは、変かもしれない。経験主義あるいは帰納法が普遍的方法であることは、自明のように思われよう。だが、モリエールの戯曲『町人貴族』の登場人物ジュールダンが韻文を語るときのように、われわれの多くは経験主義のことを、分からずに語っているのである。真理の歴史に関する最近の論文によると、そもそも人の言葉を真実として受け入れる理由は四つしかないと言う。すなわち、感情、権威、理性、感覚知覚の四つである。確かに「この四つのカテゴリーはつねに身の周りに存在していた」が、四者の均衡はそれらが置かれた文化や時代によって変わるのである。[18] 近代初期における四者の均衡は、理性と感覚知覚（直接得られるものも、望遠鏡や顕微鏡などの実験装置を介して得られるものも含まれる）の結合に偏っていた。当時新しかったことは、科学機器の利用、特殊な事実についての増加しつつあった系統的収集、そして実用的な手引きの登場などと結びついた、ますます先鋭になっていく方法意識であった。著述のなかで語らねばならないときほど、自らの方法を意識させることはないからである。

哲学という高尚な場に話を戻そう。植物標本とか政治制度に関心があったにもかかわらず、アリストテレスは個別の対象についての知識を排除し、『分析論後書』のなかで「知識は普遍者の認識に依拠すべきである」と主張した。アリストテレスの『動物誌』は、それをもとにして一般化しようと思えばできるものであったが、それ自体は決して真の知識を与えるものではなかった。だから、個別の対象は記述（historia）するのに適した対象であるとされたのである。ヒポクラテスからガレノスにいたる医師たちは、個別の対象に関する知識を、アリストテレスよりも重視していた。そもそも「経験主義者」［empirics やぶ医者の意味もある］という用語は、古代ギリシアでつくられた言葉であり、「教条主義者」（dogmatist）に対抗する医療学派のことを指していた。しかしながら、認識論に関する限り、経験主義者はアリストテレスよりも軽く見られていたのである。

だが十六世紀以降になると、個別のものや細部についての知識（cognitio singularium）が、医学から博物学にいたる多くの知識の領域で、以前よりも重視されるようになり、ベーコンからロックにいたる哲学者たちにも擁護されるようになった。「経験主義」（empiricism）それ自体は十八世紀に生まれた言葉である。[19]

カルロ・ギンズブルグが有名な論文のなかで論じたように、ものごとの細部は、何か大きいものへの「手がかり」になるがゆえに、重視されるようになったのである。[20] 医師たちは、一見したところ取るに足りない「症状」を基礎にして、長らく病気の診断を行なってきた。十六世紀になると、一部の自然哲学者は「博物学」を、あるいは観察と記述を、前よりも真剣に取り上げるようになった。[21] 例えばイタリアの植物学者ピア・アンドレア・マッティオーリは、「細部」（minutae）を直接観察することの重要性を主張した。以前にはなかったにせよ、十七世紀になると、医師ジュリオ・マンチーニを含む鑑定家たちが、一見重要ではなさそうな細部をもとに、絵画の真贋を判断するようになった。[22] 天文台、望遠鏡、顕微鏡などの器械のおかげで、以前にもまして入念で精確なものとなりつつあった観察は、自然世界に関する知識の処理や生産において、重要な役割を果たすようになる。そして、外国の習俗を観察する技術という意味での「旅行の技術」に関する論文が出始めたこともあって、人間社会の知識についても、同様に観察が重視された。

　治療すること（「経験主義者」の実践も含む。三二一頁参照）が、知識の理論を再構築するための一つの模範であるならば、法廷で裁くという実践的活動もまたもう一つの模範であった。目撃者の信用性を評価する点で、法律家と歴史家を類似したものと見る習慣も、この時代にはよく見られるようになっていた。証言の不偏性に限度があることを示すため、当時よく言われたように「証言は重視すべきだが、当てにしてはならない」のである。この評価には、十八世紀の法律家ジョフリー・ギルバート卿が「目撃者の信用性あるいは適性」と呼んだものについての考察も含まれていた。法廷と同様に科学実験の場合も、目撃者の信用性は彼らの社会的地位に結びつけられた。下層階級の人間の発言よりも、紳士の発言の方が信用できるとされたからである。[23]

　法律家たちの方が逆に自然哲学者から学んでいて、専門の「熟練した」目撃者をますます利用するようになった、いうことは十分にありえる。行なったとされる奇蹟が真正のものか否かを検証する作業は、聖人の神格化には欠かせないものであり、近代初期になるとその検証はますます厳格なものとなっていった。神聖さの「審理」の場であるローマは、リンチェイ・アカデミー（ガリレオも会員であった、自然哲学の学会）の場であるローマとさほど離れてはいなかったのである。[24] 証拠への高まりつつある関心は、十七世紀および十八世紀の魔女裁判においても見ることができる。そこでは魔女の存在を原理上容易に受け入れてしまう判事たちでも、証人が立証能力に欠けるという批判は、何度も考慮に入れていたのである。

現在われわれが「テキスト批判」と呼ぶもの、つまりたび重なる書写の過程で、次第に内容が失われつつあるにもかかわらず、原典テキストを復元しようとする試みも、やはり十六世紀から十七世紀にかけて活発になった。批評家の言葉は、法廷の影響を暴いてしまう。エラスムスなどのユマニストの編集者たちは、復元しようとしている原典テキストを読んだ、多くの「目撃者」について、彼らの証言が偏っていないかどうかを調べたが、同じように、原典著者の個人的な草稿を調べることも怠らなかった。(25)

他方、research（研究）という語は、同じ意味の他の言語 recherche や indagine などと同様に、法的な調査や取調べからきた語であるように思われる（七五頁）。証拠という用語は、哲学者や歴史家の手で普通に記されるようになる以前に、法律家の口から発せられた言葉であった。歴史学の方法や科学的方法をめぐる論考で用いられる以前に、「事実」（ラテン語は factum）という語は、「事後共犯」（an accessory after the fact）とか「事実問題」（matters of fact）（法律問題 matters of law とは区別された）といった表現を通じて法廷で用いられていた。(26) この時代の歴史家も自然哲学者も、自分の著作と法廷の現場とのあいだで、類推を働かせていた。例えばロバート・ボイルは、実験の証人を法廷における殺人事件の目撃者にたとえていた。(27) 一部の歴史家は、ゴットフリード・アルノルトの『キリスト教会および異端の公正なる歴史』（一六九九〜一七〇〇年）のように、公正なる判事と共に歴史を書くと主張していた。

歴史的知識は不可能だとするピュロン主義者の主張に応えて、哲学者たちは確実性よりは蓋然性を強調するようになり、ロックが言ったように、異なる「同意の程度」を見分けるようになった。例えば「疑いえない目撃者による同時期の証言」によって、「事実問題」は立証されているのだから、「ユリウス・カエサルという男」がかつてローマに住んでいた、と信じることは妥当となる（『人間知性論』第四巻一六章）。歴史家も法律家もこの先例に従う。『証拠の法則』（一七五九年）という書物のなかで、ジョフリー・ギルバートはロックの「同意の程度」という考えを踏襲し、自ら「蓋然性の段階」（証明、本当らしさ、などの意）と呼ぶものにしたがって証拠を論じた。[28]

脚注の発達

個別の対象に新たに与えられた意義は、日常的なレベルで起きた学問的慣習の変化と関わりをもっていた。自然哲学者や官僚のあいだでは、偏りのない非個人的な知識（後になって「客観的」と表現されるようになる）という理想と関連して、数への信頼が日増しに高まっていた。[29] 歴史家のあいだでは、証拠の事実を書く習慣が成立し、それにともなって脚注の習慣が生まれた。[30]「脚注」という語は、決して文字通りに受け取ってはならない。重要な点は、特定の原典を読む読者への何らかの案内を与える習慣が広まった、ということである。どこに証拠があるのか、もっと情報を得たいときはどうするか、その情報が原典自体に含まれているのか。こうした点が、頁の欄外（「傍注」）や頁の底辺（「底注」）、あるいは裏表紙や文書を含む特別の補遺で示された。『歴史批評辞典』において、ピエール・ベールは、傍注（参考文献の案内）と脚注（他の学者からの引用や批判）を用いた。こうした習慣の主な効果は、情報は水のように源泉に近いほど純粋である、という原理に基づいて、必要な「出典」にまで遡るのを容易にすることであった。歴史の注釈は、実験の詳しい記述と同じように、読者が望むならば著者と同じ体験ができるように、という配慮の結果、付されているのである。

「原典への回帰」（ad fontes 源泉へ）というスローガンは、ルネサンスのユマニストとプロテスタントの改革者が共有していたものであり、ある十六世紀の歴史家たちは、過去について書くに際して、依拠している写本を注意深く調べるようにした。だが脚注が広く慣例となったのは十七世紀である。例えばジョン・セルダンは自分の著書『十分の一税の歴史』（一六一八年）の欄外を、参考にした出典名で埋めつくした。そして序文で「証拠となる文献は、数ではなく質で選び、そこから欄外の余白に入るだけ書いた。決して又聞きなどではない」と誇らしげに説明している。サンチョ・デ・モンカダの小冊子『スペインの政治的復興』（一六一九年）のような、学術的ではない書物でさえ、欄外に権威ある古典をつねに引用していた。例えば、聖書や古典とともに、ボテロの世界地理学などの参考文献も引用されていたのである。

セルデンや彼のような学者の例は、十七世紀後半以降ますます増えてゆく。ドイツの学者ヨハネス・アイゼンハルトは歴史家の信頼性に関する著書（*De fide historica*）（一六七九年）のなかで、原典を引用することの意義を強調した。ほぼこの時代からは、歴史の専門文献では「典拠となる原書」に言及する習慣が定着し、そのことをわざわざ強調することが多くなってゆく。ルイ・メンブールは、『カトリック同盟の歴史』（一六八四年）の前書きで、原典を参照していることを誇らしげに語ったし、ガブリエル・ダニエルの『フランス史』（一七一三年）は「読者に読んでいる箇所の記述のもとになった原典を示す」（les sources d'où l'on a tiré leschoses qu'on leur raconte）傍注の価値を強調していた。

変わりゆく学者の習慣の変化の証拠として、『イギリス史』に「ページの欄外に参考文献」がないため、不満を抱いた読者（ホーレス・ウォルポール）に対して、デーヴィッド・ヒュームが行なった弁明を挙げてもよいだろう。一七五八年に書いたウォルポール宛の書簡のなかでヒュームは、マキャヴェリやサルピなどの「すべての優れた歴史家たちの実例に唆《そその》され」てしまい、「ひとたび始められた」参考文献を付ける習慣が「あらゆる著作家によって遵守されるべきである」という点を考慮しなかったことを認めた。この点でヒュームは少し時代遅れだったのだろう。というのも、すでに十七世紀初めには一部の歴史家たちは、参考文献を明示していたからである。（本書を含む）多くの歴史研究で依然として続いている、この脚注をつけるという手続きは、近代初期の知識の問題をめぐる論争から発達した。

信じやすさ、疑い深さ、そして知識の社会学

学問分野の内部や学問分野間で生じた、蓋然性と確実性をめぐる論争は、文献資料の面で比較的容易に裏づけることができる。前のところで行なった区別に戻ると、実用的な面での変化は見えにくいものである。十七世紀後半において、普通の人びとが以前よりも騙されにくくなったのか、という問題に答えることは、実際困難である。困難な理由の一つは、「信じやすさ」と見なすものは、

文化によって異なるからだ。だが、英語を例にとってみると、この言葉の歴史には、教わるべき何かがある。おそらくイタリア語やフランス語でも同じような物語があるだろうし、他の言語でも同様だろう。

英語の場合、「信じやすさ」(credulity)という語は、本来「信念」(belief)を意味した。初期のキリスト教徒の著者の眼で見ると、それは美徳であった。十七世紀を通じて、この語の意味は、軽蔑的なものへと変化していく。容易に(あるいは無批判に)ものごとを信じる傾向をもつ人びとを指して、用いられるようになったからだ。例えばジョゼフ・グランヴィルは「根拠のない信じやすさ」について書いている。保守的な聖職者であったメリック・カソーボンでさえ、本質的には無神論を攻撃した書である『信じやすさと疑い深さについて』(一六六八年)のなかで、「無分別で」(unadvised)「軽率な」(rash)、あるいは「安易で」「根拠のない」信念という意味での「信じやすさ」を、注意深く避けて使わないようにしていた。反対に、「疑い深さ」(incredulity)という語は、最初から軽蔑的な意味であり、当初は「無神論」に対して用いられたが、しだいに「信じられないもの」に対する不信ならば、何に対しても言うようになり、広く曖昧な意味で使われるようになった。信じやすさと疑い深さを「不道徳な両極端」と表現したカソーボンや、『メランプロネア、あるいは暗黒の組織と王国について』(一六八一年)によって、「無神論的な疑い深さ」と愚かで「行き過ぎの信じやすさ」のいずれでもない、二者の中道を歩もうとした、ヘンリー・ホリウェルのように、両者は相補的な反対概念となった。[31]

真理の道を妨げる誤謬や障害の原因について、以前にもまして頻繁に分析が加えられるようになったが、それは認識論への高まりつつある関心の副産物であり、徴候でもあった、と受け取ってもよいだろう。『新機関《ノヴム・オルガヌム》』の有名な一節で、フランシス・ベーコンは「人間精神に深く取りついているため、真理がなかなか入っていけない」四種のイドラを識別した（第一巻三九～四四節）。「種族のイドラ」は人間の本性に根ざしていて、人間をあらゆる事物の尺度にしてしまう。これと比較すると「洞窟のイドラ」は、一人一人がもつ個人的な誤謬である。「劇場のイドラ」は「哲学者たちのさまざまな教え」に由来するものであり、ベーコンはこれを「多くの舞台演技」と同様に追放した。ベーコンの分析のなかで最も「社会学的な」部分（時代錯誤であることは承知の上で、便宜上いうならば）は、「人間が互いに交流したり、関係し合うことによって形成される」「市場のイドラ」のくだりである。十八世紀になると、ジャンバティスタ・ヴィーコが自らイドラの分析を、あるいは彼の言葉でいうと「傲慢」（boria）の分析を行なっている。注目すべきは国家の傲慢であり、どの国も文明を発見したのは自分だと思い込んでいる。そして自分の思想が世界と同じくらい古くからある、と信じる学者の傲慢についても彼は指摘している（『新しい学』一二四～八節）。

ベーコンとヴィーコが行なった分析は、近代初期において最も独創的で洞察力に富んだものであり、思想史家が注目するのも分からなくはない。だが、知識の社会史という観点からすると、この時代に歴史的認識論の日常的形態が成立した点を強調することの方がもっと重要である。「不公平」や「偏見」という語が、普通に使われることが多くなったからである。「仮面」、「隠れ蓑」あるいは「ベール」などの言葉が、欺瞞を見破るときの隠喩として、しきりに使われるようになった（だからこそ、歴史家パオロ・サルピのことを、詩人ミルトンは、トリエント会議における「偉大なる仮面剝ぎ」と表現したのだ）。前のところで論じた「宗教改革による知的危機」や引き続く宗教戦争の時期には、一部の懐疑的な人びとや集団が、宗教への訴えは偽装にすぎない、と主張していた。

例えば十六世紀後半の宗教戦争の時代、フランスのいわゆる政党の構成員たちは、カトリックもプロテスタントも同様に、過激主義者は宗教的ではなく政治的な動機で動いていると主張した。例えばフランスの高等法院副院長ジャック゠オーギュスト・ド・トーは、「宗教を使って自らの野望を隠蔽するスペイン製の隠れ蓑をつくる連中」について書いている。同様に王党派の歴史家エドワード・ハイドは、イギリス市民戦争のときのチャールズ一世の敵対者をほとんど同じ言葉で非難している。「宗教は反逆のたくらみを隠す隠れ蓑と化している」と。

長い時代を通じて人間の歴史を振り返ってみると、トマス・ホッブズやジェームズ・ハリントンなどの反教権主義者は、カトリックであれプロテスタントであれ、あるいは実際のところエジプト的、ユダヤ的、イスラム的など何であれ、十七世紀後半になって「僧侶の政略」（priestcraft）と呼ばれるようになりつつあった行為を非難した。十八世紀初めに出版された著者不明の論考は、モーゼもキリストもマホメットも、自分は神と特別な関係にあると言って人びとを騙すことのできた「三人の詐欺師」として一括して非難したが、この非難は啓蒙主義の時代以降まで連綿と続く一つの傾向の、もっとも有名な例である。

このような種類の策謀は、通常「利益」（interests）という観点から説明される。「利益」という語は十六世紀後半に使われるようになった語であり、政治のことであれ、経済のことであれ、あるいは公的なことがらであれ私的なことがらであれ、そして国家の利益であれ、個人の利益であれ、十七、十八世紀になるとさらによく使われるようになった[33]。

アンリ・ド・ロアン公爵は『キリスト教君主および国家の利益』(一六二四年)という本を書いている。エンリコ・ダヴィラの有名な歴史書『フランス市民戦争』(一六三〇年)では、市民戦争を、冒頭の段落で、宗教などの「さまざまな口実」によって擬装された「私的な利益」の抗争であると説明している。ジョン・セルダンもまた「座談会」の記録のなかで、イギリスの市民戦争に関して、似たような解釈をしている。「あらゆる戦争において宗教を騙る秘密のやり口とは、あらゆる人間が利益を得るような何かを見つけ出すことだ。そこには馬丁も領主と同じような利益に与る。それが土地であれば、一方は千エーカーを、他方はただの一エーカーでよい。だが千エーカーすでにもっている者ならば、危険を冒したりしないだろう」。

利益と信念との関係のより一般的な説明は、キリスト教を擁護する著書『聖なるものの起源』(一六六二年)の序文で、イギリスの主教エドワード・スティリングフリートが行なった。ベーコンのイドラ説を独自に解釈したくだりで、「なぜ知識を詐称する者は真理の光明を得られないのか」を説明しようとしたスティリングフリートは、「不公平」、「偏見」、「先入観」、権威の色「眼鏡」、習慣と教育、および思想と「利益」との「一致」と彼が呼ぶものについて論じている。

カール・マンハイムは十六世紀、十七世紀の市民戦争、そして十八世紀のイギリスの政争に対しては、知識社会学が適切であることを熟知していた。「基本的には、つねに人びとの思想を導いてきた集合無意識による動機づけに、人類が初めて気づいたのは、政治闘争においてであった……。

思想の社会状況的基盤の最初の発見は、それゆえ、暴露の形態をとった」と彼は主張した。他の知識形態と同様に、知識社会学はそれ自体、社会状況に依存している。(34)

マンハイムが論じていない、十八世紀のもう一つの原典は、市民戦争ではなく両性の闘争へと眼を向けている。「名門の人ソフィア」が出版した『女は男よりも劣ってはいない』（一七三九年）という書物では、女性は劣っているとする学説は、男性の側の「利益」あるいは「不公平」から説明できる、と論じられた。同じようにフランスの哲学者フランソワ・プーラン・ド・ラ・バールもまた『男女両性の平等』（一六七三年）のなかで、男性の「偏見」を非難し、それは「利益」によって説明すべきだと主張した。二十世紀の知識社会学と近代初期の姿勢とのあいだの連続性は、銘記しておく価値があるだろう。

訳者あとがき

本書は、Peter Burke, *A Social History of Knowledge : From Gutenberg to Diderot*（Polity Press, 2000）を訳出したものである。著者のピーター・バークは、一九三七年にロンドンに生まれ、オクスフォード大学で学んだ後、一九六二年にサセックス大学歴史学講師、一九七九年にケンブリッジ大学のエマヌエル・カレッジの教授に就任し、現在に至っている。公式ホームページ（www.hist.cam.ac.uk）によれば、「ヨーロッパ文化史、一四五〇〜一七五〇年」および「歴史的思考の歴史」を研究テーマとしているが、これまでの著作を一覧すると、年代的にも地理的にも、かなり広範囲の研究領域をもっていることが分かる。主な著書を挙げると、つぎのようになる。

・*The Italian Renaissance: Culture and Society in Italy*, Plity Press, 1972.〔『イタリア・ルネサンスの文化と社会』森田・柴野訳、岩波書店、一九九二年、新版二〇〇〇年〕
・*Venice and Amsterdam : A Study of Seventeenth-Century Elites*, Polity Press, 1974.
・*Popular Culture in Early Modern Europe*, Scholorly Publishing Office, 1978.〔『ヨーロッパ民衆文化』中村賢二郎ほか訳、人文書院、一九八八年〕
・*Sociology and History*, Allen & Unwin, 1980.〔『社会学と歴史学』森岡敬一郎訳、慶應通信、一九八

六年〕
・*Vico*, Oxford U. P. 1985.〔『ヴィーコ入門』岩倉具忠・翔子訳、名古屋大学出版会、一九九二年〕
・*Historical Anthropology of Early Modern Italy : Essays on Perception and Communication*, Cambridge U. P. 1987.
・*The French Historical Revolution : The Annales School, 1929-89*, Stanford U. P. 1990.〔『フランス歴史学革命――アナール学派一九二九年―八九年』大津真訳、岩波書店、一九九二年〕
・*The Fabrication of Louis XIV*, Yale U. P., 1992.
・*History and Social Theory*, Cornell U. P., 1992.
・*The Art of Conversation*, Cornell U. P., 1990.
・*The Fortunes of the Courtier*, The Pennsylvania State U. P., 1995.
・*Varieties of Cultural History*, Cornell U. P., 1997.
・*The European Renaissance : Centres and Peripheries*, Blackwell Publishers, 1998.

歴史をいかにして語るか、という方法論的な問題を考える著書と、ルネサンスからフランス革命にいたる近代初期の知識人たちの文化的動向を綿密にとらえた力作が目立つ。

本書のタイトルは『知識の社会史』であるが、ここで語られている「知識」とは、決して思想家や大学人が生産したものに限られてはいない。ふつうに考えるならば、ニュートンの力学やリンネの博物学が社会のなかでどのように受容されていったのか、とか、ラヴォワジエが提案した近代的物質命名法が、いつから市民生活に浸透したのか、といった問題を思い浮かべるだろう。だが本書を読むと、「知識」と聞くとすぐに「知識人の生産した普遍的知識」と捉えてしまう、われわれの思考慣性にそもそも問題があることを思い知らされる。《知る》という行為の物質的な痕跡として《知識》を理解するのであれば、近代初期の大学で講壇の書見台に置かれるアヴィケンナの医学書が《知識》であるのと同じ意味で、十八世紀のパリの職業案内所で伝達される家政婦斡旋の情報もまた《知識》であるし、オスマン帝国のピリ・レイス提督の地図も、東インド会社で取引される商品の相場価格もまた《知識》であることに変わりはない。さらに国家が管理する戸籍情報も《知識》に分類される。バークは第一章で、得られたまま加工されていない「生《なま》の知識」を《情報》と呼び、それらの《情報》を吟味し、理解しやすい形に構成したものを《知識》と呼ぶと区別しているが、本書では本来ならば情報として理解できるものの多くを《知識》として扱っていることが分かる。その点が第一の魅力と言うべきだろう。ヴェネチアの旅行案内の話も《知識》として当然のように出てくる。

　目次を見てもらうと容易に分かることだが、本書の章の表題はいずれも「知識を…する」という形式で書かれている。本来ならば、知識は「習得する」ものであり、教師の側からは「伝達する」ものである。そのように捉えるかぎり、どこにも目新しい発見は起こらないだろう。ところが、ふだんは考えてもみない動詞との結合から、新たな知識への視点が生み出され、読者は少なからず驚くことになる。例えば「知識を位置づける」（第四章）という発想自体、著者は研究の空白地帯と呼んでいるが、従来の知識観とは相容れないだろう。ピュタゴラスの定理は古代アテネでも中国でも、その知識としての有効性に変わりはないからだ。だが、著者はこの章の冒頭にきわめて印象的な逸話、すなわちイタリアの中国学者とアラビア学者が、オランダのライデンで劇的な経緯で出会った、という話を用意して、読者に「知識の地理学」の可能性を容易に納得させてしまう。全般に言えることだが、バークは時代状況を一望する鳥瞰的な素描を与えつつ、そこから、きわめて説得力の高い微視的な細部の記述へと絶妙に筆を進める。本書が読みやすい平易な文体で書かれていることもあるが、バークの鋭敏な方法意識で貫かれた全体の構成が、本書の知的な魅力を醸し出しているのだろう。

第五章の「知識を分類する」は、敢えていうならばメタ分類学と呼ぶのが相応しいだろう。《分類の分類学》と著者は言っているが、要するに、知識の分類法は一つではないということだ。教育カリキュラムの構成には必ず分類法が前提されるが、機能分類であれ、系統分類であれ、その分類法は実際の歴史において確固不動のものではないことが分かる。主要論題の編成からアルファベット順の誕生までを通覧するこの章を読むと、学問の歴史を、知識の分類法の変遷として理解することも可能となる。数年前までわが国の国立大学に存在した、予算配分のための二分法「実験系」と「非実験系」（前者は後者の四倍ほどの予算が与えられる）も、バーク流のメタ分類学からすれば、立派な学問分類なのだと、思い当たったりした。もっとも衝撃的だったのは、「知識を売る」という視点である。知識を財としてとらえれば、当然売り買いできることになる。十八世紀初頭にすでに産業スパイがいたことにも驚かされるが、証券取引所が株式に関する情報交換の施設であると同時に、そこで外国の特産品や工業品に関するニュースまで取引していたと聞くともっと驚くだろう。庶民からすれば、アカデミズムの知識よりもこうした「生きた情報」の方が《知識》の名に相応しいものなのだろう。

訳出にあたって第一、二、三、四章と第八、九章を井山が、第五、六、七章を城戸が担当した。互いに訳稿を交換して用語の統一をはかったものの、本書には夥しい数の知識人が登場することもあって、とくにスペイン、オランダ、東欧の知識人の名前が何度も出てくることから、一部、名称が不一致のままになっていたり、難読のため正確な訳名であるか判断に困ったものも含まれている。読者諸賢の忌憚のない批評と御叱正をお願いしたい。また人名の統一作業と索引の作成についていえば、その大部分は編集部の渦岡謙一氏の御助力を仰いだ。記してお礼を述べたい。

二〇〇四年七月

訳者記す

人名索引

ア　行

アイゼンハルト（Eisenhart, Johannes 1643-1707） 318
アイツェマ（Aitzema, Lieuwe van 1600-69） 238, 241
アウグスティヌス（Augustinus 354-430） 303
アクィナス（Aquinas, Thomas 1225頃-74） 39, 58, 59
アグリコラ（Agricola, Georgius 1494-1555） 30
アグリコラ（Agricola, Rudolf 1494-1555） 145
アザール（Hazard, Paul 1878-1944） 309
アダム（Adam, Melchior） 285
アドリアーニ（Adriani, Gianbattista 1511-79） 219
アパーチャイ（Apáczai Csere János 1625-59） 109, 246
アベラール（Abelard, Peter 1079-1142） 39, 306
アムロ・ド・ラ・ウセー（Amelot de la Houssaye, Abraham 1634-1706） 43, 44, 222, 231
アラオス（Aráoz, Francisco de 17C） 159
嵐山甫安（1633-93） 123
アリストテレス（Aristotle 384-前22） 58, 59, 66, 140, 142, 145, 148, 149, 151, 272, 299, 305, 313, 314
アーリントン（Arlington, Henry Bennet 1618-85） 220
アルガロッティ（Algarotti, Francesco 1712-64） 38
アルステート（Alsted, Johann Heinrich 1588-1638） 136, 144, 148, 151, 162, 173
アルドゥアン（Hardouin, Jean 1646-1729） 303
アルドゥス（Aldus, Manutius 1449-1515） 41, 89
アルドロヴァンディ（Aldrovandi, Ulisse 1522-1605） 127, 165
アルノルト（Arnold, Gottfried 1666-1714） 316
アルブヴァクス（Halbwachs, Maurice） 272
アルベルティ（Alverti, Leonbattista 1404-72） 30, 62
アレティーノ（Aretino, Pietro） 245
アンブロシウス（Ambrosius, 339頃-397） 303
アンリ三世（Henri Ⅲ 1574-89在位） 63
イーヴリン（Evelyn, John 1620-1706） 165, 166
イグナティウス・デ・ロヨラ（Ignatius de Loyola 1491頃-1556） 133
イーチャード（Eachard, John 1636頃-97） 258
イニス（Innis, Harold 1894-1952） 226, 282
イブン・シーナ（Ibn Sina, Avisenna 990-1037） 53
イブン・ジャマーア（Ibn Jama'a, Muhammad 1241-1333） 143
イブン・ルシュド（Ibn Rushd, Averres 1126-98） 53
ヴァザーリ（Vasari, Giorgio 1511-74） 31, 284
ヴァージル（Vergil, Polydore 1470頃-1555） 284
ヴァッラ（Valla, Giorgio 1447-1500） 144
ヴァッラ（Valla, Lorenzo 1407-57） 43, 61

ヴァルゲンティン（Wargentin, Per Wilhelm 1717-83） 44, 77, 207, 208
ヴァレッタ（Valletta, Giuseppe 1636-1714） 105
ヴァレニウス（Varenius, Bernhard 1622-50） 119
ヴァンサン・ド・ボーヴェ（Vincent de Beauvais 1190頃-1264頃） 144
ヴィアゼムスキー（Viazemskii） 198
ヴィエト（Viète, François 1540-1603） 220
ヴィケフォルト（Wicquefort, Abraham von 1606-82） 221
ヴィーコ（Vico, Giambattista 1668-1744） 11, 48, 106, 286, 297, 312, 321
ヴィット（Witt, Jan de 1625-72） 203
ヴィトルヴィウス（Vitruvius Pollio, Marcus 前1世紀） 217
ウィリアム三世（William Ⅲ） 220, 221
ウィリアムソン（Williamson, Joseph 1633-1701） 220, 273
ウィルキンス（Wilkins, John 1614-72） 311, 312
ヴィンゲンドルプ（Wingendorp, G.） 164
ヴェガ（Vega, Joseph Penso de la 1650-1692頃） 239
ヴェスプッチ（Vespucci, Amerigo 1454-1512） 63
ウェーバー（Weber, Alfred 1868-1958） 16
ウェーバー（Weber, Max 1864-1920） 15～17, 23, 46, 179
ウェブスター（Webster, John 1610-82） 67, 68
ヴェブレン（Veblen, Thorstein 1857-1929） 13, 14, 17, 21, 22, 57, 79, 83, 130, 267
ヴェルギリウス（Vergilius 70-前19） 252, 303
ウォットン（Wotton, Henry 1568-1639） 187
ヴォーバン（Vauban, Sébastien le Prestre 1633-1707） 202, 207
ウォリス（Wallis, John 1616-1703） 130, 221
ヴォルテール（Voltaire, François Marie Arouet de 1694-1778） 38, 49, 52, 54, 92, 216, 293, 294
ウォルポール（Walpole, Horace 1717-97） 319
ウォルポール（Walpole, Robert 1676-1745） 207
ヴォルム（Worm, Ole 1588-1654） 44, 87, 162～165, 295
ウードリ（Houdry, Vincent 1631-1729） 259. 275
ウランゲル（Wrangel, Carl Gustaf 1613-76） 92
ウルグ・ベク（Ulugh Beg 1394-1449） 85
ウルタド・デ・メンドーサ（Hurtado de Mendoza, Don Diego 1504-75） 187, 188, 289, 290, 293
エカテリーナ（Ekaterina 1762-96在位） 180, 192, 195
エスキベル（Esquivel, Pedro de 16世紀後半） 200
エティエンヌ（Estienne, Charles） 284
エドワーズ（Edwards, Jonathan 1703-56） 92
エフレイノフ（Evreinov, Ivan） 192
エミリ（Emili, Paolo 1460頃-1529） 284
エラスムス（Erasmus, Desiderius 1466頃-1536） 41, 43, 61, 89, 131, 145, 275, 279～281, 316
エラトステネス（Eratosthenes 279頃-前194頃） 116
エリアス（Elias, Norbert 1897-1990） 18, 41, 57, 58, 139
エリザベス女王（Elizabeth Ⅰ 1558-1603在位） 210, 214
エルヴェシウス（Helvétius, Claude-Adrien

1715-71）　78
エルセヴィル（Elsevier）　285, 288
エルナンデス（Hernández, Francisco 1517-87）　96, 119, 122, 190
エルラッハ（Erlach, Joseph von）　233
オイラー（Euler, Leonhard 1707-83）　108
大槻玄沢（1757-1827）　123
オーグルビー（Ogilby, John 1600-76）　252
オバンド（Ovando, Juan de ?-1517）　190～192
オビエド（Oviedo）　122
オーブリー（Aubrey, John 1626-97）　308
オルシーニ（Orsini, Fulvio）　102
オルテリウス（Ortelius, Abraham 1527-98）　99, 171, 201, 284, 287
オルデンバーグ（Oldenburg, Henry 1618-77）　44, 45, 103, 104, 228
オーンスタイン（Ornstein, Martha 1878-1915）　21, 67

カ　行

カシアーノ・デル・ポッツォ（Cassiano del Pozzo 1583-1657）　102, 165
カスティリョーネ（Castiglione, Baldassare 1478-1529）　278
カソーボン（Casoubon, Meric 1599-1671）　320
ガッサンディ（Gassendi, Pierre 1592-1655）　102, 304, 305
カッシーニ（Cassini, Gian-Domenico 1625-1712）　44, 200, 202
カッシーニ（Cassini, César-François 1714-84）　203
カノ（Cano, Melchor 1509-60）　146
カポア（Capoa, Leonardo de 1617-99）　304
カボット（Cabot, Sebastian 1425-1500頃）　63
ガマ（Gama, Vasco da 1460頃-1524）　298
ガリレオ（Galilei, Galileo 1564-1642）　66, 71, 75, 76, 89, 133, 170, 227, 288, 315
カルー（Carew, George ?-1612）　186
カルヴァン（Calvin, Jean 1509-64）　42, 51, 65, 74, 117, 129, 138, 247, 248
カール五世（Karl V 1516-56在位）　170, 190, 230, 250
カールスタット（Karstadt, Andreas Bodenstein von ?-1541）　42
カルネアデス（Carneades 213頃-前129）　301, 304
カレ（Carré, François 17世紀後半）　46, 56, 71, 74, 104, 180, 189, 243, 285
ガレノス（Galenos 130頃-201）　314
カレピヌス（Calepinus, Antonius）　287
カロン（Caron, François 1600頃-73）　95
カンテミア（Cantemir, Dimitrie 1673-1723）　52
カント（Kant, Immanuel 1724-1804）　147, 230
ギアーツ（Geertz, Cliffod 1926-）　19
キケロ（Cicero, Marcus Tullius 106-前43）　131, 133, 138, 148, 225, 272
ギボン（Gibbon, Edward 1737-94）　269, 281
キャヴェンディッシュ（Cavendish, Margaret 1624頃-74）　38
キャデル（Cadell, Thomas 1742-1802）　250
キャムデン（Camden, William 1551-1623）　219
ギュルヴィッチ（Gurvitch, Georges 1894-1965）　17, 28
ギルハウゼン（Gilhausen, Ludwig）　136
ギルバート（Gilbert, Geoffrey 1674-1726）　43, 315
キルヒャー（Kircher, Athanasius 1602-80）　102, 109, 119, 132, 148, 151, 296
キング（King, Gregory 1648-1712）　206
ギンズブルグ（Ginzburg, Carlo）　314

グイッチャルディーニ（Guicciardini, Fransesco 1483-1540） 276, 290
クウィッヒェベルク（Quiccheberg, Samuel） 162, 165
クーザン（Cousin, Gilbert 1506-72） 43
クック（Cook, James 1728-79） 193, 250
グッディ（Goody, Jack 1919-） 19
グーテンベルク（Gutenberg, Johann 1400頃-68） 24, 56
クラウチ（Crouch Nathaniel） 111
グラッシ（Grassi, Orazio 1582-1654） 89
グラネ（Granet, Marcel 1884-1940） 13, 126
グランヴィル（Glanvill, Joseph 1636-80） 168, 170, 172, 305, 320
グラント（Graunt, John 1620-74） 206
クリスティーナ女王（Kristina 1626-89） 38, 92, 105
グリマルディ（Grimaldi, Claudio Filippo 1638頃-1712） 87
グリム（Grimm, Friedrich Melchior von 1723-1807） 121, 257
クリュニッツ（Krünitz, Johann Georg 1728-96） 259, 260
グルー（Grew, Nehemiah 1628-1711） 76
クール（Coeur, Jacques 1395頃-1456） 235
クルヴェリウス（Cluverius, Philipp 1580-1622） 153
クルティウス（Curtius, Quintus） 291
グルネ（Gournay, Marie Le Jars de 1566-1645） 38
クレイグ（Craig, John ?-1731） 311
クレイヤー（Cleyer, Andreas 1634-97） 121
グレゴアール（Grégoire, Pierre 1540-97） 166
グレゴリウス十三世（Gregory XIII 1572-85在位） 210
クレースル（Khlesl Melchior 1553-1630） 185
グロイバー（Greuber, Johan） 87
グロティウス（Grotius, Hugo 1583-1645） 38
クロプシュトック（Klopstock, Friedrich Gottlieb 1724-1803） 252
クロムウェル（Cromwell, Oliver 1599-1659） 221
クーン（Kuhn, Thomas 1922-96） 17, 18, 80, 83
ゲスナー（Gesner, Conrad 1516-65） 127, 141, 142, 158, 159, 213, 227, 273, 280, 284
ケッカーマン（Keckermnn, Bartholomaeus 1572-1608） 108, 136, 148, 155
ゲーテ（Goethe, Johann Wolfgang von 1749-1832） 50
ケネー（Quesnay, François 1694-1774） 54
ケプラー（Kepler, Johann 1571-1630） 107, 170, 287
ゲルナー（Gellner, Ernest 1925-95） 19, 36, 266
ケンプファー（ケンペル）（Kempfer, Engelbert 1651-1716） 95, 106, 119, 292, 294
コイレ（Koyré Alexadre 1882-1964） 170
孔子（551-前479） 298
ゴットシェート（Gottsched, Johann Christoph 1700-66） 50
コットン（Cotton, Sir Robert 1571-1631） 92, 273
ゴドフロア（Godefroy, Théodore 1580-1649） 211
コピエフスキ（Kopievski, Ilya 1700頃） 247
コペルニクス（Copernicus, Nicholas 1473-1543） 67
コメニウス（Comenius, Jan Amos 1592-1670） 69, 108, 131, 132, 137, 158
コメリン（Commelin） 111, 241, 249

ゴリウス（Golius, Jacob 1596-1667） 85, 87
コリンズ（Collins, Samuel 1619-70） 308
コルテス（Cortés, Hernán） 99, 236
コルベール（Colbert, Jean-Baptiste 1619-83） 45, 60, 77, 189, 194, 196, 197, 200, 206, 207, 211, 215, 233, 241, 280
コールリッジ（Coleridge, Samuel 1772-1834） 36
コレルス（Colerus, Chiristoph 1602頃-58） 158
コロネルリ（Coronelli, Vincenzo 1650-1718） 111, 116
コロン（Colón, Fernando 1488-1539） 97
コロンブス（Columbus, Christopher 1451-1506） 56, 62, 88, 97, 171
ゴンザレス（González de Mendoza, Juan 1545-1618） 4, 289, 290, 293
コンダミーヌ（Condamine, Charles-Marie de La 1701-74） 294, 295
コンティ（Conti, Nicolo） 98
コント（Comte, Auguste 1798-1857） 12, 76
ゴンドマル（Gondomar, Diego 1567-1626） 188
コーンリング（Conring, Herman 1606-81） 49, 139

サ　行

サイード（Said, Edward） 21, 188
サウアー（Sauer, Martin） 192
サヴァリ（Savary, Jacques 1622-90） 241
サヴィニ（Savigny, Christofle de 1540頃-1608） 150
ザビエル（Xavier, Francisco 1506-52） 94, 296, 299
サベリーコ（Sabellico, Marcantonio 1436-1506） 230
ザーラ（Zara, Antonio ?-1620） 167, 173
ザラテ（Zárate） 122
サルターティ（Salutati, Coluccio 1331-1406） 147
サルネルリ（Sarnelli） 111
サルピ（Sarpi, Paolo 1552-1623） 89, 218, 227, 319, 321
サルマナザール（Psalmanazar, George 1679頃-1763） 307
サンソヴィーノ（Sansovino, Francesco 1521-83） 111, 222
サンチョ・デ・モンカダ（Sancho de Moncada Montaigne 1620頃活躍） 219, 287, 318
サントス（Santos, João dos 1550頃-1622） 307
サンブクス（Sambucus, Johannes 1531-84） 107
ジェノヴェーシ（Genovesi, Antonio 1713-69） 157
シェープフリン（Schöpflin, Johann Daniel 1694-1771） 78
シェフラー（Schöffler） 56
ジェームズ（James Thomas 1572-1629），トマス 280
シェーラー（Scheler, Max 1874-1928） 15
ジオヴィオ（Giovio, Paolo 1483-1552） 301
シクストゥス五世（Sixtus V 1585-90在位） 182
シクロフスキー（Shklovsky, Viktor 1893-1984） 11
シゲンザ（Sigüenza y Góngora, Carlos de 1645-1700） 109
シジスモンド（Sigismondo） 111
シモン（Simon, Richard 1638-1712） 305
シャトレ（Chatelet, Emile Marquise de 1706-49） 38
シャプラン（Chapelain, Jean 1595-1674） 49
シャロン（Charron, Pierre 1541-1603） 302
ジャンノーネ（Giannone, Pietro 1676-

1748） 291
シャンブレラン（Chambrelan, Thomas） 235
シュタール（Stahl, Georg Ernst 1660-1734） 155
シュトルーヴェ（Struve, Burkhard Gotthelf 1671-1738） 48～50, 258, 286
シュムペーター（Schumpeter, Josef 1883-1950） 56
シュライダン（Sleidan, Johann 1506-56） 46
シュールマン（Schuurman, Anne-Marie 1607-78） 38
ジョウェット（Jowett, Benjamin 1817-93） 19, 34, 46
ジョリート（Giolito, Gabriel ?-1578頃） 245, 247
ジョン（サリスベリーの）（John of Salisbury 1115頃-80） 40
ジョンソン（Johnson, Samuel 1709-64） 52, 85, 89, 224, 250～252, 262, 268, 272, 294, 301
ジョンソン（Johnson, Ben 1572-1637） 253, 254
シルヴァ（Silva, Gonzalvo de） 101
スウィフト（Swift, Jonathan 1667-1745） 268, 277
スカリゲル（Scaliger, Joseph Juste 1540-1609） 65, 284
スキッポン（Skippon, Philip） 197
スターリング（Stirling, James 1692-1770） 233
スティリングフリート（Stillingfleet, Edward 1635-99） 323
ストラーン（Strahan, William 1715-85） 250, 252, 262
ズナニエツキ（Znaniecki, Florian 1882-1958） 17
スピノザ（Spinoza, Baruch 1632-77） 214, 311
スプラット（Sprat, Thomas 1635-1713） 47, 72, 103, 229
スミス（Smith, Adam 1723-90） 157, 263, 293
スライダン（Sleidan, Johann） 46
スリタ（Zurita, Jerónimo 1512-80） 211
スローン（Sloane, Sir Hans 1660-1753） 162, 168, 307
セイザス（Seixas, Domingo de） 97
セウォール（Sewall, Samuel 1652-1730） 287
セクストゥス（Sextus, Empiricus 180-200頃活躍） 301, 302
セッターラ（Settala, Manfredo 1600-80） 162, 164, 165
セネカ（Seneca, Lucius Annaeus 1頃-65） 272, 290
セルダン（Selden, John 1584-1654） 44, 219, 300, 318, 323
センディヴォギウス（Sendivogius, Michael 1566-1646） 107
ソクラテス（sokrates 前470-399） 298
ソランゾ（Soranzo, Lazzaro） 217

タ　行

ダヴィティ（d'Avity, Pierre） 257
ダヴィナント（Davenant, Chares 1606-68） 206
ダヴィラ（Davila, Enrico） 323
ダ・ヴィンチ（da Vinci, Leonardo 1452-1519） 61
タキトス（Tacitus） 276
ダッペル（Dapper, Olfert 1636-89） 111
ダニエル（Daniel, Gabriel 1649-1728） 319
ダム（Dam, Peter van 1621-1706） 237
ダランベール（d'Alembert, Jean Marquis 1717-83） 49, 79, 167, 173, 261, 279, 282
ダリントン（Dallington, Robert） 148
タル（Tull, Jethro 1674-1741） 228

ダルシュ（d'Arche, Hyacinthe） 219
ダンヴィル（d'Anville Jean Baptiste 1697-1782） 117, 119, 236
タンサン侯爵夫人（Tencin） 78
ダン（Danne, John 1573-1631） 304
チェザルピーノ（Cesalpino, Cesare 1519-1603） 154
チェラーノ（Celano） 111
チェンバーズ（Chambers, Ephraim 1680頃-1740） 147, 167, 242, 261, 262, 266
チミーロフスキー（Chmielowski, Benedykt 1700-63） 109
チャイルド（Child, Josiah 1630-99） 31
チャールズ二世（Charles Ⅱ 1660-85在位） 49, 69, 110, 273
ツヴィンゲル（Zwinger, Theodor 1533-88） 281
ツェーゼン（Zesen） 111
ツェートラー（Zedler, Johann Heinlich 1706-51） 259～261, 266
ディー（Dee, John 1527-1608） 103, 287
ティソ（Tissot, Simon 1728-97） 50
ディドロ（Diderot, Denis 1713-84） 24, 33, 45, 52, 79, 119, 169, 173, 216, 228, 260, 261, 293, 294
デカルト（Descartes, René 1596-1650） 38, 67, 92, 102, 147, 168, 310
テッシング（Tessing, Jan） 246
デフォー（Defoe, Daniel 1660-1731） 249, 250
デボルド（Desbordes, Henri ?-1722） 247, 255
デュ・アルド（Du Halde, Jean-Baptiste 1674-1743） 119, 294
デューイ（Dewey, John 1859-1952） 13, 161
デューイ（Dewey, Melville 1851-1931） 161
デュ・カンジュ（Du Cange, Charles du Fresne 1610-88） 44, 286
デュ・パン（Du Pin, Louis-Ellies 1657-1719） 286
デュピュイ兄弟（Dupuys） 102
デュリー（Durie, John 1596-1680） 89, 90, 168, 172, 229
デュルケム（Durkheim, Emile 1858-1917） 12, 13, 19, 23, 125, 126
テュルゴー（Turgot, Anne Robert Jacques 1727-81） 79
デラ・ポルタ（Della Porta, Giambattista 1535-1615） 227
デル（Dell, William ?-1664） 67, 68
デルブロ（D'Herbelot, Barthélemy 1625-95） 281, 282
トー（Thou, Jacques-Auguste de 1553-1617） 102, 322
ドイッチュ（Deutsch, Karl 1912-） 176
トゥヴェ（Thevet, André 1503頃-92） 217, 290, 306
ドウサ（Dousa, Janus 1545-1604） 65
トゥーンベリ（Thunbery, Carl Peter 1743-1828） 95, 96
トスカネルリ（Toscanelli, Paolo 1397-1482） 62
ドドエンス（Dodoens, Rembert 1516-85） 65, 155
ドーニ（Doni, Antonfrancesco 1513-74） 158
トマジウス（Thomasius, Christian 1655-1728） 155
ドミンゲス（Domínguez, Francisco 16世紀後半） 200
ドライデン（Dryden, John 1631-1700） 49, 79
ドリア（Doria, Paolo Mattia 1662-1746） 297
トリテミウス（Trithemius, Johannes 1462-1516） 284
ドリール（Delisle, Guillaume 1675-1726） 202, 297
ドリール（Delisle, Joseph-Nicolas 1688-

1768） 92
トルシー（Torcy, Jean-Baptiste Colbert 1665-1746） 78, 153, 211, 219
ドルタ（d'Orta, Garúa） 121
ドルバック（d'Holbach, Paul baron 1723-89） 295
ドレフュス（Dreyfus, Alfred 1859-1935） 35
トロサーニ（Tolosani, Giovanni Maria ?-1550） 129
ドンケル（Doncker, Hendrick） 247

ナ 行

ニコル（Nicole, Pierre 1625-95） 311
ニセロン（Nicéron, Jean-Pierre 1685-1738） 286
ニーダム（Needham Joseph） 22
ニーチェ（Nietzsche, Friedrich 1844-1900） 16
ニーブール（Niebuhr, Carsten 1733-1815） 194
ニュートン（Newton, Isaac 1642-1727） 38, 48, 66, 67, 227, 228, 269, 311
ネイメツ（Neimetz） 111
ネブリヤ（Nebrija, Antonio de 1441-1522） 64
ノアンヴィル（Noinville, de Durey） 257
ノガローラ（Nogarola, Isotta 1418-66） 38
ノーデ（Naudé, Gabriel 1600-53） 45, 48, 158〜160, 166, 167, 270

ハ 行

ハイド（Hude, Edward 1609-74） 322
バイヤーリンク（Beyerlinck, Laurentius 1578-1627） 146, 281
パウ（Pauw, Cornelis de 1739-99） 195
ハーヴィ（Harvey, Gabriel 1550頃-1630） 21, 287
パウルス五世（Paul V 1605-21在位） 210
パキエ（Pasquier, Etienne 1529-1615） 75
バクスター（Baxter, Richard 1615-91） 132
ハックルート（Hakluyt, Richard 1552頃-1616） 103, 119, 153, 236, 288, 307
パース（Peirce, Charles 1839-1914） 13
パスカル（Pascal, Blaise 1623-62） 85, 88, 102
パーチャス（Purchas, Samuel 1575頃-1626） 109, 288
バッコ（Bacco） 111
ハートリブ（Hartlib, Samuel 1600頃-62） 45, 89, 104, 114, 168, 206
バートン（Burton, Robert 1577-1640） 54, 278, 297, 298
バナージュ（Basnage） 158
バーネット（Burnet, Gilbert 1643-1715） 105, 291, 307
ハーバーマス（Habermas, Jürgen 1929-） 18, 79
バーベイラック（Barbeyrac, Jean 1674-1744） 269
パラディーノ（Palladino） 30
ハリス（Harris, John 1667頃-1719） 112, 242, 261, 269, 272, 291
ハリントン（Harrington, James 1611-77） 322
バルトリ（Bartoli, Daniele 1608-85） 49
バルバロ（Barbaro, Daniele 1514-70） 30, 217
バルビ（Balbi, Gaspalo） 98
パルミエーリ（Palmieri, Matteo 1406-75） 131
バルラエウス（Barlaeus, Caspar 1584-1648） 119, 241, 249
パレート（Pareto, Vilfredo 1848-1923） 57
バーロー（Barrow, Isaac 1630-77） 34, 46, 131
バロス（Barros, João de 1496頃-1570）

96, 119
パンクーク（Pancoucke, Charles-Joseph 1736-98） 262
バンクス（Banks, Sir Joseph 1743-1820） 77
パンタレオン（Pantaleon, Heinrich） 285
ピアッツァ（Piazza, Carlo Bartolomeo 1632-1713） 105
ピウス四世（Pius Ⅳ 1559-65在位） 210
ピコ・デラ・ミランドラ（Pico della Mirandola, Giovanni 1463-94） 131
ピザン（Pisan, Christine de 1363頃-1431） 38
ピソ（Piso, Willem） 122, 194
ヒックス（Hickes, George 1642-1715） 219
ヒッポクラテス（Hippokrates 前460頃-375頃） 58
ピープス（Pepys, Samuel 1633-1703） 112
ビベス（Vives, Juan Luis 1492-1540） 28, 32, 138, 275
ビュフォン（Buffon, Georges-Louis LEclerc 1707-88） 295
ヒューブナー（Hübner） 123
ヒューム（Hume, David 1711-76） 250, 251, 319
ピュロン（エリスの）（Pyrrho of Elis 360頃-前270） 10, 301, 317
ピョートル大帝（Pyotr 1682-1725在位） 92, 93, 169, 191, 192, 195, 202, 247
ピリ・レイス（Piri Reis ?-1553） 88, 122, 181
ビリングス（Billings, Joseph 1758-1806） 193
ピール（Piles, Roger de 1635-1709） 188
ピレス（Pires, Tomé 1468頃-1540頃） 216
ピント（Pinto, Mendes） 97
フィチーノ（Ficino, Marsilio 1433-99） 61
フィールディング（Fielding, Henry 1707-54） 115
フェーア（Wheare, Degory 1573-1647） 284
フェイホー（Feijóo, Benito 1676-1764） 306
フェーヴル（Febvre, Lucien 1878-1956） 13, 137
フェデリッチ（Federici, Cesare） 98
フェデーレ（Fedele, Cassandra 1465頃-1558） 38
フェヌロン（Fénelon, François Salignac de la Mothe 1651-1715） 207
フェリペ二世（Felipe Ⅱ 1556-98在位） 105, 122, 180, 196, 200, 209, 210, 218
フェリペ四世（Felipe Ⅳ） 211
フォックス（Foxe, John 1516-87） 213
フォーミイ（Formey, Jean-Henri-Samuel 1711-93） 44, 77
フォントネル（Fontenelle, Bernard Le Bovier de 1657-1757） 38, 44, 78, 152, 194, 310, 311
フーコー（Foucault, Michel 1926-84） 16～21, 23, 36, 126, 136, 142, 175, 188
ブーシェ（Bouchet, Jean 1476-1557頃） 290
ブスベク（Busbecq, Ogier Ghiselin de 1522-92） 293
フッデ（Hudde, Johannes 1628-1704） 238
フッド（Hood, Thomas ?-1598） 236
プーフェンドルフ（Pufendorf, Samuel） 49, 219
フュルティエール（Furetière, Antoine 1619-88） 260
フライ（Frey, Thomas [Freigius]） 148
ブラウ（Blaeu, Willem） 116, 122, 123, 247, 284, 286
ブラウ（Blaeu, Jan） 116, 120, 122, 123, 247, 284, 286
ブラーエ（Brahe, Tycho 1546-1601） 69,

70, 76, 107
プラッキウス（Placcius, Vincent 1642-99） 286, 304
ブラッキオリーニ（Bracciolini, Poggio 1380-1459） 43
プラティナ（Platina, Bartolommeo） 48
プラトン（Plato 428頃-前347） 62, 63, 161, 225, 303
プランキウス（Plancius） 123
フランソワ一世（François Ⅰ 1515-47在位） 63
プーラン・ド・ラ・バール（Poulain de la Barre, François 1647-1723） 37, 324
ブリス（Brice, Germain） 111
フリードリヒ大王（Friedrich 1740-86在位） 195, 196, 207
プリーストリ（Priestley, Joseph 1733-1804） 74
ブリヨン（Brillon, Pierre-Jacques 1671-1736） 292
プルカス（Purchas, Samuel） 296
ブルクハルト（Burckhardt, Jacob 1818-97） 48～50, 226, 258, 286
ブルゴーニュ公爵（Bourgogne） 207
ブルジョワ（Bourgeois, Luise 1563頃-1636） 29
プルタルコス（Plutarchos 46頃-120以後） 290
ブルッカー（Brucker, Johan Jakob 1696-1770） 50, 294
ブルデュー（Bourdieu, Pierre 1930-） 18, 19, 23, 57, 58, 79, 83
ブルーニ（Bruni, Leonardo 1370-1444） 43, 61
ブルニュ（Blegny, Nicholas de c.1646-1722） 113
ブルネレスキ（Brunelleschi, Filippo 1377-1446） 230
ブールハーヴェ（Boerhaave, Herman 1668-1738） 139, 155
ブレー（Bray, Thomas） 168
ブーレ（Bure, Johann 1568-1652） 210
フレック（Fleck, Ludwik 1896-1961） 9, 11, 19
フロー（Freau, Gabriel du） 285
フロアサール（Froissart, Jean 1333頃-1410頃） 290
フロイス（Frois, Luis c.1532-98） 293
ブロティウス（Blotius, Hugo 1533-1608） 48, 159
ブロン（Belon, Pierre 1517-64） 95, 96, 104
フローンス（Fraunce, Abraham） 148
ベーコン（Bacon, Francis 1561-1626） 11, 16, 31～33, 45, 56, 60, 72, 76, 89, 147, 151, 167, 168, 170, 171, 173, 206, 229, 232, 272, 312, 314, 321, 323
ベーコン（Bacon, Roger 1220頃-92） 39
ヘースティングス（Hastings, Warren 1732-1818） 175
ベスラー（Besler, Basilius 1561-1629） 162
ペタヴィウス（Petavius, Denis 1583-1652） 285
ベッカリーア（Beccaria, Cesare 1738-94） 271
ベッヒャー（Becher, Johann Joachim 1635-82） 69, 155, 168
ペティ（Petty, William 1623-87） 205, 206
ペトラルカ（Petrarch 1304-74） 61, 62, 226
ヘニンガー（Henninger） 285
ベラスコ（Velasco, Juan López de 16世紀後半） 191, 193
ベーリング（Bering, Vitus 1681-1741） 192
ベル（Bell, Andrew 1726-1809） 262
ベル（Bél, Matthias 1684-1749） 108
ベール（Bayle, Pierre 1647-1706） 51, 248, 260, 281, 302, 306, 317

ペルソン（Persson, Joran c.1530-68） 43
ベルニエ（Bernier, François 1620-88）
120
ベルヌーイ（Bernoulli, Daniel 1700-82）
108
ベルヌーイ（Bernoulli, Nicolas 1687-1759）
108
ベルフォーレ（Belleforest, François de
1530-83） 276
ベルンシュトフ（Bernstorff, Andreas
Peter von 1735-97） 194
ペレスク（Peiresc, Nicolas-Claude Fabri
1580-1637） 44, 131, 288, 289
ペロー（Perrault, Charles 1628-1703） 49
ベンサム（Bentham, Sammuel 1757-1831）
192
ベンゾーニ（Benzoni, Gerolamo 1519-
1572頃） 290, 306
ベントレー（Bentley, Richard 1662-1742）
269, 303
ボアロー（Boileau-despreaux, Nicolas
1636-1711） 44
ボイゲン（Beughem, Cornelius de 1678-
1700頃活躍） 242, 286
ボイム（Boym, Michael 1614-59） 119,
121
ボイル（Boyle, Sir Robert 1627-91） 168,
304, 304, 305, 308, 312, 316
ホガース（Hogarth, William 1697-1764）
244
ホークスワース（Hawkesworth, John
1715頃-73） 250
ボゲム 286
ポステル（Postel, Guillaume 1510-81）
296
ポスト（Post, Frans） 194
ボスマン（Bosman, Willem 1672-1705頃）
294
ボーダン（Bodin, Jean c.1530-96） 275,
276, 284, 286, 287, 290, 301
ポチョムキン（Potemkin, Gregory Alex-
androvich 1739-91） 195
ポッセヴィーノ（Possevino） 101
ホッブズ（Hobbes, Thomas 1588-1679）
43, 322
ボテロ（Botero, Giovanni 1544-1617）
101, 119, 218, 257, 285, 287, 296, 318
ボドリー（Bodley, Thomas 1545-1613）
105
ポープ（Pope, Alexander 1688-1744） 52,
251
ホーマン（Homann, Johann Baptist 1664-
1724） 117, 202
ホメロス（Homeros 前８世紀頃） 251,
252, 275, 303
ホラティウス（Horatius, Quintus 65-前８）
172, 303
ホリウェル（Hallywell, Henry） 320
ポリツィアーノ（Poliziano, Angelo 1454-
94） 131
ボルデュアン（Bolduan, Paul 1563-1622）
42, 284
ボルヘス（Borges, Jorge Luis 1899-1986）
127, 145
ボレル（Borel, Pierre 1620頃-71） 162
ボロー（Borough, Stephen 1525-84） 63
ポンシャルトラン（Ponchartrain, Lous de）
189
ポンタヌス（Pontanus） 111
ボント（Bondt, Jacob de 1592-1631） 121
ボンフィニ（Bonfini, Antonio 1427頃-
1502頃） 284

マ 行

マイアー（Maier, Michael 1568-1622）
107
マウリッツ（Maurits, Johan 1604-79）
193, 249
マガロッティ（Magalotti, Lorenzo 1637-
1712） 87
マキャヴェリ（Machiavelli, Niccolò
1459-1527） 138, 221, 291, 319

マクシム・グレク（Maxim Grek 1480-1556） 88
マグニツキー（Magnitsky, Leonty） 169
マクファーカー（MacFarquhar, Colin 1745頃-93） 262
マザラン（Mazarin, Jules 1602-61） 106, 185, 270
マーシャム（Marsham, Sir John 1602-85） 285
マッティオーリ（Matteoli, Pier Andrea 1500-77） 314
マートン（Merton, Robert 1910-） 17
マヌエル一世（Manuel I 1495-1521在位） 216
マヌティウス（Manutius, Aldus 1449-1515） 41, 89
マブリー（Mably, Gabriel Bonnet de 1709-85） 78
マリーニ（Marini, Filippo 1608-82） 119
マリネオ（Marineo, Luca 1460頃-1533） 284
マルクス（Marx, Carl 1818-83） 14, 16, 22, 224, 229
マルコ・ポーロ（Marco Polo 1254-1324） 93, 296
マルシャン（Marchand, Prosper 1675頃-1756） 297
マルセラエル（Marselaer, Frederick 1584-1670） 186
マルゼルブ（Malesherbes, Chretien-Guillaume de Lamoignon de 1721-94） 216
マルティアリス（Martialis, Marcus Varerius 40頃-104頃） 225
マルティーニ（Martini, Martino 1614-61） 86, 87, 119, 120, 237, 247
マルティニエール（Martinière, Bruzen de la） 286
マーロー（Marlowe, Christopher 1564-93） 149
マンシ（Mansi, Giovanni Domenico 1692-1769） 286
マンチーニ（Mancini, Guilico） 314
マンデル（Mander, Karel van 1548-1606） 285
マンハイム（Mannheim, Karl 1893-1947） 15, 16, 18～20, 23, 24, 34, 35, 41, 47, 56, 179, 226, 309, 323, 324
ミハエリス（Michaelis, Johann David 1717-91） 194
ミュンスター（Münster, Sebastian 1488-1552） 153, 284
ミラー（Millar, Andrew 1707-68） 250, 252
ミルトン（Milton, John 1608-74） 321
ムーシイ（Mouchy, de） 114
ムラトーリ（Muratori, Ludovico Antonio 1672-1750） 48, 286
メイヒュー（Mayhew, T.） 115
メーザー（Mather, Cotton 1663-1728） 92
メッサーシュミット（Messerschmidt, Daniel 1685-1735） 192
メーヌ（Maine, La Croix du） 259
メフメット二世（Mehmet Ⅱ 1451-81在位） 82
メフメット四世（Mehmet Ⅳ 1648-87在位） 122
メランヒトン（Melanchthon, Philipp 1497-1560） 64, 145
メルカトール（Mercator, Gerard 1512-94） 116, 122, 284
メルシエ（Mercier, Louis Sébatien 1740-1814） 270
メルセンヌ（Mersenne, Marin 1588-1648） 45, 103, 206, 227, 304
メンケ（Mencke, Johann Burchard 1674-1732） 50, 229, 243, 286
メンシコフ（Menshikov, Alexandr Danilovich 1673-1729） 92
メンドーサ→フルタド・デ・メンドーサ
メンブール（Maimboourg, Louis 1610-86）

318
モース（Mauss, Marcel 1872-1950） 12
モナルデス（Monardes, Nicolás c.1493-1588） 97, 121, 122
モーペルテュイ（Maupertuis, Pierre Louis Moreau de 1698-1759） 77, 108
モリエール（Mollère 1622-73） 313
モールパ（Maurepas, Jean-Frédéric Phélypeaux 1701-81） 189, 190, 194
モルホーフ（Morhof, Daniel Georg 1639-91） 48, 50, 132, 258
モルミーレ（Mormile） 111
モレリ（Moréri, Louis 1643-80），ルイ 258, 259, 261, 281, 286, 292, 295
モンカダ→サンチョ・デ・モンカダ
モンクレティアン（Montchrestian, Antoine de 1575頃-1621） 156
モンターヌス（Montanus, Arnoldus ?-1683） 249
モンテスキュー（Montesquieu, Charles baron de 1689-1755） 78, 116, 120, 273, 289～292, 294, 301
モンテーニュ（Montaingne, Michel de 1533-92） 11, 30, 38, 88, 116, 289～293, 297, 302, 304～306
モンフォーコン（Montfaucon, Bernard de 1655-1741） 165, 253

ヤ 行

ヤーノシュ→アパーチャイ
ヤンソン（Jansson, Willem 17C中葉），ウィレム 242, 247
ユエ（Huet, Pierre-Daniel 1630-1721） 311

ラ・ワ 行

ライシュ（Reisch, Gregor ?-1525） 144, 282, 287
ライト（Wright, Edward 1558頃-1615） 236
ライプニッツ（Leibniz, Gottfried Wilhelm 1646-1716） 32, 45, 48, 72, 76～78, 87, 92, 108, 147, 151, 161, 168, 171, 180, 196, 207, 227, 228, 261, 283, 293, 311
ライマー（Rymer, Thomas 1641-1713） 286
ラエト（Laet, Johannes de 1582-1649） 118, 119, 248, 249, 296
ラ・クロア（La Croix） 162
ラ・コンダミーヌ（La Condamine, Charles-Marie de） 294, 295
ラシーヌ（Racine, Jean 1639-99） 44, 49
ラッセル（Lassels, Richard 1603頃-68） 270, 294
ラバタ（Labata, Francisco 1549-1631） 146, 259, 274
ラ・ボプリニエール（La Popelinière, Henri Lancelot Voisin 1541-1608） 46
ラムージオ（Ramusio, Giovanni Battista 1485-1537） 119, 216
ラムス（Ramus, Petrus 1515-72） 148, 149, 151, 165
ラ・モト（La Mothe Le Vayer, François 1588-1672） 302
ラ・レニー（La Reynie, Gabriel Nicolas de 1625-1709） 215
ラングレ（Lenglet-Dufresnoy, Nicolas 1674-1755） 259, 284
ランケ（Ranke, Leopold von 1795-1886） 218, 222
ランベック（Lambeck, Peter 1628-80） 107
リヴィウス（Livius, Titus 前59-後17） 276, 304
リコステネス（Lycosthenes, Conrad 1518-61） 146
リシュリュー（Richelieu, Armand du Plessis 1585-1643） 28, 185, 199, 200, 206, 209, 211, 220
リチャードソン（Richardson, Sammuel

1689-1761） 281
リッチ（Ricci, Matteo 1552-1610） 123, 264, 293, 298
リーネ（Rhijne, Willem Ten 1647-1700） 121
リバヴィウス（Libavius, Andreas 1560頃-1616） 139, 148, 149
リプシウス（Lipsius, Justus 1547-1606） 65
リペン（Lipen, Martin 1630-92） 242
リンネ（Linné Carl von 1707-78） 127, 133, 192
ルイ十四世（Louis XIV 1643-1715在世） 44, 45, 49, 51, 60, 69, 76, 102, 106, 162, 180, 188, 189, 194, 199, 201, 211, 215, 247, 248, 254
ルクレール（Leclerc, Jean 1657-1736） 248, 255, 261
ル・ゴフ（Le Goff, Jacques） 35, 36
ルジェーロ（Ruggiero, Michele 1543-1607） 101
ルソー（Rousseau, Jean-Jacques 1712-78） 216, 293, 294
ルター（Luther, Martin 1483-1546） 42, 64, 117, 129, 145, 183, 184, 290
ルチェラーイ（Rucellai, Florentine Giovanni） 234
ルーツィン（Luzhin, Fedor 18世紀初め） 192
ルートヴィッチ（Ludovici, Carl G. 1717-78） 260
ルドベック（Rudbeck, Olof 1630-1702） 132
ルドルフ二世（Rudolf II 1576-1612在位） 69, 71, 107, 162
ルノード（Renaudot, Théophraste 1586-1653） 45, 71, 103, 113～115, 228
ル・ブリュン（Le Brun, Pierre 1661-1729） 306
ルルス（Lullus, Raimundus 1235-1316頃） 133, 134, 136, 151
レイス（Reis, Piri ?-1553） 88, 122, 181
レヴィ＝ストロース（Lévi-Strauss, Claude 1908-） 17～19, 126
レオ（Leo the African〔Hassan al-Wazzân〕 1483頃-1554） 293
レクルス（l'Ecluse, Charles de 1526-1609） 65
レスピナス夫人（l'Espinasse, Julie de 1752-76） 79
レーデ（Rheede, Hendrik van 1637頃-91） 121
レリ（Léry, Jean de 1534頃-1613頃） 290, 293, 306
レールス（Leers, Reynier 1654-1714） 260
ローア（Laure, Thomas de） 111
ロアン（Rohan, Henri duc de 1579-1638） 323
ロイド（Lloyd, Edward 1688-1713） 240
ローダー（Lauder, Sir John 1646-1722） 199
ロック（Locke, John 1632-1704） 13, 74, 120, 147, 172, 293, 305, 311, 314, 317
ロート（Roth, Heinrich 1620-67） 119
ロバートソン（Robertson, William 1721-93） 250, 295
ロビンソン（Robinson, James Harvey 1863-1936） 21, 22
ロペス（Lopes, Duarte 1578頃活躍） 293, 294, 307
ロペス・デ・ゴマラ（López de Gómara, Francisco 1510-60） 122, 290, 293, 306
ロボ（Lobo, Jerónimo 1595-1678） 294
ロモノーソフ（Lomonosov, Mikhail 1711-65） 53, 92
ロングマン（Longmann, Thomas 1699-1755） 252, 262
ワゼル（Oisel, Jacques 1631-86） 165

事項索引

か　行

さ　行

た　行

な　行

は　行

参考文献

本書に関係する書物は多数ある。以下のリストは，注で引用した二次文献に限られている。とくに指定していない場合は，出版地はイギリスならばロンドン，フランスならばパリである。

Ackerman, J.（1949）'Ars sine scientia nihil est', *Art Bulletin* 12, pp.84-108.
Agrell, W. and B. Huldt（eds, 1983）*Clio Goes Spying*. Malmö.
Åkerman, S.（1991）'The Forms of Queen Christina's Academies', in Kelley and Popkin, pp.165-88.
Albertini, R. von（1955）*Das Florentinische Staatsbewusstsein im Übergang von der Republik zum Prinzipat*. Berne.
Albònico, A.（1992）'Le Relationi Universali di Giovanni Botero', in *Botero e la Ragion di Stato*, ed. A. E. Baldini, pp.167-84. Florence.
Alcoff, L. and E. Potter（eds, 1993）*Feminist Epistemologies*.
Alexandrov. D. A.（1995）'The Historical Anthropology of Science in Russia', *Russian Studies in History* 34, pp.62-91.
Alvar Ezquerra, A.（ed., 1993）*Relaciones topográficas de Felipe II*, 3 vols. Madrid.
Ambrosini, F.（1982）*Paesi e mari ignoti: America e colonialismo europeo nella cultura veneziana*（*secoli xvi-xvii*). Venice.
Ames-Lewis, F.（ed., 1999）*Sir Thomas Gresham and Gresham College*.
Anderson, B.（1983）*Imagined Communities*, second edn, 1991.〔ベネディクト・アンダーソン『想像の共同体――ナショナリズムの起源と流行』白石さや・白石隆訳，1997年（増補版），ＮＴＴ出版〕
Anderson, M. S.（1978）*Peter the Great*, second edn, 1995.
Aquilon, P. and H.-J. Martin（eds, 1988）, *Le Livre dans l'Europe de la Renaissance*.
Armstrong, E.（1990）*Before Copyright: The French Book-Privilege System, 1498-1526.* Cambridge.
Arrow, K.（1965）'Knowledge, Productivity and Practice', rpr. in his *Production and Capital*（Cambridge, Mass., 1985), pp.191-9.
Aubert, R. et al.（1976）*The University of Louvain*. Leuven.
Baker, J. N. L.（1935）'Academic Geography in the Seventeenth and Eighteenth Centuries', rpr. in his *The History of Geography*（Oxford, 1963）, pp.14-32.
Baldamus, W.（1977）'Ludwig Fleck and the Sociology of Science', in *Human*

Figurations, pp.135-56.
Ballester, L. Garciía（1977）*Medicina, ciéncia y minorías marginadas: los Moriscos*. Granada.
Ballester, L. García（1993）'The Inquisition and Minority Medical Practitioners in Counter-Reformation Spain', in *Medicine and the Reformation*, ed. P. P. Grell and A. Cunningham, pp.156-91.
Ballesteros Beretta, A.（1941）'J. B. Muñoz: la creación del Archivo de Indias', *Revista de Indias* 2, pp.55-95.
Balsamo, J.（1995）'Les Origines parisiennes du Tesoro Politico', *Bibliothèque d'Humanisme et Renaissance* 57, pp.7-23.
Balsamo, L.（1973）'Tecnologia e capitale nella storia del libro', in *Studi per Riccardo Ridolfi*, ed. B. M. Biagiarelli and D. E. Rhodes（Florence）, pp.77-94.
Baratin, M. and C. Jacob（eds, 1996）*Le Pouvoir des bibliothèques*.
Barber, G.（1981）'Who were the Booksellers of the Enlightenment?', in G. Barber and B. Fabian（eds）, *The Book and the Book Trade in Eighteenth-Century Europe*（Hamburg）, pp.211-24.
Barbour, V.（1928-9）'Marine Risks and Insurance in the Seventeenth Century'. *Journal of Economic and Business History* 1, pp.561-96.
Barbour, V.（1950）*Capitalism in Amsterdam in the Seventeenth Century*. Baltimore.
Barkan, O. L.（1958）'Essai sur les données statistiques des registres de recensement dans l'empire ottoman', *Journal of the Economic and Social History of the Orient* 1, pp.9-36.
Barker, P. and R. Ariew（eds, 1991）*Revolution and Continuity: Essays in the History and Philosophy of Early Modern Science*. Washington.
Barnes, B.（1977）*Interests and the Growth of Knowledge*.
Basalla, G.（1987）'The Spread of Western Science', rpr. in Storey, pp.1-22.
Baschet, A.（1870）*Les Archives de Venise*.
Baschet, A.（1875）*Histoire du dépôt des archives des affaires étrangères*.
Bassett, D. K.（1960）'The Trade of the English East India Company in the Far East, 1623-1684', rpr. in *European Commercial Expansion in Early Modern Asia*, ed. O. Prakash（Aldershot, 1997）, pp.208-36.
Bauer, W.（1966）'The Encyclopaedia in China', *Cahiers d'Histoire Moderne* 9, pp.665-91.
Bautier, R. H.（1968）'La Phase cruciale de l'histoire des archives', *Archivum* 18, pp.139-49.
Bayly, C. A.（1996）*Empire and Information: Intelligence Gathering and Social Communication in India*, 1780-1870. Cambridge.
Bec, C.（1967）*Les Marchands écrivains*.

Becher, T.（1989）*Academic Tribes and Territories.*

Belenky, M. F. et al.（1986）*Women's Ways of Knowing.*

Beljame, L.（1881）*Le Public et les hommes de lettres.*

Bell, D.（1976）*The Cultural Contradictions of Capitalism.*〔ダニエル・ベル『資本主義の文化的矛盾』上・下，林雄二郎訳，1976～77年，講談社学術文庫〕

Bély, L.（1990）*Espions et ambassadeurs au temps de Louis XIV.*

Benitez, M.（1993）'La Diffusion du "traité des trois imposteurs" au 18e siècle', *Revue d'Histoire Moderne et Contemporaine* 40, pp.137-51.

Bentley, J. H.（1983）*Humanists and Holy Writ: New Testament Scholarship in the Renaissance*. Princeton.

Benzoni, G.（1978）*Gli affanni della cultura: intellettuali e potere nell'Italia della Controriforma e barocca*. Milan.

Berger, P. and T. Luckmann（1966）*The Social Construction of Reality*. New York.〔ピーター・バーガー，トーマス・ルックマン『現実の社会的構成』山口節郎訳，2003年，新曜社〕

Berkey, J.（1992）*The Transmission of Knowledge in Medieval Cairo*. Princeton.

Berkvens-Stevelinck, C. et al.（eds, 1992）*Le Magasin de l'Univers: The Dutch Republic as the Centre of the European Book Trade*. Leiden.

Bermingham, A. and J. Brewer（eds, 1995）*The Consumption of Culture 1600-1800.*

Bernard-Maître, H.（1953）'L'Orientaliste Guillaume Postel et la découverte spirituelle du Japon en 1552'. *Monumenta Nipponica* 9, pp.83-108.

Berti, S.（1992）'The First Edition of the Traité des trois imposteurs' in *Atheism from the Reformation to the Enlightenment*, ed M. Hunter and D. Wootton（Oxford）, pp.182-220.

Besterman, T.（1935）*The Beginnings of Systematic Bibliography*. Oxford.

Biagoli, M.（1993）*Galileo Courtier*. Princeton.

Biggs, M.（1999）'Putting the State on the Map: Cartography, Territory and European State Formation', *Comparative Studies in Society and History* 41, pp.374-405.

Birn, R.（1983）'Book Production and Censorship in France, 1700-15', in Carpenter, pp.145-71.

Birn, R.（1989）'Malesherbes and the Call for a Free Press', in Darnton and Roche, pp.50-66.

Blair, A.（1992）'Humanist Methods in Natural Philosophy: The Commonplace Book'. *Journal of the History of Ideas* 53, pp.541-52.

Blair, A.（1996）'Bibliothèques portables: les recueils de lieux communs', in Baratin and Jacob, pp.84-106.

Blair, A.（1997）*The Theatre of Nature: Jean Bodin and Renaissance Science*. Princeton.

Blum, R.（1963）'Bibliotheca Memmiana: Untersuchungen zu Gabriel Naudé's

Advis', in *Festschrift Carl Wehmer*（Amsterdam）, pp.209-32.
Blum, W.（1969）*Curiosi und Regendarii: Untersuchen zur Geheimen Staatspolizei der Spätantike*. Munich.
Blumenberg, H.（1966）*The Legitimacy of the Modern Age*, English translation, Cambridge, Mass., 1983.〔ハンス・ブルーメンベルク『近代の正統性』全3巻，I 斎藤義彦訳，II 忽那敬三訳，III 村井則夫訳，1998～2002年，法政大学出版局〕
Böhme, G.（1984）'Midwifery as Science', in Stehr and Meja.
Böhme, G. and N. Stehr（eds, 1986）*The Knowledge Society*. Dordrecht.
Boislisle, A. M. de（1874）*Correspondance des Contrôleurs Généraux des Finances*.
Borghero, C.（1983）*La certezza e la storia: cartesianesimo, pirronismo e conoscenza storica*. Milan.
Bost, H.（1994）*Un intellectuel avant la lettre: le journaliste Pierre Bayle*. Amsterdam-Maarssen.
Bots, H.（1983）'Les Provinces-Unies, centre de l'information européenne au dix-septième siècle', *Quaderni del '600 francese* 5, pp.283-306.
Bots, H. and F. Waquet（1997）*La République des Lettres*.
Boulding, K. E.（1966）'The Economics of Knowledge and the Knowledge of Economics', *American Economic Review* 56, pp.1-13.
Bourdieu, P.（1972）*Outlines of a Theory of Practice*, English translation, Cambridge, 1977.
Bourdieu, P.（1984）*Homo Academicus,* English translation, Cambridge, 1984.〔ピエール・ブルデュー『ホモ・アカデミクス』石崎晴己・東松秀雄訳，1997年，藤原書店〕
Bourdieu, P.（1989）*La Noblesse d'Etat*.
Boutier, J., A. Dewerpe and D. Nordman（1984）*Un tour de France royal*.
Bouwsma, W. J.（1973）'Lawyers and Early Modern Culture', rpr. in his *A Usable Past: Essays in European Cultural History*（Berkeley and Los Angeles, 1990), pp.129-53.
Bouza, F.（1988）'La biblioteca del Escorial y el orden de los saberes en el siglo xvi', rpr. in his *Imagen y propaganda: capítulos de historia cultural del reinado de Felipe II*（Madrid), pp.168-85.
Bouza, F.（1992）*Del escribano a la biblioteca. La civilización escrita europea en la Alta Edad Moderna*. Madrid.
Bowen, M.（1981）*Empiricism and Geographical Thought from Francis Bacon to Alexander von Humboldt*. Cambridge.
Boxer, C. R.（1936）*Jan Compagnie in Japan*.
Boxer, C. R.（1948）*Three Historians of Portuguese Asia*. Hong Kong.

Boxer, C. R.（1957）*The Dutch in Brazil, 1624-54*. Oxford.
Boxer, C. R.（1963）*Two Pioneers of Tropical Medicine*.
Brading, D. A.（1991）*The First America: The Spanish Monarchy, Creole Patriots and the Liberal State, 1492-1867*. Cambridge.
Bradshaw, L. E.（1981a）'John Harris's *Lexicon Technicum*', in Kafker, pp.107-21.
Bradshaw, L. E.（1981b）'Ephraim Chambers' *Cyclopaedia*', in Kafker, pp.123-40.
Brentjes, S.（1999）'The Interests of the Republic of Letters in the Middle East', *Science in Context* 12, pp.435-68.
Brewer, J.（1989）*The Sinews of Power*.〔ジョン・ブリュア『財政――軍事国家の衝撃――戦争・カネ・イギリス国家 1688-1783』大久保桂子訳，2003年，名古屋大学出版会〕
Brewer, J. and R. Porter（eds, 1993）*Consumption and the World of Goods*.
Briggs, R.（1991）'The Académie Royale des Sciences and the Pursuit of Utility', *Past and Present* 131, pp.38-88.
Brincken, A.-D. von den（1972）'Tabula alphabetica', in *Festschrift Herman Heimpel*, vol. 2（Göttingen）, pp.900-23.
Broc, N.（1975）*La Géographie des philosophes: géographes et voyageurs français au 18e siècle*.
Broc, N.（1980）*La Géographie de la Renaissance*.
Brocchieri, M. F. Beonio（1987）'L'intellettuale', in *L'uomo medievale*, ed. J. Le Goff（Rome-Bari）, pp.203-33.
Brockliss, L. W. B.（1987）*French Higher Education in the Seventeenth and Eighteenth Centuries*. Oxford.
Brockliss, L. W. B.（1996）'Curricula', in Ridder-Symoens, vol.2, pp.565-620.
Brown, H.（1934）*Scientific Organizations in Seventeenth-Century France*. Baltimore.
Brown, J.（1978）*Images and Ideas in Seventeenth-Century Spanish Painting*. Princeton.
Brown, R. D.（1989）*Knowledge is Power: The Diffusion of Information in Early America, 1700-1865*. New York.
Buck, P.（1977）'Seventeenth-Century Political Arithmetic: Civil Strife and Vital Statistics', *Isis* 68, pp.67-84.
Buck, P.（1982）'People who Counted: Political Arithmetic in the Eighteenth Century', *Isis* 73, pp.28-45.
Buisseret, D.（ed., 1992）*Monarchs. Ministers and Maps: The Emergence of Cartography as a Tool of Government in Early Modern Europe*. Chicago.
Burckhardt, J.（1860）*The Civilisation of the Renaissance in Italy*, English translation, revised edn, Harmondsworth 1990.〔ブルクハルト『イタリア・ルネサンスの文化』全２巻，柴田治三郎訳，2002年，中央公論新社〕
Burke, P.（1979）'The Bishop's Questions and the People's Religion', rpr. in Burke

（1987）, pp.40-7.
Burke, P.（1983）'The Reform of European Universities in the Sixteenth and Seventeenth Centuries', *CRE Information*, pp.59-67.
Burke, P.（1984）'How to be a Counter-Reformation Saint', rpr. in Burke（1987）, pp.48-62.
Burke, P.（1985）'European Views of World History from Giovio to Voltaire', *History of European Ideas* 6, pp.237-51.
Burke, P.（1986）'The Humanist as Professional Teacher', in *The Professional Teacher*, ed. J. Wilkes（Leicester）, pp.19-27.
Burke, P.（1987）*Historical Anthropology of Early Modern Italy*. Cambridge.
Burke, P.（1988）'William Dell, the Universities, and the Radical Tradition', in *Reviving the English Revolution*, ed. G. Eley and W. Hunt, pp.181-9.
Burke, P.（1990）*The French Historical Revolution: The Annales School 1929-89*. Cambridge.〔ピーター・バーク『フランス歴史学革命——アナール学派1929－89年』大津真作訳, 1992年, 岩波書店〕
Burke, P.（1992）*The Fabrication of Louis XIV*. New Haven.
Burke, P.（1995a）'America and the Rewriting of World History', in *America in European Consciousness*, ed. K. O. Kupperman（Chapel Hill), pp.33-51.
Burke, P.（1995b）'The Jargon of the Schools', in *Languages and Jargons*, ed. P. Burke and Roy Porter（Cambridge）, pp.22-41.
Burke, P.（1995c）*The Fortunes of the Courtier: The European Reception of Castiglione's Cortegiano*. Cambridge.
Burke, P.（1998a）*Varieties of Cultural History*. Cambridge.
Burke, P.（1998b）'Tow Crises of Historical Consciousness', *Storia della Storiografia*, no.33, pp.3-16.
Burke, P.（1998c）*The European Renaissance: Centres and Peripheries*. Oxford.
Burke, P.（1999a）'Erasmus and the Republic of Letters', *European Review* 7, no.1, pp.5-17.
Burke, P.（1999b）'The Philosopher as Traveller: Bernier's Orient', in *Voyages and Visions: Towards a Cultural History of Travel*, ed. J. Elsner and J.-P. Rubiés, pp.124-37.
Burke, P.（2000a）'Venice as a Centre of Information and Communication', forthcoming in *Venice Reconsidered: The History and Civilization of an Italian City-State 1297-1997*, ed. J. Martin and D. Romano（Baltimore).
Burke, P.（2000b）'Assumptions and Observations: Eighteenth Century French Travellers in South America', forthcoming in *Invitation au Voyage*, ed. J. Renwick（Edinburgh）.
Burke, P.（2001）'Rome as a Centre of Information and Communication', forthcom-

ing in P. Jones and T. Worcester (eds), *Saints and Sinners* (Toronto).
Bustamante García, G. (1997) 'Francisco Hernández', in B. Ares Queija and S. Gruzinski (eds), *Entre dos mundos: fronteras culturales y agentes mediadores* (Seville), pp.243-68.
Canone, E. (ed., 1993) *Bibliothecae Selectae da Cusano a Leopardi*. Florence.
Caracciolo Aricò. A. (ed., 1990) *L'impatto della scoperta dell'America nella cultura veneziana*. Rome.
Carels, P. E. and D. Flory (1981) 'J. H. Zedler's Universal Lexicon', in Kafker, pp.165-95.
Carpenter, K. E. (ed., 1983) *Books and Society in History*. New York.
Carter, C. H. (1964) *The Secret Diplomacy of the Habsburgs, 1598-1625*. New York.
Castells, M. (1989) *The Informational City*. Oxford.
Cavaciocchi, S. (ed., 1992) *Produzione e commercio della carta e del libro, secc. xiii-xviii*. Florence.
Chabod, F. (1934) 'Giovanni Botero', rpr. in his *Scritti sul Rinascimento* (Turin, 1967), pp.271-458.
Chaffee, J. W. (1985) *The Thorny Gates of Learning in Sung China: A Social History of Examinations*. Cambridge.
Chamberlain. M. (1994) *Knowledge and Social Practice in Medieval Damascus*. Cambridge.
Charle, C. (1990) *Naissance des 'intellectuels' 1880-1900*.
Chartier, R. (1982) 'Les Intellectuels frustrés au 17e siècle', *Annales: Economies. Sociétés, Civilisations* 37, pp.389-400.
Chartier, R. (1987) *The Cultural Uses of Print in Early Modern France*. Princeton.
Chartier, R. (1992) *The Order of Books: Readers, Authors and Libraries in Europe between the Fourteenth and Eighteenth Centuries*. Cambridge. 〔ロジェ・シャルチエ『書物の秩序』長谷川輝夫訳，1996年，筑摩書房〕
Christianson, J. R. (2000) *On Tycho's Island: Tycho Brahe and his Assistants, 1570-1601*. Cambridge.
Church, W. F. (1972) *Richelieu and Reason of State*. Princeton.
Cipolla, C. M. (1972) 'The Diffusion of Innovations in Early Modern Europe', *Comparative Studies in Society and History 14*, pp.46-52.
Cipolla, C. M. (1976) *Public Health and the Medical Profession in the Renaissance*. Cambridge. 〔カルロ・M.チポラ『ペストと都市国家――ルネサンスの公衆衛生と医師』日野秀逸訳，1988年，平凡社〕
Clanchy, M. (1979) *From Memory to Written Record: England 1066-1307*. Revised edn, Oxford, 1993.
Clapp, S. (1931) 'The Beginnings of Subscription in the Seventeenth Century',

Modern Philology 29, pp.199-224.
Clapp, S.（1933）'The Subscription Enterprises of John Ogilby and Richard Blome', *Modern Philology* 30, pp.365-79.
Clark, S.（1997）*Thinking with Demons: The Idea of Witchcraft in Early Modern Europe*. Oxford.
Clarke, J. A.（1966）'Librarians of the King: The Bignon, 1642-1784', *Library Quarterly* 36, pp.293-8.
Clarke, J. A.（1970）*Gabriel Naudé, 1600-53*. Hamden, Conn.
Clement, R. W.（1991）'The Career of Thomas James', *Libraries and Culture* 26, pp.269-82.
Cline, H. F.（1964）'The *Relaciones Geográficas* of the Spanish Indies, 1577-1586', *Hispanic American Historical Review* 44, pp.341-74.
Cobb, R.（1970）*The Police and the People*. Oxford.
Cochrane, J. A.（1964）*Dr Johnson's Printer: The Life of William Strahan*.
Codina Mir, G.（1968）*Aux sources de la pédagogie des Jésuites*. Rome.
Cohen, H. F.（1989）'Comment', in *New Trends in the History of Science*, ed. R. P. W. Visser et al., Amsterdam–Atlanta, pp.49-51.
Cohn, B. S.（1996）*Colonialism and its Forms of Knowledge*. Princeton.
Confino, M.（1962）'Les Enquêtes économiques de la Société Libre d'Économie de Saint Petersbourg', *Revue Historique* 227, pp.155-80.
Cormack, L. B.（1997）*Charting an Empire; Geography at the English Universities, 1580-1620*. Chicago.
Cortesão, A.（ed., 1944）*Tomé Pires, Suma Oriental*. London.
Costello, William T.（1958）*The Scholastic Curriculum at Early Seventeenth-Century Cambridge*. Cambridge, Mass.
Crane, D.（1972）*Invisible Colleges: Diffusion of Knowledge in Scientific Communities*. Chicago.〔ダイアナ・クレーン『見えざる大学——科学共同体の知識の伝播』津田良成監訳，1979年，敬文堂〕
Crick, M.（1982）'Anthropology of Knowledge', *Annual Review of Anthropology* 11, pp.287-313.
Crombie, A. C.（1953）*Robert Grosseteste and the Origins of Experimental Science, 1100-1700*. Oxford.
Cropper, E. and C. Dempsey（1996）*Nicolas Poussin: Friendship and the Love of Painting*. New Haven.
Curtis, M. H.（1959）*Oxford and Cambridge in Transition, 1558-1642*. Oxford.
Curtis, M. H.（1962）'The Alienated Intellectuals of Early Stuart England', *Past and Present* 23, pp.25-41.
Curtius, E. R.（1948）*European Literature and the Latin Middle Ages*, English trans-

lation, 1954; second edn, New York, 1963.〔E．R．クルツィウス『ヨーロッパ文学とラテン中世』南大路振一・岸本通夫・中村善也訳，1971年，みすず書房〕
D'Addario, A.（1990）'Lineamenti di storia dell'archivistica', *Archivio Storico Italiano* 148, pp.3-36.
Dahl, F.（1939）'Amsterdam – Earliest Newspaper Centre of Western Europe', *Het Boek* 25, pp.160-97.
Dahl. F.（1951）'Les Premiers Journaux en français', in *Débuts de la presse française*, ed. Dahl et al.（Göteborg-Paris）, pp.1-15.
Dainville, F. de（1940）*La Géographie des humanistes*.
Daly, L. W.（1967）*Contribution to a History of Alphabetization in Antiquity and the Middle Ages*. Brussels.
Darnton, R.（1979）*The Business of Enlightenment*. Cambridge, Mass.
Darnton, R.（1982）*The Literary Underground of the Old Regime*. New York.〔ロバート・ダーントン『革命前夜の地下出版』関根素子・二宮宏之訳, 2000年, 岩波書店〕
Darnton, R.（1984）'Philosophers Trim the Tree of Knowledge: The Epistemological Structure of the *Encyclopédie'*, in his *The Great Cat Massacre*（New York）, pp.191-214.〔ロバート・ダーントン『猫の大虐殺』海保真夫・鷲見洋一訳，1986年，岩波書店〕
Darnton, R. and D. Roche（eds, 1989）*Revolution in Print: The Press in France 1775-1800*. Berkeley.
Daston. L.（1991）'Baconian Facts, Academic Civility and the Prehistory of Objectivity', *Annals of Scholarship* 8, pp.337-63.
Daston, L.（1992）'Classifications of Knowledge in the Age of Louis XIV', in D. L. Rubin（ed.）. *Sun King*（Washington）, pp.206-20.
Davids, K.（1995）'Openness or Secrecy? Industrial Espionage in the Dutch Republic', *Journal of European Economic History* 24, pp.334-48.
Davies. D. W.（1952）'The Geographical Extent of the Dutch Book Trade in the 17th Century', *Library Quarterly* 22, pp.200-13.
Davies. D. W.（1954）*The World of the Elseviers, 1580-1712*. The Hague.
Davis, N. Z.（1983）'Beyond the Market: Books as Gifts in Sixteenth-Century France', *Transactions of the Royal Historical Society* 33, pp.69-88.
Dawson, W. R.（1932）'The London Coffeehouses and the Beginnings of Lloyds', *Essays by Divers Hands* 11, pp.69-112.
Derber, C., W. A. Schwartz and Y. Magrass（1990）*Power in the Highest Degree: Professionals and the Rise of a New Mandarin Order*. New York.
Deutsch, K.（1953）*Nationalism and Social Communication*. New York.

Dieckmann, H.（1961）'The Concept of Knowledge in the Encyclopédie', *Essays in Comparative Literature*, pp.73-107.

Dierse, U.（1977）*Enzyklopädie*. Bonn.

Dionisotti, C.（1967）'Chierici e laici', in his *Geografia e storia della letteratura italiana*. Turin, pp.47-73.

Dodds, M.（1929）*Les Récits de voyage sources de l'Esprit des Loix de Montesquieu.*

Dooley, B.（1999）*The Social History of Scepticism: Experience and Doubt in Early Modern Culture*. Baltimore.

Doria, G.（1986）'Conoscenza del mercato e sistema informativo: il know-how dei mercanti-finanzieri genovesi nei secoli xvi e xvii', in *La repubblica internazionale del danaro*, ed. A. da Maddalena and H. Kellenbenz（Florence）, pp.57-115.

Drayton, R.（1998）'Knowledge and Empire', in *The Oxford History of the British Empire*, vol. 2: *The Eighteenth Century*, ed. P. Marshall（Oxford), pp.231-52.

Drège, J.-P.（1991）*Les Bibliothèques en Chine au temps des manuscrits*. Paris.

Dreitzel, H.（1983）'Hermann Conring und die politische Wissenschaft seiner Zeit', in Stolleis, pp.135-72.

Duchet, M.（1971）*Anthropologie et histoire au siècle des lumières*.

Duke, A. C. and C. A. Tamse（eds, 1987）*Too Mighty to be Free: Censorship and the Press in Britain and the Netherlands*. Zutphen.

Dülmen, R. van（1978）'Die Aufklärungsgesellschaften in Deutschland', *Francia* 5, pp.251-75.

Dülmen, R. van（1986）*The Society of the Enlightenment*. English translation, Cambridge, 1992.

Durán, J.（1991）*Toward a Feminist Epistemology*. Savage, Md.

Durkheim, E.（1912）*The Elementary Forms of the Religious Life*. English translation, New York, 1961.〔エミル・デュルケム『宗教生活の原初形態』上・下，古野清人訳，1975年，岩波文庫〕

Durkheim, E. and M. Mauss（1901-2）*Primitive Classification*. English translation 1963.〔エミール・デュルケム，マルセル・モース『分類の原初的諸形態』山内貴美夫訳，1969年，せりか書房〕

Duyvendak, J. J. L.（1936）'Early Chinese Studies in Holland', *T'oung Pao* 32, pp.293-344.

Eamon, W.（1994）*Science and the Secrets of Nature: Books of Secrets in Early Modern Culture*. Princeton.

Echevarria Bacigalupe, M. A.（1984）*La diplomacia secreta en Flandres, 1598-1643*. Madrid.

Eco, U.（1995）*The Search for the Perfect Language*. Oxford.〔ウンベルト・エーコ『完全言語の探求』上村忠男・広石正和訳，1995年，平凡社〕

Edney, M.（1997）*Mapping an Empire: The Geographic Construction of British India, 1765-1843*. Chicago.

Eisenstein, E.（1979）*The Printing Press as an Agent of Change*, 2 vols. Cambridge.〔エリザベス・アイゼンステイン『印刷革命』小川昭子ほか訳，1987年，みすず書房〕

Eisenstein, E.（1992）*Grub Street Abroad*. Oxford.

Elias, N.（1939）*The Civilising Process*, English translation, 2 vols, Oxford, 1978-82.〔ノルベルト・エリアス『社会の変遷――文明化の理論のための見取図』波田節夫ほか訳，1978年，法政大学出版局〕

Elias, N.（1982）'Scientific Establishments', in *Scientifc Establishments and Hierarchies*, ed. N. Elias, H. Martins and R. Whitley（Dordrecht）, pp.3-69.

Elkanah, Y.（1981）'A Programmatic Attempt at an Anthropology of Knowledge', in *Sciences and Cultures*, ed. E. Mendelsohn and Y. Elkanah, pp.1-76.

Elkar, R. S.（1995）'Altes Handwerk und ökonomische Enzyklopädie', in Eybl et al., pp.215-31.

Elliott, J. H.（1986）*The Count-Duke of Olivares*. New Haven.

Elton, G. R.（1972）*Policy and Police*. Cambridge.

Engelsing, R.（1969）'Die Perioden der Lesergeschichte in der Neuzeit', *Archiv für Geschichte des Buchwesens* 10, pp.944-1002.

Engelsing, R.（1974）*Der Bürger als Leser. Lesergeschichte in Deutschland. 1500-1800*. Stuttgart.

Esmonin, E.（1964）*Etudes sur la France des 17e et 18e siècles*.

Ettinghausen, H.（1984）'The News in Spain', *European History Quarterly* 14, pp.1-20.

Evans, R. J. W.（1973）*Rudolf II and his World*. Oxford.〔R．J．W.エヴァンズ『魔術の帝国――ルドルフ二世とその世界』中野春夫訳，1988年，平凡社〕

Eybl, F. et al.（eds, 1995）*Enzyklopädien der frühen Neuzeit*. Tübingen.

Feather, F.（1994）'From Rights in Copies to Copyright', in *The Construction of Authorship*, ed. M. Woodmansee, Durham, NC, pp.191-209.

Feingold, M.（1984）*The Mathematicians' Apprenticeship*. Cambridge.

Feingold, M.（1989）'The Universities and the Scientific Revolution: The Case of England', in *New Trends in the History of Science*, ed. R. P. W. Visser et al., Amsterdam–Atlanta, pp.29-48.

Feingold, M.（1991）'Tradition versus Novelty: Universities and Scientific Societies in the Early Modern Period', in P. Barker and R. Ariew（eds, 1991）*Revolution and Continuity: Essays in the History and Philosophy of Early Modern Science*（Washington）, pp.45-59.

Feingold, M.（1997）'The Mathematical Sciences and New Philosophies', in *History*

of the University of Oxford, vol. 4, ed. Nicholas Tyacke（Oxford）, pp.359-448.
Feldhay, R.（1995）*Galileo and the Church: Political Inquisition or Critical Dialogue?* Cambridge.
Fernández-Armesto, F.（ed., 1995）*The European Opportunity*. Aldershot.
Fernández-Armesto, F.（1997）*Truth: A History and a Guide for the Perplexed.*
Field, A.（1988）*The Origins of the Platonic Academy of Florence*. Princeton.
Fiering, N.（1976）'The Transatlantic Republic of Letters', *William & Mary Quarterly* 33, pp.642-60.
Figueiredo, J. M. de（1984）'Ayurvedic Medicine in Goa', rpr. in Storey, pp.247-57.
Findlen, P.（1989）'The Museum', *Journal of the History of Collections* 1, pp.59-78.
Findlen, P.（1994）*Possessing Nature: Museums. Collecting and Scientific Culture in Early Modern Italy*. Berkeley.
Fleck, L.（1935）*Genesis and Development of a Scientific Fact*, English translation, Chicago, 1979.
Fleischer. C. H.（1986）*Bureaucrat and Intellectual in the Ottoman Empire*. Princeton.
Fletcher, J. M.（1981）'Change and Resistance to Change: A Consideration of the Development of English and German Universities during the Sixteenth Century', *History of Universities* 1, pp.1-36.
Flint, R.（1904）*Philosophy as Scientia Scientiarum and a History of the Classification of the Sciences.*
Fogel, M.（1989）*Les Cérémonies de l'information.*
Foucault, M.（1961）*Naissance de la clinique.*〔ミシェル・フーコー『臨床医学の誕生』神谷美恵子訳，1969年，みすず書房〕
Foucault, M.（1966）*Les Mots et les choses.*〔ミシェル・フーコー『言葉と物——人文科学の考古学』渡辺一民・佐々木明訳，1974年，新潮社〕
Foucault, M.（1980）*Power/Knowledge*, ed. C. Gordon. Brighton.
Fox, A.（1999）'Remembering the Past in Early Modern England', *Transactions of the Royal Historical Society* 9, pp.233-56.
Frängsmyr, Tore, J. L. Heilbron and R. E. Rider（eds, 1990）*The Quantifying Spirit in the Eighteenth Century*. Berkeley-Los Angeles.
Fuller, S.（1992）'Knowledge as Product and Property', in Stehr and Ericson, pp.157-90.
Fumaroli, M.（1988）'The Republic of Letters', *Diogenes* 143, pp.129-52.
Gandt, F. de（1994）'D'Alembert et la chaîne des sciences', *Revue de Synthèse* 115, pp.39-54.
Gardair, J.-M.（1984）*Le 'Giornale de' letterati' de Rome*（1668-81）. Florence.
Garin, E.（1961）'Ritratto del Paolo del Pozzo Toscanelli', rpr. in *Ritratti di umanisti*（Florence, 1967）, pp.41-68.

Garofalo, S.（1980）*L'enciclopedismo italiano: Gianfrancesco Pivati.* Ravenna.
Gasnault, P.（1976）'Les travaux d'érudition des Mauristes au 18e siècle', in Hammer and Voss, pp.102-21.
Gasparolo, P.（1887）'Costituzione dell'Archivio Vaticano e suo primo indice sotto il pontificato di Paolo V', *Studi e documenti di storia e diritto* 8, pp.3-64.
Geertz, C.（1975）'Common Sense as a Cultural System', rpr. in his *Local Knowledge*（New York, 1983), pp.73-93.〔クリフォード・ギアーツ『ローカル・ノレッジ――解釈人類学論集』梶原景昭ほか訳，1999年，岩波書店〕
Geertz, C.（1979）'Suq', in *Meaning and Order in Moroccan Society*（Cambridge), pp.123-244.
Geertz, C.（1983）'Local Knowledge: Fact and Law in Comparative Perspective', in his *Local Knowledge*（New York), pp.167-234.
Gellner, E.（1974）*Legitimation of Belief.* Cambridge.
Gellner, E.（1988）*Plough, Sword and Book.*
Gellrich, J. M.（1985）*The Idea of the Book in the Middle Ages.* Ithaca.
George, M. D.（1926-9）'The Early History of Registry Offices'. *Economic History* 1, pp.570-90.
Gerulaitis, L. V.（1976）*Printing and Publishing in Fifteenth-Century Venice.* Chicago.
Giard, L.（1983-5）'Histoire de l'université et histoire du savoir: Padoue（xive-xvie siècles)', *Revue de Synthèse* 104-6, pp.139-69, 259-98, 419-42.
Giard, L.（1991）'Remapping Knowledge, Reshaping Institutions', in *Science, Culture and Popular Belief in Renaissance Europe*, ed. S. Pumfrey, P. L. Rossi and M. Slawinski（Manchester), pp.19-47.
Gibbs, G. C.（1971）'The Role of the Dutch Republic as the Intellectual Entrepot of Europe in the Seventeenth and Eighteenth Centuries', *Bijdragen en Mededelingen betreffende de Geschiedenis van de Nederlanden* 86, pp.323-49.
Gibbs, G. C.（1975）'Some Intellectual and Political Influences of the Huguenot Emigrés in the United Provinces c.1680-1730', *Bijdragen en Mededelingen betreffende de Geschiedenis van de Nederlanden* 90, pp.255-87.
Giddens, A.（1985）*The Nation-State and Violence.* Cambridge.〔アンソニー・ギデンズ『国民国家と暴力』松尾精文・小幡正敏訳，1999年，而立書房〕
Giesecke, M.（1991）*Der Buchdruck in der frühen Neuzeit: Eine historische Fallstudie über die Durchsetzung neuer Informations- und Kommunikationstechnologien.* Frankfurt.
Gilbert, F.（1965）*Machiavelli and Guicciardini.* Princeton.
Gilbert, N. W.（1960）*Renaissance Concepts of Method.* New York.
Gillispie, C. C.（1960）*The Edge of Objectivity: An Essay in the History of Scientific Ideas.* Princeton.〔ギリスピー『科学思想の歴史――ガリレオからアインシュタインまで』島尾永康訳，1971年（改版），みすず書房〕

Gillispie, C. C.（1980）*Science and Polity in France at the End of the Old Regime*. Princeton.
Ginzburg, C.（1976）'High and Low: The Theme of Forbidden Knowledge in the 16th and 17th Centuries', *Past and Present* 73, pp.28-41.
Ginzburg, C.（1978）'Clues: Roots of an Evidential Paradigm', rpr. in his *Myths, Emblems, Clues*, English translation（1990）, pp.96-125.〔カルロ・ギンズブルグ『神話・寓意・徴候』竹山博英訳，1988年，せりか書房〕
Ginzburg, C.（1996）'Making Things Strange: The Prehistory of a Literary Device', *Representations* 56, pp.8-28.
Ginzburg. C.（1997）*Occhiacci di legno: nove riflessioni sulla distanza*. Milan.〔カルロ・ギンズブルグ『ピノッキオの眼――距離についての九つの省察』竹山博英訳，2001年，せりか書房〕
Glass, D. V.（1973）*Numbering the People: The Eighteenth-Century Population Controversy and the Development of Census and Vital Statistics in Britain*. Farnborough.
Golder, F. A.（ed., 1922）*Bering's Voyages*, 2 vols. New York.
Goldgar, A.（1995）*Impolite Learning*. New Haven.
Goldie, M.（1987）'The Civil Religion of James Harrington', in *The Languages of Political Theory in Early-Modern Europe*, ed. Anthony Pagden（Cambridge）, pp.197-222.
Goldstein, T.（1965）'Geography in Fifteenth-Century Florence', rpr. in Fernández-Armesto（1995）, pp.1-22.
Goldthwaite, R. A.（1972）'Schools and Teachers of Commercial Arithmetic in Renaissance Florence', *Journal of European Economic History* 1, pp.418-33.
Goodman, D. C.（1988）*Power and Penury: Government, Technology and Science in Philip II's Spain*. Cambridge.
Goodman, D.（1994）*The Republic of Letters: A Cultural History of the French Enlightenment*. Ithaca.
Goodman, G. K.（1967）*Japan: the Dutch Experience*, revised edn, 1987.
Goody, J.（1978）*The Domestication of the Savage Mind*. Cambridge.〔ジャック・グディ『未開と文明』吉田禎吾訳，1986年，岩波書店〕
Goody, J.（1996）*The East in the West*. Cambridge.
Goss, C. W. F.（1932）*The London Directories, 1677-1855*.
Goyet, F.（1986-7）'Apropos de "ces pastissages de lieux communs": le rôle de notes de lecture dans la genèse des *Essais', Bulletin de la Société des Amis de Montaigne*, parts 5-8, pp.11-26, 9-30.
Goyet, F.（1996）*Le sublime du 'lieu commun': l'invention rhétorique dans l'antiquité et à la Renaissance*.

Grafton, A.（1990）*Forgers and Critics*. Princeton.
Grafton, A.（1992）'Kepler as a Reader', *Journal of the History of Ideas* 53, pp.561-72.
Grafton, A.（1997）*The Footnote: A Curious History*.
Grafton, A. and L. Jardine（1986）*From Humanism to the Humanities: Education and the Liberal Arts in Fifteenth- and Sixteenth-Century Europe*.
Granet, M.（1934）*La Pensée chinoise*.
Grant, E.（1996）*The Foundations of Modern Science in the Middle Ages*. Cambridge.
Greengrass, M.（1998）'Archive Refractions: Hartlib's Papers and the Workings of an Intelligencer', in Hunter, pp.35-48.
Gregory, T.（1961）*Scetticismo e empirismo: studio su Gassendi*. Bari.
Gregory, T. et al.（eds, 1981）*Ricerche su letteratura libertina e letteratura clandestina nel '600*. Florence.
Grosrichard, A.（1979）*Structure du serail: Ia fiction du despotisme asiatique dans l'occident classique*.
Grossman, M.（1975）*Humanism in Wittenberg 1485-1517*. Nieuwkoop.
Grove, R.（1991）'The Transfer of Botanical Knowledge between Asia and Europe, 1498-1800', *Journal of the Japan-Netherlands Institute* 3, pp.160-76.
Grove, R.（1996）'Indigenous Knowledge and the Significance of South West India for Portuguese and Dutch Constructions of Tropical Nature', *Modern Asian Studies* 30, pp.121-44.
Guénée, B.（1980）*Histoire et culture historique dans l'occident médiéval*.
Gunn, J. A. W.（1969）*Politics and the Public Interest in the Seventeenth Century*.
Gurvitch, G.（1966）*The Social Frameworks of Knowledge*, English translation, Oxford, 1971.
Guy, R. K.（1987）*The Emperor's Four Treasuries: Scholars and the State in the Late Ch'ien-Lung Era*. Cambridge, Mass.
Haase, E.（1959）*Einführung in die Literatur des Refuge: Der Beitrag der französischen Protestanten zur Entwicklung analytischer Denkformen am Ende des 17. Jht*. Berlin.
Habermas, J.（1962）*The Structural Transformation of the Public Sphere*, English translation, Cambridge, 1989.〔ユルゲン・ハーバーマス『公共性の構造転換――市民社会の一カテゴリーについての探究』（第二版）細谷貞雄・山田正行訳，1994年，未来社〕
Hacking, I.（1975）*The Emergence of Probability*. Cambridge.
Hahn, R.（1971）*The Anatomy of a Scientific Institution: The Paris Academy of Sciences, 1666-1803*. Berkeley.
Hahn, R.（1975）'Scientific Careers in Eighteenth-Century France', in M. P. Crosland（ed.）, *The Emergence of Science in Western Europe*, pp.127-38.

Hall, A. R.（1962）'The Scholar and the Craftsman in the Scientific Revolution', in *Critical Problems in the History of Science*, ed. M. Clagett（Madison）, pp.3-32.
Hall, M. B.（1965）'Oldenburg and the Art of Scientific Communication', *British Journal of the History of Science* 2, pp.277-90.
Hall, M. B.（1975）'The Royal Society's Role in the Diffusion of Information in the Seventeenth Century', *Notes and Records of the Royal Society* 29, pp.173-92.
Hammer, K. and J. Voss（eds, 1976）*Historische Forschung im 18. Jht*. Bonn.
Hammermeyer, L.（1976）'Die Forschungszentren der deutschen Benediktinern und ihre Vorhaben', in Hammer and Voss, pp.122-91.
Hammerstein, N.（1972）*Jus und Historie: ein Beitrag zur Geschichte des historischen Denkens an deutschen Universitäten im späten 17. und im 18. Jht*. Göttingen.
Hankins, J.（1990）*Plato in the Italian Renaissance*, 2 vols. Leiden.
Hankins, J.（1991）'The Myth of the Platonic Academy of Florence', *Renaissance Quarterly* 44, pp.429-75.
Hannaway, O.（1975）*The Chemists and the Word: The Didactic Origins of Chemistry*. Baltimore.
Hannaway, O.（1986）'Laboratory Design and the Aims of Science: Andreas Libavius and Tycho Brahe', *Isis* 77, pp.585-610.
Hannaway, O.（1992）'Georgius Agricola as Humanist', *Journal of the History of Ideas* 53, pp.553-60.
Haraway, D.（1988）'Situated Knowledge', *Feminist Studies* 14, pp.575-99.
Harley, J. B.（1988）'Silences and Secrecy: The Hidden Agenda of Cartography in Early Modern Europe', *Imago Mundi* 40, pp.57-76.
Harley, J. B. and D. Woodward（eds, 1992）*The History of Cartography*, vol. 2, part 1. Chicago.
Harley, J. B. and D. Woodward（eds, 1994）*The History of Cartography*, vol. 2, part 2. Chicago.
Harmsen, A. J. E.（1994）'Barlaeus's Description of the Dutch Colony in Brazil', in *Travel Fact and Travel Fiction*, ed. Z. von Martels（Leiden）, pp.158-69.
Harris, J. R.（1985）'Industrial Espionage in the Eighteenth Century', *Industrial Archaeology Review* 7, pp.127-38.
Harris, J. R.（1992）'The First British Measures against Industrial Espionage', in *Industry and Finance in Early Modern History*, ed. Ian Blanchard et al.
Harris, J. R.（1996a）'A French Industrial Spy: The Engineer Le Turc in England in the 1780s', *Icon* 1, pp.16-35.
Harris, J. R.（1996b）'Law, Industrial Espionage and the Transfer of Technology from 18thc Britain', in *Technological Change*, ed. R. Fox（Amsterdam）, pp.123-36.
Harris, M.（1987）*London Newspapers in the Age of Walpole*.

Harris, S. J.（1996）'Confession-Building, Long-Distance Networks, and the Organisation of Jesuit Science', *Early Modern Science* 1, pp.287-318.
Harris, S. J.（1998）'Long-Distance Corporations, Big Sciences and the Geography of Knowledge', *Configurations* 6, pp.269-304.
Harris, S. J.（1999）'Mapping Jesuit Science: The Role of Travel in the Geography of Knowledge', in O'Malley and Bailey, pp.212-40.
Haskell, F.（1993）*History and its Images: Art and the Interpretation of the Past.* New Haven.
Hassinger, E.（1978）*Empirisch-rationaler Historismus*. Berne-Munich.
Hathaway, N.（1989）'Compilatio: from Plagiarism to Compiling', *Viator* 20, pp.19-44.
Hazard, P.（1935）*The European Mind, 1680-1715*, English translation, 1953.〔ポール・アザール『ヨーロッパ精神の危機——1680－1715』野沢協訳，1973年，法政大学出版局〕
Heath, M. J.（1983）'Montaigne, Lucinge and the *Tesoro Politico', Bibliothèque d'Humanisme et Remaissance* 45, pp.131-5.
Heckscher, W. S.（1958）*Rembrandt's Anatomy of Dr Nicholas Tulp: An Iconological Study*. New York.
Heers, J.（1976）'L'Enseignement à Gênes et la formation culturelle des hommes d'affaires en Méditerranée à la fin du Moyen Âge', *Etudes Islamiques* 44, pp.229-44.
Helms, M. W.（1988）*Ulysses' Sail*. Princeton.
Henningsen, G. and J. Tedeschi（eds, 1986）*The Inquisition in Early Modern Europe: Studies on Sources and Methods*. Dekalb, Ill.
Herlihy, D. and C. Klapisch（1978）*Les Toscans et leurs familles*.
Hess, A.（1974）'Piri Reis and the Ottoman Response to the Voyages of Discovery', *Terrae Incognitae* 6, pp.19-37.
Hill, C.（1965）*Intellectual Origins of the Scientifc Revolution*. Oxford.
Hill, C.（1972）*The World Turned Upside Down: Radical Ideas During the English Revolution*, second edn, Harmondsworth, 1975.
Hirschman, A.（1977）*The Passions and the Interests: Political Arguments for Capitalism before its Triumph*. Princeton.
Hoftijzer, P. G.（1987）*Engelse boekverkopers bij de Beurs*. Amsterdam-Maarssen.
Holmes, G.（1977）'Gregory King and the Social Structure of Preindustrial England', *Transactions of the Royal Historical Society* 27, pp.41-65.
Hoock, J.（1980）'Statistik und Politische Ökonomie', in Rassem and Stagl, pp.307-23.
Hoock, J. and P. Jeannin（eds, 1991-3）*Ars mercatoria*, 2 vols. Paderborn.
Hopkins, J.（1992）'The 1791 French Cataloging Code and the Origins of the Card Catalogue', *Libraries and Culture* 27, pp.378-404.
Houghton, W. E., Jr（1942）'The English Virtuoso in the Seventeenth Century', *Journal*

of the History of Ideas 3, pp.51-73 and 190-219.
Hucker, C. O.（ed., 1968）*Chinese Government in Ming Times*. New York.
Huff, T. E.（1993）*The Rise of Early Modern Science*. Cambridge.
Huisman, F.（1989）'Itinerant Medical Practitioners in the Dutch Republic: The Case of Groningen', *Tractrix* 1, pp.63-83.
Hulshoff Pol, E.（1975）'The Library', in *Lunsingh Scheurleer and Posthumus Meyjes*, pp.395-460.
Hunter, M. C. W.（1981）*Science and Society in Restoration England*. Cambridge.〔マイケル・ハンター『イギリス科学革命――王政復古期の科学と社会』大野誠訳，1999年，南窓社〕
Hunter, M. C. W.（1982）*The Royal Society and its Fellows*, second edn, Oxford, 1994.
Hunter, M. C. W.（1989）*Establishing the New Science: The Experience of the Early Royal Society*. Woodbridge.
Hunter, M. C. W.（ed., 1998）*Archives of the Scientific Revolution: The Formation and Exchange of Ideas in 17th-Century Europe*. Woodbridge.
Hutchinson, T. W.（1988）*Before Adam Smith: The Emergence of Political Economy, 1662-1776*. Oxford.
Iliffe, R.（1992）'In the Warehouse: Privacy, Property and Priority in the early Royal Society', *History of Science* 30, pp.29-68.
Im Hoff, U.（1982）*Das gesellige Jahrhundert: Gesellschaft und Gesellschaften im Zeitalter der Aufklärung*. Munich.
Im Hoff, U.（1994）*The Enlightenment*. Oxford.〔ウルリヒ・イム・ホーフ『啓蒙のヨーロッパ』成瀬治訳，1998年，平凡社〕
Impey, O. and A. Macgregor（eds, 1985）*The Origins of Museums*. Oxford.
Infelise, M.（1997）'Professione reportista. Copisti e gazzettieri nella Venezia del '600', in *Venezia: Itinerari per la storia della città*, ed. S. Gasparri, G. Levi and P. Moro（Bologna）, pp.193-219.
Infelise, M.（1999a）'Le Marché des informations à Venise au 17e siècle', in H. Duranton and P. Rétat（eds, 1999）*Gazettes et information politique sous l'ancien régime*（Saint-Etienne）, pp.117-28.
Infelise, M.（1999b）*I libri proibiti da Gutenberg all'Encyclopédie*. Rome-Bari.
Innes, J.（1987）*The Collection and Use of Information by Government, circa 1690-1800*. Unpublished.
Innis, H. A.（1950）*Empire and Communications*. Oxford.
Innis, H. A.（1980）*The Idea File of Harold Innis*. Toronto.
Isaievych, I.（1993）'The Book Trade in Eastern Europe in the Seventeenth and Eighteenth Centuries', in Brewer and Porter, pp.381-92.
Israel, J.（1990a）'The Amsterdam Stock Exchange and the English Revolution of

1688', *Tijdschrift voor Geschiedenis* 103, pp.412-40.
Israel, J.（1990b）'Een merkwaardig literair werk en de Amsterdamse effectenmarkt in 1688', in *De 17de eeuw* 6, pp.159-65.
Itzkowitz, N.（1972）*Ottoman Empire and Islamic Tradition*. Princeton.
Jacob, C.（1992）*L'Empire des cartes*.
Jacob, C.（1996）'Navigations alexandrines', in Baratin and Jacob, pp.47-83.
Jacob, C.（1999）'Mapping in the Mind', in *Mappings*, ed. D. Cosgrove, pp.24-49.
Jardine, L.（1983）'Isotta Nogarola', *History of Education* 12, pp.231-44.
Jardine, L.（1985）'The Myth of the Learned Lady in the Renaissance', *Historical Journal* 28, pp.799-820.
Jardine, N., J. A. Secord and E. Spary（eds, 1996）*Cultures of Natural History*. Cambridge.
Johannisson, K.（1990）'The Debate over Quantification in Eighteenth-Century Political Economy', in Frängsmyr, Tore et al. pp.343-62.
Johansson, E.（1977）'The History of Literacy in Sweden', rpr. in *Literacy and Social Development in the West*, ed. H. J. Graff（Cambridge, 1981）, pp.151-82.
Johns, A.（1998）*The Nature of the Book: Print and Knowledge in the Making*. Chicago.
Jukes, H. A. L.（ed., 1957）*Thomas Secker's Articles of Enquiry*. Oxford.
Julia, D.（1986）'Les Institutions et les hommes（16e-l8e siècles）', in Verger, pp.141-97.
Kafker, F. A.（ed., 1981）*Notable Encyclopaedias*. Oxford.
Kahn, D.（1967）*The Code-Breakers: The Story of Secret Writing*. New York.
Kany, C. E.（1932）*Life and Manners in Madrid, 1750-1800*. Berkeley.
Kapp, V.（ed., 1993）*Les Lieux de mémoire et la fabrique de l'oeuvre*.
Karamustafa, A. T.（1992）'Military, Administrative and Scholarly Maps and Plans', in Harley and Woodward vol. 2, part 1, pp.209-27.
Kearney, H.（1970）*Scholars and Gentlemen: Universities and Society in Preindustrial Britain, 1500-1700*.
Keene, D.（1952）, *The Japanese Discovery of Europe*.〔ドナルド・キーン『日本人の西洋発見』芳賀徹訳，1982年，中央公論社〕
Keens-Soper, H. M. A.（1972）'The French Political Academy, 1712', *European Studies Review* 2, pp.329-55.
Kelley, D. R.（1971）'History as a Calling: The Case of La Popelinière', in A. Molho and J. A. Tedeschi, eds, *Renaissance Studies in Honor of Hans Baron*（Florence）, pp.773-89.
Kelley. D. R.（1980）'Johann Sleidan and the Origins of History as a Profession', *Journal of Modern History* 52, pp.577-98.
Kelley, D. R.（ed., 1997）*History and the Disciplines*. Rochester.

Kelley, D. R. and R. H. Popkin（eds, 1991）*The Shapes of Knowledge from the Renaissance to the Enlightenment*. Dordrecht.

Kelly, C. M.（1994）'Later Roman Bureaucracy: Going through the Files', in *Literacy and Power in the Ancient World*, ed. A. K. Bowman and G. Woolf, Cambridge, pp.161-76.

Kenney, E. J.（1974）*The Classical Text: Aspects of Editing in the Age of the Printed Book*. Berkeley.

Kenny, N.（1991）*The Palace of Secrets: Béroalde de Verville and Renaissance Conceptions of Knowledge*. Oxford.

Kenny, N.（1998）*Curiosity in Early Modern Europe: Word Histories*. Wiesbaden.

Keynes, G.（1940）*The Library of Edward Gibbon*. Second edn, 1980.

King, J. E.（1949）*Science and Rationalism in the Government of Louis XIV*. Baltimore.

King, M. L.（1976）'Thwarted Ambitions: Six Learned Women of the Italian Renaissance', *Soundings* 59, pp.280-300.

Kitchin, G.（1913）*Sir Roger L'Estrange*.

Klaits, J.（1971）'Men of Letters and Political Reformation in France at the End of the Reign of Louis XIV: The Founding of the Académie Politique', *Journal of Modern History* 43, pp.577-97.

Kley, E. J. Van（1971）'Europe's "Discovery" of China and the Writing of World History', *American Historical Review* 76, pp.358-85.

Klueting, H.（1986）*Die Lehre von Macht der Staaten*. Berlin.

Knorr-Cetina, K.（1981）*The Manufacture of Knowledge*. Oxford.

Knowles, M. D.（1958）'Great Historical Enterprises: The Bollandists', *Transactions of the Royal Historical Society* 8, pp.147-66.

Knowles, M. D.（1959）'Great Historical Enterprises: The Maurists', *Transactions of the Royal Historical Society* 9, pp.169-88.

Koeman, C.（1970）*Joan Blaeu and his Grand Atlas*. Amsterdam.

Koerner, L.（1996）'Carl Linnaeus in his Time and Place', in Jardine, Secord and Spary, pp.145-62.

Kolmar, L.（1979）'Colbert und die Entstehung der Collection Doat', *Francia* 7, pp.463-89.

Konvitz, J.（1987）*Cartography in France, 1660-1848*. Chicago.

Koran, R.（1874）*Der Kanzleienstreit*. Halle.

Kornicki, P.（1998）*The Book in Japan: A Cultural History from the Beginnings to the Nineteenth Century*. Leiden.

Koselleck, R.（1972）'Begriffsgeschichte and Social History', rpr. in his *Futures Past*, English translation, Cambridge, Mass., 1985, pp.73-91.

Kristeller, P. O.（1951-2）'The Modern System of the Arts', rpr. in his *Renaissance*

Thought, II（New York, 1965）, pp.163-227.
Kristeller, P. O.（1955）'The Humanist Movement', in his *Renaissance Thought*（New York, 1961）, pp.3-23.〔P．O．クリステラー『ルネサンスの思想』渡辺守道訳，1977年，東京大学出版会〕
Kühlmann, W.（1982）*Gelehrtenrepublik und Fürstenstaat*. Tübingen.
Kuhn, T. S.（1962）*The Structure of Scientific Revolutions*. Chicago.〔トーマス・クーン『科学革命の構造』中山茂訳，1971年，みすず書房〕
Kusukawa, S.（1996）'Bacon's Classification of Knowledge', in *The Cambridge Companion to Bacon*, ed. M. Peltonen（Cambridge）, pp.47-74.
Labrousse, E.（1963-4）*Pierre Bayle*, 2 vols. The Hague.
Labrousse, E.（1983）*Bayle*. Oxford.
Lach, D.（1965）*Asia in the Making of Europe*, part 1. Chicago.
Lach, D.（1977）*Asia in the Making of Europe*, part 2. Chicago.
Lach. D. and E. J. Van Kley（1993）*Asia in the Making of Europe*, part 3. Chicago.
Ladner, G. B.（1979）'Medieval and Modern Understanding of Symbolism: A Comparison', *Speculum* 54, pp.223-56.
Laeven, A. H.（1986）*Acta Eruditorum*. Amsterdam.
Lamb. U.（1969）'Science by Litigation: A Cosmographic Feud', rpr. in her *Cosmographers and Pilots of the Spanish Maritime Empire*（Aldershot, 1995）, Ⅲ, pp.40-57.
Lamb, U.（1976）'Cosmographers of Seville', rpr. ibid., VI, pp.675-86.
Lamo de Espinosa, E., J. M. González García and C. Torres Albero（1994）*La sociología del conocimiento y de la ciencia*. Madrid.
Landau, D. and P. Parshall（1994）*The Renaissance Print 1470-1550*. New Haven.
Lander, J. R.（1969）*Conflict and Stability in Fifteenth-Century England*.
Landes, D. S.（1998）The *Wealth and Poverty of Nations*.〔D．S．ランデス『「強国」論』竹中平蔵訳，2000年，三笠書房〕
Lankhorst, O. S.（1983）*Reinier Leers*. Amsterdam-Maarssen.
Lankhorst, O. S.（1990）'Die snode uitwerkzels', *De 17de eeuw* 6, pp.129-36.
Larrère, C.（1992）L'Invention de l'économie au xviiie siècle.
Latour, B.（1983）*Science in Action*.〔ブルーノ・ラトゥール『科学が作られているとき――人類学的考察』川崎勝・高田紀代志訳，1993年，産業図書〕
Latour, B.（1986）'Ces réseaux que la raison ignore: laboratoires, bibliothèques, collections', in Baratin and Jacob, pp.23-46.
Law, J.（ed., 1986）*Power. Action and Belief: A New Sociology of Knowledge?*
Lawrence, S. C.（1996）*Charitable Knowledge: Hospital Pupils and Practitioners in Eighteenth-Century London*. Cambridge.
LeDonne, J. P.（1984）*Ruling Russia: Politics and Administration in the Age of*

Absolutism. 1762-1796. Princeton.
Leedham-Green, E.（1987）*Books in Cambridge Inventories*, 2 vols. Cambridge.
Le Goff, J.（1957）*Intellectuals in the Middle Ages*, revised edn, 1985, English translation, Oxford, 1992.
Le Goff, J.（1977）*Time. Work and Culture in the Middle Ages*, English translation, Chicago, 1980.
Lemaine, G. et al.（eds, 1976）*Perspectives on the Emergence of Scientific Disciplines*. The Hague.
Lenoir, T.（1997）*Instituting Science*. Stanford.
Letwin, W.（1963）*The Origins of Scientific Economics: English Economic Thought, 1660-1776*.
Lévi-Strauss, C.（1962）*La Pensée Sauvage*.〔クロード・レヴィ=ストロース『野性の思考』大橋保夫訳，1976年，みすず書房〕
Lévi-Strauss, C.（1964）*Le Cru et le cuit*.〔クロード・レヴィ=ストロース「神話論「生のものと火にかけたもの」序曲」大橋保夫訳，『みすず』1992年1，2月号〕
Levy, F.（1982）'How Information Spread among the Gentry, 1550-1640', *Journal of British Studies* 21, pp.11-34.
Lieshout, H. H. M. van（1993）'The Library of Pierre Bayle', in Canone, pp.281-97.
Lieshout, H. H. M. van（1994）'Dictionnaires et diffusion de savoir', in *Commercium Litterarium*, ed. H. Bots and F. Waquet（Amsterdam-Maarssen）, pp.131-50.
Lindey, A.（1952）*Plagiarism and Originality*. New York.
Lindqvist, S.（1984）*Technology on Trial: The Introduction of Steam Power Technology into Sweden, 1715-36*. Uppsala.
Lipking, L.（1977）'The Marginal Gloss', *Critical Inquiry* 3, pp.620-31.
Livingstone, D. N.（1995）'The Spaces of Knowledge', *Society and Space* 13, pp.5-34.
Long, P. O.（1991）'Invention, Authorship, "Intellectual Property" and the Origin of Patents: Notes towards a Conceptual History', *Technology and Culture* 32, pp.846-84.
Losman, A.（1983）'The European Communications Network of Carl Gustaf Wrangel and Magnus Gabriel de la Gardie', in *Europe and Scandinavia*, ed. G. Rystad（Lund）, pp.199-206.
Lougee, C. C.（1976）*Le Paradis des femmes: Women, Salons and Social Stratification in Seventeenth-Century France*. Princeton.
Lough, J.（1968）*Essays on the Encyclopédie*. Oxford.
Lowood, H. E.（1990）'The Calculating Forester', in Frängsmyr et al., pp.315-42.
Lucas, C.（1989）'Vers une nouvelle image de l'écrivain', in *L'Ecrivain face à son public*, ed. C. A. Fiorato and J.-C. Margolin, pp.85-104.
Lugli, A.（1983）*Naturalia e Mirabilia. Il collezionismo enciclopedico nelle Wunder-*

kammer d'Europa. Milan.
Luhmann, N.（1990）'The Cognitive Programme of Constructivism and a Reality that Remains Unknown', in *Self-Organisation*, ed. W. Krohn, G. Küpper and H. Novotny（Dordrecht）, pp.64-85.
Lukes, S.（1973）*Emile Durkheim*.
Lunsingh Scheurleer, T. H. and G. H. M. Posthumus Meyes（1975）*Leiden University in the Seventeenth Century*. Leiden.
Lux, D. S.（1991a）'The Reorganisation of Science, 1450-1700' in Moran, pp.185-94.
Lux, D. S.（1991b）'Societies, Circles, Academies and Organisations', in Barker and Ariew, pp.23-44.
McCarthy, E. D.（1996）*Knowledge as Culture: The New Sociology of Knowledge*.
McClellan, J. E., III（1985）*Science Reorganized: Scientific Societies in the Eighteenth Century*. New York.
MacDonald, M. and T. R. Murphy（1990）*Sleepless Souls: Suicide in Early Modern England*. Oxford.
Machlup, F.（1962）*The Production and Distribution of Knowledge in the United States*. Princeton.〔フリッツ・マッハルプ『知識産業』高橋達男・木田宏共監訳，1969年，産業能率短期大学出版部〕
Machlup, F.（1980-4）*Knowledge*, 3 vols. Princeton.
McKendrick, N., J. Brewer and J. H. Plumb（1982）*The Birth of a Consumer Society: The Commercialization of Eighteenth Century England*.
McKenzie, D. F.（1992）'The Economies of Print, 1550-1750: Scales of Production and Conditions of Constraint', in Cavaciocchi, pp.389-426.
McKitterick, D.（1992）'Bibliography, Bibliophily and the Organization of Knowledge', in *The Foundations of Scholarship*, ed. D. Vaisey and D. McKitterick（Los Angeles）, pp.29-64.
Macleod, R.（1987）'On Visiting the "Moving Metropolis": Reflections on the Architecture of Imperial Science', rpr. in Storey pp.23-55.
Makdisi, G.（1981）*The Rise of Colleges: Institutions of Learning in Islam and the West*. Edinburgh.
Malherbe, M.（1994）'Bacon, Diderot et l'ordre encyclopédique', *Revue de Synthèse* 115, pp.13-38.
Mandosio, J.-M.（1993）'L'Alchimie dans la classification des sciences et des arts à la Renaissance', in *Alchimie et philosophie à la Renaissance*, ed. J.-C. Margolin and S. Matton（Paris）, pp.11-42.
Mannheim, K.（1925）'The Problem of a Sociology of Knowledge', English translation in his *Essays on the Sociology of Knowledge, 1952*, pp.134-90.〔マンハイム，シェーラー『知識社会学』秋元律郎・田中清助訳，1973年，青木書店〕

Mannheim, K.（1927）*Conservatism: A Contribution to the Sociology of Knowledge*, English translation, 1986.（カール・マンハイム『保守主義的思考』森博訳, 1997年，ちくま学芸文庫）
Mannheim, K.（1929）'Competition as a Cultural Phenomenon', English translation in his *Essays on the Sociology of Knowledge, 1952*, pp.191-229.
Mannheim, K.（1936）*Ideology and Utopia: an Introduction to the Sociology of Knowledge*.〔中公バックス世界の名著68『マンハイム・オルテガ』高橋徹編, 1979年，中央公論社〕
Mannheim, K.（1952）'The Problem of Generations', in his *Essays on the Sociology of Knowledge*, pp.276-320.
Marini, G.（1825）'Memorie istoriche degli archivi della S. Sede', rpr. in *Monumenta Vaticana*, ed. H. Laemmer（Freiburg）, 1861, pp.433-53.
Marsh, R. M.（1961）*The Mandarins: The Circulation of Elites in China, 1600-1900*. Glencoe.
Marshall, A.（1994）*Intelligence and Espionage in the Reign of Charles II*. Cambridge.
Martens, W.（1974）'Die Geburt des Journalisten in der Aufklärung', in *Wolfenbütteler Studien zur Aufklärung*, vol.1, ed. G. Schulz（Bremen）, pp.84-98.
Martin, H.-J.（1957）'Les Bénédictins, leurs libraires et le pouvoir: notes sur le financement de la recherche au temps de Mabillon et de Montfaucon', *Revue Française de l'Histoire du Livre* 43, pp.273-87.
Martin, H.-J.（1969）*Livre, pouvoirs et société à Paris au 17e siècle*.
Martin, H.-J.（1988）*Histoire et pouvoirs de l'écrit*.
Martin, H.-J.（1996）*The French Book: Religion. Absolutism, and Readership 1585-1715*. Baltimore.
Martin, H.-J. and R. Chartier（1983-4）*Histoire de l'édition française*, 2 vols.
Masseau, D.（1994）*L'Invention de l'intellectuel dans l'Europe du 18e siècle*.
Mattingly, G.（1955）*Renaissance Diplomacy*.
Mazauric, S.（1997）*Savoirs et philosophie à Paris dans la première moitié du 17e siècle: les conférences du bureau d'adresse de Théophraste Renaudot*.
Mazzone, U. and A. Turchini（eds, 1985）*Le visite pastorali*. Bologna.
Meier, H.（1966）*Die ältere deutsche Staats- und Verwaltungslehre*. Neuwied.
Meinecke, F.（1924-5）*Machiavellism*, English translation, 1957.
Meinel, C.（1988）'Chemistry's Place in 18th-Century Universities', *History of Universities* 7, pp.89-116.
Mendelsohn, E.（1977）'The Social Construction of Scientific Knowledge', in *The Social Production of Scientific Knowledge*, ed. Mendelsohn（Dordrecht-Boston）, pp.3-26.
Merton, R. K.（1938）*Science, Technology and Society in Seventeenth-Century*

England, revised edn, New York, 1970.
Merton, R. K.（1941）'Karl Mannheim and the Sociology of Knowledge', rpr. in his *Social Theory and Social Structure*, revised edn, Glencoe, 1957, pp.489-508.〔ロバート・K.マートン『社会理論と社会構造』森東吾ほか訳，2002年，みすず書房〕
Merton, R. K.（1945）'The Sociology of Knowledge', ibid., pp.456-88.
Merton, R. K.（1957）'Priorities in Scientific Discovery', rpr. in his *Sociology of Science*（Chicago, 1973）, pp.286-324.
Merton, R. K.（1968）'The Matthew Effect in Science', rpr. ibid., pp.439-59.
Messick, B.（1993）*The Calligraphic State: Textual Domination and History in a Muslim Society*. Berkeley.
Metzger, T.（1973）*The Internal Organization of Ch'ing Bureaucracy*.
Meyer, J.（1981）*Colbert*.
Middleton, W. E. K.（1971）*The Experimenters: A Study of the Accademia del Cimento*. Baltimore.
Miller, A.（1981）'Louis Moréri's *Grand Dictionnaire Historique*', in Kafker, pp.13-52.
Miller, D. P.（1996）'Joseph Banks, Empire and "Centres of Calculation" in Late Hanoverian London', in *Visions of Empire*, ed. D. P. Miller and P. Reill（Cambridge）, pp.21-37.
Mills, C. W.（1940）'The Language and Ideas of Ancient China', mimeo, rpr. in his *Power, Politics and People*（New York）, pp.469-520.〔ライト・ミルズ『権力・政治・民衆』ホロビッツ編，青井和夫・本間康平監訳，1971年，みすず書房〕
Mirot, L.（1924）*Roger de Piles*.
Miyazaki, I.（1963）*China's Examination Hell*, English translation, New York-Tokyo, 1976〔宮崎市定『科挙――中国の受験地獄』2003年，中央公論新社〕
Money, J.（1993）'Teaching in the Marketplace', in Brewer and Porter, pp.335-80.
Monnet, N.（1996）'L'Encyclopédisme en Chine', in Schaer, pp.344-67.
Moore, W. E. and M. M. Tumin（1949）'Some Social Functions of Ignorance', *American Sociological Review* 14, pp.787-95.
Moran, B. T.（1991）'Courts, Universities and Academies in Germany: An Overview, 1550-1750', in *Patronage and Institutions*（Woodbridge）, pp.169-94.
Morel-Fatio, A.（1913）*Historiographie de Charles V*.
Morgan, B. T.（1929）*Histoire du Journal des Savants depuis 1665 jusqu'en 1701*.
Morineau, M.（1985）*Incroyables gazettes et fabuleux métaux: les retours des trésors américains d'après les gazettes hollandaises*. Cambridge-Paris.
Moss, A.（1996）*Printed Commonplace Books and the Structuring of Renaissance Thought*. Oxford.

Moureau, F.（ed., 1995）*De bonne main: la communication manuscrite au 18e siècle*. Paris-Oxford.

Mundy, B.（1996）*The Mapping of New Spain: Indigenous Cartography and the Maps of the Relaciones Geográficas*. Chicago.

Murray, A.（1978）*Reason and Society in the Middle Ages*. Oxford.

Myers, R. and M. Harris（eds, 1992）*Censorship and the Control of Print in England and France, 1600-1910*. Winchester.

Nakagawa, H.（1992）'L'Encyclopédie et le Japon', in his *Des lumières et du comparatisme: un regard japonais sur le 18e siècle*, pp.237-68.〔中川久定『啓蒙の世紀の光のもとで――ディドロと百科全書』1994年，岩波書店〕

Nelles, P. N.（1997）'The Library as an Instrument of Discovery', in Kelley, pp.41-57.

Nigro, S. S.（1991）'The Secretary', in *Baroque Personae*, ed. R. Villari, English translation（Chicago, 1995）, pp.82-99.

Nisard, C.（1860）*Les Gladiateurs de la république des lettres*, 2 vols.

Nordenmark, N. V. E.（1939）*Pehr Wilhelm Wargentin*. Uppsala.

Oakley, S. P.（1968）'The Interception of Posts in Celle, 1694-1700', in *William III and Louis XIV*, ed. R. Hatton and J. S. Bromley（Liverpool）, pp.95-116.

Ollard, S. L. and P. C. Walker（eds, 1929-31）*Archbishop T. Herring's Visitation Returns*, 4 vols. York.

Olmi, G.（1992）*L'inventario del mondo*. Bologna.

O'Malley, J. and G. Bailey（eds, 1999）*The Jesuits*. Toronto.

Ong, W.（1958）*Ramus: Method and the Decay of Dialogue*, Cambridge, Mass.

Ophir, A. and Steven Shapin（1991）'The Place of Knowledge', *Science in Context* 4, pp.3-21.

Ornstein, M.（1913）*The Role of the Scientific Societies in the Seventeenth Century*. New York.

Palumbo, M.（1993a）'La biblioteca lessicografica di Leibniz', in Canone, pp.419-56.

Palumbo, M.（1993b）*Leibniz e la res bibliothecaria*. Rome.

Panofsky, E.（1953）'Artist, Scientist, Genius', revised in *The Renaissance: Six Essays*（New York, 1962）, pp.123-82.〔パノフスキー『ルネサンスの春』中森義宗・清水忠訳，1973年，思索社〕

Pardo Tomás. J.（1991）*Ciencia y censura: la inquisición española y los libros científicos en los siglos xvi y xvii*. Madrid.

Pareto, V.（1916）*The Mind and Society*, English translation, 1935.

Parker, G.（1992）'Maps and Ministers: The Spanish Habsburgs', in Buisseret, pp.124-52.

Parker, G.（1998）*The Grand Strategy of Philip II*. New Haven.

Parker, I.（1914）*Dissenting Academies in England*. Cambridge.

Partner, P.（1980）'Papal Financial Policy in the Renaissance and Counter-Reformation', *Past and Present* 88, pp.17-62.

Partner, P.（1990）*The Pope's Men: The Papal Civil Service in the Renaissance*. Oxford.

Pearson, K.（1978）*The History of Statistics in the Seventeenth and Eighteenth Centuries*.

Pedersen, J. and G. Makdisi（1979）'Madrasa', *Encyclopaedia of Islam*, vol.5, pp.1123-34. Leiden.

Pedersen, O.（1996）'Tradition and Innovation', in Ridder-Symoens, pp.452-88.

Pedley, M. S.（1979）'The Subscription Lists of the *Atlas Universel*（1757）: A Study in Cartographic Dissemination', *Imago Mundi* 31, pp.66-77.

Pelletier, M.（1990）*La Carte de Cassini: l'extraordinaire aventure de la carte en France*.

Pels, D.（1996）'Strange Standpoints: or How to Define the Situation for Situated Knowledge', *Telos* 108, pp.65-91.

Pels, D.（1997）'Mixing Metaphors: Politics or Economics of Knowledge', *Theory and Society* 26, pp.685-717.

Perrot, J.-C.（1981）'Les Dictionnaires de commerce au 18e siècle', *Revue d'Histoire Moderne et Contemporaine* 28, pp.36-67.

Petrucci, A.（1995）'Reading to Read', in *A History of Reading in the West*, ed. G. Cavallo and R. Chartier, English translation, Cambridge, 1999, pp.345-67.〔ロジェ・シャルティエ，グリエルモ・カヴァッロ編『読むことの歴史――ヨーロッパ読書史』田村毅ほか共訳，2000年，大修館書店〕

Phillips, H.（1997）*Church and Culture in Seventeenth-Century France*. Cambridge.

Phillips, P.（1990）*The Scientific Lady: A Social History of Women's Scientific Interests, 1520-1918*.

Picard, R.（1943）*Les Salons littéraires*.

Pinch, W. R.（1999）'Same Difference in India and Europe', *History and Theory* 38, pp.389-407.

Pinot, V.（1932）*La Chine et la formation de l'esprit philosophique en France, 1640-1740*.

Pintard, R.（1943）*Le Libertinage érudit dans la première moitié du 17e siècle*, revised edn, Geneva-Paris, 1983.

Pipes, R.（1960）'The Historical Evolution of the Russian Intelligentsia', in Pipes, ed., *The Russian Intelligentsia*, pp.47-62.〔リチャード・パイプス編『ロシア・インテリゲンチア』気賀健三・和田敏雄訳，1962年，時事通信社〕

Plumb, J. H.（1973）*The Emergence of Leisure in the Eighteenth Century*. Reading.

Poelhekke, J. J.（1960）'Lieuwe van Aitzema', rpr. in *Geschiedschrijving in Nederland*, ed. P. A. M. Geurts and A. E. M. Janssen（The Hague, 1981）, pp.97-116.

Pollard, G. and A. Ehrman（1965）*The Distribution of Books by Catalogue*.

Cambridge.
Pomian, K.（1972）'Les Historiens et les archives dans la France du 17e siècle', *Acta Poloniae Historica* 26, pp.109-25.
Pomian, K.（1973）'De la lettre au périodique: la circulation des informations dans les milieux des historiens au 17e siècle', *Organon* 9, pp.25-43.
Pomian, K.（1987）*Collectors and Curiosities*, English translation, Cambridge, 1990.〔クシシトフ・ポミアン『コレクション――趣味と好奇心の歴史人類学』吉田城・吉田典子訳，1992年，平凡社〕
Popkin, J. D.（1990）*Revolutionary News: The Press in France 1789-99*. Durham, NC.
Popkin, R. H.（1960）*History of Scepticism from Erasmus to Spinoza*, revised edn, Berkeley-Los Angeles, 1979,〔リチャード・H. ポプキン『懐疑――近世哲学の源流』野田又夫・岩坪紹夫訳，1981年，紀伊國屋書店〕
Porter, R.（1989）*Health for Sale*.〔ロイ・ポーター『健康売ります――イギリスのニセ医者の話 1660－1850』田中京子訳，1993年，みすず書房〕
Porter, R.（1996）'The Scientific Revolution and Universities', in Ridder-Symoens, pp.531-64.
Post, G.（1932）'Masters' Salaries and Students' Fees in the Medieval Universities', *Speculum* 7, pp.181-98.
Post, G., K. Giocarini and R. Kay（1955）'The Medieval Heritage of a Humanist Ideal', *Traditio* 11, pp.195-234.
Poster, M.（1990）*The Mode of Information*. Cambridge.〔マーク・ポスター『情報様式論』室井尚・吉岡洋訳，2001年，岩波書店〕
Potter, E.（1993）'Gender and Epistemic Negotiation', in Alcoff and Potter, pp.161-86.
Pred, A.（1973）*Urban Growth and the Circulation of Information*. New York.
Preto, P.（1994）*I servizi segreti di Venezia*. Milan.
Principe, L. M.（1992）'Robert Boyle's Alchemical Secrecy: Codes, Ciphers and Concealment', *Ambix* 39, pp.63-74.
Prodi, P.（1982）*The Papal Prince,* English translation, Cambridge, 1987.
Prosperi, A.（1981）'Intellettuali e chiesa all'inizio dell'età moderna', in *Storia d'Italia, Annali*, vol. 4（Turin）, pp.161-252.
Prosperi, A.（1996）*Tribunali di coscienza: inquisitori, confessori, missionari*. Turin.
Prosperi, A.（1997）'Effetti involontari della censura', in *La censura libraria nell' Europa del secolo* xvi, ed. U. Rozzo（Udine）, pp.147-62.
Proust, J.（1962）*Diderot et l'Encyclopédie*.
Pulido Rubio, J.（1950）*El Piloto Mayor de la Casa de la Contratación de Sevilla*. Seville.
Pumfrey, S., P. L. Rossi and M. Slawinski（eds, 1991）*Science, Culture and Popular Belief in Renaissance Europe*. Manchester.

Quedenbaum, G.（1977）*Der Verleger J. H. Zedler*. Hildesheim.
Queller, D.（1973）'The Development of Ambassadorial *Relazioni*', in *Renaissance Venice*, ed. J. R. Hale, pp.174-96.
Raeff, M.（1983）*The Well-Ordered Police State*. New Haven.
Ranum, R.（1963）*Richelieu and the Councillors of Louis XIII*. Oxford
Rassem, M. and J. Stagl（eds, 1980）*Statistik und Staatsbeschreibung in der Neuzeit*. Paderborn.
Rassem, M. and J. Stagl（eds, 1994）*Geschichte der Staatsbeschreibung: Ausgewählte Quellentexte, 1456-1813*. Berlin.
Raven, J.（1992）'Book Distribution Networks in Early Modern Europe: The Case of the Western Fringe, *c*.1400-1800', in Cavaciocchi, pp.583-630.
Raven, J.（1993）'Selling Books across Europe *c*.1450-1800: An Overview', *Publishing History* 34, pp.5-20.
Rawski, E. S.（1979）*Education and Popular Literacy in Ch'ing China*. Ann Arbor.
Rawski, E. S.（1985）'Economic and Social Foundations', in *Popular Culture in Late Imperial China*, ed. D. Johnson, A. J. Nathan and E. S. Rawski（Berkeley）Los Angeles, pp.3-33.
Reichardt, R.（1989）'Prints: Images of the Bastille', in Darnton and Roche, pp.223-51.
Reichmann, E.（1968）*Der Herrschaft der Zahl. Quantitatives Denken in der Deutschen Aufklärung*. Stuttgart.
Reinhartz, D.（1987）'Shared Vision: Herman Moll and his Circle and the Great South Sea', *Terrae Incognitae* 19, pp.1-10.
Reinhartz, D.（1994）'In the Service of Catherine the Great: The Siberian Explorations and Map of Sir Samuel Bentham', *Terrae Incognitae* 26, pp.49-60.
Reiss, T. J.（1997）*Knowledge, Discovery and Imagination in Early Modern Europe: The Rise of Aesthetic Rationalism*. Cambridge.
Rennie, N.（1995）*Far-Fetched Facts: The Literature of Travel and the Idea of the South Seas*. Oxford.
Repp, R.（1972）'Some Observations on the Development of the Ottoman Learned Hierarchy', in *Scholars, Saints and Sufis*, ed. N. R. Keddie（Berkeley）, pp.17-32.
Repp, R.（1986）*The Müfti of Istanbul: A Study in the Development of the Ottoman Learned Hierarchy*.
Revel, J.（1991）'Knowledge of the Territory', *Science in Context* 4, pp.133-61.
Revel, J.（1996）'Entre deux mondes: la bibliothèque de Gabriel Naudé', in Baratin and Jacob, pp.243-50.
Rey, R.（1994）'La classification des sciences', *Revue de Synthèse* 115, pp.5-12.
Richardson, B.（1994）*Print Culture in Renaissance Italy: The Editor and the*

Vernacular Text, 1470-1600. Cambridge.
Richardson, B.（1999）*Printing, Writers and Readers in Renaissance Italy*. Cambridge.
Richter, L.（1946）*Leibniz und Russland*. Berlin.
Ridder-Symoens, H. de（ed., 1992）*A History of the University in Europe: The Middle Ages*. Cambridge.
Ridder-Symoens, H. de（ed., 1996）*A History of the University in Europe: Universities in Early Modern Europe, 1500-1800*. Cambridge.
Ringer, F. K.（1969）*The Decline of the German Mandarins: The German Academic Community, 1890-1933*. Cambridge, Mass.〔F. K. リンガー『読書人の没落——世紀末から第三帝国までのドイツ知識人』西村稔訳，1991年，名古屋大学出版会〕
Ringer, F. K.（1990）'The Intellectual Field, Intellectual History and the Sociology of Knowledge', *Theory and Society* 19, pp.269-94.
Ringer, F. K.（1992）*Fields of Knowledge: French Academic Culture in Comparative Perspective, 1890-1920*. Cambridge.〔F. K. リンガー『知の歴史社会学——フランスとドイツにおける教養 1890～1920』筒井清忠ほか訳，1996年，名古屋大学出版会〕
Robinson, E.（1975）'The Transference of British Technology to Russia, 1760-1820', in *Great Britain and her World, 1750-1914*, ed. B. M. Ratcliffe（Manchester）, pp.1-26.
Robinson, F.（1993）'Technology and Religious Change: Islam and the Impact of Print', *Modern Asian Studies* 27, pp.229-51, revised and enlarged as 'Islam and the Impact of Print in South Asia', in *The Transmission of Knowledge in South Asia*, ed. N. Crook（Delhi, 1996）, pp.62-97.
Roche, D.（1976）'L'Histoire dans les activités des académies provinciales en France au 18e siècle', in Hammer and Voss, pp.260-95.
Roche, D.（1978）*Le Siècle des lumières en province*. The Hague.
Roche, D.（1981）*The People of Paris*, English translation, Leamington, 1987.
Roche, D.（1982）'L'Intellectuel au travail', rpr. in his *Les Républicains des lettres*（1988）, pp.225-41.
Roche, D.（1989）'Censorship and the Publishing Industry', in Darnton and Roche, pp.3-26.
Rochot, B.（1966）'Le Père Mersenne et les relations intellectuelles dans l'Europe du 17e siècle', *Cahiers d'Histoire Mondiale* 10, pp.55-73.
Rogers, P.（1972）*Grub Street.*
Romano, R. and A. Tenenti（1967）'L'Intellectuel dans la société italienne des 15e et 16e siècles', in *Niveaux de culture*, ed. L. Bergeron, pp.51-65.
Rosa, M.（1994）'Un médiateur dans la République des Lettres: le bibliothécaire', in

Commercium Literarium, ed. H. Bots and F. Waquet（Amsterdam-Maarssen）, pp.81-100.'
Rose, M.（1988）'The Author as Proprietor', *Representations* 23, pp.51-85.
Rose, M.（1993）*Authors and Owners*. Cambridge, Mass.
Rosenthal, F.（1970）*Knowledge Triumphant*. Leiden.
Rossi, P.（1960）*Clavis Universalis: Arti Mnemoniche e Logica Combinatoria da Lullo a Leibniz*. Milan-Naples.〔パオロ・ロッシ『普遍の鍵』清瀬卓訳，1984年，国書刊行会〕
Rossi, P.（1962）*Philosophy, Technology and the Arts in the Early Modern Era*, English translation, New York, 1970.〔パオロ・ロッシ『哲学者と機械――近代初期における科学・技術・哲学』伊藤和行訳，1989年，学術書房〕
Rothkrug, L.（1965）*Opposition to Louis XIV: The Political and Social Origins of the French Enlightenment*. Princeton.
Rouse, R. H. and M. A. Rouse（1982）'*Statim invenire*: Schools, Preachers and New Attitudes to the Page', in *Renaissance and Renewal*, ed. R. L. Benson and G. Constable（Cambridge, Mass.）, pp.201-25.
Rouse, R. H. and M. A. Rouse（1983）'La naissance des index', in Martin and Chartier, vol.1, pp.77-86.
Rowen, H. H.（1987）'Lieuwe van Aitzema', in *Politics and Culture in Early Modern Europe*, ed. P. Mack and M. Jacob（Cambridge）, pp.169-82.
Rubin, M. R. and M. T. Huber（1986）*The Knowledge Industry in the United States, 1960-1980*. New Haven.
Rüegg, W.（1992）'The Rise of Humanism' in Ridder-Symoens, pp.442-68.
Ruestow, E. G.（1973）*Physics at 17th and 18thc Leiden*. The Hague.
Said, E.（1978）*Orientalism*, second edn, 1995.〔エドワード・W. サイード『オリエンタリズム』上・下，今沢紀子訳，1993年，平凡社〕
Salmond, A.（1982）'Theoretical Landscape: On Cross-Cultural Conceptions of Knowledge', in *Semantic Anthropology*, ed. D. Parkin, pp.65-88.
Santos Lopes, M. dos（1992）*Afrika: eine neue Welt in deutschen Schriften des 16. und 17. Jht*. Stuttgart.
Santschi, C.（1978）*La Censure à Genève au 17e siècle*. Geneva.
Sardella, P.（1948）*Nouvelles et spéculations à Venise*.
Saunders, S.（1991）'Public Administration and the Library of J.-B. Colbert', *Liblraries and Culture* 26, pp.282-300.
Sazonova, L.（1996）'Die Entstehung der Akademien in Russland', in K. Garber and H. Wismann（eds）, *Die europäischen Akademien*（Tübingen）, pp.966-92.
Schaer, R.（ed., 1996）*Tous les savoirs du monde: encyclopédies et bibliothèques, de Sumer au xxie siècle*.

Schaffer, S.（1996）'Afterword', in *Visions of Empire*, ed. D. P. Miller and P. Reill（Cambridge）, pp.335-52.
Scheler, M.（1926）*Die Wissensformen und die Gesellschaft*. Leipzig.〔シェーラー『知識形態と社会』上・下，シェーラー著作集11・12巻，浜井修ほか訳，1978年，白水社〕
Schiebinger, L.（1989）*The Mind has no Sex?* Cambridge, Mass.〔ロンダ・シービンガー『科学史から消された女性たち――アカデミー下の知と創造性』小川眞里子・藤岡伸子・家田貴子訳，1992年，工作舎〕
Schilder, G.（1976）'Organisation and Evolution of the Dutch East India Company's Hydrographic Office', *Imago Mundi* 28, pp.61-78.
Schiller, H. I.（1986）*Information and the Crisis Economy*. New York.
Schiller, H. I.（1996）*Information Inequality: The Deepening Social Crisis in America*.
Schilling, H.（1983）'Innovation through Migration', *Histoire Sociale* 16, pp.7-34.
Schmidt-Biggemann, W.（1983）*Topica universalis: eine Modellgeschichte humanistischer und barocker Wissenschaft*. Hamburg.
Schmidt-Biggemann, W.（1996）'New Structures of Knowledge', in Ridder-Symoens, pp.489-530.
Schöffler, H.（1936）*Wirkungen der Reformation*, rpr. Frankfurt, 1960.
Schottenloher, K.（1933）'Die Druckprivilegien', *Gutenberg Jahrbuch*, pp.89-111.
Schottenloher, K.（1935）*Der Buchdrucker als neuer Berufstand des 15. und 16. Jahrhunderts*. Berlin.
Schulte-Albert, H. G.（1971）'G. W. Leibniz and Library Classification', *Journal of Library History* 6, pp.133-52.
Schumpeter, J.（1942）*Capitalism, Socialism and Democracy*.〔シュムペーター『資本主義・社会主義・民主主義』上・中・下，中山伊知郎・東畑精一共訳，1990-91年，東洋経済新報社〕
Scott, J.（1991）'Ignorance and Revolution: Perceptions of Social Reality in Revolutionary Marseilles', in *Interpretation and Cultural History*, ed. J. Pittock and A. Wear, pp.235-68.
Sealy, R. J.（1981）*The Palace Academy of Henry Ⅲ*. Geneva.
Seguin, J.-P.（1964）*L'Information en France avant le périodique, 1529-1631*.
Seifert, A.（1976）*Cognitio historica: die Geschichte als Namengeberin der frühneuzeitlichen Empirie*. Berlin.
Seifert, A.（1980）'Staatenkunde', in Rassem and Stagl, pp.217-48.
Seifert, A.（1983）'Conring und die Begründung der Staatenkunde', in Stolleis, pp.201-16.
Serjeantson, R.（1999）'Introduction' to Meric Casaubon, *Generall Learning*（Cambridge）, pp.1-65 [first edn of seventeenth-century text].

Serrai, A.（1988-92）*Storia della bibliografia*, 5 vols. Rome.
Serrai, A.（1990）*Conrad Gessner*, ed. M. Cochetti. Rome.
Seymour, W. A.（ed., 1980）*A History of the Ordnance Survey*. Folkestone.
Sgard, J.（ed., 1976）*Dictionnaire des journalistes*（*1600-1789*）. Grenoble.
Sgard, J.（1987）'Et si les anciens étaient modernes ... le système du P. Hardouin', in *D'un siècle à l'autre*, ed. L. Godard de Donville（Marseilles）, pp.209-20.
Sgard, J.（ed., 1991）*Dictionnaire des journaux, 1600-1789*, 2 vols.
Shaaber, M.（1929）*Some Forerunners of the Newspaper, 1476-1622*. Philadelphia.
Shackleton, R.（1961）*Montesquieu: An Intellectual and Critical Biography*. Oxford.
Shackleton, R.（1970）*The Encyclopaedia and the Clerks*. Oxford.
Shapin, S.（1982）'History of Science and its Sociological Reconstructions', revised in *Cognition and Fact*, ed. R. S. Cohen and T. Schnelle（Dordrecht）, pp.325-86.
Shapin, S.（1988）'The House of Experiment in Seventeenth-Century England', *Isis* 79, pp.373-404.
Shapin, S.（1994）A *Social History of Truth: Civility and Science in Seventeenth-Century England*. Chicago.
Shapin, S.（1996）*The Scientific Revolution*. Chicago.〔スティーヴン・シェイピン『「科学革命」とは何だったのか――新しい歴史観の試み』川田勝訳，白水社，1998年〕
Shapin, S. and S. Schaffer（1985）*Leviathan and the Air-Pump: Hobbes, Boyle and the Experimental Life*. Princeton.
Shapiro, B. J.（1983）*Probability and Certainty in Seventeenth-Century England*. Princeton.
Shapiro, B. J.（1991）*Beyond Reasonable Doubt*. Berkeley.〔バーバラ・J.シャピロ『「合理的疑いを超える」証明とはなにか――英米証明理論の史的展開』庭山英雄・融祐子訳，2003年，日本評論社〕
Shapiro, B. J.（1994）'The Concept "Fact": Legal Origins and Cultural Diffusion', *Albion* 26, pp.1-26.
Shaw, D. J. B.（1996）'Geographical Practice and its Significance in Peter the Great's Russia', *Journal of Historical Geography* 22, pp.160-76.
Sher, R. B.（1997）'Charles V and the Book Trade: An Episode in Enlightenment Print Culture', in S. J. Brown（ed.）*William Robertson and the Expansion of Empire*（Cambridge）, pp.164-95.
Sherman, W.（1995）*John Dee: The Politics of Reading and Writing in the English Renaissance*. Amherst.
Shively, D. H.（1991）'Popular Culture', in *Early Modern Japan*, ed. J. W. Hall（Cambridge）, pp.706-69.
Shteir, A. B.（1996）*Cultivating Women, Cultivating Science*. Baltimore.

Siebert, F. S.（1965）*Freedom of the Press in England, 1476-1776*. Urbana.
Slaughter, M. M.（1982）*Universal Language and Scientific Taxonomy in the Seventeenth Century*. Cambridge.
Smith, P. H.（1994）*The Business of Alchemy: Science and Culture in the Holy Roman Empire*. Princeton.
Smith, W. D.（1984）'Amsterdam as an Information Exchange in the Seventeenth Century', *Journal of Economic History* 44, pp.985-1005.
Solomon, H. M.（1972）*Public Welfare, Science and Propaganda*. Princeton.
Solt, L. F.（1956）'Anti-intellectualism in the Puritan Revolution', *Church History* 25, pp.306-16.
Soucek, S.（1992）'Islamic Charting in the Mediterranean', in Harley and Woodward, vol.2, part 1, pp.263-92.
Stagl, J.（1980）'Die Apodemik oder "Reisekunst" als Methodik der Sozialforschung vom Humanismus bis zur Aufklärung', in Rassem and Stagl, pp.131-202.
Stagl, J.（1995）*The History of Curiosity*. Chur.
Stark, W.（1960）*Montesquieu, Pioneer of the Sociology of Knowledge*.
Steensgaard, N.（1982）'The Dutch East India Company as an Institutional Innovation', in *Dutch Capitalism and World Capitalism*, ed. M. Aymard（Cambridge-Paris）, pp.235-57.
Stegmann, J.（1988）'Comment constituer une bibliothèque en France au début du 17e siècle', in Aquilon and Martin, pp.467-501.
Stehr, N.（1992）'Experts, Counsellors and Advisers', in Stehr and Ericson, pp.107-55.
Stehr, N.（1994）*Knowledge Societies*.
Stehr, N. and R. V. Ericson（eds, 1992）*The Culture and Power of Knowledge*. Berlin-New York.
Stehr, N. and V. Meja（eds, 1984）*Society and Knowledge*. New Brunswick.
Stenzel, H.（1993）'Gabriel Naudé et l'utopie d'une bibliothèque idéale', in Kapp, pp.103-15.
Stevenson, E. L.（1927）'The Geographical Activities of the *Casa de la Contratación'*, *Annals of the Association of American Geographers* 17, pp.39-52.
Stewart, L.（1992）*The Rise of Public Science: Rhetoric, Technology and Natural Philosophy in Newtonian Britain, 1660-1750*. Cambridge.
Stichweh, R.（1991）*Der frühmoderne Staat und die europäische Universität*. Frankfurt.
Stigler, G. J.（1961）'The Economics of Information', *Journal of Political Economy* 69, pp.213-25.
Stock, B.（1983）*The Implications of Literacy*. Princeton.
Stolleis, M.（1980）*Arcana Imperii und Ratio Status*. Göttingen.
Stolleis, M.（1983）'Die Einheit der Wissenschaften – Hermann Conring', in *Hermann*

Conring (*1606-1681*) (Berlin), pp.11-34.
Storey, W. K. (ed., 1996) *Scientific Aspects of European Expansion*. Aldershot.
Strauss, G. (1975) 'Success and Failure in the German Reformation', *Past and Present* 67, pp.30-63.
Stroup, A. (1990) *A Company of Scientists: Botany, Patronage and Community at the Seventeenth-Century Parisian Royal Academy of Sciences*. Berkeley-Los Angeles.
Sutherland, J. R. (1986) *The Restoration Newspaper*. Cambridge.
Switzer, R. (1967) 'America in the *Encyclopédie*', *Studies on Voltaire* 58, pp.1481-99.
Taylor, A. R. (1945) *Renaissance Guides to Books*. Berkeley-Los Angeles.
Tega, W. (1984) *Arbor scientiarum*. Bologna.
Teixeira de Mota, A. (1976) 'Some Notes on the Organisation of Hydrographical Services in Portugal', *Imago Mundi 28*, pp.51-60.
Teng, S.-Y. (1942-3) 'Chinese Influence on the Western Examination System', *Harvard Journal of Asiatic Studies* 7, pp.267-312.
Teng, S.-Y. and K. Biggerstaff (1936) *An Annotated Bibliography of Selected Chinese Reference Works*, revised edn, Cambridge, Mass., 1950.
Tennant, E. C. (1996) 'The Protection of Invention: Printing Privileges in Early Modern Germany', in *Knowledge, Science and Literature in Early Modern Germany,* ed. G. S. Williams and S. K. Schindler (Chapel Hill), pp.7-48.
Thiel-Horstmann, M. (1980) 'Staatsbeschreibung und Statistische Erhebungen im Vorkolonialen und Kolonialen Indien', in Rassem and Stagl, pp.205-13.
Thomas, K. V. (1971) *Religion and the Decline of Magic: Studies in Popular Beliefs in Sixteenth and Seventeenth Century England.* (キース・トマス『宗教と魔術の衰退』上・下，荒木正純訳，1993年，法政大学出版局)
Thorndike, L. (1951) 'Newness and Novelty in Seventeenth-Century Science', *Journal of the History of Ideas* 12, pp.584-98.
Thrift, N. (1985) 'Flies and Germs: A Geography of Knowledge', in *Social Relations and Spatial Structures*, ed. D. Gregory and J. Urry, pp.366-403.
Thrift, N., F. Driver and D. Livingstone (1995) 'The Geography of Truth', *Society and Space* 13, pp.1-3.
Toscani, I. (1980) 'Etatistisches Denken und Erkenntnis-theoretische Überlegungen in den Venezianischen Relazionen', in Rassem and Stagl, pp.111-25.
Trenard, L. (1965-6) 'Le Rayonnement de l'*Encyclopédie*', *Cahiers d'Histoire Moderne 9*, pp.712-47.
Tucci, U. (1990) 'Ranke and the Venetian Document Market', in *Leopold von Ranke and the Shaping of the Historical Discipline*, ed. G. G. Iggers and J. M. Powell (Syracuse), pp.99-108.
Turner, R. (ed., 1974) *Ethnomethodology*. Harmondsworth.

Tyacke, N. (1978) 'Science and Religion at Oxford before the Civil War', in *Puritans and Revolution*, ed. D. Pennington and K. V. Thomas (Oxford), pp.73-93.
Unno, K. (1994) 'Cartography in Japan', in Harley and Woodward, vol.2, pt 2, pp.346-477.
Vandermeersch, P. A. (1996) 'Teachers', in Ridder-Simoens, pp.210-55.
Van Leeuwen, H. G. (1963) *The Problem of Certainty in English Thought 1630-90*. The Hague.
Veblen, T. (1906) 'The Place of Science in Modern Civilisation', *American Journal of Sociology* 11, pp.585-609.
Veblen, T. (1918) *The Higher Learning in America: A Memorandum on the Conduct of Universities by Businessmen*. New York.
Veblen, T. (1919) 'The Intellectual Pre-eminence of Jews in Modern Europe', *Political Science Quarterly* 34, pp.33-42.
Venard, M. (1985) 'Le visite pastorali francesi dal xvi al xviii secolo', in Mazzone and Turchini, pp.13-55.
Venturi, F. (1959) 'Contributi ad un dizionario storico', *Rivista Storica Italiana* 71, pp.119-30.
Verger, J. (1997) *Les Gens de savoir en Europe à la fin du Moyen Age*.
Vericat, J. (1982) 'La "organizatoriedad" del saber en la España del siglo xvi', in *Homenaje a G. F. de Oviedo,* ed F. de Solano and F. del Pino, 2 vols (Madrid), vol.1, pp.381-415.
Verner, C. (1978) 'John Seller and the Chart Trade in Seventeenth-Century England', in N. J. W. Thrower (ed.), *The Complete Plattmaker* (Berkeley), pp.127-58.
Viala, A. (1985) *Naissance de l'écrivain*.
Villey, P. (1908) *Les Sources et l'évolution des Essais de Montaigne*, 2 vols.
Völkel, M. (1987) *'Pyrrhonismus historicus' und 'fides historica': die Entwicklung der deutschen historischen Methodologie unter dem Gesichtspunkt der historischen Skepsis*. Frankfurt.
Voss, J. (1972) *Das Mittelalter im historischen Denken Frankreichs*. Munich.
Voss, J. (1979) *Universität, Geschichtswissenschaft und Diplomatie im Zeitalter der Aufklärung: Johann Daniel Schöpflin (1694-1771)*. Munich.
Voss, J. (1980) 'Die Akademien als Organisationsträger der Wissenschaften im 18. Jht', *Historisches Zeitschrift* 231, pp.43-74.
Vucinich, A. (1963) *Science in Russian Culture: A History to 1860*. Stanford.
Walker, R. B. (1973) 'Advertising in London Newspapers 1650-1750', *Business History* 15 (1973), pp.112-30.
Wallis, P. J. (1974) 'Book Subscription Lists', *The Library* 29, pp.255-86.
Wallis, R. (ed., 1979) *On the Margins of Science: The Social Construction of*

Rejected Knowledge. Keele.〔ロイ・ウォリス編『排除される知——社会的に認知されない科学』高田紀代志ほか訳，1986年，青土社〕

Walzer, M.（1965）*The Revolution of the Saints: A Study in the Origins of Radical Politics*. Cambridge, Mass.

Wansink, H.（1975）*Politieke Wetenschappen aan de Leidse Universiteit*. Leiden.

Waquet, F.（1993a）'Book Subscription Lists in Early Eighteenth-Century Italy', *Publishing History* 33, pp.77-88.

Waquet, F.（1993b）'Le *Polyhistor* de Daniel Georg Morhof, lieu de mémoire de la République des Lettres', in Kapp, pp.47-60.

Weber, M.（1920）*Economy and Society*, English trans., 3 vols, New York, 1968.〔マックス・ウェーバー『経済と社会』世良晃志郎ほか訳，1960年～，創文社〕

Webster, C.（1975）*The Great Instauration: Science, Medicine and Reform, 1626-1660.*

Webster, F.（1995）*Theories of the Information Society*.〔フランク・ウェブスター『「情報社会」を読む』田畑暁生訳，2001年，青土社〕

Wellisch, H. H.（1991）*Indexing from A to Z*, revised edn, New York, 1995.

Wells, J. M.（1966）*The Circle of Knowledge*.

Wernham, R. B.（1956）'The Public Records', in *English Historical Scholarship*, ed. L. Fox, pp.11-30.

Wiener, N.（1948）*Cybernetics*.〔ノーバート・ウィーナー『サイバネティックス』池原止戈夫ほか訳，1962年，岩波書店〕

Williams, A.（1979）*The Police of Paris, 1718-89*. Baton Rouge.

Wilson, A. M.（1972）*Diderot*. New York.

Wilterdink, N.（1977）'Norbert Elias's Sociology of Knowledge', in *Human Figurations*, pp.110-26.

Winch, D.（1990）'Economic Knowledge and Government in Britain: Some Historical and Comparative Reflexions', in M. O. Furner and B. Supple（eds）, *The State and Economic Knowledge*（Cambridge）, pp.40-70.

Winch, D.（1993）'The Science of the Legislator: The Enlightenment Heritage', in M. Lacey and M. O. Furner（eds）, *The State and Social Investigation in Britain and the United States*（Cambridge）, pp.63-91.

Withers, C. W. J.（1998）'Towards a History of Geography in the Public Sphere', *History of Science* 36, pp.45-78.

Witty, F. J.（1965）'Early Indexing Techniques', *The Library Quarterly* 35, pp.141-8.

Wood, P.（1993）*The Aberdeen Enlightenment: The Arts Curriculum in the Eighteenth Century*. Aberdeen.

Woodmansee, M.（1984）'The Genius and the Copyright: Economic and Legal Conditions for the Emergence of the Author', *Eighteenth-Century Studies* 17, pp.425-48.

Woods, J. M.（1987）‘Das “Gelahrte Frauenzimmer” und die deutsche Frauenlexika 1631-1743’, in *Res Publica Litteraria*, ed. Sebastian Neumeister and Conrad Wiedemann, 2 vols（Wiesbaden）, pp.577-88.
Woolf, D. R.（1988）‘History, Folklore and Oral Tradition in Early Modern England’, *Past and Present* 120, pp.26-52.
Woolgar, S.（ed., 1988）*Knowledge and Reflexivity*.
Worsley, P.（1956）‘Emile Durkheim’s Theory of Knowledge’, *Sociological Review*, 47-61.
Worsley, P.（1997）*Knowledges: What Different Peoples Make of the World*.
Yardeni, M.（1973）‘Journalisme et histoire contemporaine à l’époque de Bayle’, *History and Theory* 12, pp.208-29.
Yardeni, M.（1985）‘Naissance du journalisme moderne’, in her *Le Refuge protestant*, pp.201-7.
Yates, F.（1947）*French Academies of the Sixteenth Century*.〔フランセス・A.イエイツ『十六世紀フランスのアカデミー』高田勇訳，1996年，平凡社〕
Yates, F.（1964）*Giordano Bruno and the Hermetic Tradition*.
Yates,F.（1966）*The Renaissance Art of Memory*.〔フランセス・A.イエイツ『記憶術』青木信義ほか訳，1993年，水声社〕
Yates, F.（1979）*The Occult Philosophy in the Elizabethan Age*.〔フランセス・イエイツ『魔術的ルネサンス――エリザベス朝のオカルト哲学』内藤健二訳，1984年，晶文社〕
Yazaki, T.（1968）*Social Change and the City in Japan*. Tokyo.
Yee, C. D. K.（1994a）‘Chinese Maps in Political Culture’, in Harley and Woodward, vol.2, pt 2, pp.71-95.
Yee, C. D. K.（1994b）‘Traditional Chinese Cartography and the Myth of Westernisation’, in Harley and Woodward, vol.2, pt 2, pp.170-202.
Yeo, R.（1991）‘Reading Encyclopaedias: Science and the Organisation of Knowledge in British Dictionaries of Arts and Sciences, 1730-1850’, *Isis* 82, pp.24-49.
Yeo, R.（1996）‘Ephraim Chambers’ Cyclopaedia（1728）and the Tradition of Commonplaces’, *Journal of the History of Ideas* 57, pp.157-75.
Zacharias, T.（1960）*Joseph Emmanuel Fischer von Erlach*. Vienna.
Zedelmaier, H.（1992）*Bibliotheca Universalis und Bibliotheca Selecta: das Problem der Ordnung des gelehrten Wissens in der frühen Neuzeit*. Cologne.
Zhang, L.（1998）*Mighty Opposites: From Dichotomies to Differences in the Comparative Study of China*. Stanford.
Ziegler, W.（1981）‘Tentativi di Accademia in ambito monastico nella Germania del xviii secolo’, in L. Boehm and E. Raimondi（eds）, *Università, accademie in Italia e Germania dal ’500 al ’700*（Bologna）, pp.355-78.

Zilfi, M. C.（1988）*The Politics of Piety: The Ottoman Ulema in the Post-classical Age*. Minneapolis.

Zilsel, E.（1926）*Die Entstehung des Geniebegriffes*. Tübingen.

Zilsel, E.（1941a）'Problems of Empiricism', in *The Development of Rationalism and Empiricism*（Chicago）, pp.53-94.〔E.ツィルゼルほか『科学革命の新研究：その思想史的背景』渡辺正雄ほか訳，1986年，日新出版〕

Zilsel, E.（1941b）'Origins of William Gilbert's Scientific Method', *Journal of the History of Ideas* 2, pp.1-32.

Ziman, J.（1978）*Reliable Knowledge*. Cambridge.〔J.ザイマン『科学理論の本質』桜井邦朋・大江秀房訳，1985年，地人書館〕

Znaniecki, F.（1940）*The Social Role of the Man of Knowledge*. New York.

注

第一章　知識の社会学と歴史

（1）Wiener（1948）, p.11; Bell（1976）; Böhme and Stehr（1986）: Castells（1989）; Poster（1990）; Stehr（1994）; Webster（1995）.
（2）Machlup（1962, 1980-4）; Rubin and Huber（1986）.
（3）Schiller（1986, 1996）.
（4）Berger and Luckmann（1966）; Mendelsohn（1977）; Ziman（1978）; Luhmann（1990）.
（5）Bourdieu（1984）; cf. Ginzburg（1996, 1997）.
（6）Geertz（1975）; cf.Veblen（1918）.
（7）Fleck（1935）, p.22; cf. Baldamus（1977）.
（8）Mannheim（1936）; Stark（1960）.
（9）Merton（1941）.
（10）Durkheim and Mauss（1901-2）.
（11）Worsley（1956）; Lukes（1973）; Lamo de Espinosa, González Garcia and Torres Albero（1994）, pp.205-26.
（12）Granet（1934）; cf. Mills（1940）.
（13）Burke（1990）, pp.17-19, 27-30.
（14）Veblen（1906, 1918, 1919）; cf.Lamo de Espinosa, González Garcia and Torres Albero（1994）, pp.380-6.
（15）Veblen（1918）, pp.1-2.
（16）Mannheim（1927）.
（17）Mannheim（1925）; cf. Scheler（1926）.
（18）Moore and Tumin（1949）; Scott（1991）.
（19）Foucault（1980）, p.112; Shapin（1994）.
（20）Merton（1938, 1941, 1945, 1957, 1968）; Luhmann（1990）.
（21）Berger and Luckmann（1966）; Gurvitch（1966）.
（22）Lévi-Strauss（1962, 1964）.
（23）Foucault（1966, 1980）.
（24）Kuhn（1962）.
（25）Elias（1982）; cf.Wilterdink（1977）.
（26）Habermas（1962）.
（27）Bourdieu（1972, 1984, 1989）.
（28）Geertz（1975, 1979, 1983）.

(29) Goody (1978); Gellner (1988).
(30) Pred (1973); Thrift (1985); Machlup (1962, 1980-4); Schiller (1986, 1996).
(31) Law (1986); Woolgar (1988).
(32) Barnes (1977); Woolgar (1988).
(33) Mannheim (1936), 46n; fleck (1935); cf. Baldamus (1977).
(34) Mendelsohn (1977); Knorr-Cetina (1981).
(35) Pels (1996, 1997).
(36) Berger and Luckmann (1966); Bourdieu (1972); Turner (1974).
(37) Crane (1972); Latour (1986); Brown (1989); Potter (1993); Alexandrov (1995).
(38) Foucault (1961); Shapin (1988); Ophir and Shapin (1991).
(39) Elkanah (1981); Crick (1982).
(40) Mannheim (1952); Fleck (1935).
(41) King (1976); Jardine (1983, 1985); Schiebinger (1989); Phillips (1990); Shteir (1996).
(42) Belenky et al. (1986); Haraway (1988); Durán (1991); Alcoff and Potter (1993).
(43) Pred (1973); Thrift (1985).
(44) Said (1978).
(45) Ornstein (1913), pp.ix-x; cf. Lux (1991a, 1991b).
(46) Ringer (1990, 1992).
(47) Eisenstein (1979); Giesecke (1991); Eamon (1994).
(48) Koselleck (1972); Kenny (1998).
(49) Lugli (1983); Impey and Macgregor (1985); Pomian (1987); Findlen (1989, 1994).
(50) Rossi (1962), p.15; cf. Roche (1981), part 3; Böhme (1984); Worsley (1997).
(51) Berger and Luckmann (1966), p.26.
(52) Gurvitch (1966).
(53) Figueriredo (1984); Bayly (1996); Grove (1996); Mundy (1996); Edney (1997), pp.68, 76, 81, 98, 125.
(54) Roche (1981).
(55) Potter (1993).
(56) Ballester (1977, 1993); Huisman (1989).
(57) Burke (1998c), pp.34, 175.
(58) Zilsel (1941); Panofsky (1953); Hall (1962); Rossi (1962); Eisenstein (1979).

(59) Albertini (1955); Gilbert (1965).
(60) Proust (1962), pp.177-232; Wilson (1972), p.136.

第二章　知識を生業とする

(1) Mannheim (1936), pp.137-8.
(2) Pipes (1960); Charle (1990).
(3) Le Goff (1957).
(4) Walzer (1965).
(5) Solt (1956).
(6) Gellner (1988), pp.70-1, 79.
(7) Goldgar (1995); Bots and Waquet (1997); Burke (1999a).
(8) Znainiecki (1940).
(9) King (1976); Jardine (1983, 1985).
(10) Schiebinger (1989); Goodman (1994); Shteir (1996).
(11) Bouwsma (1973).
(12) Le Goff (1957); cf. Murray (1978), 227-33, 263-5, Brocchieri (1987), Verger (1997).
(13) Kristeller (1955); Dionisotti (1967); Romano and Tenenti (1967); Burke (1986).
(14) Benzoni (1978), pp.159ff.
(15) Schottenloher (1935).
(16) Elias (1939), pp.1, 73.
(17) Burke (1988); Prosperi (1981).
(18) Curtis (1962); cf. Chartier (1982), Roche (1982).
(19) Nigro (1991).
(20) Stehr (1992).
(21) Viala (1985).
(22) Viala (1985), p.247.
(23) Viala (1985), pp.270-80; Vandermeersch (1966), pp.223-4, 246-8.
(24) Hall (1965); Rochot (1966); Solomon (1972); Webster (1975); Revel (1966).
(25) Kelley (1971, 1980).
(26) Goldie (1987).
(27) Hill (1972); Webster (1975), pp.250-64.
(28) Houghton (1942); Kenny (1998).
(29) Hahn (1971, 1975); McClellan (1985), pp.xxiv-xxv, 233-51.
(30) Clarke (1966); Rosa (1994).
(31) Burke (1992).

(32) Ringer (1969).
(33) Quoted in Dülmen (1978), p.257.
(34) Morgan (1929); Gardair (1984); Laeven (1986).
(35) Labrousse (1963-4, 1983); Bost (1994).
(36) Haase (1959), pp.404-17; Labrousse (1963-4); Yardeni (1973, 1985); Martens (1974); Gibbs (1975); Bost (1994), pp.232-9.
(37) Beljame (1881).
(38) Darnton (1982); Masseau (1994).
(39) Repp (1972; 1986); Fleischer (1986); Zilfi (1988).
(40) Itzkowitz (1972).
(41) Messick (1993); Robinson (1993).
(42) Marsh (1961); Miyazaki (1963); Chaffee (1985).
(43) Teng (1942-3).

第三章　知識を確立する

(1) Schumpeter (1942).
(2) Lemaine et al. (1976), pp.8-9.
(3) Pareto (1916), section 2233.
(4) Bourdieu (1989); Elias (1982).
(5) Le Goff (1957), pp.80ff; Ridder-Symoens (1992, 1996).
(6) Ridder-Symoens (1992); Verger (1997).
(7) Innis (1950).
(8) Stock (1983).
(9) McClellan (1985).
(10) Webster (1975).
(11) Field (1988); Hankins (1991).
(12) Garin (1961); cf. Goldstein (1965).
(13) Stevenson (1927); Pulido Rubio (1950), pp.65, 68, 255-90; Goodman (1988), pp.72-81.
(14) Yates (1947); Sealy (1981); Hankins (1990).
(15) Burke (1983).
(16) Grossmann (1975).
(17) Codina Mir (1968), pp.18-49.
(18) Bentley (1983), pp.70-111.
(19) Lunsingh Scheurleer and Posthumus Meyes (1975); Wansink (1975).
(20) Fletcher (1981); Giard (1983-5); Rüegg (1992), pp.456-9; Pedersen (1996).
(21) Shapin (1996).

（22）Hall（1962）; Rossi（1962）.
（23）Ruestow（1973）, esp. pp.1-13.
（24）Ornstein（1913）, p.257. Cf. Brown（1934）, Middleton（1971）.
（25）Hill（1965）, Webster（1975）, pp.185-202.
（26）Ruestow（1973）; Tyacke（1978）; Feingold（1984, 1989, 1991, 1997）; Brockliss（1987）; Lux（1991a, 1991b）; Porter（1996）.
（27）Cohen（1989）.
（28）Impey and Macgregor（1985）; Pomian（1987）; Findlen（1994）.
（29）Evans（1973）, pp.196-242; Moran（1991）, pp.169ff; Smith（1994）, pp.56-92.
（30）Biagioli（1993）; Stroup（1990）, esp. p.108.
（31）Hill（1965）, pp.37-61; Mazauric（1997）; Ames-Lewis（1999）.
（32）Picard（1943）; Lougee（1976）; Viala（1985）, pp.132-7.
（33）Knowles（1958, 1959）.
（34）Hunter（1989）, pp.1-14.
（35）Parker（1914）.
（36）Hunter（1989）, pp.1, 188, 261, 264-5; Stroup（1990）, p.51; Christianson（2000）.
（37）Hahn（1975）; Gillispie（1980）; McClellan（1985）; Lux（1991）.
（38）Voss（1972）, pp.220-9; Gasnault（1976）; Hammermeyer（1976）; Ziegler（1981）.
（39）Voss（1972）, pp.230-3; Roche（1976, 1978）; Voss（1980）.
（40）Klaits（1971）; Keens-Soper（1972）; Voss（1979）.
（41）Im Hoff（1982; 1994, pp.105-54）; Dülmen（1986）.
（42）Goodman（1994）, pp.53, 73-89; Im Hoff（1994）, pp.113-17.
（43）Habermas（1962）; Stewart（1992）; Johns（1998）, pp.553-6.
（44）Sgard（1991）より推算した。
（45）Julia（1986）, p.194.
（46）Pedersen and Makdisi（1979）; Makdisi（1981）.
（47）Berkey（1992）, pp.20, 30; Chamberlain（1994）.
（48）Curtis（1959）; Stichweh（1991）, p.56.
（49）Berkey（1992）, p.30; Chamberlain（1994）, p.141.
（50）Repp（1972; 1986, pp.27-72）; Fleischer（1986）; Zilfi（1988）.
（51）Huff（1993）, pp.71-83, 151-60, 170-86.
（52）Eisenstein（1979）.
（53）Gillispie（1980）, p.75; Lux（1991a）, p.194.
（54）Kuhn（1962）; Shapin（1982）; Elias（1982）, p.50.

第四章　知識を位置づける

（1） Cipolla（1972）; Schilling（1983）.
（2） Koeman（1970）.
（3） Duyvendak（1936）.
（4） Thrift（1985）; Thrift, Driver and Livingstone（1995）; cf. Livingstone（1995）, Harris（1998,1999） and Jacob（1999）.
（5） Hess（1974）; Soucek（1992）, p.269.
（6） Heckscher（1958）; Foucault（1961）; Habermas（1962）; Hannaway（1986）; Shapin（1988）, etc.
（7） Aubert et al.（1976）, 80; Hulshoff Pol（1975）.
（8） Webster（1975）, pp.193-4.
（9） Harris（1996）; Miller（1996）.
（10） Webster（1975）, p.552.
（11） Basalla（1987）; Macleod（1987）.
（12） Shcaffer（1996）.
（13） Fumaroli（1988）; Bots and Waquet（1997）.
（14） Fiering（1976）; Losman（1983）, pp.195-8; Åkerman（1991）.
（15） Richter（1946）, p.44; Vucinich（1963）; Sazonova（1996）.
（16） Anderson（1978）.
（17） Livingstone（1995）; Withers（1998）.
（18） Lach（1965）.
（19） Boxer（1936） esp. pp.58-66; Keene（1952）; Goodman（1967）, pp.18-24, 32-42.
（20） Lach and Kley（1993）, p.1855.
（21） Bustamante Garćia（1997）; Brentjes（1999）.
（22） Boxer（1948）.
（23） Stevenson（1927; Pulido Rubio（1950）, pp.65, 68, 255-90; Lamb（1969, 1976）; Goodman（1988）, pp.72-81
（24） Brown（1978）, pp.21-43.
（25） Sardella（1948）.
（26） Doria（1986）; Burke（2000a）.
（27） Ambrosini（1982）; Caracciolo Aricò（1990）.
（28） Barbour（1950）, pp.74-84.
（29） Smith（1984）, p.987.
（30） Burke（2001）.
（31） Chabod（1934）; Albònico（1992）; John Headley は，この観点からのボテロ研究を近々発表する予定。
（32） Rochot（1966）; Solomon（1972）, pp.60-99; Mazauric（1997）.

(33) Hall (1965, 1975); Hunter (1989).
(34) Webster (1975), pp.51-7, 125.
(35) Burke (1985).
(36) Evans (1973).
(37) Isaievych (1993).
(38) Brading (1991), pp.366, 382; Burke (1995a).
(39) Kany (1932), pp.62-4.
(40) Solomon (1972), pp.21-59.
(41) Solomon (1972), pp.217-18.
(42) George (1926-9); Webster (1975), pp.67-77.
(43) Grove (1991); Edney (1997), p.297.
(44) Latour (1983); cf. Jacob (1996), Miller (1996).
(45) Jacob (1999), pp.36-7.
(46) Schöffler (1936), p.113.
(47) Bowen (1981), pp.77-90.
(48) Burke (1999b).
(49) Martin (1996); Ettinghausen (1984), p.5.
(50) Raven (1993), p.14.
(51) Boxer (1963); Figueiredo (1984); Grove (1996).
(52) Grove (1996); Bustamante García (1997).
(53) Karamustafa (1992), p.218.
(54) Yee (1994b), pp.170, 174-5.
(55) Unno (1994), fig.11, 22, p.434.

第五章　知識を分類する

(1) Durkheim (1912), p.28; cf. Worsley (1956).
(2) Granet (1934); Lévi-Strauss (1962, 1964).
(3) Foucault (1966), pp.54-5; cf. Elkanah (1981), Crick (1982); Zhang (1998), pp.19-24.
(4) Kelley and Popkin (1991); Daston (1992); Zedelmaier (1992); Kusukawa (1996); Kelley (1997).
(5) Foucault (1966); Olmi (1992); Koerner (1996).
(6) Ackerman (1949).
(7) Principe (1992); Eamon (1994).
(8) Hill (1972), pp.269-76; Dooley (1999), p.83.
(9) Yates (1979); Stolleis (1980); Eamon (1994).
(10) Blumenberg (1966); Ginzburg (1976); Kenny (1998).
(11) Feldhay (1995), p.207.

(12) Kristeller (1951-2), p.175; Rossi (1962).
(13) Schmidt-Biggemann (1983), pp.xiii-xiv, 141-54; Waquet (1993b); Serjeantson (1999).
(14) Burke (1995b).
(15) Salmond (1982); Becher (1989).
(16) Rossi (1960), pp.47, 51-61; Ladner (1979); Tega (1984); Serrai (1988-92), vol.2, pp.120-31.
(17) Gilbert (1960), pp.214-20; Zedelmaier (1992), p.125.
(18) Wood (1993).
(19) Zedelmaier (1992), pp.112ff.
(20) Kelley (1997), p.ix.
(21) Stichweh (1991); cf. Lenoir (1997).
(22) Feingold (1984), p.17.
(23) Costello (1958); Brockliss (1996).
(24) Grant (1996), pp.42-9.
(25) Rosenthal (1970).
(26) Bouza (1988); Chartier (1992); Zedelmaier (1992), p.112.
(27) Besterman (1935); Pollard and Ehrman (1965); Serrai (1988-92); McKitterick (1992).
(28) Serrai (1990; 1988-92, vol.2, pp.211-571); Zedelmaier (1992), pp.3-153.
(29) Drège (1991); Guy (1987).
(30) Chamberlain (1994), p.161.
(31) Wells (1966); Dierse (1977); Kafker (1981); Eybl et al. (1995).
(32) Curtius (1948), pp.302-47, Gellrich (1985).
(33) Dierse (1977), pp.11ff; Schmidt-Biggemann (1983), pp.34-5.
(34) Teng and Biggerstaff (1936), p.110.
(35) Schmidt-Biggemann (1983), pp.8-15.
(36) Gilbert (1960), pp.125-8; Schmidt-Biggemann (1983), pp.19-21; Moss (1996), pp.119-30.
(37) Schmidt-Biggemann (1983), pp.59-66; Yeo (1991, 1996); Blair (1992); Goyet (1996), pp.441-3; Blair (1997), pp.46-8.
(38) Lemaine et al. (1976); Giard (1991).
(39) Flint (1904); Rossi (1960); Schulte-Albert (1971).
(40) Ong (1958); Gilbert (1960), pp.129-44.
(41) Rossi (1960), pp.179-84, 239; Schmidt-Biggemann (1983), pp.100-39.
(42) Kusukawa (1996), esp. pp.51-2.
(43) Lemaine et al. (1976), pp.1-23.
(44) Reiss (1997), pp.135-54.

(45) Hammerstein (1972), pp.216ff; Voss (1979).
(46) Dainville (1940); Brockliss (1987), p.156.
(47) Baker (1935); Broc (1975, 1980); Cormack (1997), pp.14-15, 27-30; Jacob (1999).
(48) Brockliss (1987), pp.393-4; Mandosio (1993).
(49) Hannaway (1975); Meinel (1988).
(50) Stolleis (1983); Seifert (1980, 1983); Smith (1994), p.69.
(51) Hammerstein (1972), pp.62ff.
(52) Meier (1966), p.214; Larrère (1992); Stichweh (1991), p.4.
(53) Meinel (1988); Lowood (1990).
(54) Lieshout (1994), p.134.
(55) Zedelmaier (1992), p.19n.
(56) Stegmann (1988); Chartier (1992).
(57) Blum (1963); Stenzel (1993); Revel (1996); Nelles (1997).
(58) Petrucci (1995), pp.350-1.
(59) Schulte-Albert (1971); Palumbo (1993a, 1993b).
(60) Pomian (1987), p.121.
(61) Pomian (1987), pp.49-53.
(62) Olmi (1992), pp.195ff, 201ff, 274n, 285.
(63) Olmi (1992); Haskell (1993), pp.131-5; Cropper and Dempsey (1996), pp.110-13.
(64) Findlen (1994), pp.3, 50; cf. Lugli (1983); Impey and Macgregor (1985); Pomian (1987).
(65) Yeo (1991).
(66) Briggs (1991), pp.40, 65.
(67) Thorndike (1951); Rossi (1962), pp.68-102.
(68) Jacob (1992), pp.88, 112.
(69) Webster (1975), pp.100-245.
(70) Venturi (1959).
(71) Dieckmann (1961); Gandt (1994); Malherbe (1994), esp. pp.29-31.
(72) Darnton (1984).

第六章　知識を管理する

(1) Deutsch (1953).
(2) Carter (1964); Agrell and Huldt (1983); Bély (1990); Marshall (1994); Preto (1994).
(3) Glass (1973); Herlihy and Klapisch (1978); Rassem and Stagl (1980); Buck (1977, 1982).

(4) Bayly (1996); Cohn (1996); Mundy (1996); Edney (1997); Drayton (1998).
(5) Siebert (1965); Santschi (1978); Duke and Tamse (1987); Roche (1989); Myers and Harris (1992).
(6) Cormack (1997).
(7) Cohn (1996), pp.16, 53; Bayly (1996), pp.56-96, 315-37; Pinch (1999), esp. pp.394-5.
(8) Giddens (1985), p.178.
(9) Clanchy (1979), p.19.
(10) Weber (1920), vol.1, p.339.
(11) Nigro (1991).
(12) Parker (1998), p.48.
(13) Kelly (1994).
(14) Boulding (1966); Innes (1987).
(15) Barkan (1958); Hucker (1968); Metzger (1973); Thiel-Horstmann (1980); Bayly (1996), pp.10-55.
(16) Soucek (1992); Unno (1994); Yee (1994a).
(17) Clanchy (1979), 215; Stock (1983), p.37.
(18) Partner (1980, 1990); Prodi (1982).
(19) Burke (1979); Mazzone and Turchini (1985).
(20) Strauss (1975); Johansson (1977).
(21) Ollard and Walker (1929-31); Jukes (1957).
(22) Henningsen and Tedeschi (1986).
(23) Mattingly (1955), pp.109-14; Queller (1973); Toscani (1980).
(24) Mattingly (1955), pp.244-6, 259-61; Preto (1994), pp.90, 133-4.
(25) Burke (1998a), p.103.
(26) Carter (1964), esp. pp.6, 123; Echevarria Bacigalupe (1984); Marshall (1994), pp.134-5, 247.
(27) Bély (1990).
(28) Mirot (1924).
(29) Said (1978).
(30) Goodman (1988), pp.50-87.
(31) Hoock (1980); Meyer (1981), p.222.
(32) Burke (1999b).
(33) Burke (2000b).
(34) Burke (1979).
(35) Bustamante García (1997).
(36) Cline (1964); Goodman (1958), pp.65-72; Mundy (1996).

(37) Davids (1995), p.338.
(38) Golder (1922), pp.6-8; Anderson (1978), pp.128-36; Shaw (1996).
(39) Koerner (1996).
(40) Reinhartz (1994).
(41) Boxer (1957); Burke (2000b).
(42) Boutier, Dewerpe and Nordman (1984); Wolff (1994), pp.130-4.
(43) Cline (1964), 344; Bouza (1992), pp.90-100; Parker (1998), pp.59-65.
(44) Meyer (1981), p.105.
(45) Venard (1985), p.37.
(46) Cipolla (1976), p.25; Burke (1987), p.126; Bély (1990), pp.610ff, 621, 624, 652.
(47) Raeff (1983), pp.225-8; Le Donne (1984), pp.125-8.
(48) Blum (1969); Elliott (1986), p.316.
(49) Preto (1994), pp.168ff; Elton (1972), p.331.
(50) Cobb (1970); Williams (1979), pp.104-11.
(51) Buisseret (1992); Biggs (1999).
(52) Goodman (1988), pp.65-6; Parker (1992).
(53) Alvar Ezquerra (1993).
(54) Hahn (1971), p.2; Konvitz (1987); Buisseret (1992).
(55) Pelletier (1990).
(56) Bély (1990), p.461.
(57) Anderson (1978), pp.131-6.
(58) Seymour (1980), pp.4, 15, 45; Edney (1997).
(59) Lander (1969), p.166.
(60) Buck (1982); Johannisson (1990), p.351.
(61) Glass (1973); Pearson (1978).
(62) Burckhardt (1860); Goldthwaite (1972).
(63) Herlihy and Klapisch (1978).
(64) Letwin (1963); Glass (1973); Holmes (1977).
(65) Innes (1987); Brewer (1989).
(66) Buck (1977, 1982); Rassem and Stagl (1994), pp.289-91.
(67) Grove (1996), p.155.
(68) King (1949), pp.185-7; Meyer (1981).
(69) Esmonin (1964), pp.113-30; Rothkrug (1965), pp.107n, 284-6; Rassem and Stagl (1994), pp.342-5.
(70) Nordenmark (1939), pp.232-69; Confino (1962), pp.160-4; Reichmann (1968); Glass (1973); Rassem and Stagl (1980), p.18; Klueting (1986).
(71) Burke (1987); Glass (1973), p.19.

(72) Bautier (1968).
(73) Clanchy (1979), pp.138ff; Guénée (1980), pp.91-100; Wernham (1956), p.13.
(74) Ranum (1963); Bautier (1968); D'Addario (1990); Parker (1997), pp.28-9.
(75) Marini (1825); Gasparolo (1887).
(76) Ballesteros Beretta (1941); Cline (1964); Parker (1998), p.66.
(77) Boislisle (1874), p.iii; Baschet (1875), pp.26-9, 37, 93-103; Church (1972); Pomian (1972); Kolmar (1979); Saunders (1991).
(78) King (1949), pp.147-53.
(79) Baschet (1875), pp.175-6.
(80) Prosperi (1997).
(81) Pardo Tomás (1991), p.298; Infelise (1999b), p.55.
(82) Santschi (1978).
(83) Davids (1995).
(84) Siebert (1965); Sutherland (1986), p.25.
(85) Martin (1969); Phillips (1997); Birn (1983, 1989).
(86) Lach (1965), pp.151-3; Teixeira de Mota (1976).
(87) Buisseret (1992), p.106.
(88) Cortesão (1944), pp.lxv-lxviii; Lach (1965), pp.151-4.
(89) Preto (1994), p.433.
(90) Buisseret (1992), p.111.
(91) Kahn (1967), pp.106-81.
(92) Dooley (1999), pp.82-6, 117, 127.
(93) Dooley (1999), p.32.
(94) Bély (1990), pp.328-9, 460.
(95) Thomas (1971), p.156.
(96) Fogel (1989).
(97) Dahl (1951), p.36.
(98) Marshall (1994), pp.28-30.
(99) Moureau (1995).
(100) Koran (1874); Kahn (1967), pp.106-81; Oakley (1968); Marshall (1994), pp.85-95.
(101) Morel-Fatio (1913), p.152.
(102) Dooley (1999), p.32.
(103) Baschet (1870), pp.348-52; Tucci (1990), pp.99-107, at 100; Preto (1994), p.66.
(104) Heath (1983); Balsamo (1995).
(105) Prosperi (1996), p.162.

第七章　知識を売る

（1） Stigler（1961）; Machlup（1962）; Arrow（1965）; Boulding（1966）.

（2） Bell（1976）; Machlup（1980-4）; Rubin and Huber（1986）; Fuller（1992）, etc.

（3） Schiller（1996）.

（4） Lindey（1952）; Hathaway（1989）.

（5） Post（1932）; Post, Giocarini and Kay（1955）.

（6） Burckhardt（1860）; Nisard（1860）, esp. vol.2, pp.12ff; Zilsel（1926）; Mannheim（1929）; Innis（1950）; Viala（1985）, pp.94-103; Chartier（1992）.

（7） Eamon（1994）, pp.110, 384. Cf. Tennant（1996）.

（8） Merton（1957）; Iliffe（1992）; Findlen（1994）, pp.324-5.

（9） Confino（1962）, pp.158-9.

（10） Walker（1973）; Porter（1989）; Money（1993）; Lawrence（1996）, pp.163, 167-9.

（11） Landes（1998）, pp.276-91.

（12） Eamon（1994）, pp.75, 81.

（13） Eamon（1994）, pp.88-9.

（14） Gerulaitis（1976）, pp.35-6; Landau and Parshall（1994）, p.362.

（15） Schottenloher（1933）; Armstrong（1990）; Feather（1994）; Tennant（1996）; Johns（1998）, pp.326-79.

（16） Rowen（1987）; Bély（1990）, pp.230ff.

（17） Cobb（1970）; Tucci（1990）; Infelise（1997, 1999a）; Dooley（1999）, p.9.

（18） Webster（1975）, pp.388-96.

（19） Harris（1985）; cf. Cipolla（1972）.

（20） Zacharias（1960）; Robinson（1975）; Lindqvist（1984）, pp.95-178; Harris（1985, 1992, 1996a, 1996b）; Davids（1995）.

（21） Geertz（1979）.

（22） Bec（1967）; Heers（1976）.

（23） Doria（1986）.

（24） Yazaki（1968）, p.235.

（25） Bassett（1960）, p.225.

（26） Goody（1996）, p.116.

（27） Steensgaard（1982）, p.238.

（28） Koeman（1970）; Schilder（1976）, pp.62-3; Smith（1984）, p.994.

（29） Smith（1984）, pp.1001-3.

（30） Poelhekke（1960）; Smith（1984）, p.996; Rowen（1987）.

（31） Israel（1990b）.

（32） Barbour（1950）; Reinhartz（1987）; Israel（1990a）.

(33) Barbour (1928-9); Dawson (1932).
(34) Morineau (1985), pp.42-55; Popkin (1990), p.205; Sgard (1991).
(35) Harmsen (1994), p.164.
(36) Balsamo (1973).
(37) Darnton (1979).
(38) Richardson (1994).
(39) Dahl (1939); Sutherland (1986).
(40) Walker (1973).
(41) Raven (1993).
(42) Richardson (1999), pp.42, 69.
(43) Richardson (1999), p.133.
(44) Davis (1983).
(45) Lucas (1989).
(46) Gardair (1984), p.10.
(47) Koeman (1970).
(48) Hoftijzer (1987).
(49) Verner (1978).
(50) Dahl (1939); Davies (1952); Gibbs (1971); Bots (1983); Berkvens-Stevelinck et al. (1992).
(51) Shaw (1996), p.164.
(52) Davies (1952); Davies (1954), pp.61ff; Kley (1971), p.31.
(53) Darnton (1982).
(54) McKenzie (1992); Raven (1992).
(55) Barber (1981).
(56) Cochrane (1964).
(57) Cochrane (1964), pp.22-3, 40-5. Cf. Sher (1997).
(58) Rogers (1972).
(59) Darnton (1979), pp.131-76; Feather (1994); Johns (1998).
(60) Clapp (1931, 1933).
(61) Wallis (1974), p.273.
(62) Lankhorst (1990); Waquet (1993a).
(63) Wallis (1974); Darnton (1979), pp.254-63, 287-94; Pedley (1979); Pelletier (1990), pp.117-26.
(64) Martin (1957), p.285; Martin and Chartier (1983-4), vol.2, pp.30-3.
(65) Seguin (1964); Infelise (1997); Dooley (1999), pp.9-44.
(66) Harris (1987).
(67) Dahl (1939).
(68) Harris (1987).

（69）Goss（1932）.
（70）Perrot（1981）; Hoock and Jeannin（1991-3）; Elkar（1995）.
（71）Lankhorst（1983）.
（72）Proust（1962）; Lough（1968）, pp.466-73; Quedenbaum（1977）; Carels and Flory（1981）.
（73）Garofalo（1980）; Bradshaw（1981a）.
（74）Bradshaw（1981b）.
（75）Darnton（1979）, pp.33-7.
（76）Darnton（1979）, p.26; Eisenstein（1992）, p.132.
（77）Plumb（1973）; McKendrick, Brewer and Plumb（1982）; Brewer and Porter（1993）; Bermingham and Brewer（1995）.
（78）Robinson（1993）.
（79）Shively（1991）, p.731.
（80）Kornicki（1998）, p.172.
（81）Rawski（1979）; Rawski（1985）, pp.17-28.
（82）Bauer（1966）; Monnet（1996）.
（83）Giesecke（1991）, pp.124-9.
（84）Anderson（1983）.
（85）Veblen（1918）, p.7.

第八章 知識を獲得する

（１）Trenard（1965-6）; Shackleton（1970）.
（２）Keynes（1940）, pp.18-9; Goldgar（1995）, p.13.
（３）Clarke（1970）, p.83.
（４）Findlen（1994）, pp.129-46.
（５）Sherman（1995）; Blair（1997）; Johns（1998）.
（６）Engelsing（1969, 1974）; Chartier（1987）.
（７）Rossi（1960）; Yates（1966）.
（８）Marshall（1994）, pp.42-3.
（９）Kearney（1970）, pp.60-3, 137, 151; Grafton and Jardine（1986）, pp.15, 18-20, 85n, 164-6, 170-3; Stagl（1980）.
（10）Shackleton（1961）, pp.229-38.
（11）Schmidt-Biggemann（1983）; Blair（1992, 1996）; Moss（1996）.
（12）Burke（1995c）.
（13）Witty（1965）; Daly（1967）; Brincken（1972）; Rouse and Rouse（1982, 1983）.
（14）Taylor（1945）, pp.89-198; Hopkins（1992）.
（15）Serrai（1988-92）.

（16） Clement （1991）, p.274.
（17） Saunders （1991）.
（18） Lieshout （1993）, p.292.
（19） Wellisch （1991）, p.319.
（20） Yeo （1991, 1996）.
（21） Innis （1980）.
（22） Pomian （1973）.
（23） Woods （1987）.
（24） Leedham-Green （1987）, nos.71, 82, 92.
（25） Parker （1992）, p.137; Parker （1998）, p.24.
（26） Brown （1989）, 16-41; Grafton and Jardine （1986）; Grafton （1992）; Sherman （1995）; Blair （1997）.
（27） Findlen （1994）, pp.42-4.
（28） Levy （1982）.
（29） Villey （1908）, vol.1, pp.244-70.
（30） Villey （1908）, vol.2, pp.10, 52; Goyet （1986-7）; Moss （1996）, pp.212-13.
（31） Dodds （1929）, pp.81, 94-5, 99-100; Shackleton （1961）, pp.229-38.
（32） Nakagawa （1992）, pp.247-67.
（33） Santos Lopes （1992）.
（34） Duchet （1971）, pp.69, 72, 93, 109-110.
（35） Switzer （1967）; Miller （1981）.
（36） Grosrichard （1979）.
（37） Brockliss （1987）, p.155.
（38） Bernard-Maître （1953）; Lach （1965）, p.657, 660n; Lach （1977）, pp.267-8.
（39） Pinot （1932）; Lach and Kley （1993）.

第九章　知識を信ずることと疑うこと

（１） Ziman （1978）.
（２） Popkin （1960）.
（３） Pintard （1943）; Gregory et al. （1981）.
（４） Popkin （1960）, pp.1-16.
（５） Borghero （1983）; Völkel （1987）; Burke （1998b）.
（６） Yates （1964）, 398-431; Sgard （1987）; Grafton （1990）.
（７） Gregory （1961）, p.41.
（８） Van Leeuwen （1963）;Shapin and Schaffer （1985）, p.67
（９） Eisenstein （1979）, p.74.
（10） Rennie （1995）, esp. pp.54, 75, 73; Stagl （1995）, pp.171-207.
（11） Shapin and Schaffer （1985）, p.39; Woolf （1988）; Shapin （1994）, pp.251-

2; Fox（1999）, p.258.
（12）Shaaber（1929）, p.241.
（13）MacDonald and Murphy（1990）, p.306; Dooley（1999）, pp.3, 81, 88, 119ff.
（14）Hazard（1935）.
（15）Rossi（1960）, pp.235-58; Slaughter（1982）; Eco（1995）, esp. pp.238-59, 269-88.
（16）Shapin and Schaffer（1985）, p.3.
（17）Crombie（1953）, pp.233-7; Shapin（1996）, pp.96-117.
（18）Fernández-Armesto（1997）, pp.4-5.
（19）Seifert（1976）, esp. pp.97ff, 116ff; Hassinger（1978）.
（20）Ginzburg（1978）.
（21）Daston（1991）, p.340.
（22）Ginzburg（1978）, pp.108-11.
（23）Shapin and Schaffer（1985）, pp.58-9; Daston（1991）, p.349; Shapin（1994）, esp. pp.65-125.
（24）Burke（1984）.
（25）Kenney（1974）.
（26）Seifert（1976）, pp.163-78; Daston（1991）, p.345; Shapiro（1994）.
（27）Shapin and Schaffer（1985）, p.56.
（28）Hacking（1975）; Shapiro（1983）, pp.30-1, 81-5.
（29）Gillispie（1960）; Daston（1991）.
（30）Lipking（1977）; Grafton（1997）.
（31）Clark（1997）, p.183 から引用。
（32）Goldie（1987）, esp. p.212n; Berti（1992）; Benitez（1993）.
（33）Meinecke（1924-5）; Gunn（1969）; Hirschman（1977）.
（34）Mannheim（1936）, pp.35, 56.

著者紹介
ピーター・バーク（Peter Burke）
1937年，ロンドン生まれ。現在，ケンブリッジ大学エマヌエル・カレッジ教授。専門は文化史研究。著書多数。詳しくは，「訳者あとがき」参照。

訳者紹介
井山弘幸（いやま ひろゆき）
1955年，静岡県生まれ。1978年，東京大学理学部卒業。1983年，同理学系大学院博士課程科学史科学基礎論専攻，単位取得退学。
現在，新潟大学人文学部教授。
主な著書に，『偶然の科学誌』（大修館書店，1995年），『鏡のなかのアインシュタイン』（化学同人，1996年），『パラドックスの科学論』（新曜社，2013年），『現代科学論』（共著，新曜社，2000年）。

城戸　淳（きど あつし）
1972年大阪府生まれ。東北大学文学研究科博士課程退学。
現在，新潟大学人文学部准教授。専門は哲学。
主な著書に，『理性の深淵――カント超越論的弁証論の研究』（知泉書館，2014年）。

新曜社
知識の社会史
知と情報はいかにして商品化したか

初版第1刷発行　2004年8月18日
初版第8刷発行　2020年3月30日

著　者　ピーター・バーク
訳　者　井山弘幸・城戸　淳
発行者　塩浦　暲
発行所　株式会社 新曜社
〒101-0051 東京都千代田区神田神保町 3-9
電話 03-3264-4973㈹・FAX 03-3239-2958
URL：http://www.shin-yo-sha.co.jp/
印刷　星野精版印刷
製本　積信堂

ISBN978-4-7885-0910-8 C1020